现代旅游业发展 协同创新中心

公共卫生防控与
健康旅游 发展指南

主　编 ｜ 石培华　白长虹

副主编 ｜ 杨德进　陈　晔　李　中

中国旅游出版社

项目策划：段向民
责任编辑：张芸艳
责任印制：谢　雨
封面设计：武爱听

图书在版编目（CIP）数据

公共卫生防控与健康旅游发展指南 / 石培华，白长虹主编 . -- 北京：中国旅游出版社，2020.8
ISBN 978-7-5032-6549-5

Ⅰ.①公… Ⅱ.①石…②白… Ⅲ.①公共卫生－卫生管理－关系－旅游业发展－研究－中国 Ⅳ.① F592.3

中国版本图书馆 CIP 数据核字（2020）第 157603 号

书　　名：	公共卫生防控与健康旅游发展指南
作　　者：	石培华　白长虹　主编
	杨德进　陈　晔　李中　副主编
出版发行：	中国旅游出版社
	（北京静安东里6号　邮编：100028）
	http://www.cttp.net.cn　E-mail: cttp@mct.gov.cn
	营销中心电话：010-57377108，010-57377109
	读者服务部电话：010-57377151
排　　版：	小武工作室
经　　销：	全国各地新华书店
印　　刷：	北京明恒达印务有限公司
版　　次：	2020年8月第1版　2020年8月第1次印刷
开　　本：	720毫米×970毫米　1/16
印　　张：	20
字　　数：	324千
定　　价：	59.80元
ISBN	978-7-5032-6549-5

版权所有　翻印必究
如发现质量问题，请直接与营销中心联系调换

编写团队

主　　　编：石培华　白长虹

副　主　编：杨德进　陈　晔　李　中

第一部分编者：杨德进　崔元枫　史银辉　秦　蕾

第二部分编者：陈　晔　赵文力　蔡雯雯　雷晓薇　黄一轩
　　　　　　　邢丹璞　王婧悦　门光欣　王紫逸

第三部分编者：石培华　李　中　陆明明　翟燕霞　彭书鑫
　　　　　　　贾亚男　马晨晖　常雪松　方琪寒

第四部分编者：石培华　李　中　翟燕霞　陆明明　刘晓桐
　　　　　　　贾亚男　穆怀彦　杨　旭　戎　瑀

健康旅游　幸福生活

龚　克

（南开大学原校长，现代旅游业发展省部共建协同创新中心理事长）

2020年的春天，新冠肺炎疫情的暴发让全世界人民经历了一场严峻的生死考验，也引发了人类对于生产与生活、社会经济发展的深刻思考。

尽管面临日益严重的可持续发展问题，然而形形色色的地缘政治、金融危机、贸易摩擦、区域冲突问题更夺人眼球，逆全球化思潮与贸易保护主义、民粹主义、种族和狭隘民族主义、恐怖和极端宗教主义有所抬头，全人类的生命健康问题似乎已经很久没有得到如此强烈的重视。实际上，21世纪以来，全球公共卫生紧急事件已经发生了多次，给现代社会的人类带来的灾难甚至超过了残酷的战争。此次疫情，已经无情地夺去了众多的生命，迫使人们警醒并深刻反省现有生存和发展方式，深刻理解实现全球可持续发展、构建"人类命运共同体"的重大意义。

健康价值必须重新认识，全民健康教育势在必行。健康教育是帮助人们树立健康观念，掌握健康知识，增进健康生活能力，自觉采纳有益于健康行为的活动和过程。如何让健康教育更加自然地融入人们日常经济、社会、文化活动中，发挥不同活动形态的独特作用，用人们喜闻乐见的方式承载健康教育，潜移默化地影响人们形成健康生活素养，是一个很有意义、非常重要的问题。

旅游就是这样的一种活动形态，它可以使人们在放松休闲、愉悦身心的同时，接受有形与无形的健康教育，培育大健康观、大生命观、可持续发展观。徜徉于蓝天白云下、绿水青山间，你可以感受到自然之美、健康生命之可贵；伫立在人类文化遗址前，你可以感受历史的沧桑、思考人生之价值，以更加谦虚的人生姿态，尊重历史、敬畏自然。读万卷书、行万里路，旅游让我们开阔视野、增长见识、陶冶情操，感悟人生的美好，收获更大的幸福感。用旅游的方式开展健康教育，谁不喜欢？

人类社会发展到今天，旅游已经成为"人民对美好生活向往"的必要成分。美好生活一定是健康生活，旅游是人们追求健康、享受健康、收获健康的重要途径，理应成为健康生活方式的引领者。健康是旅游的应有之义，健康旅游是美好生活的应有之义。本书旨在构建从理念到实践、包含旅游主体和客体的健康旅游体系，从旅游活动的视角，审视和发掘旅游的健康价值。

首先，旅游的健康价值体现于健康旅游方式。现代旅游发展要将生命健康放在第一位，提高游客和从业者的健康意识，让旅游活动的全过程安全、健康。本书中"旅游行业健康保障能力建设手册""游客公共卫生防控与健康旅游手册"就是聚焦这一层面，围绕旅游活动中游客可能面临的各种安全风险，从景区、旅行社、酒店等各类旅游服务的"供给侧"为旅游者健康保驾护航。

其次，旅游的健康价值体现于健康旅游产品。让健康旅游更好地为人们创造身体和精神福祉，为生命健康赋能。健康旅游是产业升级的新方向，更是民生所系、民心所向。《"健康中国2030"规划纲要》明确提出，积极促进健康与旅游产业融合发展，制定健康医疗旅游行业标准规范，打造具有国际竞争力的健康医疗旅游目的地等举措。本书"健康旅游新业态与新产品开发手册"围绕打造健康旅游产业链的总体思路，针对不同游客的需求和地域资源优势，重点介绍了医疗健康旅游、都市康体旅游、乡村生态康养旅游等产品的开发模式，努力促使健康旅游成为满足各年龄段旅游者需求的新时尚。

再次，旅游的健康价值体现于健康旅游经营。要以健康发展理念为指引，引导企业走降耗节能、信息化升级、高效能发展的路子，构建科学健康的旅游企业管理、行业治理模式。毋庸讳言，这次疫情给旅游业带来了沉重打击。可以预见，疫情过后，旅游业势必要过紧日子、苦日子，唯有加大对顾客价值的投入，培育可持续发展的新动能，从低水平、粗放式转变为高质量、多元化、注重客户体验的健康模式，彻底解决旅游产品质量差、服务水平低、产业效益不高的问题，在服务人民实现美好生活需要中创造旅游产业价值和效益。

最后，旅游的健康价值体现在其对全社会健康安全观念和健康生活方式的引领。随着各地加快推进全域旅游发展，旅游作为一种综合性、引导性产业的地位不断提升。发展健康旅游，对区域吸引人才、吸引投资、改善民生、优化治理都有很大的帮助。通过发展全域旅游，增强人民群众的获得感和幸福感，让旅游发展成果为全民共享，可以有力地引导人民群众从过去的旁观者、局外人变为参与者、贡献者，形成人人都是旅游大使的良好局面，带动人民群众健康生活意识的提升，影响游客提升文明素质。

非常感谢南开大学的同事们在这样一个特殊时期，深刻地思考旅游的健康价值，思考健康旅游的发展，形成了这样一本书。本书首次系统阐述了旅游景区、文博场馆、酒店住宿、旅行社、餐饮美食、旅游购物、娱乐活动、旅游交通以及目的地政府和行业协会如何践行健康理念、推进健康旅游、开展健康教育，构建起全社会共同营造健康旅游、健康生活的良好氛围。本书还站在旅游者视角，系统地阐述了全民健康教育的旅游实践方式。全书倡导和传播健康的生活和旅游行为方式，介绍了旅游活动中基本的疾病发生情况以及预防、治疗和用药常识。本书还介绍了中医养生保健游、康复疗养游、医学美容游、特色医疗游等旅游健康产品。此外，本书站在人的全面发展的立场，从全域空间发展的角度，基于健康城市、美丽乡村、"两山"理论等提出发展都市康体旅游活动、乡村生态康养旅游、森林康养旅游、海洋康养旅游、生态研学康养旅游、户外康体旅游、避寒避暑健康旅游等多种形态。全书内容丰富、体系全面、知识性强、实践性强，对推进健康教育、推进健康旅游发展做出了有新意的系统性的阐述。

南开是一所一贯重视健康教育的学校。创校之初，南开便以全新的风尚，引导学生树立正确的健康观。著名的南开"镜箴"要求学生每天"面必净，发必理，衣必整，纽必结；头容正，肩容平，胸容宽，背容直；气象：勿傲，勿暴，勿怠；颜色：宜和，宜静，宜庄"，以良好的精气神面对学习和生活，滋养了南开人与众不同的良好气质。南开亦有优秀的体育传统，张伯苓校长认为，强国必先强种、强种必先强身，近代中华民族的"愚、弱、贫、散、私"五项弊病中的"弱、散、私"三病均可通过体育来根治。还值得一提的是，南开人较早地认识到旅游及其产业发展的重大意义，是国内最早开展旅游教育、建设旅游学科、研究旅游发展的高校。在百年一贯的"知中国，服务中国"理念的指引下，现代旅游业发展省部共建协同创新中心自创建以来，就立足中国实际，总结中国实践，为国家旅游业重大战略需求贡献力量。新冠肺炎疫情发生后，协同创新中心的同事们积极行动起来，在中心主任石培华教授和白长虹教授的带领下，克服疫情影响，围绕健康旅游这一战略主题展开全面研讨，以开阔的视野、深刻的分析、扎实的编撰，完成这部系统论述健康旅游的力作，为疫情过后文旅行业复兴进行战略谋划，体现了南开人的担当。

希望本书能对疫后旅游业的重振与转型发展，对广大人民群众的健康旅游、健康生活有所助益，为全社会健康教育提供新的视角，激发社会各界参与健康旅游的积极性，共同以更健康的身心迈向美好的未来。

2020年7月

旅游健康双向赋能　小康健康全面共建

郑新立

（中央政策研究室原副主任、全国政协经济委员会原副主任、中国国际经济交流中心副理事长、中国政策研究会执行会长、现代旅游业发展省部共建协同创新中心学术委员会主任、中国旅游智库副主任、中国社会科学院、中国人民大学等兼职教授、博导）

生命健康是人类的永恒追求，卫生健康事业是造福全人类的崇高事业。新冠肺炎疫情传播速度之快、感染范围之广、防控难度之大，在世界公共卫生史上罕见，给人类生命安全健康带来巨大威胁，给全球公共卫生安全带来巨大挑战。中国采取坚决有力的防控措施，展现出色的领导能力、组织动员能力、危机应对能力、贯彻执行能力，为世界防疫树立了典范，为全球战疫贡献了中国智慧，为构建人类健康命运共同体贡献了中国方案，中医药治疗也成为抗疫的重要力量。

突如其来的新冠肺炎疫情，给旅游业带来了巨大冲击，也给旅游生活方式带来深远的影响，让我们注重审视旅游的健康价值，更加关注如何提升旅游的健康保障能力，加快推进旅游与健康双向赋能和深度融合。正是在此背景下，南开大学现代旅游业发展省部共建协同创新中心主任石培华教授、联合主任白长虹教授带领团队，抓紧组织力量编写了本书，系统研究如何发展健康旅游和如何强化旅行卫生健康保障，并全面、系统地介绍了公共卫生防控和健康旅游的相关知识、法规、标准等。分别针对旅游企业和行业如何防控公共卫生疫情、提高卫生健康保障能力提供专业指南；针对游客如何有效进行公共卫生防控与更好的健康旅行提供专业指南；为旅游企业如何开发健康旅游新业态新产品提供专业指南。

该书既能用于疫后复游复工，更能持续用于全面提升旅游者的卫生健康知识和培养行为规范、全面提升旅游行业的公共卫生防控和卫生健康保障能力，既是健康旅游的小百科全书，也是健康旅游发展的操作实用指南、保障旅行健康的攻略手册。该书的主要价值可以概括为五个引领。一是引领健康旅游新理念，传播公共卫生防控和健康的知识。该书不仅系统介绍了公共卫生防控的要点、措施，还普及了健康生活的常识，同时全方位阐述了旅游者旅游过程中的卫生防控注意事项和健康安全保障要领。二是引领旅游者梳理健康旅游和健康生活方式，提供健康旅游行为规范。经过此次疫情，人们的生活方式变得更加卫生、更加健康。人居环境、饮食习惯、社会心理健康、公共卫生设施等方面逐渐得到重视，如"宅"健身、"云"学习等，实现健康产业和日常生活的良好互动。三是引领旅游企业加强健康卫生保障能力建设，提供指南培育公共卫生常态化防控能力。疫情使人们打开生活的方式更健康、更卫生，如厕所革命、垃圾分类等革新举措落地生根；"公筷制""分餐制""阳光厨房"等倡议进入公众视野；福建、四川、江西、广西、江苏、山东等省加大"野味产业"的管控。该书还对旅游景区、文博场馆、酒店民宿、旅行社、餐饮美食、旅游购物、娱乐活动、旅游交通、目的地政府及行业协会等进行了详细而系统的阐述，为做好旅游卫生保障提供参考和指引。四是引领开发健康旅游新业态，提供开发指南。该书中"健康旅游新业态与新产品开发手册"系统介绍了健康旅游产业新业态，健康旅游要借助互联网、大数据的发展潮流，大力发展新业态，推动健康旅游转型升级，形成以创新驱动为引领、产业链条完整、竞争力强的健康旅游产业体系。五是引领建设健康旅游目的地，构建旅游业健康发展方式。2017年，中国国家卫生计生委、发展改革委、财政部、旅游局、中医药局5部门联合印发《关于促进健康旅游发展的指导意见》，要求到2020年打造一批国际健康旅游目的地。该书对旅游行业健康保障能力和健康旅游新业态等内容的概括，强调要着力构建"大健康、大旅游、产业大发展"的现代旅游发展新格局；不同类型、不同年龄的旅游者在不同季节、不同环境、不同项目中要树立健康旅游新理念和新风尚。

健康是人类永恒的主题，也是社会进步的重要标志，本人也一直关注研究和推进大健康产业、医疗旅游、健康旅游等发展。曾经牵头研究推进海南博鳌乐城国际医疗旅游先行区相关政策，研究博鳌一龄生命养护中心的"一龄创新型生命养护模式研究——"健康中国"国家战略的示范工程等，希望研究加快推进健康旅游、医疗旅游等的发展。因此，很高兴看到石培华教授、白长虹教授团队完成本书。

该书为我们树立和强化了几个基本而重要的观念：一是健康和幸福是人类发展的最根本的目标，健康社会是建设全面小康社会的基石和重要标志之一；二是大健康和大旅游，是全球未来最有发展前景的最大产业；三是健康和旅游相互赋能，是旅游业发展中最具活力的发展方向，也是大健康产业发展最富活力的先行领域；四是发展健康旅游，是推进社会健康教育的重要窗口和方式，推进全民健康教育；五是要坚持把生命健康放在首位，提升旅游行业和旅游目的地的健康保障能力；六是挖掘、放大旅游的健康价值，加快培育健康旅游新业态。本书提出了将生命健康作为旅游发展的生命线、动力线和价值线，这些新理念对促进健康中国建设和健康旅游发展都具有重要价值。

很高兴近几年受邀兼任了南开大学现代旅游业发展省部共建协同创新中心学术委员会主任，该中心从2015年开始建设，历经四年努力，于2019年通过了教育部认定，成为我国目前旅游领域唯一的国家旅游协同创新中心。旅游协同中心在主任石培华教授、白长虹教授等同志的努力下，服务国家旅游发展重大战略需求，在推进全域旅游、旅游厕所革命、红色旅游、旅游扶贫、旅游外交等方面做出了积极贡献，参与研究一系列旅游发展重要文件和重大行动。这次面对疫情，石培华、白长虹、李中、陈晔、杨德进等同志积极行动，编写完成了《公共卫生防控与健康旅游发展指南》，可喜可敬，这既践行了将科研写在中国大地上的要求，也体现了南开大学"知中国、服务中国"的理念和"允公允能、日新月异"的传统。让我们不忘共同守护人类生命健康的初心，牢记新时代赋予旅游业的新使命。

疫情过后的旅游业必将以崭新的面貌焕发出勃勃生机，走向新的繁荣！

2020年7月

旅游让生命更健康更美好

王志发

（原国家旅游局副局长，现代旅游业发展省部共建协同创新中心副理事长，原全国旅游管理专业学位研究生教育指导委员会主任）

生命高于一切，健康重于泰山。此次新型冠状病毒肺炎疫情来势汹汹，全球蔓延，不但对我国社会经济发展造成了全面冲击，也对人民群众的生命安全和身体健康构成了巨大威胁。新冠肺炎疫情发生以来，在以习近平同志为核心的党中央坚强领导下，举国上下同舟共济、众志成城，为坚决打赢疫情防控阻击战英勇奋战，汇聚起了磅礴力量，体现出了党和国家对人民生命健康的高度负责态度。全民抗击疫情，共克时艰，医护人员冲锋在前，留下了"最美逆行者"的身影，筑起了一道道守护生命健康的防线。

我国一直都高度重视健康中国建设，重视健康旅游发展。中共中央、国务院于2016年10月25日印发了《"健康中国2030"规划纲要》，从"五位一体"总体布局和"四个全面"战略布局出发，对更好保障人民健康做出了制度性安排。国务院又在2019年6月24日印发了《关于实施健康中国行动的意见》，提出了推动从以治病为中心转变为以人民健康为中心、动员全社会落实预防为主方针、实施健康中国行动、基本普及健康生活方式、提高全民健康水平的意见。

受这次前所未有的公共卫生突发事件影响，人们的健康意识、健康理念、健康习惯、健康行为发生了显著改变，疫情给大众上了一堂健康教育课，让更多的人对生命健康、卫生安全有了更大警醒，促使其不良生活方式得到纠正，慢慢养成了健康的生活方式。经历这一次公共卫生事件的洗礼，健康教育和科普宣传势必进一步深入，生命健康理念将得到全方位的重塑，健康生活方式和观念也将深入人们的家庭日常生活层面，深入每一个人的内心，势必引发一场全社会的"健康革命"。随着大众健康意识的提高和健康革命的席卷，旅游日益成为人们追求健康幸福和美好生活的一种向往，走向自然、享受阳光、自由呼吸、畅游生态、愉悦身心、康体养生等方式能让生命更美好、让生活更精彩。基于此，可以判断在疫情结束之后，旅游健康消费新主张、新需求和新趋势将会集中全面呈现，自然研学、郊野游憩、乡村旅游、休闲农业、森林康养、运动康体、户外体验、生态美食等健康类旅游产品会受到热捧，也必然带来相关项目投资更加广阔的市场前景，从而引发旅游业继"厕所革命"之后的另一场更为广泛和持久的"健康革命"，为高质量发展注入新的动能。

旅游行业需要坚持将生命健康摆在首位，全面提升旅游行业健康保障能力和发展健康旅游。在公共卫生紧急事件频发的现代社会，全球、全民、全社会都需做有计划性的准备和应对，旅游业发展同样需要始终坚持把游客生命安全和身体健康放在首位，成为健康生活方式的引领者。顺应健康化旅游发展新形势，全面倡导旅游者的健康文明旅游行为，不断满足健康旅游消费和投资市场的新需求，系统化完善和提升行业的健康保障能力和供给能力，则是现代旅游业大有所为的努力方向。公共卫生视角下，健康旅游行动大致包括四个方面的任务：一是旅游者的健康教育和消费引导任务。通过旅游宣传、科普和行为规范，引导旅游者树立健康出行的意识，形成健康消费的观念，注意个人健康的防护，增强应对卫生突发事件的能力，以此促进旅游者展现出健康文明的新风尚、新姿态和新形象。二是旅游的健康价值挖掘和开发任务。深入评估和挖掘文化旅游资源的健康价值点，促进旅游企业及相关主体在开发理念、动机、行为、过程和效应上实现环境友好、可持续，为旅游者提供健康、绿色、生态、自然的优质旅游产品。三是旅游的健康保障能力提升任务。旅游景区、文博场馆、酒店住宿、旅行社、餐饮美食、旅游购物等承载旅游业发展的系统，需要进一步加强应对突发卫生事件的保障能力，需要进一步提升健康业务能力、健康运用水平和健康管理技术。四是突发卫生事件下旅游多主体跨区域的联防和联控任务。旅游因具有人员空间流动性特点而需要进行跨区域、跨部门、多主体进行健康监督和应对，旅游目的地政府、行业协会、旅游企业、当地居民、出行游客等主体既需要横向、纵向充分协同，还需要建立联防和联控的应急机制。

在我看来，本书在健康旅游及其保障能力建设方面，所形成的智慧成果和贡献是极具开拓性、创新性和革命性的，对促进现代旅游业迈向高质量阶段的现实意义和价值尤为重大。该书把"发展健康旅游、推进健康革命"作为编写的出发点，不仅仅着眼于对健康旅游发展的促进和保障，更大的视野在于推进大众生活朝着健康幸福的方式转变，在于引发全社会生产和生活方式发生健康变革，这也符合现代旅游业发展的角色、使命和担当。该书分为旅游行业健康保障能力建设手册、健康旅游新业态与新产品开发手册、游客公共卫生防控与健康旅游手册、公共卫生防控与健康旅游知识手册四个部分，精准对应了行业协会、旅游企业、旅游者、旅游目的地政府等实施主体的要求，充分回应了开展健康旅游行动的目标方向和具体措施，并为之提供了一份全面而翔实的操作指南。该书内容是在此次新型冠状病毒肺炎疫情下所形成的智慧结晶，从公共卫生防控视角出发，不但对当前旅游业疫后恢复和振兴具有重要参考价值，也为行业应对全球公共卫生紧急事件频发的形势提供了有计划性的知识准备，具有近远期结合的应用价值和意义。我相信，该书出版发行后，将会受到广大群众和从业者的青睐，将会发挥出对现代旅游业发展强大的促进效果。

根据我的了解，本书应该是我国第一本系统性研究健康旅游发展的工具书，它凝聚了我国首个经国家教育主管部门批准的"现代旅游业发展省部共建协同创新中心"的集体智慧，是一项标志性的成果。2019年教育部公布了2019年省部共建协同创新中心名单，由南开大学申报、天津市推荐的"现代旅游业发展省部共建协同创新中心"成为我国旅游学科首个、目前唯一的旅游领域的协同创新中心。现代旅游业发展协同创新中心从2015年7月成立以来，一直致力于服务国家战略，践行"知中国、服务中国"使命，以"把旅游业建设成为国民经济战略性支柱产业、人民群众更加满意的现代服务业、建设世界旅游强国"三大目标为导向，聚焦旅游行业发展的重大需求，围绕重大任务开展协同攻坚研发。该书则体现出了这一独特使命和要求。另外，从现有研究和应用体系上看，对于健康旅游能力建设、健康旅游产品开发、健康旅游行为引导、健康旅游规范集成等系统性梳理、总结、创新的成果仍属空白，而本书则成为我国第一本系统性研究健康旅游发展的工具书，能够满足旅游业面向健康转型升级的现实需求。作为工具书，它还具有查考检索性、概括简明性、知识可靠性、信息全面性等特点，是一本值得推荐、分享和收藏的书籍。

  借此机会，我要向付出艰辛劳动的全体编写人员致以敬意。南开大学现代旅游业发展省部共建协同创新中心的团队，不知疲倦地全身心投入在旅游教育和科研事业上，表现出了优秀的家国情怀和无私奉献精神。旅游协同中心主任石培华教授和联合主任白长虹教授带领大家夜以继日地奋战，站位高远，准确把握住了现代旅游业的健康发展趋势，高屋建瓴地提出了该著作的编写理念、思路和基本原则，形成了全书的纲领性框架，起到了主持引领作用。中心副主任李中和陈晔老师及杨德进老师发挥出了编写骨干的作用，分别带领博士、硕士和本科生完成了本书相应部分的内容，贡献了专业智力和行业经验。石培华教授及各位老师倾注了大量精力在本书的编写上，他们不但保证了成果的创新性和优质性，同时注重该过程教书育人和科研辅导的意义，实属不易。

  旅游让生命美好，好书让改变发生！

2020年7月

精准常态防控　精心呵护健康

段强
（世界旅游联盟主席、中国旅游协会会长）

突如其来的新冠肺炎疫情，是一场需要整个人类共同应对的灾难。它考验着人类的科技、制度、思想和人性。用进化的眼光来看，它或许在警示和推动人类的发展，用"适者生存"的标准筛选着我们。也许，我们要在旅游发展史上自此画上一个重重的标记，将我们的发展阶段划分为2020年以前和2020年以后。疫情过后，我们所有人都要进入旅游的新纪元。我坚信，劫后余生的我们会变得更加结实和强壮。

在此背景下，培华教授、长虹教授组织南开大学现代旅游业发展省部共建协同创新中心团队编制的《公共卫生防控与健康旅游发展指南》即将付梓，请我为书作序，我欣然允诺。该书从旅游企业如何提升卫生和健康保障能力、如何加快发展健康旅游及游客如何健康旅行等不同角度，梳理公共卫生防控和健康旅游发展所需的相关知识，形成指导发掘旅游健康价值、提升旅游行业健康保障能力和发展健康旅游的成果，这是很有价值和值得赞许的，有很强的可读性、操作性、指导性、系统性，是很好的工具书和教科书。未来，能使我们变得更加强大的是两样东西：一是精准，二是精心。这本书为疫情防控和健康保障提供了精准的指南和精心的呵护手册。

该书为旅游企业和各类旅游行业提供健康保障能力建设手册。旅游行业涉及旅游景区、酒店住宿、旅行社、餐饮美食等多种业态，每种业态经营发展的健康保障了旅游行业的美好健康。该书对不同旅游业态在旅游发展过程中强化健康保障意识、全面升级突发公共卫生事件应急防控能力、提升疫后健康经营自救能力、实现高质量健康发展等方面进行了详尽论述，以保障旅游业在开发建设、运营管理、安全卫生防控、信息化建设、产品创新等各个环节中植入健康管理理念、健康运营理念、健康防控理念、健康经营理念，全面构建健康发展保障能力体系，升级健康韧性、实现旅游业健康发展。

该书为健康旅游新业态与新产品开发提供操作手册。疫情后高品质生态健康旅游必然将进一步成为消费热点，成为旅游业疫后振兴发展的方向。该书阐述了医疗健康旅游、都市康体旅游、乡村生态康养旅游、森林康养旅游、海洋康养旅游、生态研学康养旅游、户外康体旅游、避寒避暑健康旅游等旅游新产品、新业态的开发内容。提出健康旅游新产品的开发是抓住消费升级时机，创新商业模式，改变服务手段，倡导新的生活方式，探索旅游健康绿色发展的关键。该书关注旅游业发展过程中与健康产业的结合、游客在旅游活动中的健康与安全、健康旅游新产品与新业态的开发、全社会旅游健康观念的引领、健康丝路旅游与人类命运共同体等世界健康旅游观念的引领等内容，紧扣当前世界经济及旅游业发展趋势和特点，突出综合性、时代性和方向性，让旅游业成为创造美好生活和美好世界的重要动力。

该书为广大游客提供公共卫生防控与健康旅游手册。关注游客在旅游活动中的健康与安全，帮助人们获得健康美好旅游方式。游客倾向于自助游或半自助游，对细微、个性化环境越来越重视。该书充分考虑到游客行为的变化，为游客实现健康旅游提供参考建议。引导旅游者更加系统、全面地认识公共卫生问题、旅游中要注意的健康问题、旅游健康价值、全社会健康安全观念和健康旅游方式；引导旅游者在旅游中防控疾病和增强健康保障，做好个人健康卫生防控；系统介绍不同季节、不同地区旅游中的注意事项和救援措施，以及特殊旅游项目、出境旅游中的风险防控，为旅游者提供全方位卫生健康安全指南。

该书还编制了公共卫生防控与健康旅游知识手册。形成知识汇编体系，为旅游从业者与游客及时查阅提供便捷途径。系统、全面、扼要地介绍了新冠肺炎疫情防控知识、防控新冠肺炎疫情的经验、历史上主要的公共卫生事件、严重传染病、相关法律法规、相关标准和规范、公共卫生应急和旅游危机管理、中医药学抗疫优势和古代防疫智慧等。

习近平总书记多次强调，中国将秉持人类命运共同体理念，为全球疫情防控分享经验，提供力所能及的支持，同各国一道促进全球公共卫生事业发展，构建人类卫生健康共同体。构建人类卫生健康共同体是中国应对全球性公共卫生安全威胁所提出的崭新倡议，进一步丰富和完善了人类命运共同体理念的内涵。全球新冠肺炎疫情仍在蔓延，而且全球处在史上疾病传播速度最快、范围最广的时期，处于各类公共卫生事件和公共安全事件的高发期，突发事件的种类、频率及规模不断变化，其影响程度不断增强。本书不但可以为全球旅游行业提升公共卫生防控和提高健康保障能力提供参考，而且可以有助于推进健康旅游领域的国际合作，贡献中国方案和中国智慧。

生命安全和健康是旅游的生命线，发展旅游需要将生命健康放在第一位。没有生命健康就没有旅游，正如书中所说，旅游要开展一场"健康变革"，努力成为全社会健康安全观念和健康生活方式的引领者、传播者、践行者，成为"健康中国"建设的重要载体和先行领域。希望全国旅游业界、学界集众智、聚合力，促进健康与旅游相互赋能，为游客创造更加健康美好的健康旅游产品和健康旅游方式。旅游让生活和世界更美好，祝愿这本好书能助力点亮更美好的生活和世界。

2020年7月

生态安全　生命健康　生活美好

李文华

（中国工程院院士、国际欧亚科学院院士、中国生态学会理事长、联合国教科文组织"人与生物圈计划"国际协调理事会执行局主席、中国科学院研究员、中国人民大学环境学院名誉院长、教授、博导）

　　生态环境是人类赖以生存和发展的根基，生态安全关乎生命安全。新冠肺炎疫情肆虐全球，给人类生命健康带来巨大威胁，给全球公共卫生安全带来巨大挑战，引发对生态安全和生命健康的深入思考。新冠疫情再次警示我们，必须进一步促进人与自然和谐，保障生物和生态安全才能保障公众健康。人类生态意识缺乏，是现代生态危机的深层次根源，没有生态安全，社会安全、国家安全、全球安全就失去了重要屏障和基础，人类的生命安全就得不到有效保障。绿色是生命象征、大自然底色、美好生活的基石，加强生态文明教育、提升国民生态文明意识、深化生物安全认知、践行绿色生活方式，也迫切需要在现代旅游业发展中引起高度重视。

　　正是在此背景下，南开大学现代旅游业发展省部共建协同创新中心主任石培华教授、联合主任白长虹教授带领团队在疫情期间研究编制了《公共卫生防控与健康旅游发展指南》，倡导健康生态文明的旅游方式，推进健康旅游教育和旅游健康保障能力建设，为新冠等公共卫生防控与健康旅游发展提供全面、系统的指南。全球性、大规模的现代旅游流动给公共卫生防控体系机制建设带来巨大挑战和新要求，迫切需要推进健康旅游和提升旅游业健康保障能力。

　　本人长期致力于森林生态和资源生态工程研究，这些年也开始关注生态旅游、森林旅游、森林康等的快速发展。旅游业已经成为一种新的森林生态和资源生态工程，成为人们享受生态服务价值的重要途径。同时，发展旅游必须以生态环境保护为前提、将生命健康放在第一位，为百姓美好生活提供良好的生态环境和生态旅游产品。

我国高度重视推进健康中国建设，《"健康中国2030"规划纲要》中明确提出将健康教育纳入国民教育体系，把健康教育作为所有教育阶段素质教育的重要内容。旅游健康教育是国民健康教育的重要方面和示范窗口，大众对旅游健康重视还不够，还缺乏权威实用的健康旅游教材和科普读本，迫切需要加强健康旅游教育、引导健康旅游行为、提升健康旅游素养。该书不仅对保障疫后旅游业复游复工有现实价值，而且对提升我国国民旅游健康理念素质、提升旅游行业和旅游目的地健康保障能力、促进旅游业高质量发展都有重要意义。

该书编制了旅游行业健康保障能力建设手册，全方位介绍了旅游行业保健能力提升的具体行动做法。系统编制了旅游景区、文博场馆、酒店住宿、旅行社、餐饮美食、旅游购物、娱乐活动、旅游交通、旅游目的地等的公共卫生防控、公共卫生应急、健康保障能力提升、健康价值挖掘、健康卫生管理治理等各方面的具体举措方法。

该书编制了系统的健康旅游新业态与新产品开发手册。疫情后高品质健康旅游必然将进一步成为消费热点，成为旅游业疫后振兴发展的重点方向。该书针对医疗健康旅游、都市康体旅游、乡村生态康养旅游、森林康养旅游、海洋康养旅游、生态研学康养旅游、户外康体旅游、避寒避暑健康旅游等的开发提供指南，指引各类重点康养旅游新产品业态产业的市场定位、主要特点、开发重点和方向、开发策略等。

该书编制了游客公共卫生防控与健康旅游手册，引导认识旅游健康价值、全社会健康安全观念和健康旅游方式；引导旅游者在旅游中防控疾病和增强健康保障，做好个人健康卫生防控；系统介绍不同季节、不同地区旅游中的注意事项和救援措施，以及特殊旅游项目、出境旅游中的风险防控，为广大旅游者提供全方位卫生健康安全指南。

该书还编制了公共卫生防控与健康旅游知识手册，系统、全面、扼要地介绍了新冠肺炎疫情防控知识、防控新冠肺炎疫情的经验、历史上主要的公共卫生事件、严重传染病、相关法律法规、相关标准和规范、公共卫生应急和旅游危机管理、中医药学抗疫优势和古代防疫智慧等内容。

习近平总书记指出，病毒没有国界，疫病不分种族，发出了"共同佑护各国人民生命和健康，共同佑护人类共同的地球家园，共同构建人类卫生健康共同体"的倡议。这是人类命运共同体在卫生健康领域的生动阐释，得到国际社会积极响应和高度肯定。习近平总书记还倡议携手打造绿色、健康、智力、和平的丝绸之路。也特别强调了要着力深化环保合作，践行绿色发展理念，加大生态环境保护力度。

很多年以来，国际上一直推进"人与生物圈计划"，这是一项着重对人和环境关系进行生态学研究的多学科的综合研究计划，将全球分散的研究构成网络，并把研究和培训、教育结合起来，强调传统知识与现代技术的结合，以改善人类生计、促进收益的公平分配并保护自然和人工的生态系统，致力于推广社会、文化适宜和环境可持续的创新性经济发展模式。对改善人类与环境的关系、保护生物多样性和文化多样性、促进经济和社会的可持续发展、应对全球生物安全和生态安全、实现全人类建设绿色家园都具有重要意义。

旅游也是开展生态文明和卫生健康教育的极佳载体，该书贯穿了"生态安全、生命健康、生活美好"的"三生"理念。希望本书能更好地提升我国大众卫生健康意识和素养，提高生态文明意识和素养。我衷心希望作者能深化推进旅游、生态环境、卫生健康等领域的跨学科研究，形成一批新的深度交叉研究的标志性成果，做出更多贡献。

唯愿满山尽绿染，谱写心中绿色之歌。

2020年7月

旅游健康教育读本　健康能力建设指南

刘人怀

（中国工程院院士、暨南大学原校长、中国工程院工程管理学部副主任、教育部力学教学指导委员会主任、科技委员会管理学部主任、中国振动工程学会理事长、国家质量监督检验检疫总局标准化科学家）

新冠疫情对我国和全球旅游业都带来了巨大冲击，除需要深入研究分析影响并提出对策措施之外，关于健康有非常紧迫而重要的问题需要引起高度重视：一是加强旅游（行）健康教育，提升旅游者的旅游健康知识、疾病预防、卫生防护技能，引导旅游者树立更加健康文明的旅游理念和行为习惯；二是全面推进旅游行业的卫生健康保障能力，完善常态化的公共卫生防控机制，完善旅游企业和目的地卫生防控的设施和服务，提升旅游从业者、经营管理者的健康防护能力。

面对疫情冲击，南开大学现代旅游业发展省部共建协同创新中心主任石培华教授、联合主任白长虹教授带领团队积极行动，编制《公共卫生防控与健康旅游发展指南》一书，从旅游企业和行业如何提升卫生和健康保障能力、如何加快发展健康旅游、游客如何健康旅行等不同角度，梳理公共卫生防控和健康旅游发展所需的相关知识，形成指导发掘旅游健康价值、提升旅游行业健康保障能力和发展健康旅游的成果，这是很有价值和值得赞许的。这本书的宝贵价值在于，这是旅游健康教育读本、健康能力建设指南。

我的研究主要集中在力学、工程学领域，但回顾我的教学和科研历程，我与旅游学科的缘分一直贯穿其中。从最初参加安徽黄山旅游规划，对上海进行酒店业发展战略、航空业战略、城市旅游交通规划等管理研究，到后来调任去暨南大学工作并兼管经济管理学院等人生经历，与旅游结缘是个很凑巧的过程，是历史的需要、国家的需要、社会的需要。旅游是一个充满蓬勃生命力的产业，旅游学科是一个充满希望的新兴学科，我一直很关注和积极推动，因此我亲自推动了暨南大学旅游管理专业博士点的建设，亲自担任旅游管理学科领导小组组长，2004年开始面向海内外招收博士研究生。正因如此，在 2015 年南开大学牵头推进建设现代旅游业发展协同创新中心时我就积极支持。这次中心主任石培华教授联系请我为本书作序，我也欣然答应。希望这本书能为国民享受健康旅游、国家发展健康旅游做出应有贡献。

中华人民共和国成立以来，中国医疗卫生事业取得了显著的成就，居民的主要健康指标优于中高收入水平的国家，但是面对层出不穷的健康挑战，如何全面建设"健康中国"成为大家关注的焦点问题。新冠肺炎疫情提升了大家对健康价值的重新认知，身体免疫力成为对抗新冠病毒的有力武器，保持健康的身体和增强身体免疫力成为不可或缺的组成部分。

我一直关注垃圾处理和卫生健康问题，想起之所以后面进入环境科技领域，就是因为看到城市餐厨垃圾多到几乎没有地方去填埋，了解到国内外餐厨垃圾处理分类存在诸多瓶颈和引发许多问题，想到由于餐厨垃圾导致在英国爆发疯牛病而给动物和人类健康及国际政治、经济等领域带来全球性影响，尤需弘扬敢为天下先的勇毅与坚韧去解决这一大威胁人类生命健康的难题。为此，我克服种种困难组建研究团队，成功找到了"噬污酵母"，把城市餐厨垃圾变成"黄金"。

发展健康旅游是一项复杂的系统工程，需要采取系统工程的思维，很高兴看到本书形成了一个系统性很强的成果。正如系统工程学的一般系统结构理论中强调基层次对系统功能的重要性一样，只有提升行业各要素的保障能力，营造健康安全的旅游环境，才能形成健康旅游发展的新局面；只有创新旅游的健康新价值，形成丰富多彩的旅游产品，才能刺激健康旅游发展的新场面；只有提升旅游者的健康素养，塑造健康文明的旅游方式，才能形成健康旅游发展的新风尚；只有普及当今与过往的健康知识，践行健康旅游的发展理念，才能构建健康旅游发展的大格局，"健康中国"才会更有坚实的社会基础。旅游产业是一个开放性系统，不同子系统互相合作产生的源动力，外部关联系统融合支撑产生的辅动力，共同组成旅游发展的动力，而内部不同子系统、外部不同关联系统之间往往又存在局部的关系和问题，这就使得旅游的问题既可能是大系统引发小系统产生的，也可能是小系统反馈大系统形成的。如果我们具备了系统论的大视野和大思路，旅游研究者就有可能在细小的现象中发现贯穿旅游学科的学术问题，从而形成真正的理论贡献，推动旅游学科逐步走向成熟。新冠肺炎疫情的暴发为旅游学科研究带来深度的理论思考和实践探索，健康旅游将成为后疫情时代旅游发展的重要方向和要点，该书将"健康旅游"作为焦点问题进行研究，综合分析、设计实施，能够最合理、最有效、最经济地实现旅游系统的整体效益的最优化。

人类历史始终伴随着各种疾病，健康是人类共同的追求，健康产业是世界最有希望的产业，健康旅游无疑是旅游创新的前沿。乐在科研、创新不止，在创新中建功立业、书写有价值的人生，愿与南开大学现代旅游业发展省部共建协同创新中心同人、全国广大旅游科研工作者一道，为人类健康幸福、为我国建设世界旅游强国一起努力。

2020年7月

系统集成　科学指南

杜　平

（国家信息中心原常务副主任、党委书记，国家十三五规划专家咨询委员会秘书长、国家战略性新兴产业专家咨询委员会秘书长、现代旅游业发展省部共建协同创新中心副理事长、中国旅游智库委员、研究员）

新型冠状病毒肺炎是近百年来人类遭遇的影响范围最广的全球性大流行病，也是中华人民共和国成立以来发生的传播速度最快、感染范围最广、防控难度最大的一次重大突发公共卫生事件。疫情既是一场对公共卫生安全的大考验，也是一堂全民健康意识的公开课，迫切需要加强旅游健康教育和旅游业健康保障能力建设。大规模、跨国跨区域的现代旅游流动给公共卫生防控体系和机制建设带来新挑战，如何构建常态化防控机制和提升旅游业健康保障能力，这不仅对疫情后如何健康旅游有紧迫现实价值，而且对旅游业高质量发展有重大深远意义。

现代旅游具有大规模、高流动、高聚集、国际化、跨区域、广辐射等特点，巨大的旅游人群流动成为扩散传染的重要渠道，给突发公共卫生事件应急管理带来巨大挑战，提升旅游业健康保障能力意义特殊。在此背景下，南开大学现代旅游业发展省部共建协同创新中心主任石培华教授、联合主任白长虹教授组织团队编制了《公共卫生防控与健康旅游发展指南》。这是一本很好的健康旅游发展的工具书和教科书，实现了四个系统集成。

一是系统集成旅游企业和各类旅游行业提供健康保障能力建设的知识和举措。该书对旅游景区、文博场馆、酒店住宿、旅行社、餐饮美食、旅游购物等对不同旅游业态和企业如何强化健康保障意识、进行常态化防控、升级突发公共卫生事件应急防控能力、提升疫后健康经营自救能力、实现高质量健康发展等提供了详细指南，以保障各类旅游企业在开发建设、运营管理、安全卫生防控、信息化建设、产品创新等各个环节中植入健康管理理念、健康运营理念、健康防控理念、健康经营理念，提升健康发展保障能力体系。

二是系统集成健康旅游新业态与新产品开发的知识和操作指南。该书分别针对医疗健康旅游、都市康体旅游、乡村生态康养旅游、森林康养旅游、海洋康养旅游、生态研学康养旅游、户外康体旅游、避寒避暑健康旅游等旅游新产品与新业态的开发，集成相关的知识和举措，形成有针对性的操作手册和发展指南。把握健康旅游新产品的开发是抓住消费升级机遇，创新商业模式，改变服务手段，倡导新的生活方式，探索旅游健康绿色发展的关键。

三是系统集成游客公共卫生防控和健康旅游知识。系统梳理防控公共卫生的各种相关知识和措施，梳理游客旅行中常遇到的各种疾病和防护措施，梳理不同季节、不同地区常见的疾病和防护措施，梳理不同人群旅行中应注意的疾病防护和救助措施，梳理有安全隐患的旅游项目防护救助的措施等，引导旅游者在旅游中防控疾病和增强健康保障，做好个人健康卫生防控。提升游客的公共卫生防控与健康旅游素质和能力，引导形成健康旅游行为方式，提高健康安全水平。

四是系统集成了公共卫生防控与健康旅游相关知识。系统全面介绍了新冠疫情防控知识、新冠肺炎防控经验、各种公共卫生事件、传染病、相关法律、法规、标准和规范、公共卫生应急和旅游危机管理、中医药学抗疫优势和古代防疫智慧等，将各类相关知识进行系统梳理汇编，为旅游从业者与游客及时查阅提供系统知识读本。

实现上述集成并不容易，我国既缺乏健康旅游交叉学科教育和人才队伍，又缺乏权威实用的健康旅游方面的教材、科普读本和宣传材料，还缺乏旅游健康的权威数据库和信息平台，使得旅游健康相关知识的获取缺乏权威、全面、系统的渠道，而网上等搜索获取的相关知识又比较碎片化。这本书花费了很大的功夫，将相关知识进行了系统集成和结构化梳理。在系统梳理相关知识的同时，该书初步构建了旅游发展的健康保障体系，为全面提升政府、旅游企业、旅游行业、旅游者等不同主体旅游健康保障能力提供了相关的知识体系和技能体系。

在上述知识系统化集成基础上，可以加快信息化集成，发展基于互联网的健康旅游服务，鼓励发展健康体检、咨询等健康旅游服务和健康管理。运用新一代信息技术支撑服务旅游行业疫情防控和健康服务，利用5G、云计算、大数据、物联网、区块链、人工智能等为健康旅游赋能,搭建健康旅游服务云平台,针对不同人群、不同季节、不同地区存在的健康隐患进行旅游预警和个性化服务推荐。创新"旅游云诊所"服务模式,构建有效整合相关资源和需求的"旅游云诊所",提供远程网络游客门诊解决方案,发展网上预约挂号、在线咨询、交流互动等健康旅游咨询服务。加快建立健康旅游信息服务体系,实现24小时咨询服务和全流程跟踪服务。积极发展与国外医疗机构联通的远程会诊等远程医疗服务,健全检查检验结果互认共享机制,探索远程监护指导、远程手术指导等远程医疗服务。推动"互联网+健康医疗"服务,创新互联网健康医疗旅游服务模式,持续推进覆盖全生命周期的预防、治疗、康复和自主健康管理一体化的健康信息服务。

该成果是南开大学现代旅游业发展省部共建协同创新中心的综合集成成果,该协同中心是我任国家信息中心常务副主任、法人、党委书记时大力支持南开大学等几家单位共同发起建设的。该中心自2015年7月成立以来,培华等同志为原国家旅游局等相关部委研究推动了红色旅游、全域旅游、旅游厕所革命、"旅游+"等重大行动,取得了系列标志性成果,并于2019年9月通过了教育部认定,成为我国旅游领域第一个、目前也是唯一的国家旅游协同创新中心。在疫情冲击的背景下,培华等同志又针对国家重大需求,关注研究健康旅游,形成的这一成果很有价值,为旅游业发展又进行了新的探索和贡献。

2020年7月

前言

新型冠状病毒肺炎是近百年来人类遭遇的影响范围最广的全球性大流行病,也是中华人民共和国成立以来发生的传播速度最快、感染范围最广、防控难度最大的一次重大突发公共卫生事件。同时,全球处在史上疾病传播速度最快、范围最广时期,处于突发事件的高发期,突发事件的种类、频率及规模不断变化,影响程度不断增强,现代大规模全球性旅游流动给公共卫生防控带来新挑战,迫切需要全面提升引导旅游健康意识,全面提升旅游业健康保障能力建设,提升常态化防控能力。为此,现代旅游业发展省部共建协同创新中心组织编写《公共卫生防控与健康旅游发展指南》,为疫后旅游复工复游服务,为提升公共卫生健康防护能力和发展健康旅游提供指南。

生命健康既是旅游发展的底线,也是旅游业疫后振兴重塑的动力线。本书面向旅游行业、旅游企业、旅游者、旅游相关工作者等不同主体编制了系统的疫情常态化防控、健康保障能力体系建设、健康旅游发展等相关知识技能体系。书稿包括四个部分内容:一是旅游行业健康保障能力建设手册。分别针对旅游景区、文博场馆、酒店住宿、旅行社等不同旅游企业如何强化健康保障意识、进行常态化防控和提高健康保障能力提供详细指南,完善旅游健康保障体系。二是健康旅游新业态与新产品开发手册。针对医疗健康旅游、都市康体旅游、乡村生态康养旅游、森林康养旅游、生态研学康养旅游、户外康体旅游、避寒避暑健康旅游等旅游新产品与新业态的开发,集成相关的知识和举措。三是游客公共卫生防控与健康旅游手册。系统梳理防控公共卫生防控知识措施、旅行中常见疾病防护、不同季节和不同地区常见疾病及防护、不同人群旅行注意疾病防护救助等,提升游客健康旅游素质能力,引导健康旅游行为。四是公共卫生防控与健康旅游知识手册。系统、全面介绍新冠疫情防控知识、防控经验、各种公共卫生事件、传染病、相关法律法规、标准规范、应急管理措施等。本书包含健康旅游发展的一条条具体举措，是希望提供有很强可读性、操作性、指导性、系统性的工具书和教科书。

特别需要致敬和感谢的是，荣幸请到七位重量级大专家为本书作序。他们的序言既是鼓励，更是思想的盛宴，犹如"北斗七星"，给我们研究和发展健康旅游打开大视野、带来新启迪。他们既是相关领域权威专家，也是一直关心支持我国旅游业发展和现代旅游业发展协同创新中心建设的老领导、大专家，也以此书向他们致以崇高敬意和表达深深感激。龚克教授是南开大学原校长、世界工程组织联合会主席，现代旅游业发展省部共建协同创新中心的理事长。郑新立教授是中央政策研究室原副主任、中国国际经济交流中心副理事长、中国政策研究会执行会长，现代旅游业发展省部共建协同创新中心学术委员会主任。王志发先生是原国家旅游局党组副书记、副局长，原全国旅游管理专业学位研究生教育指导委员会副主任、现代旅游业发展省部共建协同创新中心副理事长。段强先生是世界旅游联盟主席、中国旅游协会会长、原北京市副市长、首旅集团董事长。李文华教授是中国工程院院士、国际欧亚科学院院士，并担任过中国生态学会理事长、联合国教科文组织"人与生物圈计划"国际协调理事会执行局主席、世界农业遗产专家委员会主席。刘人怀教授是中国工程院院士、暨南大学原校长、中国工程院工程管理学部副主任、教育部力学教学指导委员会主任、科技委员会管理学部主任、国家质量监督检验检疫总局标准化科学家。杜平研究员是国家信息中心原常务副主任、党委书记，国家"十三五"规划专家咨询委员会秘书长、国家战略性新兴产业专家咨询委员会秘书长、现代旅游业发展省部共建协同创新中心副理事长。

七位权威专家提出了许多很有启迪的观点，为我们打开了健康旅游广阔的新天地。龚克校长的主题是"健康旅游 幸福生活"，他认为旅游让我们开阔视野、增长见识、陶冶情操，感悟人生的美好，收获更大的幸福感。用旅游的方式开展健康教育，谁不喜欢？美好生活一定是健康生活，旅游是人们追求健康、享受健康、收获健康的重要途径，理应成为健康生活方式的引领者。南开是一所一贯重视健康教育的学校。创校之初，南开便以全新的风尚，引导学生树立正确的健康观。郑新立主任的主题是"旅游健康双向赋能 小康健康全面共建"，他认为健康旅游是旅游发展中最具活力的发展方向，也是大健康产业发展最富活力的先行领域。该书引领传播公共卫生防控和健康旅游理念知识、引导健康旅游行为规范、引领旅游企业健康卫生保障能力建设、引领建设健康旅游目的地，构建旅游业健康发展方式。王志发副局长的主题是"旅游让生命更健康更美好"，他认为疫情给大众上了一堂健康教育课，引发旅游业继"厕所革命"之后的另一场更为广泛和持久的"健康革命"，为高质量发展注入新的动能。随着大众健康意识的提高和健康革命的席卷，旅游日益成为人们追求健康幸福和美好生活的一种向往，走向自然、享受阳光、自由呼吸、畅游生态、愉悦身心、康体养生等方式能让生命更美好，让生活更精彩。段强会长的主题是"精准常态防控　精心呵护健康"，他认为疫情过后，我们进入旅游新纪元，也许需要将发展阶段划分为2020以前和2020年以后。该书为疫情防控和健康保障提供了精准的指南和精心的呵护手册，有很强的可读性、操作性、指导性、系统性，希望这本好书能助力点亮更美好的旅游生活和世界。李文华院士的主题是"生态安全　生命健康　生活美好"，他认为旅游是生态文明和卫生健康教育的极佳载体和示范窗口，该书贯穿了"生态安全、生命健康、生活美好"的"三生"理念。形成权威实用的健康旅游教材和科普读本，助力健康旅游教育、提升健康旅游素养，提升旅游行业和旅游目的地的健康保障能力建设。刘人怀院士的主题是"旅游健康教育读本　健康能力建设指南"，他认为健康是人类共同的追求，健康产业是世界最有希望的产业，健康旅游无疑是旅游创新的前沿。健康旅游是新兴交叉学科，是新文科、新工科、新医科的交叉热点和亮点。健康旅游是系统工程，很高兴看到本书形成系统性成果，为健康旅游提供系统指南。杜平副主任的主题是"系统集成　科学指南"，他认为本书系统集成游客疫情和健康防护、旅游行业健康保障能力建设、健康旅游新业态与新产品开发等的相关知识，是一本很好的工具书和教科书。可加快信息化集成，运用新一代信息技术支撑服务旅游行业疫情防控和健康旅游服务。

　　本书除了为疫后旅游复工复游、疫情常态化防控和旅游健康保障提供指南外，希望推动旅游健康教育、旅游业健康保障能力体系建设。为此，现代旅游业发展省部共建协同创新中心就发展健康旅游发起以下十方面倡议：一是推进健康旅游教育，大力倡导健康旅游新理念，研究出台旅游者健康旅游行为规范。二是加快研究旅游活动对重大突发公共卫生事件应急管理的影响及协同机制，提升防控保障能力；加快建立并完善健康旅游科普专家库和健康旅游知识和资源库，构建健康旅游的科普知识发布和传播机制。三是全面推动旅游行业健康能力建设，构建旅游业健康保障体系，优化构建健康科学的发展方式，推动旅游业建成健康示范产业。四是推进建设健康旅游目的地，编制健康旅游系列标准，推进健康旅游示范基地建设，推进逐步建立健全旅游目的地环境与健康监测、调查和风险评估制度、疫情监测和风险评估制度；加强健康旅游相关基础设施建设，升级安全、环保、健康等基础设施，完善旅游健康服务。五是开展公共卫生防控和旅游健康防护知识技能培训，实施旅游企业的健康卫生服务能力提升培训计划，将旅游健康教育纳入旅游高等教育和职业教育体系。六是推进新技术在旅游防控和健康旅游等的应用，运用新一代信息技术支撑服务旅游行业疫情防控和健康服务，搭建健康旅游服务云平台，积极探索"无接触服务"。七是加快发展健康旅游，发展中医药康养旅游、医疗康复旅游、体育旅游、避寒避暑、养老旅游、高端医疗、特色专科、中医保健、康复疗养、医养结合等，打造健康旅游产业链；继续推进国家中医药健康旅游示范基地创建，更好发挥中医药特色优势，形成体验性强、参与度广的中医药健康旅游产品体系；加快发展3H3E旅游产品，即健康（Health）、幸福/快乐（HAppiness）、希望/梦想（Hope）、生态（Ecology）、环保（Environmental protection）、教育/研学（Education）等健康、环保、文明给人生赋能的旅游产品。八是加快发展旅行医学、医疗旅游、中医药健康旅游、健康旅游管理、旅游人工智能等交叉学科，成为交叉学科建设的新高地、新高峰；支持设立健康旅游相关的重大科技专项，对健康旅游相关重大问题研究、关键技术应用、健康旅游监测调查，以及形成标志性、支撑性学术成果和应用技术成果具有重要意义；应支持鼓励旅游与卫生健康交叉学科研究平台和基地建设，推动构建国家健康旅游科技创新体系。九是加快完善健康旅游政策法规体系，编制健康旅游发展相关专项规划和行动方案，健全完善健康旅游相关法律法规、健康旅游公共卫生防控相关标准规范、健康旅游产业发展的支持政策。十是加快推进健康旅游国际合作，推进"一带一路"健康旅游合作，共建旅游健康丝路。加强与世界卫生组织、世界旅游组织等分享旅游业抗击疫情及健康旅游发展经验等相关合作，合作建立全球传染病疫情信息监测预警机制，加强世界各国出入境游客疫情信息共享与通报机制，研究完善出入境旅游突发公共卫生事件应急处置机制和加强出入境游客国际旅行健康服务保障。

本书由现代旅游业发展省部共建协同创新中心组织研究编写，由中心主任石培华教授、联合主任白长虹教授担任主编，中心副主任和高级研究员杨德进副教授、陈晔教授、李中博士担任副主编。第一部分由杨德进副教授负责，崔元枫、史银辉、秦蕾参与编写。第二部分由陈晔教授负责，赵文力、蔡雯雯、雷晓薇、黄一轩、邢丹璞、王婧悦、门光欣、王紫逸参与编写。第三部分由石培华、李中、陆明明负责，陆明明、翟燕霞、彭书鑫负责主要编写，贾亚男、马晨晖、常雪松、方琪寒参与编写。第四部分由石培华、李中、翟燕霞负责，翟燕霞、陆明明、刘晓桐、贾亚男负责主要编写，穆怀彦、杨旭、戎瑀参与编写。陆明明、翟燕霞协助主编进行书稿的整合和编排，各自负责撰写字数约5万字。

没有生命安全健康就没有旅游，全球旅游业因疫情冲击而停摆，也将以健康革命促进振兴重塑。研究旅游业如何应对疫情常态化防控、如何提升旅游业健康保障能力，无疑是一个十分重要、内容非常丰富、研究又非常薄弱的领域。可以预见，健康旅游是新兴交叉学科，是新文科、新工科、新医科的交叉热点和亮点。本书还只是一个探索性、基础性的研究成果，尝试用新的视角构建了研究的初步内容和框架，还需要更多人来共同推进这一领域研究。让我们共同努力使旅游业成为全社会健康安全观念和健康生活方式的引领者、传播者、践行者，成为"健康中国"建设先行领域。抗击新冠疫情，推进旅游业健康能力建设，让我们都做健康文明旅游的践行者、传播者、受益者，用健康来引领、用创新驱动，共同迎接旅游业更加美好的春天。

石培华　白长虹　李中　陈晔　杨德进

2020年7月

目录

第一部分　旅游行业健康保障能力建设手册　001
- 一、旅游景区的健康保障能力提升指南　001
- 二、文博场馆的健康保障能力提升指南　012
- 三、酒店住宿的健康保障能力提升指南　021
- 四、旅行社的健康保障能力提升指南　032
- 五、餐饮美食的健康保障能力提升指南　041
- 六、旅游购物的健康保障能力提升指南　050
- 七、娱乐活动的健康保障能力提升指南　057
- 八、旅游交通的健康保障能力提升指南　064
- 九、旅游目的地健康保障能力提升指南　074

第二部分　健康旅游新业态与新产品开发手册　083
- 一、医疗健康旅游新产品新业态开发指南　083
- 二、都市康体旅游新产品新业态开发指南　091
- 三、乡村生态康养旅游新产品新业态开发指南　098
- 四、森林康养旅游新产品新业态开发指南　106
- 五、海洋康养旅游新产品新业态开发指南　114
- 六、生态研学康养旅游新产品新业态开发指南　121
- 七、户外康体旅游新产品新业态开发指南　128
- 八、避寒避暑健康旅游新产品新业态开发指南　138

第三部分　游客公共卫生防控与健康旅游手册　147
- 一、旅游者应树立的健康文明旅游理念　147
- 二、旅游者的公共卫生防控行为规范　152
- 三、特殊人群旅游健康注意事项及救护　166
- 四、四季易发疾病与旅游健康防护措施　174
- 五、特殊区域旅游健康安全需注意事项　187
- 六、特殊旅游项目需要注意的安全风险　194

七、出入境检疫与国际旅游健康注意事项　　204
八、旅游安全健康保险与安全救援服务　　212

第四部分　公共卫生防控与健康旅游知识手册　　219
一、新冠肺炎的相关知识　　219
二、中国防控新冠疫情出现的新名词　　223
三、公共卫生突发事件与应急管理　　234
四、公共医疗卫生等相关法律法规　　244
五、我国公共卫生事业的主要成就　　252
六、国际组织关于卫生健康宣言等　　260
七、健康旅游相关标准规范和技术　　266
八、中医抗疫优势和古代防疫智慧　　273
九、旅游健康管理与旅游危机管理　　279

第一部分　旅游行业健康保障能力建设手册

近年来，全球疫情频发引发了人们对健康和卫生问题的极大关注，随着大众卫生、健康和安全意识的不断提高，各行各业都在着手营造更加健康安全的氛围和环境，以此形成可持续发展的新局面。旅游行业的健康价值挖掘、安全卫生强化、健康化全面提升，已成为发展的必然趋势和基本要求。本手册以旅游行业的卫生、健康和安全提升为目标，从健康卫生应急、健康价值挖掘、日常健康卫生管理、行业健康安全监管等角度，对旅游景区、文博场馆、酒店住宿、旅行社、餐饮美食、旅游购物、娱乐活动、旅游交通、旅游目的地共九个方面进行了详细而系统的阐述，提出了相关的应对措施、发展路径和对策建议，以期能够为相关旅游企业和行政主管部门提供实践指导和决策参考。

一、旅游景区的健康保障能力提升指南

为强化旅游景区健康保障意识，全面升级景区对抗突发公共卫生事件的防控能力，帮助景区增强疫后的健康经营自救能力，助推景区行业实现高质量健康发展，特编写旅游景区健康能力提升和建设要点。以此促进景区在建设和发展过程中植入健康管理理念、健康运营理念、健康防控理念、健康经营理念和健康应急理念，全面改善景区健康发展的保障能力体系，进而为景区升级健康韧性、实现长久可持续发展提供相应的指导和建议。

（一）健全景区应对突发公共卫生事件的应急管理机制，完善与安全、卫生、健康、环保、信息化建设、应急保障相关的管理制度。应急管理能力是景区应对突发公共卫生事件的自我保护能力，能够有效预防、及时控制和消除突发公共卫生事件的危害。因此，景区在强化日常健康管理、安全防控、卫生防疫管理的基础上，要建立健全应对突发公共卫生事件的应急机制，进一步提升景区应对突发公共卫生事件的能力。将健康理念融入景区管理的方方面面，景区应严格遵守相关法规条例，按照相关规范指南和卫生标准要求，健全安全管理制度、卫生管理

制度、公共卫生事件防控管理制度、职工和游客健康监测制度、流量控制管理制度、环境保护制度、信息化建设及管理制度、应急救援管理制度等，并确保各项制度相互支撑并体系健全，有要求、有监管，更有奖惩机制，为景区的健康运行提供组织管理和制度保障。（1）健全应急防控机制。景区应成立传染病防控领导小组、制定应对各类流行病及疫情的应急预案（应急预案应至少包括以下内容：应急组织系统及其职责；应急预案启动原则和程序；分级应急处置措施；应急训练和演习；应急设备和物资的储备保养；履行预案规定的岗位职责）、建立健全应急联动机制、强化疫期防疫宣传。（2）落实防疫防控举措。要做好景区疫期疾病防控工作，强化员工健康管理和培训，落实景区全方位消毒消杀、卫生清洁和室内通风工作，以及重点场所的防疫管理排查工作，为游客安全健康畅游提供保障。（3）落实有序复工安排。根据防控部门要求申请有序复工，并进行开园前的应急防控演练，做好入园游客的健康监管，积极探索无接触服务、实时控制园区游客流量和流向，并通过推出景区惠民套餐活动激发疫后游客出游的动机，增强游客出游信心。（4）及时应对突发情况。对发现疑似病例的景区，要立即采取隔离措施并上报相关部门或单位，加强对密切接触者追踪，加强疫点及转运车辆消毒工作。立即公示关闭景区，待情况得到控制后，再按程序报批恢复开放。

（二）加强与政府、行业协会和相关单位的紧密联动，充分利用好政府为解决企业困难而出台的相关扶持政策，实现有效联防联控。在应对突发疫情及卫生事件情况时，景区除加强与政府防控管理部门、医疗卫生部门及相关机构的联防联控外，经营主体还应主动尝试抱团取暖，强化与上下游产业行业，与行业协会、同行企业之间的联动，建立协调统一、互帮互助的联防联控应急机制，以共克时艰。同时，景区应向政府及相关部门积极争取政策与资金支持，实时关注党中央、国务院、发改委、文旅部、人民银行、财政部、人社部等出台的扶持疫情受损严重行业和企业的政策文件，主动开展景区"自救"和赋能。（1）加强上下游联动。景区企业宜与上游规划策划、项目建设和产品供应方，下游旅行社、在线旅游等平台渠道商积极建立产业链各环节更广泛的联系和合作。例如，在产品和服务的创新方面，可以加强与策划公司、文创公司等合作；在产品销售方面，可与渠道分销商合作进行产品预售，以减轻现金流压力。（2）强化与行业协会联动。景区应积极团结行业协会、行业研究机构和行业媒体，探索开展广泛合作，以利于景区实现对外信息的权威营销与宣传，便于获得更大的市场认可，从而更快地恢复经营活力。（3）加强行业机构联动。充分发挥行业协会的协调及研究机构的智库功能，联动机构、组织专家，积极联合推出分析行业困局、推动行业发展、助力企业自救的公益讲座、培训及宣传活动，为疫情防控和产业复苏提供信心支持与发展动能。（4）强化景区行业内部联动。增进景区与同行企业的沟通交流，尤其是同一地区的景区企业，要积极联动，谋划共同的产业自救、恢复方案，从而避免出现价格战、同质恶性竞争等现象。要以地区整体的市场繁荣为大局，构建景区间的地区合作联盟，设计、推出相关联动线路和产品，争取实现地区旅游产业快速发展和壮大。（5）关注以下扶持政策：财政类，包括企业所得税减免、增值税减免、税费延期缴纳、土地租金减免、房屋租金减免、财政专项资金补贴等；发改类，包括探索用电、用气优惠，能源使用费减免，支持交通、信息化、医疗防疫设施建设，增加生态治理、项目投资、项目扩建等专项资金，减免高速通行费等政策；货币类，包括降低贷款利率、提供贷款贴息、发放无息贷款等政策；人社类，包括社保缴费减免、稳岗工资补助发放、失业保险费返还等政策[1]。

（三）把健康安全理念纳入景区规划的专项专章内容。规划是指导景区中长期发展的纲领性文件和基本依据，重视规划"龙头"环节中健康安全理念的植入，有利于景区发展从根本上有所重视，以此筑牢景区可持续发展的"生命线"。景区应充分发挥旅游本身具有的健康疗愈功能，挖掘资源健康价值、环境健康价值和人文精神健康价值，以旅游为载体，通过营造健康环境、推出健康产品、深化健康体验、配套健康设施塑造健康形象，把健康理念融入景区发展的各个环节，系统化地提升景区的健康价值和功能。（1）加强编制环节管理。景区在前期策划、规划、设计的环节中，应要求编制团队注重将健康、安全、防疫理念融入方案编制的各个环节；要求编制团队对旅游资源进行健康价值发掘与评估，策划设计符合景区发展主题的健康旅游产品、生态游览线路，尽可能减少对场地地形

---

1 中国旅游景区协会. 中国旅游景区协会关于旅游景区受新冠肺炎疫情影响情况及产业恢复对策建议的报告[EB/OL].（2020-02-29）[2020-02-29]. https: //chinataa.org/news/detail/1659860296185846-aa7099.html.

地貌、生态环境的破坏；要求编制团队在方案设计中充分吸收国家卫生和环保标准对景区功能性建筑的要求，对规划项目、服务设施进行科学合理布设；在综合防灾保障体系中充分考虑到应对公共卫生事件的保障措施。（2）重视规划评审环节。在相关规划评审或审批环节，应邀请卫生健康及旅游安全领域的专家出席参与评估论证，对旅游项目、商业业态、服务设施的健康价值和属性进行评估审视。（3）强化规划落地监管。在规划落地执行过程中，要更加关注相关健康保障工程的落实情况，加强对安全防范设施、健康服务设施、卫生管理设施、健康旅游产品建设工程的监管与审查。

（四）凸显健康价值并推出系列健康导向的产品和服务。（1）挖掘景区资源健康价值。充分挖掘森林、草原、河湖、山地、海洋沙滩、滑雪地、温泉、湿地等自然资源的生态健康价值，挖掘乡村田园、农业种植、传统聚落、主题运动、主题娱乐、宗教文化体验、人文活动等人文资源的社会健康和精神健康价值，将其融入旅游产品的开发和宣传中。（2）开发健康养生旅游产品。景区可根据自身发展定位，发挥各自资源特色和主题特色，积极开发生态游览、森林氧吧、滨湖观光、滨海休闲、海岛养生、河谷漂流等生态养生旅游产品，也可探索开发生态研学、中医疗养、医疗美容、温泉养生、山地运动、海上运动、冰雪运动、极限探索等康体运动产品，以培育游客健康理念并提升游客健康素养。同时，也可探索开发艺术文化体验、老年大学、宗教养生、民族节庆、非物质文化遗产演绎、主题水舞灯光秀等陶冶情操的文化健康养心类产品。（3）推出健康养生文创特产。鼓励景区利用生态原材料加工成土特产和工艺品进行售卖；将生态、绿色、健康的理念注入景区特产和旅游商品的开发、研制与营销过程中，通过文化植入、主题创意、生态包装来提升旅游商品的附加价值，以赢得市场青睐。（4）塑造景区健康旅游形象。通过官网、旅行社、OTA平台对景区健康类旅游产品和服务加强宣传，向社会公众开展景区防疫安全宣传，公开透明景区防疫工作情况，接受公众监督反馈，增强游客安全感，塑造景区安全、安心、安定的健康形象。

（五）对现有场所环境及设施条件进行健康化改造与升级。景区场所和设施的健康保障功能直接影响员工及旅游者的人身安全，景区应按照相关安全质量规范、建设管理规范、卫生标准要求，基于市场发展新要求，实施对景区场所环境和设施条件的健康化改造与升级。标识系统和解说系统是景区向游客传递旅游信息并树立安心安全形象的重要载体，通过将健康理念、安全理念融入标识系统和解说系统的体系中，能够更好地引导游客进行健康、安全、便捷、合理的游览观光，并辅助景区在应对突发公共卫生事件期间的游客健康安全引导、游览线路重设和流量的有效管控。（1）强化景区基本安全保障。确保安全防护设施、安全警示标志、消防设施的充足和完好无损，确保安全出口、安全通道、消防通道的畅通无阻，确保特种设备和游乐设施的完好安全，确保各种供电线路架设、井口、井盖等基础设施的安装符合规范，确保景区内缆车、游船等交通工具具备安全保障设施且性能完好，确保景区室内场馆的通风设施并实现能够供应新风，确保应急广播、照明和相关安全救护设施设备齐全等。（2）配备景区健康管理设施。景区要积极应对社会经济发展新趋势、旅游市场变化新需求，完善包含硬件和软件健康管理设施在内的配套，包含景区闸口检测的健康管理设施、景区视频监控设施、实名认证系统及设施、信息化管理平台及设施等。（3）营造生态舒心的游览环境。在旅游活动设计、设施配置、体验项目安排等方面充分考虑节约能源和生态环境保护的需要，力求使旅游开发和旅游活动对环境的影响最小，并积极打造绿色健康的生态游览环境。

（六）建设完善的景区健康防疫标识系统和解说系统。（1）完善健康标识系统。景区在标识系统设计中要植入健康、生态、安全的理念，在配备完善的全景导览标识、方向指示标识、安全警示标识和温馨提示标识等景区必备标识系统的基础上，适当合理地增加指导游客适应季节、天气和景区所在地环境变化的健康提示标识，可采用电子屏、信息提示、木质标识等多种形式，以强化景区管理的健康意识，凸显景区对游客的人文关怀；同时，在全景导览标识中，宜加入隔离观察室的位置。（2）完善健康解说系统。在景区游客服务中心、官网、公众号提供的对外宣传材料中，宜增加游客安全防护指南、游客健康游览指南、健康产品和环境介绍等，或在原有宣传材料中加入健康防护提示专栏；在导游解说词中，宜根据游客类型，加入健康游览温馨提示；在电子导览服务中，融入健康和安全提示内容；同时，积极引导游客进行健康旅游和绿色消费，疫情期间建议游客尽量使用语音导览服务。（3）建立虚拟导览系统。景区可以通过建立虚拟导览系统，在应对突发公共卫生事件时能结合景区提供游览线路的在线响应，在日常条件下积极为游客实地游览过程提供便利、健康、安全的线上导向服务。(4)建立虚拟健康解说系统。虚拟健康解说系统除了在电子语音讲解服务中为不同类型的游客提供健康安全提示外,还可以另设健康专栏,为解决各类游客的健康问题,以及可能在游览环境中出现的所有健康、卫生、安全问题进行分析和建议,并提供配套服务和处理方案;同时,在疫情期间,景区可以通过此类解说系统,向游客及时传播疫情权威信息和普及防疫知识。

(七)保障景区的医疗急救和防疫防控相关服务能力,增设隔离观察室作为景区防疫防控的独立空间。完善景区日常医疗急救和应对公共卫生事件期间的协调联动机制、救援响应机制、防控责任机制,全方面保障日常医疗急救和疫期防疫防控能力,确保景区能够更高效、更有序地保障员工和游客的安全和健康。面对突发公共卫生事件,建议景区利用现有医务室,或单独设立与景区规模和质量等级相匹配的隔离观察室,以此作为景区在面对突发疫情时进行有效隔离防控的场所。(1)保障基本医疗救护。景区应为游客设置紧急医护室,并配备一定数量的医护人员、必要的抢救设备和常用的物质药品,时刻做好景区急救准备工作。(2)建立急救联动机制。景区要与周边正规医院、医疗机构建立稳定的合作关系,有切实可行的医疗急救措施和制度,建立有效的危机应急联动机制并进行模拟演练。(3)构建应急救援网络。凡有条件的景区,均应建立或加入所在地区的紧急救援网络,要求一线负责人员掌握各类事件应急救援流程、相应救援机构和急救医院相关信息。(4)观察室选址。建议尽量在景区入口大门附近和远离人群集聚区域设置观察室,以保障在疫情期间按照病症特征在入口处进行有效监测后,能够对疑似患者进行有效、快速的隔离、上报和转运,减少进入景区后的病毒传播和扩散风险。(5)观察室配置。隔离观察室内宜备有专用的床、被褥、食具、盥洗用具和便具、诊察用具等,并进行经常消毒。(6)观察室功能。在疫期,应为发现的可疑症状者提供及时隔离场所,为景区启动预案、上报疫情提供时间;在非疫期,可以作为游客急救使用的休息和停留的空间,或作为消毒、防虫、防疫等防控物资的储备空间。

(八)开展景区员工岗位的健康服务能力培训。员工作为企业的形象代言人,是景区健康服务的重要提供者和呈现者,员工健康意识的培育、健康服务水平的等级、健康素养的养成都离不开景区对健康服务能力的重视、培训与管理。（1）保障服务人员身心健康。上岗前，对从业人员进行健康体检，并建立个人健康档案；患有传染病的人员，治愈前不能直接为游客服务。上岗后，景区应组织从业人员进行年度健康检查；突发疫情期间，要严格监管，坚持每日健康监测。（2）制定岗位卫生健康服务守则。设立景区专项健康服务管理部门，并组织制定岗位卫生健康服务守则，负责为景区培育专业健康服务人员、研发健康服务产品、引进健康服务技术、营造生态健康景区环境。应分别针对停车场管理员、售票员、检票员、咨询员、导游（讲解）员、商购服务员、餐饮服务员、客房服务员、活动教练、司机、船长、机长等服务接待岗位，以及卫生保洁员、安全员、维修员、厨师等后勤保障岗位，制定详细的岗位卫生健康服务守则，并组织相关专项培训活动。（3）制订健康卫生服务培训计划。景区应制订详细的岗位卫生健康服务年度培训计划，对员工进行岗位卫生和健康培训，确保员工掌握与岗位相关的职业技能和健康防护常识，确保员工熟知常见突发公共卫生事件的防治措施，并定期组织演练。对从业人员进行岗位健康知识和游客健康知识培训，掌握一定的健康专业知识、防疫知识及技能。加强对员工环保知识的宣传普及，使其掌握健康安全防范和生态环保行为的技能培训。对管理人员进行生态健康管理培训，提高其绿色健康管理意识和能力。特种设备作业人员应取得相关上岗证书才能上岗。（4）加强岗位健康管理能力考核。加强对景区从业人员健康管理、健康服务能力的监督与考核。细化健康管理水平和健康服务水平评价指标，将其纳入员工绩效考核体系。针对岗位特点，通过季度、月度、周度考核等方式，强化员工健康服务意识，提升景区整体健康管理服务水平。

（九）利用信息技术加强对景区游客健康旅游行为的引导和管理。树立"游客安全健康第一位"的管理理念，通过提升景区的信息化管理水平，监测游客健康情况，强化对游客游览过程中的旅游健康行为引导与管理。景区应基于环境承载力，设置并公布科学、合理的瞬时、日游客最大承载量，完善流量监测、管理措施，设置必要的游客流量监测设备，并针对游客高峰期和突发事件制定游客流量和流向调控方案。（1）建立游客健康信息登记系统。对于团队游客，建议旅行社在出发前将团队游客健康信息进行如实统计，并传递给景区接待方；针对散客，景区宜在游客中心或入口处提示、鼓励游客告知健康信息，并为特殊人群提供相应便利服务和设施；同时，发放游客安全防护指南、游客健康游览指南等材料。(2)建立实时监测系统。建立景区各类珍稀动植物资源的实时监控系统,有效防止滥杀、滥伐、滥垦等不法行为的发生;建立景区污染源排放监控系统,禁止非法排放污染物;健全游客导览系统,防止游客进入禁止进入区(如严格的生态保护区、特别的景观保护区、地质灾害易发区)。(3)加强游客健康行为引导。通过制定并发放游客文明健康旅游指南,并通过虚拟及线下标识引导、语言引导、事前引导、示范引导等多种方式,对游客不文明、不健康的游览行为进行管理和引导。(4)建立健康旅游反馈机制。建立游客对健康、卫生、安全隐患的反馈机制,鼓励游客通过投诉、建议、平台反馈等渠道对景区进行监督,督促景区不断提升安全健康管理水平。

(十)完善信息管理系统以强化景区流量管控。(1)核定景区最大承载量。景区应根据 GB/T 18971、LB/T 034 中的相关方法,结合自身特点,对游客流量和最大承载力进行测定与核定。(2)建立景区游客流量监控系统。搭建集景区出入口信息采集、数据处理、GPS 定位信息采集、景区地图数据库、警报和显示功能于一体的客流量监控系统,能够及时将景区内实时人数情况发送至显示单元,当实时人数即将超出限定流量时,系统能够及时发送预警给警报单元。景区也可在门票上植入存储介质,记录和传递游客在景区的各种信息;景区应在出入口、交通集散地、主要景点、人员密集区、事故多发地安装视频监控设备,并在关键区域布设红外监控、云台监控、高空瞭望等设备,支持客流数据采集和危险监测。(3)建立景区线上预约系统。线上预约能够更加有效地控制景区客流量,通过游览时段预约,为游客提供更加便捷的游览时间选择。(4)及时发布景区客流量。在景区出入口、游客服务中心通过大屏滚动实时更新发布景区在园人数、等候时间、各景点游客最大承载量监控、天气状况、空气质量、节目演出场次和注意事项等信息。(5)适时调控流量和流向。景区应制定客流高峰期的安全预案,以及各种特殊时期限流的安全预案,实现及时进行客流疏导,合理安排流量和流向。

(十一)强化安全管理以保障游客基本生命财产安全。安全是健康的基本前提,景区应贯彻"以人为本·关爱生命"的健康理念,努力消除存在的各种安全隐患,积极防范意外事故的发生,对于突发意外事件应有系统的应急预案。(1)健全安全管理机制。景区应健全安全管理制度,培育建设专业性的安全管理队伍,建立完善的安全管理责任体系、安全监控系统、安全工作培训演练体系、安全管理工作考核体系。（2）完善安全保障措施。景区应严格按照相关安全法规和条例，以及安全质量规范、服务规范、建设管理规范、卫生标准、等级评价标准相关行业规范和标准，充分完善景区的安全保障设施。景区要设置完善的安全警示标识，室内景区应设有安全疏散通道并保证其畅通无阻；景区所售商品应确保人体健康与安全，符合 GB/T 16868 要求；游乐设施的购置、安装、使用、维修、管理应符合 GB 8408 及相关安全监督管理办法的要求；游步道、休憩设施设备应符合 GB/T 16767 的安全要求；确保各种消防设备、器具齐全、管用，建立火警监控系统，畅通消防安全通道；加强对特种设备的管理、检测、维修，确保安全无隐患等[1]。（3）落实安全应急举措。充分考虑景区可能存在的各类安全隐患，并制定相应的救援预案，建立外部救援联动机制；对存在安全隐患的区域，导游要提醒游客注意安全；要有针对突发性事件的应急预案、预警预报系统和疏散游客措施，定期组织实施演习活动。

（十二）强化卫生管理以营造生态健康的游览环境。景区生态环境本身具有敏感性、脆弱性特征，卫生管理是景区不可忽视的健康管理环节，稍有不慎就会对生态环境造成污染、破坏，甚至损害大众健康。因此，景区应建立健全卫生管理机制，加强对卫生环境的监督管理，保障卫生服务设施设备齐全，实施严格的卫生管理要求，为游客提供一个环境优美、生态和谐、卫生整洁、健康安全的游览空间。（1）健全的卫生管理机制。景区应在建立环境卫生管理制度的基础上，落实制度要求，建立统一有效的卫生管理团队，建立完善的卫生管理责任体系、卫生监管系统、卫生保洁工作培训系统、卫生工作考核管理体系。（2）达标的卫生服务场所。景区游览场所环境整洁，应符合相关卫生标准要求，保障无污水污物；餐厅应在经营证件齐全的基础上，强化卫生管理、配合卫生督查；购物商场（店）、商亭的卫生管理应按 GB 9670 有关规定执行；旅游厕所的卫生管理应符合 GB/T 18973 相关要求；其他服务场所卫生环境应达到 GB/T 17775 中的最低基本要求；卫生保洁工作应符合 GB/T 18973 中的有关要求[2]。（3）完善的环境

---

1 中华人民共和国国家质量监督检验检疫总局，中国国家标准化管理委员会. 旅游景区服务指南（GB/T 26355—2010）.

2 中华人民共和国国家质量监督检验检疫总局，中国国家标准化管理委员会. 游乐园（场）服务质量（GB/T 16767—2010）.

卫生服务设施设备。景区应配设足量的分类垃圾箱，合理设置布局垃圾收集点、垃圾转运站，保障景区垃圾的及时分类回收；特殊防疫时期应设置专用废弃污染物回收箱；结合景区实际需要配设数量充足、布局合理的旅游厕所；生活污水排放系统和设施要按照国家有关环境保护和卫生防疫的法规条例、行业标准进行合理布局、设计、修建和使用；景区应配备符合国家卫生防疫部门要求的消毒杀虫设备，定期对景区设施、场所进行全面消毒。（4）严格的卫生管理措施。景区应针对游览场所卫生、公共服务设施卫生、卫生管理人员、保洁人员建立景区岗位卫生管理制度，开展员工培训，并监督落实。比如，景区内餐饮卫生应达到各专项的国标或行标要求；景区饮用水的卫生应符合 GB 5749 的要求；餐饮用具应符合行业相关规定；采购食（饮）品，应对供应商资质和采购物品进行必要的审验和检查，确保食材健康无污染；存放垃圾的设施设备和场地应保持清洁卫生，应有防蚊、蝇、虫、鼠等措施；景区内垃圾清理应保证清运及时、日产日清等。

（十三）强化对野生动植物资源的保护监测与管理。景区要严格按照野生动植物相关保护法规做好野生动植物资源的调查、监测、保护、防疫、宣传工作。（1）加强监测保护。健全景区野生动植物资源保护机制，结合景区监控管理系统和环保、警务人员定期定时巡查等方式，加强对非法捕猎、偷盗野生动物以及采伐野生植物等行为的监管和打击力度，根据相关法律法规及时报告或处置。（2）丰富警示标识。在景区野生动物活动范围边界上栽定界桩，设置野生动植物资源标识牌和解说牌，在珍稀野生动物活动区和野生植物生长区设立温馨提示牌，使景区资源保护成为广大游客和当地居民的自觉行动。（3）开展保护宣传。加强对野生动物相关法律法规的宣教，深入开展相关保护、宣传活动；向游客和当地居民发放野生动植物保护手册，提高公众认知，不断推进景区人文生态建设。（4）强化疫期隔离。做好对景区内陆生、野生动物的封控、隔离和观察，禁止与动物的直接接触。

（十四）探索"全程无接触旅游服务"并打造"智慧景区"。社会、科学技术的发展对景区管理提出了新要求，面对疫情，行业内更是看到了智慧管理为景区带来的便利和红利。因此，不断探索景区的智慧化建设，逐步实现"全程无接触旅游服务"的畅想，将是景区未来发展的必然趋势。（1）推进智慧系统建设。编制智慧景区建设总体规划，建立量身定制的智慧景区业务系统和服务管理系统，构建数据共享与业务协同机制，实现景区管理、运营、服务、营销信息的集成应用。充分发挥传感网、互联网和移动互联网的作用，及时感知景区环境、设施设备、客流、业务流、物流、资金流等信息，实现信息流转的动态化、管理服务的智能化、应用平台的移动化；积极探索构建集数据管理系统、应急指挥系统、地理信息系统、运行监管系统、电子商务平台、自助终端App、VR虚拟游览系统等于一体的景区智慧化管理运营体系，推动景区线上线下结合的运营和服务模式创新[1]。（2）加强景区智慧设施配备。景区应努力建立集电力设施、通信设施、物联网设施、信息发布设施、应急指挥设施、机房设施等于一体的智慧管理系统配套设施。（3）加强景区智慧管理。建立景区办公管理系统；建立与商业资源、旅游资源、人力资源、设施设备管理相关的信息化模块；建立景区关于售检票、车辆、游客接待、讲解咨询、投诉建议、设施运维、演艺等常态业务的智慧运营业务系统；建立景区安全管理、客流监控、预警系统、消防控制等安防智慧监控管理系统。（4）提供智慧旅游服务。景区应建立基于互联网的大屏、广播、门户网站、触摸屏、微信、微博、移动App、手机短信等多种旅游信息发布渠道；提供多语言自助导游讲解服务、电子地图导览服务、服务设施查询、定位引导服务。利用官网、微信公众号、景区触摸屏设备，提供虚拟导览、讲解服务；提供信息发布和一键应急救援服务；完善线上评论、意见反馈投诉处理服务。（5）探索智能化景区开发。推进景区传感器、通信设施、5G基站建设，创新探索云计算、区块链、大数据、AI、物联网等现代高新技术在景区中的场景应用，探索智能化景区开发。

（十五）以打造绿色健康景区为理念加强景区环境污染控制。旅游景区大多拥有不可替代的自然生态和历史人文资源，建设绿色景区，实施绿色管理，对景区资源的永续利用和高质量发展具有重要意义。（1）强调绿色开发建设。在景区前期规划建设中应严格践行生态优先原则，应尽量减少对自然环境的破坏，合理规划，节约集约用地。做到：项目设计应节能节水；服务接待设施建设的规模和布局科学合理；建筑选材绿色环保；景区道路和停车场建设应生态、透水、环保；景区建设施工要对周边生态环境采取保护措施；对因建设而造成的山体破坏，及

1　江苏省市场监督管理局.智慧景区建设指南（DB 32/T 3585—2019）.

时实施生态保育、恢复工程。（2）重视景区绿化环境。应坚持"绿色生态、因地制宜"的原则，选用当地树种，配置无害、美观、病虫害少的景观植物。（3）加强自然资源保护。加强对景区珍稀植物、野生药材、植物群落、野生动物分布活动区和生态敏感地段的保护，道路、项目、设施建设应避开此类区域；景区内不销售以列入国家保护动植物为原材料的土特产品、工艺品和食（饮）品；加强景区水体保护，及时监控、预防水体污染，并对已受到污染的水体实施净化处理。（4）确保景区生态安全。严格遵循法定土地利用规划、国土空间规划、环境保护规划的各类红线要求，景区开发与建设不触及生态红线。（5）植入循环经济理念。在景区经营管理中，要以循环经济为理念，将清洁生产、节能管理、绿色发展等概念植入到景区经营管理中，最大限度地降低对资源和环境的消耗，减少废气、废水、垃圾等各类废弃物的产生，实现景区高效生态循环发展。（6）提供绿色服务。为游客提供绿色旅游宣传材料，开展绿色教育并鼓励绿色消费；鼓励景区内住宿接待设施建设符合LB/T 007的规定；景区内餐饮场所提供安全健康的绿色食品，禁止提供非法野味餐食服务。

二、文博场馆的健康保障能力提升指南

为全面升级文博场馆应急保障能力，强化健康保障意识，帮助场馆提升疫后自救能力，恢复健康运营助推文博场馆实现高质量健康发展，特编制文博场馆相关健康能力建设手册；以促进文博场馆在开发建设、运营管理、安全卫生防控、信息化建设、产品创新等各个环节中植入健康管理理念、健康运营理念、健康防控理念、健康经营理念等。进一步全面构建场馆健康发展保障能力体系，为文博场馆提升健康保障、优化健康服务、开展健康活动、实现健康发展提供指引和建议。

（一）建立文博场馆应对突发公共卫生事件的应急机制。文博场馆负责人要高度重视突发公共卫生事件应急防控能力的升级工作，建立健全应急防控机制，做好防疫保障和宣传教育工作。（1）建立领导机制。成立由场馆主要负责人任组长的疫情防控领导小组，统一领导、部署和实施，明确各部门及各操作环节上的主体责任，切实落实疫情防控工作。（2）制定应急预案。各文博场馆应结合实际

编制、调整并应需启动突发公共卫生事件的应急预案，制定周全详细的工作方案，做好疫情防控的各项处置工作。（3）建立联防联控机制。按照突发公共卫生事件应急预案的编制原则，强化协调联动机制、防控责任机制、信息报送机制和疫情监测防治机制。（4）保障防疫物资。根据突发公共卫生事件特点，及时储备能够满足场馆疫情防控期间所需的防疫物资。（5）做好宣传教育。加强舆论引导，对疫情进展及相关政策进行宣传、解读，做好文件精神的传达工作；通过官网、微博、微信、工作群等渠道向员工、观众普及相关的疫情防控知识。

（二）及时闭馆并强化消杀。面对突发公共卫生事件，文博场馆应根据疫情预警及时闭馆，并做好馆区消毒防疫工作。文博场馆多为室内场馆，室内空气质量的优劣会对游客的健康舒适度产生较大影响，为确保室内空气无毒、无害和无异味，场馆应格外注重实时通风并清理卫生。（1）停止对外开放。在疫情发生期间，场馆应停止对外开放，停止所有社会教育、志愿服务活动及各类可能产生人员聚集的活动。（2）实施健康摸排。根据各地情况，按地方防控要求做好员工的健康监测工作，掌握员工出行轨迹，对疫情严重地区的返回人员实行居家隔离观察。（3）做好消毒通风。做好馆区清洁卫生和消毒工作，保洁人员要对卫生间、垃圾桶、门厅、公用物品、公共接触物品或部位进行定时定期清洗和消毒；加强餐厅和厨房的卫生消杀管理；中央空调应及时关闭回风，使用全新风运行，并做好消毒工作。（4）强化员工管理。采取灵活、弹性上班工作制度；严格进出馆区的登记和健康检测，按要求做好疫情防护；实施错峰就餐或分散用餐；减少人员聚集；做好应急隔离和传染源控制，严格应急处置方案。

（三）严格优化通风和卫生管理。（1）保证通风。应充分利用场馆的门窗进行自然通风；使用集中空调的馆区，应保障空调新风、排风系统或设施能够正常使用，确保空气实时流通；使用面积超过 300 平方米或自然通风条件不良的文博场馆均应安装机械通风装置。禁止在馆内吸烟；馆内卫生间应具备单独通风、排气设施；加强对场馆内空气质量的监测与评价。（2）保持清洁卫生。及时更新和储备保质保量的卫生防疫相关产品（消毒产品、杀虫剂、灭鼠剂等，以及供游客使用的洗手液、消毒液等）；室内集中及分散式空调设施应定期保洁和消毒；场馆内的公共用具、语音导览租赁设备应做到每客用后清洗消毒；馆内场地采用湿式清扫，及时清除垃圾污物，保持馆内整洁。馆内卫生间应及时清洗、消毒、保洁、盥洗；设置分类垃圾桶，并及时清运；经过清洗消毒的公共设施和物品宜采用适当的方式进行标志。（3）加强病媒防控。根据病媒生物特点，制定落实防治措施，定期对场所内病媒生物防治设施进行检查维护，保证正常使用；加强日常防疫物资、应急药、应急物资储备更新，确保防疫物资充足到位[1]。

（四）建立文博场馆的数字博物馆线上平台，积极探索多元化的"云观展"线上展览活动。"云观展""云直播"成为市场热点，数字博物馆的建设成为适应时代发展的产物，是现代博物馆发展的趋势。各文博场馆应积极融入所在省市文博单位信息化建设工作，探索建设数字博物馆平台。面对突发疫情，各文博场馆应发扬文博魅力，传播中华民族伟大精神，通过"以艺抗疫"，凸显人文关怀，增强民族凝聚力和向心力，传播积极应对突发公共卫生事件的健康正能量。为避免产品的同质化发展，"云观展"产品不应只是把线下资源全盘照搬线上，沦为渠道化产物，而应该不断推进产品技术创新，不断升级观众体验，创造新价值。（1）建立基础数据平台。建立应包括但不限于机房设施、互联网、物联网、局域网、GIS、GPS、PC、服务器、办公自动化、安防监控等硬件及其周边设施等搭建数据平台的基础设施；构建符合但不限于 GB/T 12991、GB/T 17533、GB/T 20273 等相关数据库技术标准要求的数据库系统；开发应符合但不限于 GB/T 18578 等相关规范要求的 GIS 地理信息系统；建立符合但不限于 GB/T 28452 等相关信息安全技术标准要求，包括系统安全、网络安全、数据安全、应用安全的信息安全系统[2]。（2）建立应用服务平台。建立场馆内部协同管理平台，并以此为核心，连接电子门票系统、监控系统、藏品信息系统、电子巡更系统和财务管理系统等，实现高效便捷的管理服务；搭建公共商务服务平台（官网），发布场馆介绍、虚拟导览、虚拟讲解、地图信息、交通信息等服务信息，并发布场馆客流量统计和预约信息、票务信息等。（3）推出抗疫文艺作品。利用数字博物馆线上云平台，通过开通抗疫主题的文艺作品展播专题栏目方式，传递对防疫"一线"医务工作者的人文关怀，传递抗疫正能量，增强全社会抗疫的信心。（4）开展抗

---

[1] 中华人民共和国国家市场监督管理总局，中国国家标准化管理委员会. 公共场所卫生管理规范（GB 37487—2019）.

[2] 中华人民共和国国家质量监督检验检疫总局，中国国家标准化管理委员会. 旅游景区数字化应用规范（GB/T 30225—2013）.

疫文博活动。通过组织义卖助捐、征集抗疫见证物、创作爱国题材短视频等多元活动，激活文博市场，激发民众爱国精神和群体价值，为抗疫注入健康能量。(5)升级虚拟博物馆展示方式。在采用图片、文字、视频等多元化展示方式进行网上数字化展览的同时，积极探索虚拟现实、三维空间、超文本链接、图像声音等多媒体化方式，使参观者获得更佳的感官体验。(6)探索多元互动式观展方式。通过组织在线文物赏析活动、在线展览文物互动活动、专家直播导赏等多种活动，提升观展形式与品质，并扩大影响力。(7)创新开发多元"云"上服务。文博场馆可推出网上讲座、微电影、微视频等公共文化产品，通过"云参观""云刷屏"等方式，向观众讲述文物背后的故事，升级文化体验。(8)探索多元"云"业态。整合线上消费和线下体验，通过对文化元素的提炼挖掘，将传统文化结合潮流表现手法，结合动漫、音乐、游戏、文创等多元数字创意方式，推动文化价值和产业价值互相赋能，创新多元"云"业态，丰富新体验，拉近与"90后""00后"等新生代的距离。(9)创新开发文博场馆的健康文创产品及观展活动。依托文博场馆主题特色，挖掘主题生态、文化、艺术和健康价值，通过开发健康主题系列文创产品，组织开展健康主题文创旅游活动，塑造文博场馆独特的健康IP新形象。

（五）应根据风险级别按规定和要求申报场馆开放。严格遵从上级主管部门关于文博场馆恢复开放的相关操作要求，坚持文博场馆分区、分级恢复开放的原则，始终坚持防疫优先，保障做好恢复开放期的相关预案和准备工作。(1)分级有序申报。文博场馆应基于所在地疫情风险等级的动态变化，根据地方疫情防控部门要求，向地方政府提出申报要求，经审批后方可向社会公示恢复开放。(2)做好开放公示。通过线上线下多种渠道向社会发布，明确开放时间、服务项目和入馆须知，明确观展注意事项等有关内容。(3)做好开放前准备工作。坚持防疫优先，加强人员进出管理和健康监测，强化展区消毒工作，保持场馆持续通风，加强疫情防治知识宣传，毫不放松地抓好防控工作；做好开馆预案，并根据当地疫情防控情况及防控部门最新指示进行及时动态调整；认真检查各类设备运转情况，做好安全隐患排除工作。(4)做好应急处置。发现疑似或确诊病例的场馆，要立即配合疫情防控部门采取隔离措施，加强对密切接触者追踪、对疫点消毒等工作，并暂时关闭场馆[1]。

（六）将生态健康理念融入场馆开发建设中。以健康、生态、安全为理念，将绿色设计、清洁生产、节能管理、健康保障等概念融入文博场馆前期开发建设的环节中，打造生态健康的参观场所。（1）规划设计环节。将生态健康理念融入博物馆章程、博物馆发展规划和博物馆建筑设计中，为场馆的生态开发建设和健康管理运营提供指导与支撑；博物馆章程制定后，应经主管部门批准，并向社会公示；博物馆发展规划应由主管部门组织专家论证，并批准或发布；场馆的规划设计在论证过程中，宜邀请卫生健康及安全领域的专家参与评估论证，对场馆设计、产品开发、运营管理的健康安全属性和价值进行评估审视。（2）建筑设计环节。文博场馆建筑设计功能区块布局合理，室内外展示区域布局合理，区块划分疏密有致，功能齐全；建筑体量、风格设计要与周边景观相协调；建筑材料和设备应采用绿色建筑材料，注重自身的节能节水事项；场馆停车场和道路等建设应注重生态环保要求。（3）做好场馆绿化。根据博物馆规模，通过采用室内生态绿化、场地绿植装点、室外植被覆盖等方式实现场馆空气净化和功能区的隔离，确保场馆环境整洁、美观与舒适，提升绿化率和室内空气质量。（4）建设场馆安全通道。文博场馆建筑应设有标识明确的安全出口和实时畅通的疏散通道与消防通道；沿途配备完好的应急照明、救生、消防等设施设备。（5）办理卫生审查手续。新改扩建的场馆，应严格按照规定办理相关卫生审查手续。

（七）健全场馆卫生防疫的健康管理体制机制。健全的体制机制是场馆实施卫生防疫和健康管理的保障，各文博场馆应设立卫生管理部门，健全相关管理制度，建立场馆卫生管理档案，完善卫生防疫培训制度，提升文博场馆的卫生健康管理水平。（1）健全场馆管理制度。场馆应配备专（兼）职卫生防疫管理人员，管理者应具备场馆防疫专项知识或实操经验，确保有能力负责本场馆的卫生防疫工作。（2）健全场馆卫生管理档案。卫生管理档案应有专人管理，分类记录并保存至少两年，记录内容应当包括：卫生管理部门、卫生管理制度及人员设置情况；

---

1 中华人民共和国文化和旅游部公共服务司. 公共图书馆、文化馆（站）恢复开放工作指南[EB/OL].（2020-02-25）[2020-02-25]. http://zwgk.mct.gov.cn/auto255/202002/t20200225_851273.html?keywords=.

微小气候、采光、照明、空气、噪声等的检测情况；参观人员用品用具的清洗、消毒、更换情况；卫生设施、通风设施设备的使用、消毒、检测、维护情况；从业人员健康检查情况；培训考核情况；场馆公共卫生事故及其他危害健康事故应急预案或方案等。（3）加强传染病防控和健康危害事故管理。定期检查各项卫生制度、操作规程落实情况，及时消除健康危害隐患，防止传染病传播和健康危害事故发生；制定传染病防控和健康危害事故应急预案，发生事件时应立即处置，并按照卫生法律法规要求及时上报；从业人员有传染性疾病感染症状时，应及时脱岗，在健康治愈后方可上岗[1]。

（八）建立完善的安全防范系统，保障游客人身安全和文物安全。文物安全和游客人身安全是文博场馆能够健康运营的基础和前提保障，各场馆应坚持"技防""人防""物防"相结合，设立专门的安全管理职能部门，制定安全管理制度，明确安全管理操作流程，建立健全的安全保障监管系统和设施，保障游客和文物安全。（1）实施安全防范系统工程。按照 GA 27 规定要求，根据文博场馆的风险防护级别，配备涵盖中心控制室、报警系统、公安部门联动装置、电视监控装置、周界控制装置等安全防护设施的安全防范系统。（2）建立安全防范工作机制。健全安全保卫规章制度，设立机构、配备专职人员，制定切实可行的操作规程，做好安全保卫和档案存档工作，做好安全防范应急预案和应急演练工作。（3）加强安全防范审查。对新建、扩建、改建的场馆，加强安全防范工程的审查，严格落实监督施工和竣工验收各环节。（4）做好公共安全防范工作。充分发挥安防部门、机构职能，制定并保障场馆参观游览安全管理办法等制度文件的落实；设置合理、明显的进出口安全疏散通道，并在场馆全景导览图、宣传材料、虚拟导览中进行标示；确保安全疏散标识和线路清晰醒目；保障应急照明；确保救生设施设备配置齐全、完好。

（九）确保文博场馆内消防设施、组织和制度健全。作为消防安全重点单位，文博场馆应当在认真遵守《中华人民共和国消防条例》和《古建筑消防管理规则》相关要求的基础上，落实《机关、团体、企业、事业单位消防安全管理规

---

[1] 中华人民共和国国家市场监督管理总局，中国国家标准化管理委员会. 公共场所卫生管理规范（GB 37487—2019）.

定》以及 GB 50016 相关要求，加强消防安全管理。（1）建立工作机制。文博场馆应建立由场馆主要领导人为负责人的防火安全组织，有效推进场馆的消防安全工作；配备符合场馆需求的专职或兼职消防干部团队，或组织群众性的义务消防队。（2）健全管理制度。根据场馆具体情况，进行安全防火检查，明确消防重点，消除火险隐患，制定场馆消防管理制度、消防工作规程和灭火方案。（3）完善设施设备。配置能够满足场馆需求的充足的消防设施、设备；配设防雷装置；由专人负责管理，进行定期检查、维修、更新，确保设施完备、有效；接受当地消防部门的定期检查并存档备案。（4）做好应急演练。制定文博场馆处置各类火灾的消防应急预案，并确保每年至少举行1次消防演练。

（十）强化保障文博场馆健康运营的防控机制，鼓励卫生健康监测的常态化应用。对于容量大、空间密闭、人流集中、易成为病毒传播高危地带的场馆，应严格按照 GB 3095 和 GB/T 18883 相关标准要求，通过实时健康监测和空气质量监测，强化健康运营防控机制，实现对公共卫生事件的有效监测和预防。地方政府应承担起文博场馆健康危害因素的监管任务；政府相关部门应当对文博场馆实施量化分级管理，促进场馆自身健康卫生管理，增强健康卫生监督信息透明度；对已发生危害健康事故的场馆及时依法封闭场馆、封存相关物品、对场馆进行消毒。（1）常态化实施入馆人员健康监测。建议常态化使用场馆出入口安全监测、人像识别、红外测温等检测设备，建立安全、健康监测和报告制度。（2）探索实施展厅空气智能监测。建议积极探索使用安全有效的智能环境监测系统，实时监测场馆室内温湿度、空气质量和室内人数，并通过设置达标的空气质量指数与馆内观众承载量指标，实现系统对馆内空气质量的及时提示与预警。（3）加强场所卫生检测。文博场馆应按照卫生法律法规、规范、标准的规定，对场所空气质量、微小气候、水质、噪声、采光、照明、公共用品等进行定期检测；应在醒目位置公示检测结果并及时更新。（4）加强从业人员健康管理。实施从业人员年度健康体检制度，确保从业者身体状况符合上岗要求。（5）加强对特殊人群的健康监测。文博场馆在入口处应为老年人、残障人士、婴幼儿、孕妇等特殊人群提供相应便利服务和设施，并告知相关安全防范和卫生健康注意事项，发放参观者安全防护指南和游客健康游览指南材料，并对其在入馆期间的健康状态进行观察和监测。

（十一）加强场馆岗位培训，强化员工健康服务意识和技能。按照 GB 37487

相关要求，根据文博场馆相关卫生管理制度和操作规程，有序执行场馆相关卫生防疫培训计划，严格落实相关岗位的卫生防疫培训工作，全面提升员工岗前岗中卫生健康服务意识、技能和应对突发公共卫生事件的能力。（1）健全卫生防疫培训机制。设立培训管理部门，完善培训制度和制订年度、季度培训计划，安排足够的培训经费，有计划、有秩序地组织卫生防疫知识相关培训工作；同时，积极组织参加市（地）级（含）以上文物行政部门和相关行业协会组织的卫生防疫及其他专业培训，并制定相应的员工考核奖励制度。（2）组织岗位健康卫生培训。场馆应组织从业人员学习相关卫生法律法规、健康防疫和场馆卫生知识，并进行考核，考核合格后方可上岗；应有相应的培训、考核资料和记录；在岗人员宜每2年复训一次。（3）组织突发公共卫生事件应急操练。制定应对多类突发性疫情和健康危害事故的应急预案，组织培训、考核与定期演练，保证从业人员掌握本岗位的卫生操作规范和防疫要求，并在工作中严格执行。

（十二）编制场馆健康游览的服务指南或市民游客手册，积极开展场馆卫生健康知识普及教育活动。在文博场馆游客咨询中心、官网等场馆的对外宣传材料中，增加游客安全防护指南和游客健康游览指南的内容，或在原有宣传材料中加入健康防护提示专栏；针对老、幼、病、残、孕等特殊游客群体，制定专门的场馆健康游览手册，将场馆的无障碍设施、特殊人群设施与服务进行详细介绍与使用引导。此外，需充分考虑其他各种类型游客在游览过程中需要注意的健康防范问题，并收集相关建议编入指南。鼓励和支持文博场馆组织开展卫生健康教育，积极向员工和游客宣传普及场馆卫生知识，及时公示场馆卫生防疫工作，并接受游客监督、投诉与建议，塑造卫生场馆的健康形象。在疫情期间，加强舆论引导，做好对相关政策措施的宣传解读和文件精神的传达工作；通过网站、微博、微信公众号、社交工作群等渠道向员工及游客大力普及疫情防控知识和防控要求。

（十三）完善场馆健康安全相关标识导览和解说系统。通过将健康安全理念融入文博场馆的标识和解说系统设计中，在能够保障日常安全导览功能的基础上，亦能够保障在应对突发公共卫生事件时对游客的健康安全引导和流量、流向的有效管控。（1）完善场馆健康标识系统。在配备完善的基础性标识导览体系的前提下，场馆应在全景导览图中加入应急安全疏散线路，可适当增加安全防范和卫生健康提示标识，强化文博场馆的健康管理意识，彰显场馆对游客的人文关怀。（2）完善场馆健康解说系统。在场馆服务台、官网等提供的对外宣传材料中，增加场馆安全防护指南和卫生健康游览指南。针对不同游客群体，在解说词中加入健康参观的温馨提示，并为游客提供相应的电子导览服务，积极引导游客开展健康游览活动。（3）建立场馆虚拟导览系统。场馆可以通过建立虚拟导览系统，为线上线下参观者提供便利、健康、安全的线路导览服务。（4）建立场馆虚拟健康解说系统。虚拟健康解说系统除了在电子语音讲解服务中为不同类型的游客增加健康安全提示外，还可以另设健康专栏，为各类游客可能在参观过程中出现的健康问题做出预测，并提供相应的配套服务和解决方案。同时，在疫情期间，场馆可以通过此类解说系统，及时向参观者传递疫情相关权威信息、普及防疫知识。

（十四）探索"无接触服务"打造线下文博场馆智慧管理系统。文博场馆宜加强大数据、人工智能、虚拟现实等现代高新技术在文博场馆中的创新应用，积极探索"无接触服务"，建设线下文博场馆的智慧保护、管理、服务系统，实现智慧化管理和全程自助导览。（1）建设智慧保护系统。基于物联网传感器等信息采集手段和技术，通过空气监测手段实现对场馆文物藏品的监测、保护；加强对场馆内各类文物藏品的信息化管理，对其各类监测数据进行集中管理，便于文物藏品数据的查询检索和文物保护工作分析；建立灾害预警系统，根据采集信息有效分析、判断灾害可能发生的概率，并启动相应的应急程序，落实程度不同的预警措施。（2）建设智慧电子门禁管理系统。探索条码、二维码、RFID、指纹、面部识别、虹膜识别等技术在场馆进出口场景的应用，构建场馆数据集中采集与管理的售验票、进出口管理系统，通过智能电子门禁系统实现对场馆流量的动态实时管控。（3）建设电子巡更管理系统。通过对场馆防火、治安等巡视的数字化管理，实现对场馆的防火治安进行定时、定线路、定点位的巡查工作进行监督与考核。（4）建立管理移动终端系统。通过管理移动终端系统，及时记录并传送场馆内发生的违规和突发事件，实现场馆的动态化管理。（5）建立电子商务服务系统。可依托场馆官方网站，完善参观预订和在线支付平台，实现线上商务。（6）升级自助展示导览服务系统。以GIS地理信息系统和三维仿真技术构建的互动式展陈方式，可以以LED显示屏、触摸屏、全息投影、VR虚拟导览、DLP显示屏等多媒体设备和技术，实现与观众的互动；提供自助导游终端服务，通过在移动终端设备系统上标注观展藏品信息并提供语音讲解服务，引导游客参观相关展厅和藏品，并确定参观线路，实现对游客的自助导览[1]。

三、酒店住宿的健康保障能力提升指南

绿色、生态、环保、健康、信息化、智能化一直是酒店住宿业发展和努力探索的方向。新冠肺炎疫情，倒逼着酒店住宿行业把"健康""绿色""智能化"理念深入应用到一个更深的场景中，也引起经营者们的高度重视。本手册致力为酒店住宿行业理性面对突发公共卫生事件、加强自身健康防控能力、探索健康绿色发展、引导智能化创新方面提供指导建议，着力推进酒店业向绿色酒店、放心酒店、智慧酒店、文化酒店、品质酒店的高质量健康品牌发展，助力行业进入健康可持续发展的新时代。

（一）高度重视突发公共卫生事件，建立高效的应急防控机制。面对突发公共卫生事件，应及时调整制定应急预案，建立高效组织领导机构，构建应急联动响应机制，确保各类防控措施的正确有效。（1）成立应急领导小组。酒店应成立统一有效的预防和控制疫情应急领导小组（由总经理或董事长任组长），制定应急救援实施方案，明确防疫工作流程。（2）高效调整应对策略。时刻关注国家权威机构和媒体发布的相关疫情信息，以及地方政府部门的公示信息，由专职部门负责将每日疫情信息反馈至应急领导小组，以供应急领导小组预判并采取进一步的措施。（3）保障基本急救物资储备。根据突发公共卫生事件特点，及时储备能够满足酒店在疫情期间所需的防疫物资。（4）及时发布权威信息。通过自媒体、微信微博、社交工作群等形式，向宾客和员工及时发布疫情权威状态，发布实时更新的传染病预防和疫情防控权威资讯，并统计、监测员工及其家庭健康状态。

（二）凸显酒店社会担当，探索疫期的科学健康运行方式。酒店经营者应理性科学应对疫情，在提升自身对抗疫情能力的同时，积极探索各阶段的健康运行方式，探索多元自救，减少经济损失与压力，同时，也要承担起社会责任，在自

---

1 中华人民共和国国家质量监督检验检疫总局，中国国家标准化管理委员会. 旅游景区数字化应用规范（GB/T 30225—2013）.

身能力范围内为疫期特殊社会需求提供主动救助、医护支援或满足国家征用需求。（1）探索多元健康自救方式。疫期关闭歇业的酒店，应提高疫情敏感度，开源创新，通过向社区提供防护物资和平价菜品，利用平台销售、菜品送达等方式及时清理酒店库存；客观认知企业自身状况，通过节省人力支出（轮流停工/降薪缓发/减员增效）、节省房租支出、节能减耗、利用政府和协会扶持救助等方式保障企业疫情期间的基本生存环境。（2）提供疫期支援服务。有条件的酒店，应凸显社会担当，为处于疫区的医护工作人员提供必要的免费食宿服务，或在重灾区之外自发组织支援不宜返乡人员进行就地隔离保护。（3）满足政府征用需求。酒店须积极应对社会需求、响应国家号召，尽全力投身抗疫保障工作，被政府征用的酒店，应严格按照权威部门发布的相关应急管理操作指南，保障抗疫期间的管理运营。

（三）强化疫期的卫生健康管理，实施全面消毒防疫。面对突发公共卫生事件，酒店要做好对出入酒店员工及宾客的健康摸排和统计工作，加强实时健康监管，全面落实消杀工作，做好疫期防控工作。（1）实施健康摸排。建立《防疫期宾客健康状况登记制度》，登记宾客及其同行者的相关健康信息；请宾客填写健康状况和联系方式，加强住店期间的健康监测，并建档记录。（2）加强健康监管。所有来自疫区的宾客要统计上报当地疫情防控部门；当发现疑似病患时，应即刻关闭进出口，禁止人员擅自离开，及时进行接触设施设备和房间消毒，并立即上报、隔离并转运。及时统计接触过疑似者的人群，采取隔离留观措施，监测其健康状况，如有异常应迅速联系当地医疗机构，并按指示进行处理。针对有疫区旅游交通史的人群，应加强健康监测及其客房消毒清洁；向宾客提供就近门诊和传染疾病收治医疗机构，以及交通线路等相关信息。（3）加强公共区域卫生消杀。成立卫生消毒专业小组，必要时可外聘专业消杀团队，负责酒店门厅、楼道、电梯、地面、墙壁、会议室楼梯、卫生间等公共区域以及客房、餐厅、各管理部门办公场所的消杀工作。（4）客房布草及通风消毒管理。严格执行针对毛巾、浴巾、床单、浴袍、被罩、棉毯等织物的消毒清洗工作；保持室内空气流通，优先采用自然通风；使用中央空调系统区域，应定期对送风口、回风口进行消毒，确保新风有效置入。（5）加强餐厨卫生管理。疫情期间，餐厅宜采取分流、分餐进食的方式，减少人员聚集，避免交叉感染；操作间保持清洁干燥，食品操作人员身体健康，操作人员需戴口罩和一次性手套。食品供应来源应有安全保障，在采购验收时加强食品检验，收货后立即转移到适当的储存区域并做好记录；蛋肉禽类食品全熟加工，餐具紫外线消毒且专柜储存[1]。

（四）向员工和宾客传递关怀，落实健康防疫举措。首先，防疫期加强对员工的关爱，传递健康关怀和信心。在疫情发生和蔓延的各个阶段，利用酒店线上平台和社交工作群，为员工和宾客带来积极正面的宣传；对于疫期正常运营的酒店，应利用班前班后会，对传染疾病预防知识进行培训；暂停运营的酒店，建议通过致员工信、每日问候、推出健康计划、关爱员工家庭、组织疫期充电计划、召开学习分享会等方式，开展疫期关怀活动。其次，尊崇宾客至上原则，向宾客传递酒店健康安全理念。制定客房取消和退订相关便利化政策，保障宾客疫期相关权益；通过致宾客信、承诺绿色健康服务、承诺健康安全保障、传递酒店关怀、建立疫情帮扶专线、设置疫期心理专线、提供"疫后安心住"服务等多样化的方式，传递酒店健康理念，培养宾客的信任和忠诚度，加强客户黏性。

（五）完善制度体系，健全酒店 P&P 管理流程。结合国家相关卫生防疫标准和酒店此次防疫实践经验，制定《酒店日常健康卫生防疫制度》，完善《酒店防疫应急救援预案》《疫情防控和运营指导手册》，健全酒店 P&P 管理流程，增强酒店对突发公共卫生事件的应急处置能力，制定相关应急处置预案，并定期演练。

（六）前置健康理念，贯穿酒店设计建设全过程。酒店的新建、改建、扩建工程倡导绿色设计、清洁生产、节能减排、绿色消费的理念，在环境管理要求中融入环保、节能、卫生和防疫理念，环境质量上要符合各项国家标准规范基本要求。（1）酒店选址环节。酒店选址应保留和利用地形、地貌、植被和水系，保护生态系统和文化景观，应选择地势高、干燥、通风、水源充足的地点，并远离垃圾场、养殖场、采石厂、机械加工厂等设施[2]。（2）规划设计环节。酒店的规划、建筑设计、景观设计以绿色、低碳、健康、安全为理念，一脉相承，对酒店软硬件设施进行专项设计和评估验收；酒店应有完善的节水系统设计，降低水资源消

---

1 山东省文化和旅游厅.山东省新冠肺炎疫情期间旅游住宿业防控工作指导手册[EB/OL].（2020-02-11）[2020-02-15].http://whhly.shandong.gov.cn/art/2020/2/15/art_100579_8813708.html.
2 中华人民共和国国家旅游局, 全国旅游标准化技术委员会.绿色旅游饭店（LB/T 007—2015）.

耗；客房给水及排水系统宜尽可能与其他非客房功能的给排水系统分开设置[1]；酒店内外应有良好的绿化设计；必须执行、落实建设项目评价报告书制度。（3）建筑施工环节。酒店应对建筑材料和结构体系进行选择和评估，对建筑的体量、体形、布局、结构进行节能设计；鼓励积极采用太阳能、风能、生物质能和地热等再生能源。（4）内部装饰与设计。酒店内部装饰及保温材料不得对人体有潜在危害；酒店应充分考虑建筑的热、声、光环境，以及空气质量，创造舒适健康的室内环境；酒店室内应有良好的通风系统，尽量减少无窗房设计。

（七）强化卫生环境管理，确保酒店环境质量达标。更加重视酒店卫生环境的日常管理工作，加强工作的组织性和计划性，并做好日常监管与记录，确保各环节都能达到国家相关标准和规范要求。（1）健全酒店卫生管理体系。酒店应建立环境卫生管理组织体系，制定环境卫生、节能环保、健康防疫相关环境方针和目标指标，制订并实施有关环保、节能、污染预防的计划安排，完善绿色消费、绿色采购、绿色供应等方面的规章制度。（2）组织落实卫生管理要求。严格落实酒店经常性卫生要求，包括确保客房用品用具及时消毒更换；公用茶具应每日清洗消毒；客房内卫生间洗漱池、浴盆、马桶应每日清洗消毒；酒店的公共卫生间应每日清扫消毒；酒店必须设消毒间；水质量应符合 GB 5749 规定；确保酒店内各类娱乐场所和配套接待设施符合相关卫生标准要求。（3）加强酒店环境质量检测。定时定点对酒店环境质量进行检测，确保酒店室内空气质量符合 GB 50325 标准；酒店大气污染物排放、厨房排烟、污水排放、噪声排放、垃圾分类及管理、能源计量系统应符合相关国家标准要求。

（八）提高日常健康防控要求，加强环境污染预防与控制。大气、水、有害废弃物等污染物排放，若处理不当极有可能直接威胁宾客的健康与安全，因此，酒店应加强卫生安全管理，做好环境污染预防与控制。（1）控制大气污染物排放。酒店应遵 GB 3095、GB/T 18883 相关要求，客房通风良好，酒店不使用以破坏臭氧层物质为工质的各类消防和制冷设备；对锅炉排烟进行处理，减少形成酸雨的

1　中国饭店协会、住房和城乡建设部科技与产业化发展中心.酒店建筑用于新冠肺炎临时隔离区的应急管理操作指南[EB/OL].（2020-02-10）[2020-02-10].https://mp.weixin.qq.com/s/Uk-90yuOF35U4DIh6e8QSg.

硫氧化物和氮氧化物的排放，减少二氧化碳等温室气体的排放；安装厨房油烟净化设备，减少油烟排放。（2）控制水污染排放。确保酒店各类污水处理设备应完善并运行正常；未进入城市污水管网的污水排放应通过专门的污水处理达到一级排放标准排放；厨房应设置隔油池，定期清理，运行正常。（3）重视垃圾清理与分类管理。酒店应设置专门的垃圾房临时存放垃圾；垃圾房应为封闭式空间，并有垃圾污水排放及处理设施；垃圾桶分类、标识清楚，应符合 GB/T 19095；应建立垃圾分类、储存、运输管理制度并严格执行。（4）加强有毒有害废弃物管理。酒店应建立有毒有害废弃物清单和回收程序，并有妥善的存放措施；有毒有害废弃物应由合法的专业机构回收处理[1]。（5）加强厨余废弃物管理。酒店厨余垃圾和餐厅剩余的食品垃圾应交由专门机构回收处理，或自行无污染处理；厨房废油应专门收集，交由合法机构回收处理，不能直接排放。（6）加强防治药品管理。消毒液、植物养护剂、虫害防治药品应由专人管理、记录清楚；药品的投放和使用应符合使用规范并对客人有专门的告示[2]。

（九）提高能源管理水平，探索建设节能环保酒店。在供过于求的市场行情下，酒店在积极抢占市场份额的同时，更要做好内部能耗管理，采取技术上可行、经济上合理、环境和社会能够承受的措施，更加合理、有效地利用能源。（1）健全管理制度。酒店应建立能源统计和分析工作制度，定期编制能源使用的分析和改进报告；制定能源管理制度和设备操作规范；建立耗能设备分类与计量仪表台账；制定能源管理的培训制度。（2）强化使用管理。酒店应及时更新陈旧、低效、高能耗的设备，改进操作规程，减少能源浪费；应优化能源结构，降低单位综合能耗水平。（3）加强节能管理。酒店宜采用建筑节能设计，尽量使用自然采光和新型环保材料；宜注重对太阳能、风能、生物能、地热等新能源的应用；宜使用节能灯、感应灯、节能水龙头等节能产品；在客房内配设生态环保提示牌。（4）探索节能智慧管理。不断提高能源使用管理的技术手段，探索引进智

---

1 中华人民共和国国家旅游局，全国旅游标准化技术委员会. 绿色旅游饭店（LB/T 007—2015）.
2 中国饭店协会，全国绿色饭店委员会，等. 中国酒店客房防疫自律公约[EB/OL]. （2020-02-06）[2020-02-06].http: //www.chinahotel.org.cn/forward/enterenterSecondDaryOther.do?contentId=cee905dd32b947d0be657e1fc1f8.

慧能源管理系统，实现能源使用管理的系统化和智能化；探索使用新型节能设备，寻找最佳节能方式，降低设备运维成本。

（十）强化资源使用管理，探索建设节约型绿色酒店。在保障对宾客基本供给的基础上，传播绿色和生态理念，强化对水、原材料、客用品、资源使用管理，建设节约型绿色酒店。（1）水资源管理。酒店应建立用水规范，在保障水资源充足供应的前提下，采取各种节约措施。（2）原材料管理。酒店应对洗涤剂、清洁剂、消毒用品等消耗品建立使用标准，要求按标准剂量使用；酒店应对纸张、办公用品、工程零配件、装修材料等实现按需供应，减少浪费。（3）客用物品管理。酒店宜选用生态环保材料制作的客房物品，减少一次性消耗品的使用。（4）资源回收利用。酒店应建立废弃物分类回收制度，无法实现再利用的废弃物应交由合法组织回收、处理。

（十一）强化健康管理，建立酒店健康服务流程。酒店在保证卫生、生态、绿色的基础上，应更加"关注健康"，践行健康、养生、人本理念，倡导健康型生活方式，为顾客提供有利于身心健康和疾病预防的健康客房、健康饮食和健康服务项目，不断提高健康服务水平。（1）实施健康档案管理。建立职工健康档案，进行职工健康跟踪管理；探索采用先进无创的健康监测设备，为宾客提供健康检测和评估服务，建立VIP健康档案，向客人提供个性化、定制化的运动、膳食方案建议。（2）加强健康教育和培训。结合酒店实际，邀请专家或与OTA平台合作，以线上线下相结合的方式开办"健康学校""健康讲堂"活动，对酒店员工进行全面的健康意识、基础健康保障（卫生、防疫）和健康服务（养生、保健、疗养）等相关知识和技能培训；设立健康教育培训专项资金，为员工、宾客订阅或购买有关健康养生的手册、报纸杂志、音像资料等；定期组织管理人员参加各类健康培训，全面提升健康服务意识。（3）加强健康营销与宣传。酒店宜注重研发、推广与健康运动和养生保健相关的附加服务，在酒店易见区域设置健康项目宣传栏、广告牌或资料架，在前台、电梯间、客房等客人易停留区域通过电子屏、宣传牌、告示等方式鼓励和引导宾客关注健康，推广一系列健康消费。（4）创新健康服务流程。鼓励员工将宾客健康放在首位，创新服务流程，逐步完善酒店的健康服务流程与体系。

（十二）优化升级酒店环境，营造健康舒适氛围。"酒店是宾客在异乡的家"，各酒店应在力所能及的范围内，根据自身发展定位和主题特色，针对核心宾客诉求，优化升级入住环境，凸显差异化主题，为宾客营造似家一般的健康舒适环境。（1）优化内外环境。酒店宜对大堂、走廊、庭院进行绿化美化，植入生态绿植和景观小品，提升绿化率；适当摆放符合酒店主题和气质的花木盆景、主题雕塑、艺术品等，以提升视觉感官效果，营造温馨独特的环境氛围。（2）优化空气质量。保障酒店通风系统良好，确保酒店各区域能够实现自然通风或保障能输送新风，空气质量应符合 GB 50325 要求；推荐在客房和大堂使用空气净化设备，去除室内可能存在的甲醛、苯胺、二手烟、可吸入颗粒物 PM2.5、有害菌、异味等，优化空气质量；在酒店各角落采用光触媒技术，催化降解有害物质，全方位、无死角保障宾客健康；按照 GB/T 18883 相关技术方法与要求，加强对酒店内空气质量的监测与评估。（3）降低噪声污染。酒店应尽可能保证客房隔音性能，根据宾客类型和需求，提供相应等级的隔音降噪房间，对于休闲度假类酒店，声环境质量尽量达到 GB 3096 规定的 1 类以上标准。（4）提高文化品位。建议酒店基于自身发展定位和类型，挖掘特色、凸显风格，在建筑风貌、内部装饰、风格配置、主题产品、主题活动等方面保持风格统一和整体协调，在彰显酒店文化品位、营造舒适人文氛围的同时，营造宾客独特体验，形成酒店的独特健康 IP 或主题形象。

（十三）打造健康舒适客房，提升客房入住率。客房是彰显酒店品质的重要场所，卫生、舒适、健康的客房是宾客对酒店的核心要求，酒店应在营造品质客房上下功夫，提升酒店核心竞争能力，保证入住率。（1）客房楼层。客房楼层和通廊应绿化美观，有人文气息；楼层电梯应有新风系统。（2）客房环境。客房宜采用建筑遮阳技术和自然通风，保障采光好和日照充足，室内温湿度应以冬夏两季为准，自成舒适的微小气候；室内空气质量优良，无异味；保障新风，确保客房排风系统有效运行；客房隔噪处理良好；宜放置利于改善室内环境的植物。（3）客房用品。客房应确保室内设备正常运行；提供优质饮用水，宜供应直饮水，采取独立封闭的循环管；提供优质、恒温、压力适宜的盥洗用水；提供优质节能照明系统；中央空调、照明、窗帘等宜实现智能化控制，并方便客人使用；宜采用符合人体力学的床垫；提供多种可选择的功能性睡枕；提供健康环保的一次性洗漱用品；提供健康和有品质保证的洗发沐浴产品；迷你吧提供健康食品。

（4）附加服务。提供室内环境质量告示、信息，如提供棉织品更换、物品减量使用等方面的告示；提供健康环保读物，提升客人健康、环保理念；客房区可配置公共洗衣机、熨烫服务区、自助售货机等自助服务设施。

（十四）积极探索配置符合标准的健康卫生隔离房，与线上平台联合推出具有权威认证的"安心房"服务。符合健康卫生标准的隔离房往往更加安全健康，能够为宾客提供防疫安全保障。因此，酒店在开发建设中可参照住建部与中国饭店协会联合发布的《酒店建筑用于新冠肺炎临时隔离区的应急管理操作指南》要求，配备与酒店档次和规模相适应的健康卫生隔离房，作为日常健康"安心房"和突发公共卫生安全事件时的安全隔离房。此外，在突发疫情期间酒店还能够积极利用此类客房提供有效医护支援。加强酒店、民宿与美团、携程、Airbnb等线上平台的合作，通过平台推出的"安心房"标准认证，向宾客公示酒店民宿提供的安全健康保障服务承诺、认证结果、现场操作照片，增强宾客对酒店及民宿的信赖感和安全感，为宾客提供安全、卫生、健康、可靠的外出居住环境。

（十五）打造绿色餐厅，保障酒店餐饮服务卫生健康。健康餐饮是打造健康酒店不可或缺的内容，在保障卫生的基础上，应确保食材健康和服务规范，并积极探索提供健康膳食服务。（1）环境卫生。餐厅设施应定期清洁消毒；餐厅内应通风良好，并设有无烟区和无烟包厢（厅）。（2）食材健康。不加工和销售野生保护动物；食品原料新鲜，采用绿色有机产品，合理搭配，制作规范。（3）服务规范。餐厅服务应严格操作规范，确保食品质量达标，服务人员个人卫生达标；应配备有效的排油烟装置；实施食品留样制度，样品在冷藏条件下存放48小时以上。（4）提供健康膳食服务。提供营养养生菜单，菜单上注明菜品功效，以便客人选择；由专业营养师进行膳食指导；推出安全、健康、美味，兼具食疗功效的药膳服务。

（十六）针对不同类型人群需求配套健康服务设施。酒店可根据所服务的核心客群类型，配套健身类、理疗类、康复类、护理类不同类型的健康服务设施和产品，满足各类人群对健康的需求。（1）健身设施。适合大众及青少年人群，提供能满足不同健身目的的健身设施，包括耐力、力量和平衡、协调的综合健身；有条件的酒店甚至可以提供骑行、游泳、乒乓球、网球、羽毛球、滑雪、高尔夫等室内外健身设施和服务。（2）护理设施。适合亚健康及中青年人群，以此类人群为核心客群的酒店宜配套特效专业护理设施，推出身体护理和局部护理等可自选项目。（3）康复理疗设施。适合养老及疗养康复人群，以此类人群为核心客群的酒店应配套具有康复治疗作用的理疗设施，包括电疗、磁疗、光疗、超声疗、传导热疗、水疗、运动理疗、瑜伽理疗、中医理疗等可选项目。

（十七）推广应用酒店管理信息系统，提升行业整体管理水平。普及推广酒店管理信息系统的应用，通过构建健全的管理信息系统，有效提升酒店行业的管理效能和服务质量。（1）建设支持系统。建设包括酒店局域网、连接这些局域网的广域网，以及硬件、布线、设备环境等支撑要素；配置服务器及其他必需的硬件设备；应有网络拓扑协议，符合 ANSI/CEA 709.1 的规定；应有具备专业知识背景的系统管理人员，系统安全管理符合 GB/T 20271 的规定；安装防火墙/防病毒程序[1]。（2）建设前台管理系统。建立集客户管理、预订系统、前台接待、前台收银、客房管理、财务审核、餐饮管理、会员系统、前台应收系统、销售管理、商务中心、综合查询等功能性系统于一体的酒店前台管理信息系统。（3）建设后台管理系统。应包括财务总账处理、成本控制、采购、库存管理、工程设备管理、人力资源管理、工资管理、办公自动化等功能性系统。（4）支持系统拓展。系统应支持电子支付、证件扫描、视频点播处理、门锁控制、客房控制、网络控制、通信连接等服务。（5）保障系统维护。酒店应有日常维护管理、机房管理、信息系统应急预案、用户账号管理、系统备份等系列系统维护管理制度、规程和人员配备。

（十八）推进酒店智能化建设进程，纵深探索"无接触服务"。智能化在旅游酒店业的场景应用已成为行业发展的趋势之一，"无接触服务"更是在抗击新冠肺炎疫情期间彰显了智能化优势，酒店业应进一步纵深探索全程智能化服务与管理系统的升级建设，全面开拓酒店智能发展新天地。（1）探索服务区域智能化。酒店内宜提供智能入住系统，宾客能在自助 CHECK IN/CHECK OUT 机器上办理入住登记和退房手续；宜提供远程智能入住服务，宾客可通过手持登记设备，远程完成预订登记、入住、信用卡付款等手续；可在酒店以外区域由专人为宾客

---

1 中华人民共和国国家质量监督检验检疫总局，中国国家标准化管理委员会. 旅游饭店管理信息系统建设规范（GB/T 26357—2010）.

提供远程办理入住手续服务；电梯宜安装智能刷卡系统；酒店内宜具备智能导航系统；客房门铃宜具备显示门外图像视屏功能；宜提供智能手机服务；客房宜配置多媒体互动电视、多媒体音响系统；餐厅提供智能点菜、数字化菜单服务；配设智能会议系统。（2）探索后勤保障智能化。酒店宜建立智能化服务管理系统；建立智能派工系统；设置智能化宾客投诉、需求反馈系统；宜配备智能员工相关考勤系统和门禁管理系统；宜建立能耗管理系统；宜建立智能化人事考评、员工反馈和工资管理系统；宜建立严密的物资采购管理平台、销售数据库、智能库存系统，实现各部门间的远程管理和资源共享；建立固定资产智能管理系统、智能化经营管理查询系统；构建以客户为中心的智能营销管理系统等。（3）探索酒店环境智能化。酒店宜探索构建涵盖客房智能温湿控系统、客房智能调光系统、客房环境智能控制系统、停车场管理系统、智能楼宇控制系统、数字监控系统、综合布线系统等的环境智能化系统[1]。

（十九）规范经营民宿，重视卫生健康管理工作。民宿主体应持证经营，从业人员应持证上岗，经营规范且合理合法，基本的安全卫生管理符合国家各项法规、条例和规范、标准的要求。（1）具备基本营业资格。民宿经营场地应符合用地要求，无影响公共安全的隐患；用于经营的建筑物应通过房屋安全性鉴定；经营者应取得合法经营相关证照，符合公安机关对治安消防的相关要求；经营者应定时向所属行政管理部门报送统计调查数据，及时向相关部门上报突发事件等信息；公示营业时间，价格透明，项目明码标价，诚信经营；周边宜有医院或医疗点。（2）设施服务合法合规。民宿的建筑、设施设备、服务项目和运行管理，须符合国家现行的安全、消防、卫生、环境保护、劳动合同等有关法律、法规和标准的规定与要求。（3）加强基本安全管理。住宿登记系统宜接入公安系统，接待境外宾客住宿的在24小时内向当地公安机关报送；应有必要的防盗、应急、逃生安全设施，确保宾客和从业人员人身财产安全；危险区域、危险设施应设置安全警示标识或采取必要的防护措施；建立突发事件处理应急机制，并定期组织演练。（4）确保卫生服务健康和达标。确保员工持健康证上岗；水质、食品来源应

---

[1] 中华人民共和国国家旅游局，全国旅游标准化技术委员会. 饭店智能化建设与服务指南（LB/T 020—2013）.

符合国家标准要求；卫生条件应符合 GB 14934、GB/T 1727 相关要求；民宿宜配有效的防虫、防蛇、防鼠等措施。(5) 强化应急救援能力。民宿业主应建立各类安全管理制度，并制定突发事件应急预案，落实安全责任，并与关联部门做好联动。

（二十）提升服务品质，传递生活美学，营造民宿健康形象。民宿多接近或深处当地人文、自然景观、生态环境资源聚集区，应针对异地休闲度假、体验当地民俗文化的宾客需求，创造既具有地方人文气息，又有如家般的舒适居所。(1) 营造舒适环境。所在社区（乡村）周边宜达到清洁、绿化、美化要求；建筑装饰宜特色鲜明和风格突出；客房设计强调温馨协调；宜设置民宿导览系统，标志牌位置合理，易于识别。(2) 提供品质客房设施。客房宜配备必要家具，品质优良，摆放合理；提供高品质床上用品、毛巾，布草符合 GB/T 22800，宜提供 2 种以上规格的枕头；照明设计专业，并有遮光较好的窗帘；客房宜采取防噪声及隔音措施；卫生间设计宜专业，干湿分离，24 小时供应冷热水，安全舒适性高；宜提供方便宾客使用的消毒设施和指南；厨房应有消毒设施，应有与接待规模相匹配的冷冻、冷藏设施，生、熟食品及半成食品分柜置放；宜有适应当地气候的采暖、制冷设施；宜有主题突出、氛围浓郁、与接待规模相匹配的公共活动区域，配置相应的休闲设施；宜提供方便有效的 Wi-Fi、网线、音响、充电、调控等电子设施[1]。(3) 提供品质服务。民宿经营者宜提供线上预订、支付服务；宜提供周到的接送服务；接待人员应热情好客，熟悉当地旅游资源和特色产品，掌握并熟练应用相应的服务技能；应注重保护宾客隐私，尊重宾客的宗教信仰、风俗习惯，保障宾客合法权益；应密切关注宾客身体健康状况及和要求，宜组织多种宾客乐于参与的活动；提供营养早餐、特色餐饮服务；宜建立健全规章制度，培训训练有素的接待人员。(4) 追求产品创新。经营者乐于在民宿设计、产品运营、营销方面追求创新，善于运用新理念、新技术、新渠道，形成自身特色。(5) 传递生活美学。民宿的经营者宜向宾客传递热爱生活、乐于分享的生活理念；应与当地居民形成良好邻里关系；营造生活美学空间和家庭温馨氛围；注

---

[1] 中华人民共和国国家旅游局，全国旅游标准化技术委员会. 旅游民宿基本要求与评价（LB/T 065—2019）.

重凸显地方文化主题，传承、保护、传播地域文化；宜策划原创性强、品位健康的主题活动和产品。

（二十一）坚持做好酒店和民宿的日常消毒、记录及公示工作。在做好酒店日常卫生消毒的基础上，及时更新、公示物品"已消毒"信息，形成酒店各部门物品消毒流程记录台账，能够有效增强宾客的安全感、塑造酒店安全形象、强化酒店卫生消毒管理；在公共区域设置健康卫生提示标识；客房提供自助消毒工具及自助消毒指南。

四、旅行社的健康保障能力提升指南

面对疫情带来的巨大挑战，旅行社业经历了应对出行团队安全保障、提供疫期退改保障、完善合同纠纷处理、保障员工防疫安全等多重经营难题的挑战，同样也感受到了完善的应急机制、安全保障规程、质量服务体系的重要价值，本手册致力于在全面提升旅行社的安全保障能力、服务质量保障能力、应急联动处理能力、健康运营能力等方面提供方法和建议，辅助旅行社企业强化安全意识、树立健康理念，提升抗风险能力并转为危机。

（一）健全旅行社应对风险及公共卫生事件的相关应急机制，全面提升旅行社应对公共卫生事件的应急处理能力。旅行社应充分考虑到各种可能存在的突发事件，制定应急预案，明确应急报告流程，有效指导旅行社应对风险和公共卫生事件的应急处置工作。(1) 制定应急机制。旅行社应按照 LB/T 008 中关于突发事件处理的要求，结合多种类型传染性疾病，建立完善的应急处理机制，确立涵盖事件类型、级别、机构及分工、启动及处理、信息发布、善后方式等完整的应急机制；应制定涵盖自然灾害、公共卫生事件、事故、灾难、社会安全事件等的应急预案，并保障定期演练；加强旅行社与相关职能部门，如卫生、安全、消防、救险、医疗等相关单位与部门的信息报告与联系。(2) 明确应急报告流程。旅游突发事件发生后，旅行社现场人员应当立即向本单位负责人报告，单位负责人应当于接到报告后 1 小时内向发生地旅游主管部门、安全生产监督管理部门和其他相关部门报告；旅行社负责人应当同时向单位所在地县级以上地方旅游主管部门报告。当发生紧急情况或重大、特别重大旅游突发事件时，现场人员可直接向事件发生地、旅行社所在地县级以上的旅游主管部门、安全生产监督管理部门和其他相关部门报告。当旅游突发事件发生在境外的，团队领队应立即向当地警方、中国驻当地领事馆或政府派出机构报告，并报告旅行社负责人；旅行社负责人应在接到报告后1小时内，向单位所在地县级以上地方旅游主管部门报告。此外，旅行社应时刻关注国家安全风险提示，做好对一线员工的应急培训和指导工作，高效做好应急处理工作[1]。（3）关注风险提示。旅行社应时刻关注国家权威部门发布的安全风险预警、提示，并配合国家应对风险的相关措施，以及相关部门、机构或旅游经营主体采取的安全防范和应急处置措施。当风险提示发布后，旅行社应根据风险级别采取相应措施；若为二级风险，旅行社应停止组团，停止带团前往风险区域，已在风险区域的旅游团，应调整行程，或中止；若为一级风险，应立即停止组团，停止带团前往风险区域，组织已在风险区域的旅游者进行隔离和撤离。（4）及时采取应急措施。事件发生后，旅行社及现场工作人员应采取合理、必要的措施对受害旅游者施救，控制事态，减少损害。旅行社应按要求配合处置突发事件的政府主管部门采取的应急处置措施，并参加其应急救援和善后工作；旅游突发事件发生在境外的，旅行社及其领队应听从在中国驻当地领事馆或政府派出机构的相关指导，全力做好应急处置工作。

（二）做好应对高风险公共卫生事件的合同纠纷处理工作。面对突发公共卫生事件应提供合理合法的疫期退改保障服务，及时向员工传递关于突发事件的应对技能、防控技能、处理纠纷技能的要求。（1）疫期暂停组团业务。面对突发公共卫生事件，旅行社应全力配合，对未出行的行程进行取消或调整；取消团队旅游及"机票+酒店"旅游产品，并迅速告知到广大客户；第一时间妥善处理退款工作，争取在最短时间内回款，做好游客安抚工作。（2）保障出行旅客安全。对于在途游客，企业应紧急协调多方资源，成功保障全部游客安全归国归家。（3）合理处置疫期纠纷。旅行社应严格按照《合同法》《旅游法》和《民法通则》，并结合疫期文旅部规定及疫情实际，明确责任归属，合理合法协调处理疫期游客取消订单、变更行程、退改签等问题纠纷，保障游客的合法权益。（4）做好岗位

---

[1] 中华人民共和国国家旅游局. 旅游安全管理办法.

要求和培训。疫期通过各类远程办公软件，丰富旅行社线上培训课程，加强对导游、领队、地接的疫情防控知识和技能培训，强化其疫情防控意识和能力；加强对销售、计调、管理人员的旅行保险、合同纠纷法律知识和纠纷处理技能培训；积极做好各类员工业务技能培训工作，提升企业自身战斗力。

（三）加强疫期的门市营业环境及销售人员健康管理。疫情期间，各旅行社复工复产主要以旅游服务质量保证金退款办理、重点旅游企业纾困资金申报、开展网络营销、旅游线路策划、员工培训、财务结算、安全生产检查等相关工作为主，在此期间，需做好以下四类工作。（1）员工健康监管。实行员工每日健康监测制度，进入单位和宿舍前须进行相关健康检测，严格落实防疫要求，出现异常情况要及时上报；掌握疫期员工出行轨迹，对来自疫情重灾区的员工要求其居家或集中隔离，进行谨慎的医学观察。（2）对工作和生活场所清洁消毒。做好企业工作和生活场所清洁消毒，工作场所、电梯、食堂、卫生间、洗手池等公共区域及相关物品，应定时消毒；尤其是电梯按钮、门把手等日常频繁接触部位应增加消毒次数；定时消毒清洁室内地面和物体表面；定时对厕所进行消毒；对垃圾箱进行消毒，日产日清[1]。（3）确保工作场所的通风换气。首选自然通风，并提醒工作人员适当加衣保暖；如需使用空调，应确保新风供应安全、充足，排风流通系统安全、有效，在不使用空调时，应注意关闭回风通道。（4）减少组织员工聚集的集体活动。实行食堂错峰就餐，或引导使用餐盒、分散用餐；引导员工在使用办公区电梯、通道、楼梯和吸烟区时保持适当间距；减少召开会议，必要时，需缩短时间、控制规模，提倡召开视频或电话会议[2]。

（四）出入境业务经营应强化应对突发疫情的能力。经营出入境业务的组团社应时刻关注国家及目的地国家相关安全、风险警示，建立信息共享与通报制度，以及疫情防控协作机制，提升经营主体应对突发公共卫生事件的能力。（1）建立疫情信息共享与通报机制。旅行社应时刻关注国家文旅部发布、告知的相关风险

---

1 滨州市卫生健康委员会，滨州市疾病预防控制中心. 企业复工复产疫情防控手册[EB/OL].（2020-02）[2020-02-06]. http://wjw.binzhou.gov.cn/xinwen/html/?1313.html

2 国务院应对新型冠状病毒感染肺炎疫情联防联控机制. 国务院应对新型冠状病毒感染肺炎疫情联防联控机制关于印发企事业单位复工复产疫情防控措施指南的通知[EB/OL].（2020-02-21）[2020-03-06]. http://www.gov.cn/zhengce/content/2020-02/22/content_5482025.htm

预警及疫情警示信息，旅行社接到出入境旅游团队有关疫情报告后，须及时向当地出入境检验检疫机构和旅游行政管理部门通报[1]。（2）建立疫情防控协作机制。组团社应向游客提供出入境检验检疫机构或当地旅游行政管理部门发布或提供的传染病防治与有害物质防范知识宣传材料；领队人员在境外应提醒并协助游客做好各项健康防护措施，发现疑似患者时，应及时协助就诊，并向组团社负责人报告情况；在入境时，应协助患病游客向口岸检验检疫人员如实报告、填写健康状况，配合检验检疫人员开展的传染病防控工作。（3）加强出入境旅游突发公共卫生事件应急处置。做好在途旅客的防疫工作，做好游客及从业人员每日的健康监测，加强旅途的卫生防范，保障全体人员的休息；当团队发生重大传染病突发事件时，领队及旅行社负责人应积极配合出入境检验检疫机构开展的相关处置工作，配合做好对密切接触者的追踪、隔离和留验工作，防止传染病的蔓延和交叉感染。（4）加强出入境游客卫生防疫知识宣传教育。加强对经营出入境旅游业务的旅行社导游和领队人员进行传染病毒基本知识、传染病防护、出入境卫生检疫要求的相关教育、培训工作，定期组织培训专班。要求旅行社领队或导游在行程前，向出入境游客进行传染病防控、个人卫生防护知识的宣传、教育，提高游客卫生防疫的自我意识和认知水平。

（五）健全旅行社安全管理和评估体系，升级应对突发事件的能力。旅行社经营主体应履行旅游安全主体责任，强化安全管理，关注安全风险预警，妥善处理旅游突发事件。（1）完善安全管理机制。旅行社经营主体应保证安全工作的专项资金，以落实安全责任和排除安全隐患为基础要求，建立安全机构、管理制度和责任体系，配备必要的人员和设施，切实保障游客和从业者的安全。（2）做好安全生产培训。对从业人员进行岗前、岗中安全生产教育和培训，确保从业者了解各岗位进行安全生产的权利和义务，掌握必要的安全生产知识和技能；建立安全生产教育和培训档案，未经安全生产教育和培训合格的从业者，不得上岗作业。（3）做好风险评估与提示。旅行社经营主体应对其产品和服务进行风险监测

---

1 国家质量监督检验检疫总局，国家旅游局. 质检总局、国家旅游局关于加强国际旅行者健康保障工作的通知[EB/OL].（2014-07-07）[2020-03-06]. http://www.law-lib.com/law/law_view.asp?id=458749.

和评估，依法履行安全风险提示、风险应对义务；旅行社应主动了解与旅游活动相关的游客个人健康信息，要求游客按照安全规程，使用旅游设施、接受服务，并要求游客对旅游经营者采取的相关安全防范提示、措施予以配合；提供高风险旅游项目或者向老、弱、病、残、孕等特殊群体提供旅游服务的，应当根据需要采取相应的安全防范措施。（4）妥善预防与应对突发事件。旅行社应定期检查安全措施的落实情况，确保安全隐患的及时排除；针对自然灾害、事故灾难、公共卫生事件和社会安全事件，或可能造成游客人身伤害或财产损失等情形，旅游经营主体及其从业者应依法履行旅游突发事件的报告义务。（5）加强保险保障意识。旅行社可提示游客购买旅游意外保险，以减少意外风险可能给旅游者带来的损害，宜在取得旅游者同意的情况下，赠送旅游人身意外险[1]。

（六）更加关注游客健康，将健康理念融入旅游线路设计中去。将健康理念全方位渗透到日常旅游线路产品设计中，要求做到：（1）保证健康品质。旅行社设计、销售的旅游产品应遵守法律法规要求，合乎公序良俗；旅行社应建立保障旅游服务质量的管理体系；提供产品应满足 GB/T 31385、GB/T 32942 的基本要求；产品设计人员应进行实地考察，对产品的线路安排、包含的项目内容应进行实地检验；应选择有良好信誉、合法资质的履行辅助人；发现履行辅助人提供的产品和服务不符合相关法律法规规定，或存在安全隐患的，应当予以制止或者更换。（2）线路设计健康合理。旅游线路设计要合理，时间安排要张弛有度；要能保证游客的正常休息时间，每日旅游活动（含在途时间）不超过 11 小时，保证游客每晚在酒店不少于 8 小时的入住休息时间；针对老年人、未成年人、残障人士、妊娠期女性等特定人群的旅游产品，还应该关注游客身体状态，根据需求进行合理的线路设计安排；项目安排注重生态环保，宜选择具有节能环保措施或设备的履行辅助人提供服务。（3）关注健康旅游产品开发。旅行社应积极开发新产品，培养高素质的康养旅游专业人员，凸显健康价值，设计健康游专题、定制线路产品，推广健康主题和康养特色类旅游产品和相关线路。OTA 等平台供应商应对健康类产品提供特殊认证标识（安心游安心住），对提供健康产品的渠道商

---

[1] 中华人民共和国国家旅游局. 旅游安全管理办法.

实施价格优惠、优先推荐、加大宣传等服务。

（七）培养健康认知，将健康安全贯穿到游客旅行始终。旅行社在为游客提供高品质旅行服务的同时，应始终将游客的安全健康放在第一位，并将此类健康关注和提醒服务贯穿到旅行服务的始终。（1）进行健康宣传。旅行社对旅游产品的宣传应真实、全面、客观，不做夸大渲染或引人误解的表述。（2）提醒购买旅行保险。针对行程中高风险娱乐活动，应进行安全提示，并提醒游客选择购买相关意外保险。（3）强化健康监管。行前掌握游客的身体健康状况，提示旅游者不适合参加的风险性项目。（4）做好行前培训。对与旅游安全、卫生健康、文明旅游、旅游风险相关的重要事项，旅行社应向游客交付行前产品说明，说明应符合LB/T 008、LB/T 040有关要求。说明中，应对可能严重危及游客人身、财产安全的旅游风险、安全避险措施等内容进行提示与阐述；告知游客遇到紧急情况时的应急处理措施和应急联络方式；出境旅游产品还应向旅游者告知我国驻外使馆领馆的应急联络方式，并制作安全信息卡。（5）保障旅途健康安全。在旅游行程中，旅行社及其导游、领队人员应当向旅游者提示遵守文明旅游公约和礼仪；旅行社应确保为游客安排的住宿、餐饮、景区等接待场所健康卫生与安全；安排的娱乐活动应文明健康，符合我国和旅游目的地的法律规范和公序良俗；及时关注旅游目的地安全提示信息，并采取相应措施。（6）做好突发应急准备。在发生突发事件时，旅行社应采取一切必要措施保护旅游者的人身安全与健康；当旅游目的地被行政部门宣布为传染病疫区时，或外交/旅游行政部门发出不安全预警时，旅行社应适时调整或取消出团计划并做好相应的应急处置。（7）关怀特殊群体，针对团队需求配备专业康护人员。组团社在接待重点和大型旅游团队时，旅行社应安排专人专门负责落实团队的卫生、健康和安全保障工作；在接待特殊人群或特种旅游者时，应配置掌握相应急救技能的导游进行接待，或根据团队规模，配备必要的随行医护人员。

（八）强化健康培训以提升从业人员健康服务水平。旅行社应关注从业人员的身心健康，加强员工健康服务意识，积极组织安全健康培训，提升健康服务水平。（1）关注员工身心健康。对员工身体健康进行年度体检和特殊时期的健康摸排；宜设立员工心理辅导室。（2）实施健康安全培训。导游应当参加旅游主管部门、旅游行业协会和旅行社开展的关于政策法规、安全生产、突发事件应对，以及文明服务内容的培训活动；旅行社应对员工定期进行"企业、部门、岗位"的三级安全健康培训；员工应严格遵守本单位的安全管理制度，接受安全健康培训，学习旅游安全法规、交通安全、食品卫生、防疫健康、消防知识，参加应急救援演练。（3）保障健康服务水平。加强安全健康教育和培训，提高全员的安全意识和安全操作技能，增强事故预防、应急救援和处置突发事件的能力；将旅行社各种奖励、晋升政策与健康考核挂钩，实行健康生产一票否决制[1]。

（九）强化导游人员执业管理，引导游客进行健康旅行和文明消费。旅行社应加强对导游员的执业管理，对领队、导游进行培训和考核，确保导游符合GB/T 15971的基本要求，并不断提高服务质量和应急处理能力。导游在执业过程中应当做到：（1）严格律己。导游员应按要求，在工作期间佩戴导游身份标识、携带电子导游证；尊重游客的人格、宗教信仰、生活习惯和民族风俗；不得擅自离团；不得安排游客参观或者参与违反法律法规、社会公德的项目或活动；不得擅自安排游客参与非行程告知活动内的购物及另行付费项目，不得用任何方式强迫旅游者购物。（2）引导旅游者行为。告知游客不文明行为可能产生的不良后果，对游客出现的违反法律法规、社会公德、文明礼仪规范等行为进行劝阻[2]。（3）确保旅途安全。导游人员应按照《导游管理办法》、GB/T 15971、LB/T 039等相关要求提供服务，确保行前和旅行途中，所参与的涵盖食、住、行、游、购、娱的各个环节健康安全。（4）加强执业管理。旅行社要加强对导游人员的执业管理、监督与激励：一要确保执业许可。确保提供团队服务的导游、领队人员证件真实有效；确保从业人员具备资格要求和完成出团业务的能力。二要加强监督考核。制定导游人员服务质量考核办法，做好一团一档一考评。三要实施奖惩激励。鼓励导游人员参与星级评价，对综合评价高、游客满意度高的从业人员采用年度表彰、年终奖励、晋升加薪等方式进行激励；同时，对违规行为按照要求进行约谈、通报批评、降薪甚至裁员等惩戒措施。

（十）强化导游和领队应对突发事件的应急处理能力。旅行社要在加强对导游、领队应对突发事件的应急处理流程培训的基础上，全力增强导游、领队应对

---

1 中华人民共和国国家旅游局，全国旅游标准化技术委员会. 旅行社安全规范（LB/T 028—2013）.
2 中华人民共和国国家旅游局. 导游管理办法.

突发公共卫生事件的应急处理能力。(1)熟悉掌握应急处理流程。发生突发事件时,导游应及时上报向本单位负责人,特殊情况下可直接向县级以上相关行政管理部门报告;协助救助受困游客;按照旅行社、行政主管部门及有关机构要求,采取避险措施。(2)提升应对突发公共卫生事件的能力。在行程中若发现疑似传染病疫情,导游应立即向事发地相关部门以及旅行社报告,在得到明确许可后,方可继续游览。游览地突发疫情时,导游及其他旅游从业人员应及时向旅行社报告,并积极配合当地防疫部门做好防疫、安抚和解释工作。发生旅游突发意外事件后,旅行社应配合做好事件调查工作,同时做好对受伤游客的救治、家属的接待安抚,以及协调事故赔偿、保险理赔等善后工作。安全健康管理部门或专(兼)职安全卫生人员应及时对事件进行建档总结,保存重要信息[1]。

(十一)强化旅游服务质量管理,保障企业健康发展。在现有旅游服质量管理体系的基础上,加强质量控制、质量评价、质量监督及改进措施,形成提升旅行社服务质量的健康运行体系。(1)强化质量控制。旅行社宜针对岗位制定详细的质量管理规定,如岗位职责、操作规范等,并组织实施;健全内部管理、监督机制;购买旅行社责任险,并确保及时续保;推进标准化管理,有组织地实施行业服务标准。(2)做好质量监督与改进。应按照 LB/T 008 相关要求,通过《旅游服务质量评价表》及其他方式,汲取游客的合理建议和意见,进行服务质量的监督与改进;对收集到的反馈信息进行统计分析,了解市场满意度,并对存在的质量问题进行总结、分析,并制定有效改善措施[2]。(3)落实质量效果评价。兼顾行业主管部门评价和社会评价;在经营过程中,应尽量避免出现重大安全责任事故,或出现造成恶劣社会影响的群体纠纷事件[3];建立良好的商业信誉及社会声誉;建立自身的舆论监督渠道,通过线上监督、线下反馈处理相结合的方式,对质量管理效果实现实时监督与管理。

(十二)加强对出境游产品的全程安全质量把控。组织和提供出境服务的组

---

1 中华人民共和国国家质量监督检验检疫总局,中国国家标准化管理委员会.导游服务质量(GB/T 15971—2010).

2 中华人民共和国国家旅游局,全国旅游标准化技术委员会.旅行社安全规范(LB/T 028—2013).

3 中华人民共和国国家质量监督检验检疫总局,中国国家标准化管理委员会.旅行社服务通则(GB/T 31385—2015).

团社，应合法合规，在确保产品安全质量的基础上，做好行前安全说明和行中的应急处理，尽可能确保行程的安全可控，并提升对突发事件的应急处置能力。（1）满足基本要求。由取得出境旅游经营资格的旅行社在遵循各项法律法规、行业规范、行业标准的基础上，组织、设计具有安全保障的旅游产品，确保正常情况下能够全面履约，具备应对意外情况的健全应急对策。（2）确保组团服务质量。经营出境业务的组团社应确保在岗人员具备规定的资格要求，具备完成出境业务的基本能力；组团社应能够保障服务质量和履约能力；组团社应选择目的地地区推荐或指定的境外接团社，并对其信誉和业绩进行评审，与选用地接社签订合作协议，并定期审查其履约能力，建立地接社信誉档案，确保合作单位信誉及提供产品质量的稳定性。（3）做好行前说明。组团社应在出团前组织召开行前说明会，向游客详细说明注意事项、发放《出境旅游行程表》《旅游服务质量评价表》和团队标识，向游客详细说明各种可能因为不可抗力／不可控制因素导致的组团社不能（完全）履行约定的特殊情况，行程表应注明遇到紧急情况的紧急联络方式。（4）做好行中应急处置。组团社应建立健全应急处理程序和制度；旅游者在旅游过程出现的特殊情况，如事故伤亡、行程受阻、财物丢失或被抢被盗、疾病救护等，领队应积极做出有效的处理，以维护旅游者的合法权益；按照旅游安全管理办法相关要求，必要时，向中国驻当地使领馆报告，请求帮助[1]。

（十三）充分发挥OTA平台渠道整合作用，协助行业健康发展。（1）强化平台健康服务理念推广能力。优先发布提供健康旅游产品、"安心吃""安心住"健康保障服务的旅游接待单位的产品信息。（2）发挥平台在突发公共卫生事件期间的聚合和引导作用。建立疫情信息共享与通报机制，通过平台更快速、权威地普及防疫知识、行业防疫指南，并通过组织行业专家进行行业问诊、健康管理论坛、公益讲座等方式，有效地为行业内各经营主体实现疫期自主培训、自我营救、修炼内功提供方法和路径。（3）加强对渠道商产品质量把控。平台应对渠道商产品信息进行审核，依照信息完整性、规范性、有效性、合理性对渠道商产品进行审查，加强平台（供应商）对渠道商产品质量的监控，通过激励措施引

---

[1] 中华人民共和国国家旅游局，全国旅游标准化技术委员会. 旅行社出境旅游服务质量（LB/T 005—2002）.

导渠道商提供健康、卫生、安全的旅游产品和服务[1]。(4)强化平台信息安全建设。平台技术架构及信息安全保障机制健全有效,确保平台经营过程的信息安全。

五、餐饮美食的健康保障能力提升指南

营养、健康、绿色、有机和无公害等餐饮需求,越来越成为大众游客的必然选择和消费趋势,加强餐饮行业的健康保障能力建设也就变得至关重要。对从业人员的健康管理、用餐场所和加工场所的健康安全、食品采购贮存的健康管理和用餐人员的健康指引,都需要餐饮行业的高度重视。为强化餐饮行业健康保障意识,全面提升餐饮行业应对突发公共卫生事件的应急和防控能力,帮助餐饮行业提升疫后的健康经营自救能力,特编制餐饮行业相关健康能力建设手册。

(一)应对公共卫生事件发生的健康防疫管理。发生公共卫生事件时,餐饮服务企业要承担起社会责任,树立和传递健康形象,积极进行健康疫情防控。(1)对企业员工进行健康管理。复工前全面采集了解上岗员工假期动态并登记汇总、制定疫情期间的员工档案管理制度、要求所有员工上下班途中注重个人防护和加强疫情员工健康意识和行为的培训。(2)对餐厅场所进行无死角消毒。一是每天餐前餐后,餐厨用具必须做到一洗、二清、三消毒,确保餐厅内所有器具消毒杀菌后方可投入再次使用。二是每日经营前,须从前厅到后厨,餐桌到餐椅以及进餐顾客常接触的设施进行消毒,如电梯、门把手、楼梯扶手、柜台台面、自助点餐机、外送箱等;必要时通过视频、宣传广告等对消费者开展餐厅健康形象的宣传,展现餐厅良好的健康管理场景。三是从餐厅整体到各个小角落严格按照防疫标准不留死角地清理,严格按防疫标准要求执行,增添洗手台,摆放一些消毒洗手液供客人使用。四是消费者用餐结束离开后应对餐桌餐椅进行清洁消毒,向每桌客人提供双套餐具分别用来取菜和进食,防止交叉污染。(3)做好复工防护物资的准备。餐饮企业应在复业前,准备以下防护物资,不仅限于:医用外科口罩(一次性口罩)、医用消毒水/酒精、紫外线空气消毒灯、空调系统专用消

---

1 中华人民共和国国家旅游局,全国旅游标准化技术委员会.旅行社产品第三方网络交易平台经营和服务要求(LB/T 030—2014).

毒剂和消毒洗手液等防护用品,以及配备红外线测温仪等[1]。(4)对用餐人员进行健康管理。一是在公共卫生事件期间,餐饮企业应严禁接待大规模用餐活动,实施隔桌安排就餐和单人单桌用餐等措施,以加大用餐者之间的距离。二是有条件的餐饮服务企业要制定用餐人员可追溯制度,每桌至少登记一名就餐客人的姓名和联系方式。三是鼓励餐饮企业发展室外用餐形式,近距离接触大自然。

(二)进行食品留样,健全应对食物过敏、中毒等事件的应急机制。对食品进行留样,可以在发生食物过敏、中毒等食品安全事故时有所备查。建立食品安全事故应急防控与安全救援机制,不仅可以保障用餐人员的饮食安全,而且可以提升餐饮服务企业的应急处理能力。留样食品应按分类盛放于清洗消毒后的密闭专用容器内,并放置在专用冷藏设施中,在冷藏条件下存放48小时以上,每个品种留样量应满足检验需要,且不少于125克,并记录留样食品名称、留样量、留样时间、留样人员和审核人员。食品安全事故应急防控与安全救援机制包括:(1)发生食品安全事故时,应立即采取措施,防止事故扩大。(2)发现经营的食品属于不安全食品的,应立即停止经营,采取公告或通知的方式告知消费者停止食用以及相关供货者停止生产经营。(3)发现有食品安全事故潜在风险及发生食品安全事故时,应按规定进行报告[2]。(4)当发现或被顾客告知所提供的食品确有异常或可疑变质时,餐厅服务人员应当立即撤换该食品,并同时告知有关备餐人员。备餐人员应当立即检查被撤换同类食品,做出相应处理以确保供餐的安全卫生[3]。

(三)对餐饮美食从业相关人员进行健康卫生管理。餐饮美食从业人员代表着整个餐饮企业的形象,对餐饮美食相关从业人员进行健康卫生管理,不仅可以使其成为展示餐饮服务企业健康形象的窗口,而且可以保障用餐人员的健康安全以及员工自身的健康安全。对餐饮服务人员的健康卫生管理的建议:(1)餐饮企业每年定期组织企业员工进行健康体检。(2)严格厨师和服务员招聘上岗程序:

---

[1] 中华人民共和国商务部办公厅、国家卫生健康委办公厅.餐饮企业在新型冠状病毒流行期间经营服务防控指南.

[2] 中华人民共和国国家市场监督管理总局.餐饮服务食品安全操作规范.

[3] 中华人民共和国卫生部.餐饮业食品卫生管理办法.

面试→体检、培训→持体检培训合格证明后再试工、上岗，杜绝发生试工后再体检或边试工边体检等未取得健康合格证明即上岗的违法行为。（3）每年定期组织冷荤、洗消等重要岗位职工强化培训，组织其他岗位职工开展卫生知识常规培训。（4）职工上岗前应自觉接受企业的健康晨检，如果患有传染性疾病应主动向企业卫生管理人员汇报。企业卫生管理人员视情况应及时做出处理意见。（5）职工要自觉接受卫生监督部门及上级主管部门的各项卫生工作检查。（6）企业对职工的健康检查、培训考核及企业内部自查情况，应纳入职工的奖惩制度之中[1]。

（四）营造健康安全的用餐场所环境，保障室内外无卫生及污染隐患。健康整洁的用餐环境可以给用餐人员留下深刻的印象，用餐场所的健康安全保障了餐饮服务企业的正常运营，餐饮服务企业在餐厅场所选址及环境、布局及设备设施方面要做到安全、无污染，为餐厅的持续发展提供健康保障。（1）应选取与餐厅餐食相适应的场所，保持该场所环境清洁。（2）不得选择易受到污染的区域。应距离粪坑、污水池、暴露垃圾场（站）、旱厕等污染源50米以上，并位于粉尘、有害气体、放射性物质和其他扩散性污染源的影响范围外。（3）宜选择地面干燥、有排水条件和电力供应的区域。（4）食品处理区应设置在室内，并采取有效措施，防止食品在存放和加工制作过程中受到污染。（5）设置独立隔间区域，存放清洁工具。专用于存放清洗清洁工具的区域，其位置不会污染到食品，并有明显的区分标识。（6）食品处理区加工制作食品时，如使用燃煤或木炭等固体燃料，炉灶应为隔墙烧火的外扒灰式。（7）饲养和宰杀畜禽等动物的区域，应位于餐饮服务场所外，并与餐饮服务场所保持适当距离。（8）定期维护食品加工贮存等设施设备，定期清洗、校验保温设施及冷藏、冷冻设施[2]。

（五）对加工经营场所及餐厅设备（含餐饮具和厨具）进行卫生清洁管理与健康化改造提升。建立健全餐饮服务企业各个方面的卫生清洁管理制度，餐饮服务企业应该按照相关管理标准及规范，对加工经营场所及餐厅设备进行卫生清洁管理，提升餐饮服务企业的卫生健康水平，强化餐饮服务企业的健康管理能力。应做到以下几点：（1）建立餐饮服务加工经营场所及设施设备清洁消毒制度，各

---

1 北京市卫生健康委员会.北京市餐饮业食品卫生管理指导手册.

2 中华人民共和国国家市场监督管理总局.餐饮服务食品安全操作规范.

岗位相关人员按照相关标准规范进行清洁。包括有餐厅大厅的地面、墙面、门窗等的清洁消毒和桌椅等的清洁整齐；空调过滤网要保持清洁，定期清理；进行室内消毒清洁，保障无有害昆虫及老鼠。（2）餐饮具使用前必须洗净消毒，符合国家有关卫生标准，消毒后的餐饮具应符合 GB 14934《食（饮）具消毒卫生标准》规定，未经消毒的餐饮具不得使用，禁止重复使用一次性餐饮具。（3）接触直接入口食品的餐用具应按照《推荐的餐用具清洗消毒方法》进行洗净并消毒。（4）洗刷餐饮具必须有专用水池，不得与清洗蔬菜、肉类等其他水池混用。（5）洗涤、消毒餐饮具所使用的洗涤剂、消毒剂必须符合食品用洗涤剂、消毒剂的卫生标准和要求[1]。

（六）严格管控食品采购，保障无健康危害，并对采购各环节进行记录存档。对食品采购进行严格管理，建立健康安全的食品采购制度，对采购各环节进行记录存档。应选用生态旅游食品食材，保障食材的安全健康，从源头杜绝有害食品的危害。餐饮业经营者采购的食品食材必须符合国家有关卫生标准和规定，禁止采购下列食品：（1）有毒、有害、腐烂变质、酸败、霉变、生虫、污秽不洁、混有异物或者其他感官性状异常的食品。（2）无检验合格证明的肉类食品。（3）超过保质期限及其他不符合食品标签规定的定型包装食品。（4）无卫生许可证的食品生产经营者供应的食品。餐饮服务企业应该建立供应商管理制度，建立固定的供货渠道并选择具有相关合法资质的供货商。

（七）加强食品加工的管理，包括对食品加工场所、人员及用料的健康管理。食品加工的健康管理关乎着餐饮服务企业的健康发展和用餐人员的健康饮食，对食品加工进行健康管理，要体现在食品加工的各个方面，包括对食品加工场所、人员及用料的健康管理。首先，食品加工场所应当符合下列要求：（1）厨房的面积应符合标准，不得小于 8 平方米。（2）厨房的墙壁和地面应符合标准，墙裙采用防水防潮和可清洗的材料或者铺设 1.5 米以上的瓷砖，地面采用防水防潮和可清洗的材料铺设。（3）配备有足够的照明、通风、排烟装置和有效的防蝇、防尘、防鼠以及污水排放和符合卫生要求的存放废弃物设施。其次，食品加工人员的卫生要求包括：（1）常用清水清洁手部，工作前、处理食品原料后或接触直接

---

[1] 中华人民共和国卫生部.餐饮业食品卫生管理办法.

入口食品之前。(2)不得留长指甲、涂指甲油和戴戒指。(3)不得有面对食品打喷嚏、咳嗽、吸烟及其他有碍食品卫生的行为。(4)厨房操作人员应当穿戴整洁的工作衣帽,头发应梳理整齐并置于帽内。最后,食品加工用料的健康管理:(1)各种食品原料在使用前必须洗净,蔬菜应当与肉类、水产品类分池清洗,禽蛋在使用前应当对外壳进行清洗,必要时进行消毒处理。(2)食品添加剂应当按照国家卫生标准和有关规定使用。(3)制作凉菜应当符合相关要求。(4)奶油类原料应当低温存放,含奶、蛋的面点制品应当在10℃以下或60℃以上的温度条件下储存[1]。

（八）建立一套健康完善的食品食材贮存标准,加强食品安全存放保管。食品食材的安全贮存是餐饮服务企业的健康管理之一,健康完善的食品食材贮存标准为后续的食品加工以及用餐人员健康提供了基础性保障。餐饮服务企业应做到以下几点:(1)分区、分架、分类、离墙、离地存放食品食材。(2)分隔或分离贮存不同类型的食品原料。(3)在散装食品(食用农产品除外)贮存位置,应标明食品的名称、生产日期或者生产批号、使用期限等内容,宜使用密闭容器贮存。(4)按照食品安全要求贮存原料。有明确的保存条件和保质期的,应按照保存条件和保质期贮存。保存条件、保质期不明确的以及开封后的,应根据食品品种、加工制作方式、包装形式等针对性地确定适宜的保存条件和保存期限,并建立严格的记录制度来保证不存放和使用超期食品或原料,防止食品腐败变质。(5)及时冷冻(藏)贮存采购的冷冻(藏)食品,减少食品的温度变化。冷冻贮存食品前,宜分割食品,避免使用时反复解冻、冷冻。冷冻(藏)贮存食品时,不宜堆积和挤压。(6)遵循先进、先出、先用的原则使用食品原料、食品添加剂、食品相关产品。及时清理腐败变质等感官性状异常、超过保质期等的食品原料、食品添加剂、食品相关产品[2]。

（九）建立健全卫生管理制度,配备专职的食品健康安全管理人员。餐饮服务企业应把食品安全健康放在首位,应建立健全食品安全管理制度,明确各岗位的食品安全责任,强化过程健康管理。配备专职食品健康卫生管理人员,不仅可

---

1 中华人民共和国卫生部.餐饮业食品卫生管理办法.
2 中华人民共和国国家市场监督管理总局.餐饮服务食品安全操作规范.

以加强和规范餐饮服务企业安全健康管理,而且可以提高餐饮服务企业的食品安全管理能力和水平。餐饮安全管理人员在从事相关食品安全管理工作前,应取得餐饮服务食品安全培训合格证明。餐饮安全管理人员应熟知食品安全法律法规、规章、规范性文件和标准,以及食品安全管理技能和食品安全事故应急处置相关知识。食品健康安全管理人员应承担以下管理职责:(1)食品原料和食品添加剂等采购管理。(2)对餐厅经营加工场所进行卫生健康管理。(3)餐饮服务企业食品加工制作设施设备清洗消毒管理。(4)餐饮服务企业人员健康状况管理。(5)餐饮服务企业加工制作食品卫生管理。(6)餐饮服务企业餐厨垃圾处理管理。(7)有关法律、法规、规章和规范性文件确定的其他餐饮服务食品安全管理。

(十)深入挖掘地方饮食健康故事和文化,推出特色的健康养生套餐,举办健康美食宣传活动。饮食文化是旅游餐饮的灵魂,健康饮食文化旅游不仅可以满足游客生理上的愉快体验,还能以其丰富多样的食材、健康的工艺和文明的风俗满足游客精神层面上的探索心理和求知心理。深入探究健康饮食文化内涵,全方位、多角度地分析健康饮食文化资源的形成和发展,总结归纳健康饮食文化的种类、典故传说等,通过文化背景的研究,探索从健康饮食文化中反映出来的民风、礼节及民生理想与生活追求,将此引入健康饮食产品研发中,宣传绿色环保有机食材,鼓励开发赋有健康内涵的美食套餐,形成具有独特品牌效应的健康饮食文化。(1)结合地方健康饮食特色,开发集菜品、就餐方式和就餐环境于一体的健康餐饮产品,弘扬区域健康饮食文化。(2)通过对健康饮食市场需求的调查,研发以当地特色和市场需求为导向的健康养生套餐,形成面向市场的健康养生饮食产业。(3)通过举办健康美食节等活动,加大对当地健康饮食文化的宣传和推广,形成独具地方特色的健康饮食文化品牌,实现健康餐饮品牌文化的打造和运营。

(十一)采取透明化餐厅的健康管理理念,公布餐厅健康信息及状况。透明化的健康管理理念可以让用餐人员更多地了解餐饮企业,对餐饮服务企业的健康状况有更加深入的认知,并且对餐饮服务企业的健康形象传递起着重要的作用。餐饮服务企业可以从以下几点开展:(1)将食品经营许可证、餐饮服务食品安全等级标识、日常监督检查结果记录表等公示在就餐区醒目位置。(2)网络餐饮服务第三方平台提供者和入网餐饮服务提供者应在网上公示餐饮服务提供者的名称、地址、餐饮服务食品安全等级信息、食品经营许可证。(3)入网餐饮服务提供者应在网上公示菜品名称和主要原料名称。(4)宜在食谱上或食品盛取区和展示区，公示食品的主要原料及其来源和加工制作中添加的食品添加剂等。(5)应采用"明厨亮灶"方式，公开食品加工制作过程[1]。

（十二）优化服务线路和面对面服务流程和规范，鼓励展卖和在线销售健康美食商品，积极推行"无接触餐厅"及"无接触取餐"外卖配送。送餐人员和面对面服务人员是餐饮服务企业对外展示的窗口，两个服务流程应标准规范和井然有序，向用餐人员传递健康形象，传递正能量。餐饮服务企业应采用线上订餐与线下配送的销售模式，建构完善网络平台的订餐、支付以及配送服务，不断整合企业内部资源和互联网外部资源，提高餐饮服务企业的核心竞争力。展卖和在线销售健康美食商品可以为游客提供更多健康服务。餐饮服务企业可以从以下三个方面实现O2O健康商业模式：(1)餐饮服务企业自建官网实现线上线下互动销售健康美食商品的模式。餐饮企业自身利用互联网开通官方网页，并在官网上提供线上到线下的相关服务。消费者通过官方网页直接向餐饮企业订购健康美食产品、叫外卖或选择其他种类服务，无须第三方网站或人员介入。(2)通过团购网站实现线上线下互动销售健康美食商品的模式。团购网站即发布打折广告的网站，餐饮服务企业可以利用薄利多销的原理和互联网"病毒式"传播的强大威力，销售健康美食商品，打开分销渠道，获得更多利润。(3)通过电商平台实现线上线下互动销售健康美食商品的模式。选择加入较典型的餐饮电商平台，如美团、饿了么、大众点评网等，在线销售健康美食商品，争取更多的利润。对餐厅的送餐服务线路和面对面服务流程进行详细规划，尽量使两个服务互不影响并且相互协助。同时，注意附近其他工作人员的行动。从指定的门进出，按照规定线路进出配餐间或厨房时，当只有一扇门时，应小心开启，以免碰及从另一方来的人。送餐人员和面对面服务人员应该注意仪表仪态以及个人卫生，给用餐人员留下健康的形象。在疫情防控期间，应发展"无接触餐厅"及"无接触取餐"外卖配送，并鼓励把此项发展常规化。

---

1 中华人民共和国国家市场监督管理总局.餐饮服务食品安全操作规范.

（十三）建立用餐人员健康消费数据，强化餐厅客户管理。强化客户关系管理，可以保留老客户并提升客户忠诚度。对用餐人员进行会员制管理，记录用餐人员的忌饮忌食，引导用餐人员健康用餐。(1)提升用餐人员满意度。首先建立多种渠道收集用餐人员对服务和菜品等反馈信息，这些信息包括但不限于顾客满意度调查、顾客关于菜品和服务方面数据、用户意见调查、流失顾客分析、顾客赞扬和索赔等。然后对上述信息进行汇总分析，必要时应采取纠正措施或预防措施，不断提升顾客满意度。(2)建立用餐人员档案。未经用餐人员的明确许可，不应向任何第三方泄露用餐人员档案信息。(3)维护用餐人员关系。建立并实施与用餐人员开展沟通交流的机制，保持、改善与用餐人员的关系。(4)建立用餐人员投诉制度。依据GB/T 17242的规定，编制实施餐饮服务企业的顾客投诉处理制度，及时处理顾客投诉。

（十四）对用餐人员进行健康关怀与管理，对游客进行健康和营养饮食的引导。餐饮服务企业应做到顾客至上，不仅要保证食品的健康安全，更重要的是对用餐人员进行健康关怀与管理。餐饮服务企业需对游客进行饮食的健康引导，消除游客对当地饮食的陌生感，加强游客对当地饮食的好奇感和认同感。可以从以下几个方面开展：(1)询问用餐人员是否对哪些食品有过敏史。(2)对老年人及孕妇进行特殊关照。(3)对用餐人员进行健康观察，有传染病或其他影响公共卫生安全的应规劝不要进入。(4)普及推广"使用公筷·文明用餐"，倡导用餐人员使用公筷公勺，保障用餐人员的健康。(5)用餐人员落座后主动向其介绍餐厅的风味特色、促销信息、服务收费等，并询问用餐人员的消费需求情况。(6)主动向用餐人员介绍本餐厅时令菜、特色菜和畅销菜，根据客人年龄、口味偏好和用餐目的等情况，根据荤素、浓淡、营养和多种烹饪方法相搭配的原则，为用餐人员提供意见和建议。(7)贯彻节约原则，如用餐人员点菜过多，应及时提醒用餐人员，避免浪费。(8)介绍酒水应把握菜点搭配原则，推介应适度。(9)坚决抵制和杜绝食用野生动物，引导游客对目的地陌生的食品食材要谨慎食用。向游客解释说明食用野生动物的危害，以及提醒游客要在食用不熟悉的食品食材时应先网上查询能否食用，引导游客使用当地健康绿色的食品。(10)引导游客不浪费粮食，不浪费当地食品食材，文明用餐，尊重当地用餐习惯和礼仪习俗。在宣传栏设置或者发布顾客须知，向游客宣传粮食的来之不易以及当地的用餐习惯和礼仪习俗，引导游客健康文明用餐。（11）根据游客情况，进行一日三餐营养搭配，健康适量饮食。提前了解游客，熟识游客饮食习惯，结合游客的出游状况，合理配备一日三餐，充分补充游玩期间的健康营养。出行期间饮食，应引导游客避免暴饮暴食。

（十五）行政主管部门应加强对餐饮企业的健康卫生监督检查，对餐饮企业的管理起到监控作用。政府及相关部门要加强餐饮业的发展战略、规划、政策和标准等制定和实施，提升政府在餐饮业的公共服务、市场监管和宏观调控能力。在务实、创新的基础上，理顺餐饮业的行业管理体制，丰富餐饮行业指导方法，完善餐饮业的分类监管内容[1]。餐饮企业应严格根据政府制定的《食品安全法》安全加工食品，按照卫生部、工商总局、食品药品监管局发出的《关于加强餐饮具集中消毒单位监督管理的通知》对餐饮具集中消毒，按照《饭店（餐厅）卫生标准》对场所进行卫生管理，按照《餐饮食品安全操作规范》对餐饮食品进行安全操作等。

（十六）餐饮行业协会应制定相关健康管理标准，规范餐饮企业健康发展。餐饮行业协会在餐饮行业的健康发展中有着不可或缺的地位。餐饮行业协会应在加强餐饮行业自律、维护餐饮企业利益、加强业务交流、倡导餐饮节约、推广先进技术以及人员培训等方面开展工作。餐饮行业协会应根据餐饮行业特点制定餐饮健康发展的标准或者规范，并按照有关法律法规和规章制度，发挥行业自律、引导和服务作用，促进餐饮业行业标准规范的推广实施，指导企业做好健康经营和健康发展，引导餐饮经营者建立健康经营理念。餐饮行业协会应做到以下健康职责：（1）宣传贯彻国家法律法规，反映会员和餐饮行业的有关问题、意见和愿望，发挥社会中介组织的作用。（2）对发展中国烹饪和餐饮业的方针、政策、规划和措施等重大问题进行调查研究，参与起草行业法规标准，向政府和有关部门提出建议。（3）组织开展烹饪理论与饮食文化研究，促进全民饮食科学水平的提高。（4）加强餐饮教育工作，组织管理与技术培训，提高餐饮从业人员综合素质。（5）开展餐饮食品营养知识的宣传教育，推动筵席改革，提倡科学文明

---

1 中华人民共和国商务部，中华人民共和国国家发展改革委员会.餐饮业经营管理办法（试行）.

用餐。(6)加强职业道德建设,做好餐饮行业自律,树立良好的道德风尚[1]。

六、旅游购物的健康保障能力提升指南

作为旅游六要素的组成部分,旅游购物占据着不可或缺的地位,当前,我国旅游购物市场快速发展,但对旅游购物的健康发展关注仍存在不足,尤其是在公共卫生事件突发时期更是显现出了诸多弊端。基于此,特制定旅游购物场所健康能力建设手册,为旅游购物活动的开展提供健康化的指引和建议。

(一)在健康安全高风险时期,采取有效的应急防控措施。成立应急防控安全小组,明确责任人和责任区,提高风险防范意识和宣传。(1)安全小组的领导应做好统一组织和协调应急的工作,各职能部门明确职责,严格执行传染病监控制度、传染病报告制度和消毒隔离制度。(2)在经营场所内设立应急区域,当出现疑似症状人员时,及时到该区域进行暂时隔离,并及时向当地疾病预防控制中心等相关部门报告,配合相关部门做好疫情防控工作。(3)购物场所中应有专门的视频滚动播放健康知识或张贴健康宣传材料等,加强从业人员和顾客在各种风险情况下的提醒和教育,提高风险防范认知。(4)采取先测体温后进入的原则,要求收银员优先采用无接触扫码支付方式向顾客收款。(5)每天对经营场所人员的健康状况进行动态观察,发现有发病症状人员应立刻就医。(6)做好消毒隔离工作,配合医疗卫生部门做好对传染病患的隔离医疗工作,对被污染的环境进行严格的消毒处理。

(二)提升导购和销售人员的健康服务素质和水平。导购和销售人员是购物场所向外展示企业健康形象和健康文化的窗口,应加强对导购和销售人员的健康培训和管理。(1)加强购物场所人员的健康卫生管理并在服务顾客的过程中体现健康印象。对从业人员的健康卫生管理是在服务顾客的过程中体现健康印象的前提,全面的健康卫生管理可以促进员工树立健康意识,从业人员在服务顾客的过程中体现健康印象,增加购物场所的可信度。(2)完善健康文化解说和安全注

---

1 360百科.中国餐饮行业协会[DB/OL].(2015-10-25)[2020-03-6].https://baike.so.com/doc/6232033-6445372.html.

意提示，展示人文关怀并树立健康形象。健康文化解说可以提升整个购物场所的健康严谨性，安全注意提示则可以大大增加顾客的购物安全性以及提升购物好感度。提示牌的设置应准确合理，在关键地点设置人员提示并提供文化解说服务，可以充分展示人文关怀并且树立健康形象。（3）对服务人员应建立健康申报制度和体温检测制度，若发现可疑症状，应及时向当地防控中心报告。（4）导购和销售人员应掌握相关的医学常识和应急措施，以保证在发生紧急事件时做出正确反应。

（三）严格落实日常环境卫生措施，确保购物场所的内外空间和各项设施设备无污染。购物场所与居民生活和游客体验密切相关，在保障居民日常生活的前提下，购物场所的内外空间和各项设施设备应做到无污染，避免疾病通过空气或者接触传播给其他人。（1）加强室内通风。在保证经营场所温度达标前提下，加强室内空气流通，首选自然通风，尽可能打开门窗通风换气，保证室内空气卫生质量符合《公共场所卫生指标及限值要求》（GB 37488—2019）。运行的空调通风系统应当每周对开放式冷却塔、过滤网、过滤器、净化器、风口、空气处理机组、表冷器、加热（湿）器、冷凝水盘等设备部件进行清洗、消毒或更换。若场所内空调无消毒装置，需关闭回风系统。（2）垃圾清运处理。每天产生的垃圾应当在专门垃圾处理区域内分类管理、定点暂放和及时清理。存放垃圾时，应当在垃圾桶内套垃圾袋，并加盖密闭，防止招引飞虫和污染其他食品和器具。垃圾暂存地周围应当保持清洁，每天至少进行一次消毒[1]。（3）加强室内清洁消毒。对顾客频繁接触的位置要保证合理的清洁消毒频次，如门把手、电梯按钮、自动扶梯等位置。保证商场地面干净无污水，对公共卫生间要按照人流量进行合理的清理清洁及消毒。（4）工作人员作为顾客的移动接触者，其所在区域也应做好无污染防护，勤消毒，勤通风，不做出刻意污染购物场所的行为。（5）对于中央空调，应尽量采用全新风。若购物场所相对密闭，还应对空间进行喷洒消毒处理。

（四）提升购物中心、商场商店、街区窗口的健康文化价值，维护消费者的健康忠诚度。增加室内绿色植物、拓展户外购物空间、探索购物的田园模式和农

---

[1] 黑龙江省人民政府门户网站.黑龙江省防控新冠肺炎商场（超市）卫生监督工作指[EB/OL].（2020-03-05）[2020-03-17].http: // www.hlj.gov.cn/zwfb/system/2020/03/05/010920871.shtml.

场模式。当代人渴望"绿色",绿色食品、绿色植物等,希望能从忙碌的生活中抽离出来,回归自然,回归绿色,并且随着城市化的进一步加速,以及大众生活需求的进一步升级,"绿色需求"势必将成为一个不可逆的发展趋势。(1)融入自然开放的健康设计理念。从商业项目筹划伊始,应全程贯穿健康发展理念,为后期的健康营运管理打好基础,加入生态自然元素,营造绿色健康的购物环境。(2)合理规划购物场所,将健康元素科学融入各业态(娱乐、教育、服饰、运动、餐饮等业态)的分布中。增强教育体验、互动体验、情感体验、品牌体验、社交体验、定制体验和价值倡导,满足购物者多方面的身心健康需求。(3)有条件打造室内绿色花园,引入田园农场购物模式,倡导绿色低碳消费。将田园农场模式融入购物消费体验中,体现绿色健康主题,消费者可直接在购物中心的农场里为他们的一日三餐选择绿色食品原料,增加消费者购物体验的开放感、自然感和宁静感。(4)绿植设计应与整体商业定位相符合,避免生搬硬套。一是注意与商业空间的匹配与融合,与商业应相辅相成而非喧宾夺主;二是与其他景观元素合理衔接,增添空间的层次感和灵活性;三是一些大型绿植的运用,要注意防水层、防根层和排水系统等设计;四是根据绿植使用区域不同(室内、室外、屋顶等),选择适合不同生长环境的植物品种;五是绿植设置应结合后期管理养护的成本与难易度考虑[1]。

(五)全息投影等技术和艺术景观,塑造购物场所的虚拟健康空间、主题艺术景观和导购导视系统。全息投影技术最大的优势是它可以很好地适应各种场景,这种技术的运用可以突出旅游景区主题,给游客带来极好的游览体验和印象。(1)采用裸眼 3D 地贴、全墙手绘,如制造出栩栩如生的水流浪花和畅游其中的江豚,如同步入蔚蓝的水底世界,让消费者与江豚互动,呼吁人们保护江豚和水资源。(2)通过专业化的全息投影技术,能够突破传统投影技术的局限,可以定制化内容源,还可以随时切换或按需求定制各种场景,如唯美梦幻的花海,浩瀚无垠的夜空和魔幻的森林等,让主题内容更加鲜明,声光影像体验更加极致,投影出来的画面高度清晰、立体和生动,后期应进行修改维护,让顾客有更

---

1 搜狐网.这些购物中心都"被绿了"[EB/OL].(2019-06-23)[2020-03-17]. https://www.sohu.com/a/322433638_184436.

多的健康享受[1]。（3）利用全息投影技术，可以在购物场所专门打造一个虚拟的健康空间，让消费者身临其境地了解自身健康机制，加入主题艺术景观来吸引更多消费者，在导购导视系统中加入全息投影技术，可以使管理更加系统化，还可以给购物场所增加更多的现代化气息。

（六）编制面向游客或社区消费者的健康购物手册。健康购物手册应能向消费者说明购物时应注意的各个方面，包括买货、退货和售后等，以及引导消费者健康购物。（1）发布诚信广告，应保证商品与广告内容相相符。（2）明确会员优惠规定，包括用户会员积分规则、积分奖励细则和优惠券使用说明。（3）加入健康购物指南，在商品介绍区，推出绿色生态环保商品，详细介绍商品的健康属性。（4）详细介绍售后服务，包括退换货规则、退换货流程、发票政策和纠纷申诉处理规则等。（5）加入商家信息介绍，并且详细说明商家健康文化和健康形象，向购物者传递健康正能量。

（七）研发旅游购物的健康产品、业态和商品。（1）综合考虑人文、区位、生态等资源，研发各类养生养老健康产品。（2）研发不同季节健康产品，地方特色保健类商品、生态农业和有机食品。依托各地自然、人文、生态、区位等特色资源和重要旅游目的地，以医疗机构、健康管理机构、康复护理机构和休闲疗养机构等为载体，重点开发高端医疗、特色专科、中医保健、康复疗养、医养结合等系列产品[2]。（3）将目的地的资源进行梳理及重组，打造新产品，如中医药保健与美食结合、高端医疗和美食养生结合等。（4）心理健康在近几年越来越被重视，可打造研发有利于心理健康的各类旅游产品，在优美的环境中进行冥想训练以及瑜伽训练等。借鉴国外的产品研发方式，打造出符合中国特色的旅游产品，如红酒养生，让顾客参与到产品制作中。

（八）不销售有健康危害和潜在安全风险的商品。（1）购物中心的采购部门应建立健全商品组织结构表，引进绿色健康商品，禁止采购有害商品。各营运部

---

1 快资讯.旅游景区公园夜游运营：3D全息投影技术优势足[EB/OL].（2019-12-30）[2020-03-18]. https://www.360kuai.com/pc/9884f55ee1973a3e2?cota=3&kuai_so=1&sign=360_57c3bbd1&refer_scene=so_1.

2 搜狐网.关于促进健康旅游发展的指导意见[EB/OL].（2017-05-18）[2020-03-18]. https://www.sohu.com/a/141554685_514422.

门应做好绿色健康商品的订货、收货、退货，过期商品应及时下架。（2）采购食品及其原料时，应向供货者索取同批次食品卫生检验合格证或者化验单、供货者的卫生许可证复印件和购货发票。采购小批量食品及其原料时，应向供货者索取购货发票或购货凭证。采购的食品进库前，仓库管理人员应对食品的色、香、味、形进行验收，合格食品入库储存，不合格食品退回[1]。（3）商品存放处应做好卫生防护。一是仓库地面无垃圾、杂物、遗落商品、水渍；二是仓库墙面、柱子、天花板无蜘蛛网、胶印；换气扇、通风口、窗户无灰尘、污渍；三是仓库内空纸盒应及时处理；四是仓库各类指示牌、警示语无灰尘、污渍、破损；五是商品要隔墙离地，放置在仓板上；六是存放商品要进行整件管理，无散落商品。

（九）对于以服务中高级别消费者为重点的购物场所，可以配备医疗卫生服务机构及相关健康服务。医疗服务机构和购物中心的融合正在成为很多优质购物中心的选择，并将逐渐成为未来购物中心可持续良好发展的方向。就目前而言，以服务中高级别消费者为重点的购物场所应配备医疗卫生服务机构及相关健康服务，消费者在购物中心购物、游玩和就餐饮食的同时可以解决健康问题。购物中心＋医疗业态的模式，能够完善消费者的生活配套需求、提升消费者对购物中心的黏性，同时消费者的健康需求也能给购物中心带来联动效益。（1）公立医院在医疗商场中的深度参与和专业主导将成为一种趋势。用公立医院成熟的管理体系来规范医疗商场各参与主体的诊疗行为，以支撑医疗商场的健康发展，实现社会效益和经济效益的协调与平衡。（2）目前商场医疗提供的服务相对单一，国内购物中心的医疗业态主要以轻医疗、非医保范畴为主，口腔诊所、体检中心、中医养生、妇幼保健、医疗美容五大业态是最为常见的医疗业态。商场可设置专职医疗人员、专门的联合医院、单独的医疗中心、健康中心、情感咨询中心、药房药店和运动设施等[2]。

（十）对旅游购物进行健康质量管理，游客投诉和健康问题反馈。（1）管理

1　淘豆网.餐饮食品卫生安全管理制度[DB/OL].（2019-02-27）[2020-03-18].https://www.taodocs.com/p-209187965.html.

2　苟正先，熊传银，颜星，张文伟，吴嘉敏，贺玉林.国内外医疗商场发展现状及趋势[J].中国医药导报，2019，16（2）：20-23+36.

人员必须做到投诉件件有落实，事实有回复。认真填写，妥善保存《游客投诉登记表》。（2）经营者必须每月对投诉情况进行分类统计，综合评价，整合处理方法，提出最合理的解决意见。改进工作和服务策略，提高服务水平，防止同类事情再次发生。（3）对投诉的处理务必实事求是，如发现虚报瞒报的情况，将视情况严肃处理。（4）游客投诉的处理期限不超过半个工作日，特殊情况不应超过两个工作日。（5）对待任何一位游客的投诉都要认真、耐心听取，表现出高度的负责态度，代表公司向客人表示歉意与感谢。（6）在听取游客意见时，对游客的遭遇应适时地表示理解并不失时机地表示歉意，让游客感到公司是重视理解其意见，并且尽力帮助他解决问题的。（7）在听取游客投诉时，要保持头脑冷静，在没有查明事件原因及经过的情况下，不可随便代表公司承担责任，待弄清事情原委后，再做出判断。（8）对超过权限或解决不了的问题，要及时与上级联系以得到指令，不能无把握、无根据地向游客提出任何保证，以免妨碍事务的进一步处理[1]。

（十一）避免购物人群过度聚集，不同时段人流疏导和调节。为避免人群过度聚集，购物场所应对安保、交通及后勤保障工作做具体安排，并针对可能出现的紧急情况做应急预案，保障购物场所外围和商场内部各项活动有序展开做。（1）建立智能化管理系统，设置专人在指挥中心实时监测广场内外的客流量，并随时通知安保人员采取相应的限流或分流措施。（2）为应对蜂拥而至的车流，应提前在停车场部署足够的安保人员协助引导车辆，在购物场所外围辟出场地供机动车和非机动车临时停放，与辖区交警配合，对周边道路实行交通循环管控，确保不出现长时间、大面积拥堵现象[2]。（3）购物场所举办大型活动时，应该分别对活动开始前、中、后做具体安排。活动开始前，应当进行风险评估，识别重要区域，精心设计客流的行进线路，有效引导客流；活动进行中，应当安排专人值守，重要区域要有专人维持秩序。要将互联网思维、新技术手段融于安全管理之

---

1 豆丁网.游客投诉处理管理制度[DB/OL].（2016-10-05）[2020-03-18].https：//www.docin.com/p-1751749707.html.
2 快资讯.汕头万达广场开业人流拥挤各方及时疏导保畅[EB/OL].（2019-12-02）[2020-03-18].https：//www.360kuai.com/pc/9d98cc707ab189b6d?cota=4&kuai_so=1&tj_url=so_rec&sign=360_57c3bbd1&refer_scene=so_1.

中，通过手机 App 或微信公众号推送购物指南与注意事项，推行线上支付手段，有效分散商场客流。充分掌握顾客容量及分布并实施顾客容量管理，设置健康巡查员，通过广播、喇叭等方式，对顾客短时集中地区及时进行提醒、引导分散。

（十二）建设线上线下同步购物平台和虚拟购物体验店，在防控应急情况下开展无接触购物服务。在防控应急情况下，为避免人群聚集，病情扩散，购物场所应响应号召做适当停业处理，将购物行为变为线上线下同步的方式，无接触购物为应急情况下的防控提供了一种积极地防护。（1）全面提供"在线购买、店内提货"服务。应用具有沉浸感、交互性和想象力特征的虚拟现实技术，打造方便快捷真实的购物场景。（2）线上线下相融合，加入健康购物 App 及小程序。推行无接触式购物，无人超市、无人柜、机器人等健康应用。（3）开展社群微信群购物、直播购物等居家"云逛街"新模式。推出远程预点餐功能，推出线上外卖、送餐到家、团体套餐配送等多种服务模式，方便居民及复工单位安全便利用餐。整合优质企业，接受居民网络订餐，大幅提升线上线下配送能力[1]。（4）线上直播并结合一些生活服务平台进行线上下单及销售，避免由于应急情况给购物场所造成货物囤积或巨大经济损失。

（十三）建立业主、零售商与游客买家的健康共同体。（1）业主、零售商与游客买家互利共赢。一是业主和零售商应该为游客买家提供质量过硬的产品，在游客买家中塑造口碑，努力把自己的经营模式打造成规范化的和可复制的模式；二是要洞察游客买家的需求，赢得消费者的信任和好感；三是打造一个团结有冲劲的团队，尊重团队内每个人的意见，通过奖励来鼓励员工，打造团队内有干劲的工作氛围。（2）业主、零售商与游客买家共同达成健康理念及健康意愿，倡导健康购物，结成健康购物联盟。有经商经营的健康底线思维，始终把游客放在第一位。游客也要和业主、零售商多加互动，共同努力保障各方健康发展。（3）零售商要结合自身发展的特点及经营发展能力、优势，科学系统地制订发展计划，发挥区域领先、强强联合、集中资金和人才等方面的优势，以合资、合并及并购等多种资本运营方式，增强同行业企业的共赢合作发展机会，真正建立以实力、

---

1 新华网北京频道.西城无接触购物覆盖所有社区[EB/OL].（2020-02-28）[2020-03-18]. http://www.bj.xinhuanet.com/2020-02/28/c_1125636869.htm.

规模和管理科技含量高为核心竞争力的零售商企业模式。

（十四）成立"商家委员会或购物保障协会"。商家委员会应以社会稳定为大局，以和谐发展为目的，以自治管理为切入点，对经营场所进行全面的服务和管理，维护全体商户的合法权益，保障购物场所物业合理和安全使用，维护购物场所管理区域范围内的公共秩序，创造整洁、优美、安全、舒适、文明、有序的经营环境。（1）商家委员会应提供标准化的服务和系统化的营运，不应以营利为目的，接受购物场所管理单位及政府相关行政主管部门的监督与指导。（2）购物保障协会应做到：一是向消费者提供正确的消费信息和咨询服务；二是参与有关行政部门对商品和服务的监督、检查；三是就有关消费者合法权益的问题，向有关行政部门反映、查询，提出建议；四是受理消费者的投诉，并对投诉事项进行调查和调解；五是投诉事项涉及商品和服务质量问题的，可以提请鉴定部门鉴定，鉴定部门应当告知鉴定结论；六是就损害消费者合法权益的行为，支持受损害的消费者提起诉讼；七是对损害消费者合法权益的行为，通过大众传播媒介予以揭露批评[1]。（3）购物场所中应有专门的视频滚动播放或张贴宣传材料等，加强从业人员和顾客在各种风险情况下的提醒和教育，提高风险防范认知。

七、娱乐活动的健康保障能力提升指南

为加强娱乐活动场所的公共卫生健康保障意识，全面升级娱乐活动场所对抗突发公共卫生事件的防控能力，帮助娱乐活动场所提升疫后健康经营自救能力，助推娱乐活动场所实现高质量健康发展，特制定娱乐活动场所健康能力建设手册。通过指导各项娱乐活动树立健康理念并提升健康保障能力，全面构建娱乐活动的健康发展保障能力体系，为娱乐活动升级健康韧性一系列的提供指引和建议。

（一）应急情况下，强力做好健康防控管理工作。健全应急防控与安全救援机制，做好健康卫生防护。（1）严格落实管理责任。影剧院、KTV、演艺场所等娱乐活动场所的法定代表人及经营者是疫情防控的第一责任人，要建立疫情防控

1　全国人民代表大会常务委员会. 中华人民共和国消费者权益保护法.

工作机制,并与当地卫生健康部门、疾控机构等建立联动机制。(2)严格完善联防联控工作机制。宣传、文化旅游和体育等有关部门要按照各自的职责范围,认真监管好文化娱乐旅游体育经营场所。建立信息通报制度,畅通信息渠道,每日向当地疫情防控指挥部报送疫情信息。(3)严格落实停业期间的卫生防控措施。暂停对外开放和营业期间,要在场所显著位置张贴闭馆告示,并通过网络渠道予以公告。配备必要的防护用品和消毒物品。在停业期间,通过在线文化馆或云课堂等方式,利用互联网做好线上公共文化服务工作。(4)严格摸排从业人员信息。各文化娱乐旅游体育经营场所开业、复业前,要安排专门人员全面排查从业人员信息。场所开业、复业后,每日对工作人员开展健康监测。(5)严格加强人员出入管理。各文化娱乐旅游体育经营场所开业、复业后,要在入口处设置体温检测程序,严格遵循"先测体温后进入"的要求。(6)严格搞好场所卫生消毒。开业、复业后,每日要对场所出入口、大厅、展厅、报告厅、阅览室和卫生间等重要区域进行严格全面消毒,加强垃圾分类管理,设置废弃口罩垃圾桶。(7)严格加强通风管理。开业、复业后,要时刻保持封闭区域空气流通。(8)严格加强宣传引导。要通过场馆 LED 屏幕滚动播放标语、张贴和摆放宣传画以及相关视频等方式,及时发布疫情风险预警信息,引导观众、员工注意自我防范。(9)严格做好日常管控。在当地疫情解除前,各文化娱乐旅游体育经营场所一律暂停举办大型公众聚集性活动,包括演唱会、音乐会等[1]。

(二)对城市室内休闲娱乐场所的环境及设施,进行有效的卫生清洁及健康管理。城市室内休闲娱乐场所包括剧院、影院、KTV、茶馆、棋牌室、洗浴按摩、酒吧和健身中心等,这些娱乐场所属于当地居民和游客共用的,均处于室内,因此较好的通风和干净的卫生至关重要。(1)集中式空调通风系统应符合卫生部印发的《公共场所集中空调通风系统卫生管理办法》的要求,室内空气质量符合 GB/T 18883—2002《室内空气质量标准》。(2)室外内外环境应整洁美观,地面无果皮、痰迹和垃圾。(3)应建立健全的卫生制度。(4)一些室内娱乐场所

---

1 健康钦州.文化娱乐旅游体育场所疫情防控工作"十严格"[EB/OL].(2020-02-18)[2020-03-19]. https://mp.weixin.qq.com/s?__biz=MzAxNTQxODgzNw==&chksm=8078313fb70fb829bf296b1f43f65067354db8aacc24850d4c95a4635c0aac68c64233da63ce&idx=2&mid=2651374613&sn=44cdf2d768856c27603990990c33bf6a.

禁止吸烟，宜设专门吸烟室，包括音乐厅、电影院、游艺厅等场所。（5）放映电影的场次间隔时间不得少于30分钟，空场时间不少于10分钟，换场时间应加强通风换气。（6）有观众厅的室内娱乐活动场所，观众座位套应定期清洗，并且室内装修应采用对人体无潜在危害的材料。（7）立体电影院供观众使用的眼镜每场用后应经紫外线消毒或使用一次性眼镜。（8）呼吸道传染病流行季节必须加强室外内机械通风换气和空气消毒。（9）严禁使用有害观众健康的烟雾剂。（10）舞厅在营业时间内严禁使用杀菌波长的紫外线灯和滑石粉。（11）放映录像电视的最近视距为显示屏幕对角线长度的4倍。采用投影的视距为屏幕宽的1.5倍。（12）酒吧、茶座、咖啡厅等场所内供顾客使用的饮（餐）具应符合茶具消毒判定标准[1]。

（三）景区、酒店或公园内的辅助性娱乐设施要健康安全，有条件应引导游客进行室外健康活动。景区、酒店或公园内的辅助性娱乐设施首要应保障安全，并且可以促进游客的健康。有相应的条件时要引导鼓励游客走向室外，使用辅助性娱乐设施进行健康活动。为保障居民和游客的健康安全，延长辅助性娱乐设施的使用寿命，可以从以下四个方面对其进行健康保养和维修：（1）定期检查室外辅助性娱乐设施的各个部位。设施连接会有螺钉，使用一段时间后可能会出现松动现象，要定期检查设施部位，以免造成安全隐患。一旦发生破损或螺钉松动，就必须及时进行维护。若不能自行处理，可以联系相关单位或制造商进行维修。（2）定期对室外辅助性娱乐设施进行清洁和消毒。辅助性娱乐设施属于公共设施，很多人触摸，所以定期清洁非常必要。清洁时应使用软布和适量的清洁剂，必要时加入一些消毒剂，以便有效消毒和清洁。（3）给室外辅助性娱乐设施组件加油。加油保持润滑，可以有效地延长使用寿命。（4）超过安全寿命的室外辅助性娱乐设施应报废更新。达到使用寿命的室外辅助性娱乐设施要及时报废，更换新的，以实现游客的安全健康。

（四）以健康绿色为主题，对主题性游乐公园进行健康经营升级，探索以健康为主题的公园开发。促进主题性公园进行健康经营，并且探索以健康为主题的

---

1 上海市卫生防疫站、中国预防医学科学院环境卫生监测所、天津市卫生防病中心等.文化娱乐场所卫生标准（GB 9664—1996）.

公园开发，能够方便游客在休闲娱乐的同时获取健康知识和健康技能，由此向游客传递健康理念，全面提升游客健康素养水平，不断增强游客体质，引领游客健康生活。（1）配置绿色健康植物。采用因地制宜、适地适树的原则，以自然布局为主。选择当地适合的绿色植物进行设计布局，体现健康绿色，打造健康养生的景观主题，让游客认识自然、尊重自然、改造自然、保护自然和利用自然，使人和自然和谐相处。（2）铺设健康步道。在起始处设导览图和宣传栏，宣传栏内容会随季节变换变更健康知识内容，全程健康步道上设立预防亚健康和慢性疾病的提示宣传，督促居民和游客强身健体。每隔500米距离设立骑行提示，显示里程、消耗的能量、温馨提示路滑注意安全等标识。并配置驿站，提供运动补给水及食品，增添骑行趣味性。路面铺设夜光材料，在夜间可以显示安全提示语和图案，提升夜间骑行的安全功能。（3）建设其他健康配套设施。健康小屋提供服务，服务内容可以包括为居民和游客建立健身档案，并自动生成健身建议，同时还提供健身教练和医生服务，为居民和游客提供健康自测，居民和游客可以在这里自测身高体重、血压和腰围。

（五）策划举办健康、文明、安全的节庆节事活动，加强户外演艺演出的安全保障和现场的健康管理。（1）节庆节事活动包括精心策划和举办的某个特定的仪式、演讲、表演和节庆活动，各种节假日及传统节日以及在新时期创新的各种节日和事件活动。不迷信，营造文明喜庆的节日文化氛围，根据当地鲜明的文化特色策划举办，营造具有浓郁的文化韵味和地方特色的节庆节事活动，促进节事节庆活动的健康有序发展。首先，要明确节事节庆活动的健康文明主题和名称，主题是节事活动成功的核心。其次，健康文明节事节庆活动要有崭新的创意。挖掘健康节事节庆活动的深度和内涵，要有新的想法、新的创意，和同类娱乐活动形成不同，促进娱乐活动健康稳定持续的发展。最后，健康文明节事节庆活动要有实现的可能性。要考虑既有的人力、物力、财力和技术条件等。（2）提升户外演艺活动的安全保障措施，减少演出意外的发生，降低各种不确定性，保障户外演艺的安全出演和健康运行。（3）文明演艺。一是演艺的内容应健康文明，尊重观众的宗教信仰和风俗习惯；二是演员在演出中应举止文明、落落大方；三是现场服务人员应注重礼仪和文明服务，引导游客遵守秩序，文明欣赏节目。（4）安全保障。应加强演艺活动的安全检查，加强演艺场所消防、防恐、防爆和紧急疏散等安全防范工作；应加强对演艺场所观众容量的控制，最大承载量应符合 LB/T 034 行业标准的要求；应加强对设施设备和演出流程的监管，保证演出活动的安全有序。（5）健康环保。一是演艺单位应遵循低碳环保的理念，策划和制作演出节目；二是户外山水实景演出，布置场景或营造效果时应注重生态环境和文物古迹保护；三是旅游演艺开发应做好环境评估，空气、声环境、地表水环境质量的影响指标应符合 GB 3095、GB 3096、GB 3838 国家标准[1]。（6）现场安全监管。一是活动场地边缘地区，应当安排警力或者便衣加强巡视；二是通过科技信息化手段，发现活动现场安全隐患；三是开展安全检查，排减活动场地的不稳定因素；四是防范可能出现的"大人流"。

（六）对户外活动的环境和设施进行健康管理与维护，确保游客安全健康体验。户外活动是一项时尚健康又充满风险的活动，健全户外活动安全保障措施，提升游客参加户外活动的安全感，引导户外活动健康安全有序。（1）对于赛事竞技类娱乐活动，应避免情绪和身体冲突。赛事竞技类娱乐活动指运粮食比赛、拓展训练、荒野求生比赛等有一定危险性的娱乐活动，设备要符合健康安全要求，引导游客注意安全，友情第一、比赛第二。（2）对于运动休闲类活动，要提示游客注意安全，防止意外状况发生。运动休闲类活动包括射击、狩猎、跑马、蹦极、卡丁车、热气球、动力伞、射箭、飞镖、滑雪等。场所环境要绿色安全，设置安全提示，做好应急处理。（3）身体健康状况不适人群，应避免参与相应的娱乐活动。活动前应告知若患有恐高症、高血压、心脏病等疾病的游客不宜参加极富惊险和刺激性的娱乐活动，或者告知行动不便及未成年人须有成年人陪同。

（七）鼓励研发游客生态健康体验产品，打造沉浸式旅游体验。生态健康体验活动是指和牧民或渔民一起体验牧家或渔家生活、DIY、歌舞会、篝火晚会、放风筝和戏水溪水等贴近大自然的游戏。或者是去乡村观赏时令乡村土产（玉米、小麦、水稻、高粱等）、乡村小河小溪和小桥等，以及了解它们蕴含的故事，了解乡村民情和民风民俗，居住农家小屋、品尝农家饭食，以及在附近逗留、学习和参与乡村生活。（1）准确市场定位，凝练生态主题形象。找准现有旅游市场的

---

1 中华人民共和国国家旅游局. 旅游演艺服务与管理规范（LB/T 045—2015）.

健康消费主体,可分为科普教育亲子类、情侣郊游体验类和公司团队拓展类三个类型。(2)挖掘体验内涵,增加生态产品价值。深入挖掘生态体验的内涵,实现游客的参与价值,各类体验项目都可以依托生态的现有资源,大力开发旅游产品,提高旅游者的参与热情,使原本不起眼的生态产品摇身一变成为极富价值的体验式生态旅游产品。(3)丰富生态体验环境,开展体验营销。通过不断塑造和完善生态体验环境,在游客亲自参与生态体验活动时不经意地达到营销目的。(4)策划生态体验活动,设计延伸商品。在生态体验环境营造的基础上策划相关娱乐项目,加入一些参与体验性较高的生态活动,可通过策划特定主题的事件或活动来激发旅游市场。

(八)提升娱乐产品的健康文化价值和品位,抵制不健康的娱乐场所。(1)传播健康文化,提供面向大众的、健康有益的文化娱乐内容和服务,促进娱乐场所的健康平稳有序发展,使娱乐场所真正成为游客满意的健康文明的场所,为构建和谐社会营造良好的文化环境。挖掘演艺、节庆等活动的健康元素,并体现在演艺、节庆等大型活动的演出中。挖掘健康文化,研发健康娱乐产品,引导游客抵制不健康的娱乐场所。娱乐场所及其从业人员不得实施下列行为,不得为进入娱乐场所的人员实施下列行为提供条件:贩卖、提供毒品,或者组织、强迫、教唆、引诱、欺骗、容留他人吸食、注射毒品。组织、强迫、引诱、容留、介绍他人卖淫、嫖娼。制作、贩卖、传播淫秽物品。提供或者从事以营利为目的的陪侍。赌博、从事邪教和迷信活动及其他违法犯罪行为[1]。(2)避免文化娱乐开发的扭曲化、过度商业化和庸俗化。文化的扭曲化是指把错误的文化当成正确的文化来对待。文化的过度商业化是指对文化过度开发,过度追求商业价值,而不尊重文化本身的精神价值。文化的庸俗化是指对文化负面、不健康的体现,丢掉了文化中真、善、美的精髓。要尊重当地文化,合理运用当地文化开发健康文明的娱乐活动,传承和保护地域特色文化。加强文化创意,提升文化意识和创意研发能力。维护旅游地标志物、代表景点和文化空间的"神圣性"。专注高雅文化,提升德行教养与审美水平。

(九)夜间娱乐活动安排应"有度",要充分保障健康睡眠和休息。发展夜间

---

1 中华人民共和国国务院.娱乐场所管理条例(2016年修订版).

休闲活动是优化旅游娱乐活动结构和促进旅游娱乐活动进一步发展的有效途径。夜间娱乐活动应"有度",注重游客身体健康。(1)夜间娱乐活动由于时长的限制,时间不能过长或者过短,一般不多于3小时。结合游客当天以及明天时间安排,合理有度规划夜间活动。例如,旅游者在目的城市进行夜间旅游的过程中,大部分只能选择饮食、购物、观看表演等休闲活动。(2)夜间娱乐活动应该体现休闲性。人们在选择夜间出游活动时,为达到真正的休闲、放松目的,更愿意参与体验到产品中去。因此,夜间不适宜做激烈的活动,而应以娱乐休闲和享受体验类的活动为主。(3)游客在夜间的旅游活动应体现季节性。户外夜间活动对气候季节的依赖性比较大,季节不同,旅游活动所持续的时间不同。夏季游客夜晚在外游玩时间通常较长,娱乐活动时间可适当加长;冬季夜晚室外温度较低,娱乐活动时间可适当缩短。

(十)开展娱乐行业从业人员的健康管理培训。加强娱乐活动场所人员的健康卫生管理并在服务观众的过程中体现健康印象。(1)娱乐场所应当与从业人员签订文明服务责任书,并建立从业人员名簿。从业人员名簿应当包括从业人员的真实姓名、居民身份证复印件或外国人就业许可证复印件等内容。(2)应当建立营业日志,记载营业期间从业人员的工作职责、工作时间、工作地点;营业日志不得删改,并应当留存60日备查。(3)营业期间,娱乐场所的从业人员应当统一着工作服,佩戴工作标志并携带居民身份证或者外国人就业许可证。(4)从业人员应当遵守职业道德和卫生规范,诚实守信,礼貌待人,不得侵害消费者的人身和财产权利[1]。

(十一)政府和行业协会应对娱乐活动与项目进行健康安全监管与引导。依据国家制定的《娱乐场所管理条例》《娱乐场所管理办法》等相关政策法规来加强娱乐场所管理,行业协会宣传贯彻党和政府有关文化娱乐行业管理的方针政策和法律法规,加强文化娱乐行业经营者的自我管理和监督。各级文化主管部门、公安部门和其他有关部门的工作人员要依法履行监督检查职责、应当记录监督检查的情况和处理结果、应当建立娱乐场所违法行为警示记录系统、应当建立相互间的信息通报制度,及时通报监督检查情况和处理结果。文化主管部门应当建立

---

1 中华人民共和国国务院.娱乐场所管理条例(2016年修订版).

娱乐场所的经营活动信用监管制度，建立健全信用约束机制，并及时公布行政处罚信息。

八、旅游交通的健康保障能力提升指南

在此次新冠肺炎疫情期间，各种旅游交通如自驾游、邮轮游船、公路旅游交通、铁路旅游交通、航空旅游交通和游客集散中心的疫情防控指南和标准纷纷出台，卫生健康问题成为旅游交通当前乃至以后都不可忽视的重大问题。为强化旅游交通的卫生健康保障意识，全面升级旅游交通应对突发公共卫生事件的应急和防控能力，帮助旅游交通提升健康经营能力，助推旅游交通实现高质量健康发展，特编制旅游交通相关健康能力建设手册。

（一）自驾游健康保障能力提升指南。（1）在疫情防控时期应进行自驾游客的健康卫生防疫措施。发生公共卫生事件时，若自驾游游客在外，要做好自身健康防疫，保障自身安全，确保健康出游。自驾游游客可以从以下五个方面进行防疫：①在车运行时做好通风换气，在冬日出行时需注意车内外温差；②车内应配备口罩、消毒湿巾或免洗手消毒剂等消毒和个人防护用品；③司乘人员进入公共场所返回车辆后，建议对人员进行消毒；④可疑症状者搭乘私家车后，应及时开窗通风，并对接触物品表面（如车门把手、方向盘和座椅等）进行消毒；⑤如有患者搭乘，应及时做好私家车物品表面座椅、方向盘、车窗、车把手等接触点的终末消毒，其他同乘者应接受14天医学隔离观察[1]。（2）出行前检查车辆安全状况，齐备健康出游的设备和物品。行车前做好安全检查，带齐出游装备和物品，为健康出游解决后顾之忧。①对车进行"全身检查"：检查汽车轮胎气压是否符合标准、车轮、发动机、制动是否安全有效、是否存下跑偏现象、水箱水和雨刮水是否加满等。②带齐出游装备。包括重要证件（身份证、驾驶证、行驶证、车辆保险卡等）、日常生活用品（换洗衣物、洗漱用品、食品等）、车辆工具（整套随车工具、绳索类、电器类、油品、轮胎）、通信定位（车用指南针、手机充电

---

[1] 中国政府网.《日常出行防护大全》[EB/OL]．（2020-01-22）[2020-03-19].https://mp.weixin.qq.com/s/Q_Bbc6G5LxsbUZH6sqxmOw.

宝、充电器等）和常用紧急药品（感冒、退烧、消炎类药品、防暑、防晕车类药、止泻类常用药等）。（3）行前做好出游规划，对行程中的"食、住、行、游、购、娱"做出健康安排。提前查好在哪里吃、在哪里住、怎么走、在哪里玩、在哪里购物和在哪里娱乐，做到对行驶路况、饮食、住宿、加油站等所在位置有健康安排。首先选择旅游目的地：提前查询准备去的旅游目的地及旅游景点是否适宜旅游，一般不要去野景旅游地。其次选择出游线路和休息站点：出游线路应根据路况和具体安排，并遵循先走高速公路后国道的原则，选择适宜的出行线路。最后要合理安排行车日程：日行车里程最好高速公路300~400公里、普通公路在200~300公里。①食：最好找具有当地特色的小店和老字号，逛一逛当地农贸市场，选择适合自己的健康营养食品；②住：最好住正规经营且有卫生健康保障的酒店；③行：多走国道，国道建设好路况好风景好，而且走国道可以遇见一些较有特色的乡镇，驾驶员应避免疲劳驾驶和注意力不集中的情况；④加油：随时查看车辆变化，随时掌握油量的损耗，始终保持2/3油箱的油量；⑤安全：司机每次连续开车不要超过2小时，不超速行驶、不疲劳驾驶。（4）结伴出游，保持健康良好的身体和饱满充沛的精力，自驾中遵守安全行驶细则。自驾游首先就是遵循"安全第一"的原则，做到高高兴兴出门去，平平安安回家来。结伴出游可以相互关照、相互照应，良好的身体和精力可以保证行途中的能量消耗。自驾游游客需注意：①结伴出游，同行中至少有2人有驾驶证并且会开车，轮流驾驶，保持体力和最佳行驶状态；②禁止服用镇静或抗过敏药物后进行驾车；③切勿疲劳驾驶，路途遥远时要行驶一定路程后，应即时停车休息或者更换驾驶员；④行车中严格遵守交通规则，注意路面情况，不要一味追求刺激，注意行车速度，一旦碰上坏车或事故，解决不了时可打公路救援电话请求支援；⑤选在白天行车，尽可能不在夜间行驶。（5）途中文明驾驶，爱护环境，避免出入有环境污染隐患的地带。营造文明、和谐的旅游环境，关系到每位游客的切身利益，自驾游游客要承担起社会责任，文明旅游并健康出行。不要长时间打双闪，影响其他车辆对方向灯的判断。行车途中勿向窗外扔垃圾，途中停车休息时也要带走垃圾。为了自身健康安全，避免出入有环境污染隐患的地带。遵守《中国公民国内旅游文明行为公约》：①维护环境卫生。不随地吐痰和口香糖，不乱扔废弃物，不在禁烟场所吸烟。②遵守公共秩序。不喧哗吵闹，排队遵守秩序，不并行挡道，不在公众场所高声交谈。③保护生态环境。不踩踏绿地，不摘折花木和果实，不追捉、投打、乱喂动物。④保护文物古迹。不在文物古迹上涂刻，不攀爬触摸文物，拍照摄像遵守规定。⑤爱惜公共设施。不污损客房用品，不损坏公用设施，不贪占小便宜，节约用水用电，用餐不浪费。⑥尊重别人权利。不强行和外宾合影，不对着别人打喷嚏，不长期占用公共设施，尊重服务人员的劳动，尊重各民族宗教习俗。⑦讲究以礼待人。衣着整洁得体，不在公共场所袒胸赤膊；礼让老幼病残，礼让女士；不讲粗话。⑧提倡健康娱乐。抵制封建迷信活动，拒绝黄赌毒[1]。（6）合理规划城市健康游风景道，完善自驾游沿途的各类营地、汽车旅馆、服务和休息设施。风景道是一条土地所有权公有的，具备风景、历史、休闲、文化、考古和自然六大品质的道路，该道路不单指道路本身，还包括道路两边视域范围内的廊道风景。风景道正发展成一种新型旅游功能区，成为深受自驾车游客喜爱的线型旅游目的地，成为优化空间布局、区域协同发展的重要抓手。应合理规划城市风景道，发展和完善自驾游沿途的各类营地、汽车旅馆、服务和休息设施。旅游风景道的建设要点有：①功能空间人文化：将当地的文化特色融入风景道的设计理念中，在风景道的功能空间中体现出。②配套设施景观化：设计风景道周边的配套设施中要体现出当地的文化特色，和风景道相呼应。③绿化景观本土化：选择当地特色绿植进行栽种，植树培绿，打造或绿树成荫或林野苍茫的具有识别性的风景道景观系统[2]。④标识系统个性化：在形状、色彩、材质、文字、图像等方面的设计需有艺术性和多样性，并将历史文化、民俗风情展现于无形之间。

（二）游客集散中心健康保障能力提升指南。（1）发生突发公共卫生事件时，加强健康防控管理。发生公共卫生事件时，游客集散中心应该发挥自身功能，积极做好健康防控管理，应急情况下应该先关闭。①返工时，采取员工返岗前全面消毒，对咨询台、办公区、茶水间、卫生间和游客休息区等各个公共区域进行全

---

1 中新网.《中国公民国内旅游文明行为公约》（全文）[EB/OL].（2009-10-02）[2020-03-19]. http://www.china.com.cn/policy/txt/2006-10/02/content_7212278.htm.

2 卞显红.解读旅游风景道（一）[EB/OL].（2018-12-08）[2020-03-19]. https://baijiahao.baidu.com/s?id=1619273756510215549.

方位和高频次消毒，每天3~4次，以确保办公环境安全，并增设废弃口罩回收专用箱。②分批返岗，按照"定人定岗定时定责""先近后远""固定人员"的原则，合理安排员工分批次返岗。③复工初期，不提供游客休息区服务，只提供瓶装矿泉水。④来访人员必须佩戴口罩，出示健康码、登记来访信息。⑤复工时期，要引导游客保持距离，强化线上集散服务。⑥推出社会各行各业复工定制包车服务，车辆及线路进行清洁消毒，实行先测体温后上车的原则，随时监测乘客体温并做好信息登记，驾乘人员严格做好防护措施，确保为游客提供安全、舒适的用车服务。建立应急防控机制，配备医务室，有常驻医生。（2）完善集散中心基础设施和配套设施，提升旅游咨询公共服务水平。游客集散服务中心主要为游客提供咨询、餐饮、住宿等综合性服务，包含旅游目的地系统"食、住、行、游、购、娱"六要素的全部咨询服务。①游客接待。运用电子网络，线上咨询平台和线下旅游咨询网点相结合，为游客提供当地"食、住、行、游、购、娱"全方位的旅游信息咨询服务和公共服务。②交通集散。打造旅游区对外交通与旅游区内部交通的城市换乘系统，联合城市大巴公交组成换乘网络。③旅游集散。配套景区巴士停车场和游客车辆蓄车池，开通市区至省内其他城市班车，开通景区的专线长途大巴等旅游巴士和旅游直通车，为游客提供旅游集散服务。④行业服务。常年定期推出自助游、全程导游、团队旅游、社区旅游、专题旅游、旅游直通车以及周末平价旅游等特色行业服务，并将特价活动常态化。⑤商业配套。集散中心内设置咨询台、休息室、售票窗、候车厅、商店、饮水室和公共卫生间等配套设施；提供免费资料取阅、现场旅游线路咨询及预订销售、现场公益咨询服务、机票代订服务和客房代订服务等。（3）打造智慧旅游，游客可直接自助预订旅游产品。物联网、云计算等科学技术的发展使得"智慧旅游"大力发展，通过互联网/移动互联网，借助便携的终端上网设备，主动感知旅游资源、旅游经济、旅游活动、旅游者等方面的信息，并及时发布，让人们能够及时了解这些信息，及时安排和调整工作与旅游计划，从而达到对各类旅游信息的智能感知和方便利用的效果。①推进智慧旅游建设，设置手机官方网站，游客可通过中心手机官网，直接预订各类旅游产品、自助游产品及客运班车产品。②通过触摸屏自助服务终端机，游客可自助实现对城市景区、景点及旅游线路等的查询，并实现在线预订[1]。加入 LED 大屏幕，装修时可以当地文化元素，不间断播放城市旅游景区的形象宣传片。③在咨询点和旅游大巴上设置免费 Wi-Fi，丰富游客体验。④打造集 AR&VR（实景体验和虚拟体验）为一体的智慧高端"旅游咨询体验中心"，建立旅游信息咨询服务平台。

（三）邮轮游船健康保障能力提升指南。（1）健全应对突发公共卫生事件的处置机制。在突发公共卫生事件时，邮轮游船要及时完善疫情防控机制，保障游客健康安全。①发生突发公共卫生事件时，应当遵循优先救护病人的原则，如出现死亡或危重病例并无法在锚地实施有效应对措施时，可在检验检疫机构指定的地点实施处置。②应建立健全的安全和保安制度，其制度符合国际海事组织（ISPS）《国际船舶与港口设施保安规则》的要求：一是应有处理恶劣气候、公共卫生、防台风、防汛、灭火应急疏散等突发事件处理应急预案，并定期组织实施演练演习，记录台账完整完备；二是应有上下船安全设备，候船和上下船场所的安全设备应符合 GB/T 16890—2008 中 7.3.1、7.3.4 的要求；三是在登陆邮轮和轮廊桥等关键部位安排专人维持秩序，避免伤亡和落水事故的发生；四是应安全标志齐全醒目，口岸各处通道畅通，重点部位有中英文警示牌。相关标志分别符合 GB 2894、GB 13495 的要求。③邮轮口岸旅游经营人应有处理旅游服务突发事件的应急预案，处理突发事件应符合 GB/T 15971—2010 附录 A 的规定[2]。（2）加强邮轮游船室内通风和室内卫生清洁。邮轮游船的经营场所属于封闭性较强的，室内良好的通风和卫生可以保障游客健康游玩。一是关于通风要求。服务场所的空气质量等各项卫生标准值应满足《公共交通等候室卫生标准》（GB 9672—1996）中 3.1 的要求。服务场所的集中式空调通风系统应符合卫生部印发的《公共场所集中空调通风系统卫生管理办法》的要求。二是卫生要求。①有健全的卫生管理制度，配备专职或者兼职的食品卫生管理人员。②邮轮上的食品和饮用水应当符合有关的卫生标准。③客舱、甲板、餐厅、游泳池、浴池及其他公共场所应当保持清洁卫生、空气流通、照明及温湿度适宜，为旅客

1　新土地旅游规划.看看别人家的旅游集散中心[EB/OL].（2018-02-12）[2020-03-19].https：//www.360kuai.com/pc/9e8489e4c8d63c82c?cota=4&tj_url=so_rec&sign=360_57c3bbd1&refer_scene=so_1.

2　中华人民共和国国家旅游局.国际邮轮口岸旅游服务规范（GB/T 017—2011）.

提供安全卫生的用品用具。④保持无鼠类等啮齿动物、医学媒介、宿主或其他污染源的状态，备有足够的消毒、除鼠除虫和除污药械，并备有防鼠装置。⑤具有废弃物无害化处理的设施设备，并做好废弃物无害化处理。⑥配备足量有效的药品器械，同时保留完整规范的医疗记录、药品消耗及补充记录。⑦压舱水应按照有关规定进行严格管理[1]。（3）增强邮轮游船游的康养功能，倡导"慢生活"健康休闲方式，推出邮轮游船养生套餐、运动康养娱乐活动。健康养生是现代人追求的生活目标，邮轮游船的生活让游客的旅程从登船的那一刻就开始了。健康养生的邮轮游船游会更加深入人心，使游客在出游的同时提升身体健康水平。以健康为主题，融入养生，打造远离城市喧嚣的慢节奏生活方式。①发掘航线流域自然资源、人文资源或社会资源的健康主题文化。通过健康文化元素、健康文化符号、健康文化氛围、健康文化活动和健康文化服务等形式充分展现出来。②通过邮轮游船的外形外貌、装修装饰、物品陈设、员工服饰、导向系统和公共信息图形符号等方面，营造邮轮游船的健康主题文化氛围，并为游客感知。③通过邮轮游船线路产品、服务项目和服务方式等方面融入健康元素，为游客提供个性化的健康文化服务体验。④丰富邮轮游船食、住、游览和娱乐等活动的健康内容和内涵。在邮轮游船的食、住、行、游、购、娱各个方面加入健康要素，研发推出绿色康养套餐、绿色住宿、健康游玩、健康购物和健康主题演艺，而且要合理规划邮轮夜生活，保障游客的睡眠充足。（4）完善游船健康安全管理体系，树立健康绿色理念。提升游船的健康安全可以助推游船的高质量发展，升级健康安全管理体系，加入健康绿色理念，形成完善的游船健康安全管理体系。在健康安全管理方面应做到：①严格执行国家有关安全航运、海事、船检、消防和旅游等法律法规和标准，各项证照齐全合格。②应建立安全管理体系及相关内容，明确各岗位的安全职责。③船用救生设备、消防、防盗、救护、应急照明等各项设施的防护设备完好、有效，维护及时。④应注重食品货源和加工流程的卫生管理，保证食品安全。⑤应提供紧急救助服务。⑥应制定和完善自然灾害、火灾、防污、卫生、治安事件和设施设备突发故障等各项突发事件的应急预案。⑦对从业人员定期进行安全知识培训和应急处理技能的培训与演练。在健康绿色方面应做到：应

1　中华人民共和国国家质量监督检验检疫总局.入出境邮轮卫生检疫管理办法.

严格遵守环保、节能、船舶防污等方面的法律、法规和标准；拥有完整的环保节能等方面规章制度和激励措施；应有环保节能等方面的宣传和措施；应制定和完善防止船舶油污染、船舶生活污水污染、船舶垃圾污染和船舶大气污染等各项防污处理的应急预案[1]。

（四）公路铁路和航空健康保障能力提升指南。（1）应对突发公共卫生事件的公路管理机制。发生公共卫生事件时，公路交通公司应根据公路交通特点积极做好防控管理，保障游客健康出行。①在选购和运营车辆时均要考虑健康化设计，为乘客提供安全的乘车环境及保障游客的健康出行；对车辆进行人性化设计，提高车辆舒适度，要注意增加车辆的观光性能，提升旅游体验度。②车辆的通风换气系统可以采用双向车内新风换气技术，保障在8分钟即可完成车内空气更新；采用离子净化复合光催化空气净化技术，保障净化病毒细菌能力；座椅、内饰、扶手力争采用抗菌材料，具有抗菌抑菌功能，为乘客提供安心的乘车环境；配备紫外线灯消毒系统，停车后可为车辆提供自动杀菌消毒。③客车上可以装载人脸识别体温系统，能对乘客进行体温测量并实现异常情况自动报警；车门部分宜配置免洗消毒液供乘客消毒；车内还需配备有大容量医药箱，确保防疫设备一应俱全[2]。④对从业人员进行健康管理。全线工作人员都应纳入员工健康监护管理，对从业人员进行防病健康宣传教育，提高防病意识。⑤对环境进行清洁消毒。加强长途运输的场地、列车及设施的环境卫生保洁消毒；洗手间要配备足够的洗手设备和洗手液；定期开展空气和物体表面消毒。⑥对场地进行通风换气管理。加强集中空调通风系统的维护，确保所有通风设备保持正常运转，每周对运行的各项设备和部件进行清洗、消毒或更换；采用全新风运行方式，关闭回风管。⑦对乘客进行健康管理。对进入车站范围的人员开展体温监测；利用高铁站广告牌、地铁电视等媒体投放新冠肺炎防控知识资讯，对乘客进行健康宣传教育[3]。（2）建立完善的公路交通指引系统和健康安全标识系统。完善的交通指引

1　中华人民共和国国家质量监督检验检疫总局，中国国家标准化管理委员会. 内河旅游船星级的划分与评定（GB/T 15731—2015）.

2　汽车总站编辑部.黄山开放首日仅1名游客，旅游客运怎么办？[EB/OL].（2020-03-17）[2020-03-19].https：// mp.weixin.qq.com/s/ZQcdBmf7y7UweEjHTxobxA.

3　健康临桂.长途客运行业新冠肺炎防控指南[EB/OL].（2020-02-10）[2020-03-19]. https：// mp.weixin.qq.com/s/m9EdKGsLkxYp6ELZh9oHwQ.

系统和健康安全标识系统可以向游客传递道路和安全信息,指引游客健康安全出行。①客运站内应设置各种功能指示和服务标识标志。②客运站正门、主要入口处或总服务台应当设有客运站的整体布局图。③客运站应设置导向标识、紧急疏散方向的指示符号和地面标线标识,引导旅客和车流安全畅通。④客运站应设置警示标识,用于向旅客提出警示,提示旅客注意安全,规范旅客行为。⑤客运站导向标识的内容和指示方位应当根据营业布局的调整及时进行补充和更新,保证准确性及有效性[1]。(3)构建健康完善的公路旅游交通系统,形成覆盖区域旅游点的网面。完善的公路旅游交通系统可以为游客带来极大的出行便利,大大缩短游客的乘车时间。①加强与其他交通工具的配合,健全游客健康出游网。充分发挥灵活性,深入景区内部,满足游客健康安全出游。公路交通具有铁路、航空等交通所没有的灵活性特点,可以深入旅游景点内部,将游客从火车站、高铁站、机场等运送到景区景点,近距离地运送游客,大大缩减了游客的乘车时间。②公路交通应该和景区形成健康合作体。公路交通可以和当地景区景点共同达成安全出游、健康旅游的理念,形成健康旅游共同体。公路交通利用其能够随时随地停留、可以任意选择旅游点的特点,合理规划城市公路旅游交通体系,形成覆盖整个城市旅游点的交通网。(4)建立应对突发公共卫生事件的铁路管理机制。发生公共卫生事件时,铁路管理单位应根据铁路交通特点积极做好防控管理,保障游客健康出行。①最大限度地避免旅客聚集。加强售票管理,实行分散售票策略,禁售无座车票,适当控制旅客列车客座率;对车站候车、购票和退票的旅客采取分散措施,规范人脸识别进站检票操作,保持检票有效距离;引导客流较密集车厢的旅客到同等席别较空车厢分散就座;餐车不再接待旅客就餐和购物,改为列车工作人员定时送盒饭和商品至旅客座席;客运乘务人员对车厢端门加强看管,劝阻旅客尽量不在车厢走动;加强出站组织,保证通道畅通有序,避免人员聚集。②加强站车通风消毒保洁。严格落实站车通风、消毒、卫生保洁等防疫措施;优化动车组列车供风,每隔5~10分钟完成一次新风换气;加强空调列车滤网清洗消毒;对非空调列车勤开车窗,及时通风换气;加大各类旅客列车预防性消毒、随时消毒、终末消毒和全程卫生保洁力度,对厕所门把手、洗手台水龙头

---

1 安徽省管理运输管理局.安徽省汽车客运站经营与服务规范(试行).

和废物箱投放处等重点部位加密消毒频次。③组织疫情防控公益宣传。运用车站、列车视频和广播，面向旅客和职工，大力宣传国家权威部门机构推出的健康防护知识，循环播放防疫知识公益宣传片，在车站场所发放通俗易懂的宣传手册、漫画等，编发铁路职工岗位防疫知识手册[1]。（5）优化列车服务环境，提升游客健康出游水平。为保障游客的健康出游，列车可以从以下几个方面提升服务环境水平：①强化全员健康服务文化理念。构建健康服务理念与价值观体系，树立"以服务为宗旨，待旅客如亲人"的服务理念。②建立健康优质服务制度。制定规范的健康服务管理制度，把全体职工认同的健康文化理念以制度形式规定下来，使之渗透到铁路健康经营管理的全过程以及各个管理环节，建立起科学规范的内部管控体系，严格执行已成文的服务管理制度。③构建完善的健康服务文化实施机制。通过完善的健康服务机制对服务文化的有效实施加以保证，以巩固健康服务文化建设成果等。④树立健康服务文化创新形象。要通过打造健康服务品牌，树立铁路企业良好的健康形象[2]。（6）开辟康养和旅游观光专列，传递健康价值。和大巴、飞机相比，铁路是串联风景的最佳方式，在沿途景观优美的线路上也可以重新采用蒸汽机，将列车的速度降一降，给游客足够的时间欣赏沿途风景。整合挖掘各地丰富的历史文化和自然旅游资源，打造健康旅游专列。例如，印度推出的"流动宫殿"游，南非推出的"蓝色列车"游，以及横贯欧洲的古老东方快车的复兴，都已成为特定的旅游项目或旅游内容。我国大同、沈阳等地铁路部门搞的蒸汽机车展览馆，也是这种项目的典型代表，中国铁道旅行社集团也推出了夕阳红老年人专列旅游。（7）应对突发公共卫生事件的航空管理机制。发生公共卫生事件时，航空公司应根据航空交通特点积极做好防控管理，保障游客健康出行。①工作人员个人防护。当地疫情风险较低时佩戴医用外科口罩，当地疫情风险较高时，佩戴医用防护口罩；配发含醇类或过氧化氢类手卫生消毒产品，加强手卫生，必要时佩戴手套。②机场及航空器清洁消毒。机场公共区域消毒应按照《公共场所新型冠状病毒感染的肺炎卫生防护指南》和《公共场所消毒

---

1 中国铁路.国铁集团强化八项措施 全力做好复工返程运输疫情防控[EB/OL].（2020-02-12）[2020-03-19].https://mp.weixin.qq.com/s/P40L2dAV6gpHxHXw3I4yyw.

2 吴敏燕.加强铁路服务文化建设的思考[N].人民铁道，2015-04-27（A02）.

技术规范》进行消毒；航空器的卫生清洁消毒，应先采用湿式法进行清洁，以避免感染性物质再次扩散，清洁完成后，再对航空器进行消毒处理。当航空器客舱被具有传染风险的血液、分泌物、排泄物、呕吐物等液体污染时，应随时消毒。③机场通风管理。加强对航站楼等公共场所的空调系统和自然通风管理；加强安检现场工作区域的空调系统和自然风管理，保持空气清洁，为民航安检通道配备相关设备加强通风工作。④机上隔离管理。如发现可疑旅客，可按照以下措施进行隔离：设立后客舱最后三排座位为应急相对隔离区，尽可能将可疑旅客安置在右侧靠窗位置，以便尽可能将其呼出的气体直接排；出机外设立后部右侧盥洗室为隔离人员专用，以避免交叉感染[1]。（8）加强安全检查排查，完善机场安全保障措施，加大航空安全宣传，树立航空健康安全形象。航空安全已成为游客关心的最大的问题，树立传递健康安全形象至关重要。航空公司可以从以下几个方面改进公司安全管理：①健全维修安全管理体系。提高维修差错的人为因素管理、风险管理和风险预警的能力，提高典型安全信息利用的能力。②完善SMS主动报告系统。实现安全信息传递的及时性、准确性和可靠性，提高安全信息的分析利用的能力，提高预防和纠正措施的执行能力。③强化安全文化建设实现全员参与安全管理，员工互相协助，主动提高工作质量和主动安全意愿；提高员工安全意识和风险防范意识，杜绝习惯性违规行为的发生。④完善安全绩效考核机制。推行结果与过程并重的安全绩效考核机制，在原来安全结果指标考核的基础上，设立各单位对安全管理体系建设和实施的评价指标，监督安全计划和安全管理措施的落实。⑤完善人力资源管理制度。提高薪酬待遇，稳定专业技术人才队伍；完善员工激励制度，为员工的发展提供机会；优化安全岗位人员配置，改进培训质量，推进安全管理人才培养计划[2]。（9）推出旅游专项健康航线和旅游包机。航空公司应当针对一些新兴的旅游热点，开辟出新的旅游航线，以取得市场先机。整合挖掘航线周边历史文化和自然旅游资源，开通一条以健康康养服务为

1　中国民航局.关于印发运输航空公司、机场疫情防控技术指南（第二版）的通知[EB/OL].（2020-02-12）[2020-03-19].http：//www.caac.gov.cn/XXGK/XXGK/TZTG/202002/t20200220_201001.html.

2　赵良深.海南航空公司安全管理体系改进研究[D].西北农林科技大学，2012.

特色的往返航线。在机上广播中增加有关健康康养的知识点,宣传有关健康康养的传统文化和故事,使得乘坐健康航班的游客能够了解更多的传统健康文化。与协作单位共同为游客提供地面健康旅游衔接服务,游客下飞机即可一路畅通地参观健康旅游点,根据旅游资源安排山水宽心、休闲田园静心等系列养心业态;山岳避暑、养生度假、中医养生、森林养生、膳食养生等养生业态;康复疗养、旅居养老、休闲度假型"候鸟"等养老业态。推出山水度假、特色文化康养等养心产品系列;避暑休闲、温泉疗养、中医药疗养保健等养生产品系列;养老居住、老年护理等养老产品系列[1]。

九、旅游目的地健康保障能力提升指南

旅游目的地政府和行业协会作为目的地旅游发展的引领、管理、监督或服务者,是旅游企业和从业人员理性应对突发公共卫生事件的协调统筹者,应树立"凡事预则立,不预则废"的危机意识,全面提高自身应对突发公共卫生事件的应急处理能力,树立"共担责任、共同处置、共渡难关"的大局观念,总结经验教训,完善法律规范和行业标准,在健全由政府、旅游企业、行业协会、从业人员在内的全方位应急处置机制基础上,提高风险预判能力,加强日常防控管理。

(一)健全并落实旅游目的地安全风险预判与信息发布制度。面对突发公共卫生事件,国家应建立旅游目的地安全风险提示制度,及时发布风险提示信息,建立信息发布机制,目的地政府应根据发布的风险类型及等级提示信息,完善并及时启动应急预案。(1)建立国家旅游目的地安全风险提示制度。按照旅游安全管理办法,根据可能对旅游者造成的危害程度、紧急程度和发展态势,风险提示级别分为一级(特别严重)、二级(严重)、三级(较重)和四级(一般),分别用红色、橙色、黄色和蓝色标示;风险提示级别的划分标准,由国家文旅部会同外交、卫生、公安、自然资源、交通、气象、地震和海洋等有关部门制定或者确

---

1 临汾吉屋网.2018山西城市发展|旅游业,或将设置航空专线[EB/OL].(2018-11-02)[2020-03-19].http: //m.jiwu.com/linfen/news/2929396.html.

定；国家文旅部门负责发布境外旅游目的地国家（地区），以及风险区域范围覆盖全国或者跨省级行政区域的风险提示。发布一级风险提示的，一般需经国务院批准；发布境外旅游目的地国家（地区）风险提示的，一般需经外交部门同意。地方各级旅游主管部门应当及时转发、传递风险提示信息，并负责发布涉及本辖区的风险提示。（2）落实风险提示信息发布制度。发布完善的风险提示信息，应当包括并不限于以下内容：风险类别、提示级别、可能影响的区域、起始时间、注意事项、应采取的措施和发布机关等内容。一级、二级风险的结束时间能够与风险提示信息内容同时发布的，应当同时发布；无法同时发布的，待风险消失后通过原渠道补充发布。三级、四级风险提示可以不发布风险结束时间，待风险消失后自然结束。风险提示信息应当通过官方网站、手机短信及公众易查阅的媒体渠道对外发布。一级、二级风险提示应同时通报有关媒体[1]。

（二）目的地地方旅游主管部门应建立联防联控机制。面对重大突发公共卫生事件，各旅游目的地相关行政管理部门应提高政治站位，加强工作部署，成立专项工作小组，制定并发布应急预案，做好联防联控、应急值守和防控督察工作。（1）成立专项工作小组。目的地旅游主管部门应及时成立应对突发公共卫生事件的防控工作领导小组，及时传达国家权威部门发布的事件情况信息和防控指示，并制定防控工作方案，持续研究、深化落实所辖区域旅游领域的疫情防控工作。（2）完善应急预案。地方各级旅游主管部门应结合突发事件实际，制定或修订突发事件的应急预案，并报上一级旅游主管部门备案，细化实化并跟踪落实布置的防控措施，对旅游领域的各类经营活动、推广活动、教育培训活动等进行全方位安全部署，全力做好本区域的文旅系统疫情防控工作。（3）建立联防联控机制。各地区旅游主管部门应按照属地管理原则，与当地卫生健康、公安、交通、医院、旅游行业协会等部门、机构、组织建立联动机制，切实做好疫情防控联控工作。（4）组织督察和暗访工作。在防疫防控工作执行期间，宜深入下级行政单位督导下属旅游部门的疫情防控工作，派出综合执法机构开展执法检查；派出暗访检查小组赴下属行政单位进行暗访检查，对娱乐场所、旅游景区景点、酒店、旅行社、民间博物馆、民营剧团及社会艺术考级机构等场所疫情防控措施落实情

---

1 中华人民共和国国家旅游局. 旅游安全管理办法.

况进行暗访督察。

（三）强化宣传引导，加强对企业主体和游客的防控行为指导。各目的地旅游主管部门要加强对各经营主体和游客的防疫防控指导，明确防控要求，做好游客安置工作和服务保障，妥善协调、处理相关事宜。（1）加强对经营主体的防控指导。及时发布针对旅游企业的经营活动通知和公告，明确各经营单位的防控要求，发布相关旅游经营单位防控指南或手册，指导经营单位做好因疫情出现的各种情况处理工作，做好单位疫情防控和上报工作。（2）加强对游客防疫的指导。通过媒体、官网、官微等信息公开渠道，向社会公布疫期旅游咨询、投诉和心理疏导服务的电话；督导各地妥善做好对重点疫区滞留外地游客的数量、结构、分布、形成等信息的统计工作；要求各地旅游部门为滞留在外未得到妥善安置的来自重点疫区的外地游客，在住宿、餐饮、联系检查治疗等方面提供照顾和服务。（3）做好线上旅游宣传工作。持续做好文旅宣传工作，确保人们即使在家，也能享受到各类文化、旅游"大餐"。（4）回应行业和游客关切的问题。针对疫情导致的各类行业纠纷、旅游投诉、维权纠纷等问题，各旅游主管部门宜及时联合协会组织起草发布告知书，组织线上公开答疑活动。

（四）加强对涉外活动、出入境旅游活动的管理。涉外文化活动和出入境旅游活动具有更强的不可控性，要在疫情发现初期及时做好相关活动的管理控制并提供服务保障，减少跨境交叉感染。（1）严格活动审批复核。各地应落实属地管理责任，严格审核特殊疫情期间，预在境内外举办的文旅交流活动、项目，对已审批的活动进行复核，督促活动举办单位落实主体责任，采取切实有效的措施保障活动安全顺利举办，首要保障参与人员活动期间的安全健康。（2）强化对出入境游客的健康服务保障。各地出入境检验检疫局所属国际旅行卫生保健中心要积极主动为出入境游客提供国际旅行健康服务。针对出入境游客的相关需求，开展旅行前健康咨询、健康评估、预防接种等工作，结合实际为出入境游客提供旅行保健药盒和旅行防护用品，做好出境旅行后的健康检查[1]。

（五）健全出入境旅游应对突发公共卫生事件的处置机制。建立职能部门、

---

[1] 人民网. 中华人民共和国国家旅游局、质检总局关于加强国际旅行者健康保障工作的通知[EB/OL]. （2014-07-14）[2020-05-15]. http: //travel.people.com.cn/n/2014/0714/c41570-25279533.html.

经营主体、出入境检疫机构的防疫联控机制，及时互通信息，高效做好检疫、上报、追踪、隔离等应急处理工作，提升应急处置能力。（1）建立疫情信息共享、通报机制。当发生重大公共卫生事件时，文旅部及各级地方文旅部门应及时告知相关旅行社，并向质检部门反馈相关出入境旅游团队信息和旅游行业应对情况，双方根据疫情严重程度，具体商定信息通报方式和频次。（2）建立疫情防控协作机制。由各地出入境检验检疫机构负责编制、出台针对突发公共卫生事件的防范知识宣传材料，由行政主管部门、旅行社经营主体向出入境游客发放和宣传，各地检验检疫机构及时将游客卫生健康排查情况反馈当地旅游行政管理部门；各地旅游行政管理部门应加强对当地旅行社出境业务的监管，严格要求旅游团领队人员做好境外游健康提醒、防控宣传教育和卫生防护工作，发现有疑似传染病症状的游客时，及时协助其就诊并向组团社报告情况。（3）做好突发公共卫生事件的处置工作。各地旅游行政主管部门应配合出入境检验检疫机构，协调旅行社及相关主体做好突发事件的处置工作，配合做好出入境旅游团组成员中病例密切接触者的追踪、隔离及留验工作，防止疫情的蔓延和污染损害[1]。

（六）针对受疫情影响严重的中小企业出台相关扶持政策，为实现各经营主体的安全有序复工进行控制和指导。各地旅游主管部门应积极扶持本地中小旅游企业发展，积极争取相关部门扶持政策，减少本地旅游企业运营压力，并利用疫期组织公益培训助力行业修炼内功。（1）加大财政支持。根据各地实际，旅游主管部门宜建立疫后重振旅游行业专项经费，用于奖励补助和项目引导；对为应对疫情而复工生产，并产生新增贷款的经营主体，对其利息施行酌情补助；为中小微企业提供优化资金兑现手续等相关支持。（2）实施保证金暂退政策。为支持旅行社积极应对疫情，履行社会责任，各级各地旅游主管部门可通过出台向旅行社暂退部分旅游服务质量保证金等政策实现对旅游企业的扶持和救济。（3）争取其他扶持政策。积极争取财政、发改、人民银行、人社等部门对疫期各类文旅中小企业的扶持政策，包括租金减免、税费减免、财政补贴、基础设施建设支持、金融扶持、专项资金支持、返还失业保险、发放稳岗工资补助、社保缴费减免等

---

[1] 人民网. 中华人民共和国国家旅游局、质检总局关于加强国际旅行者健康保障工作的通知[EB/OL].（2014-07-14）[2020-05-15]. http://travel.people.com.cn/n/2014/0714/c41570-25279533.html.

政策。(4)组织线上公益培训。各地可充分利用疫情待岗时机,着眼强化旅游从业人员培训,指导支持各旅游平台、旅游经营主体运营在线培训平台,开展形式多样,针对导游、酒店、旅行社、服务人员、管理人员等各类旅游从业人员的线上公益培训活动,提升行业从业人员专业素养。(5)指导安全有序复工。地方各级旅游主管部门应当在当地人民政府的领导下,对旅游经营主体的复岗复工、景区场馆的开放运营进行审批和指导,促进相关单位核定景区或场馆的最大承载量。

(七)地方旅游主管部门应强化对经营主体的日常安全监管。各级旅游主管部门应在职责范围内,依法对旅游安全工作进行指导、防范、监管、培训、统计分析和应急处理,加强对旅游经营主体安全管理工作的指导监督,提升各主体合法安全经营和健康运营的水平与意识。(1)督促旅游经营主体贯彻执行与安全和应急管理有关的法律法规,引导其根据相关国家标准、行业标准或者地方标准,提高其安全经营和应对突发事件的能力。(2)指导旅游经营主体组织开展从业人员的安全及应急管理培训,并通过新闻媒体等多种渠道,组织开展旅游安全及应急知识宣传普及活动。(3)统计分析本行政区域内发生旅游安全事故的情况。(4)执行法律、法规规定的其他旅游安全管理工作。(5)旅游主管部门应当加强对旅行社、星级饭店和A级景区旅游安全和应急管理工作的指导[1]。

(八)加强各级旅游主管部门的突发应急能力建设,旅游突发事件发生后,各级旅游主管部门应根据突发事件的类型、级别,启动应急预案,组织事件调查处理,并做好事后总结报告。(1)建立突发事件信息通报制度。旅游突发事件发生后,各级旅游主管部门应当及时将有关信息通报相关行业主管部门和经营主体。(2)及时启动应急预案。事件发生后,旅游主管部门应当基于同级人民政府的相关要求和规定,制定并启动旅游领域针对突发公共卫生事件的应急预案,并采取以下一项或多项措施:组织或协同、配合相关部门开展对旅游者的救助及善后处置,防止次生、衍生事件;协调医疗、救援和保险机构做好救助及善后处置工作;统一、准确、及时发布有关事态发展和应急处置工作的信息,并公布咨询电话。(3)组织事件调查处理。旅游突发事件发生后,旅游主管部门应当积极参

---

1 中华人民共和国国家旅游局. 旅游安全管理办法.

与突发事件的调查、问责、处理工作，配合相关部门对责任主体及个人进行依法处置。（4）做好事后总结报告。旅游突发事件处置结束后，旅游主管部门应及时查明事件的发生原因和过程，总结经验教训，制定改进措施，并根据事件级别在30日内向上级提交总结报告。

（九）严格按照程序履行突发事件应急报告流程。（1）严格落实逐级上报制度。省级旅游主管部门应当每月将本地区上月发生的较大旅游突发事件报国家文化和旅游部备案；县级以上地方各级旅游主管部门应当定期统计分析本行政区域内发生旅游突发事件的情况，并于每年1月底前将上一年度相关情况逐级报国家文化和旅游部。（2）履行事件报告义务。各级旅游主管部门、旅游经营主体及从业人员应依法履行对旅游突发事件的报告义务。（3）熟悉掌握报告流程。旅游主管部门在接到旅游经营主体的报告后，应当向同级人民政府和上级旅游主管部门报告；一般旅游突发事件上报至涉区的市级旅游主管部门；较大旅游突发事件逐级上报至省级旅游主管部门；重大和特别重大旅游突发事件逐级上报至国家文化和旅游部。（4）明确报告内容。向上级旅游主管部门报告旅游突发事件，应当包括：事件发生的时间、地点、信息来源；简要经过、伤亡人数、影响范围；事件涉及的旅游经营者、其他有关单位的名称；事件发生原因及发展趋势的初步判断；采取的应急措施及处置情况；需要支持协助的事项；报告人姓名、单位及联系电话等。

（十）积极组织行业培训，提升行业的健康服务质量。各级旅游主管部门应积极组织针对行业从业人员的公益培训活动，培训内容应包括且不限于政策法规、安全生产、文明服务和应对突发事件等，每年累计培训时间应不少于24小时，培训不得向参加人员收取费用。旅游行业协会、经营主体等应对从业人员进行包含安全生产、岗位技能、文明服务和文明引导等内容的岗前培训和执业培训[1]。

（十一）发挥行业协会的协调、指导和服务职能。充分发挥协会制定行业标准、反映行业诉求、维护饭店权益、解决行业困难、加强岗位培训和人才交流、推进业务交流的协会综合监管和协调职能。面对重大突发公共卫生事件，行业协

---

[1] 中华人民共和国国家旅游局. 导游管理办法.

会应及时向旅游经营主体发出防控安全旅游倡议,设立调查研究、营销推广、教育培训、金融支持、规划策划等专项工作组,形成有谋划和有落实的工作机制,组织行业专家进行研讨,出台疫情期间的各类旅游经营主体防控指南、开工复工指南、产业恢复对策等相关报告,为旅游经营主体疫后复苏提供指导和意见。

（十二）积极构建绿色旅游标识认证体系,鼓励绿色健康发展。积极探索构建绿色旅游品牌标识认证体系,健全认证标准,建立评价机制,明确评价机构,升级旅游产品及服务品质,引导行业生态、绿色、健康发展。同时,为游客提供权威的绿色健康认证品牌选择。(1)探索建立绿色健康旅游品牌标准体系。推进对现有较为滞后旅游服务行业标准的升级、调整工作,在对现行绿色旅游景区、绿色旅游饭店等标准进行完善的基础上,积极拓展制定其他类型旅游产品或目的地的绿色发展标准,致力探索构建旅游产业绿色健康发展品牌体系。(2)鼓励企业创建绿色健康旅游品牌。在完善标准体系构建的同时,积极建立绿色旅游平台评价机制,明确申报主体范围、申报资格、标准细则、评定机构、评定方法,并鼓励符合条件的品质经营主体参与创建申报工作。(3)积极组织绿色健康旅游品牌评定工作。明确各级绿色旅游品牌的等级评定工作流程,赋予评定机构组织、领导、开展评定工作的权力,制定实施办法和评定细则,并接受国家文化和旅游部指导、监督。

（十三）积极推进信息化建设,鼓励各类经营主体增强信息化管理水平。鼓励旅游企业积极利用信息技术提升旅游服务质量、开发旅游产品、升级旅游发展水平,提高游客满意度和企业竞争力。(1)支持信息化基础设施建设。通过出台优惠政策、提供专项资金等方式,支持旅游企业和目的地推进信息化基础设施建设,加快5G网络等信息基础设施建设和商用步伐,全面推进旅游行业信息化建设进程,提升信息化管理水平。(2)持续优化标准供给。组织编制、优化各类旅游经营主体信息化建设标准、规范、指南,实施智慧旅游标准化战略,积极发挥标准引领支撑作用。(3)提供信息化建设培训及指导。旅游主管政府部门或行业协会宜积极组织行业内旅游经营主体主要负责人、管理人员参与信息化建设的培训活动,推进经营主体信息化建设进度。

（十四）大力支持智能化探索,鼓励智慧旅游产品的引进与开发。旅游各级目的地主管单位应积极推进"智慧旅游"建设进程,实现旅游服务、旅游管理、旅游体验、旅游营销的数字化、智慧化。(1)鼓励线上线下融合式发展。鼓励建设"智慧景区""智慧酒店""智慧小镇""智慧旅游城市",推进线上线下互动发展;鼓励建设线上销售、线下体验的文旅消费体验馆,促进消费新业态、新模式、新场景的普及应用。(2)推广旅游目的地终端系统建设。鼓励各目的地、企业开发自有App,整合信息、提升体验、便捷服务、拓展渠道、完善售后,提升游客体验感和满意度,改善旅游整体服务质量;提升数字化服务水平,利用新技术做好客流管控、疏导和景区管理服务。(3)鼓励将各类绿色智能产品应用于旅游服务领域,探索零接触、智能化服务和体验,为游客带来新产品和新服务,在服务便利化、管理效率化方面提供帮助。

(十五)积极支持旅游健康产品和目的地健康价值挖掘。旅游目的地政府及行业组织要积极引导疫后健康旅游的发展,在充分发挥旅游本身的健康价值属性的同时,加强康、养、文、旅、体产业的融合发展,鼓励生态养生、时尚运动、健康休闲旅游产品的开发,鼓励健康型旅游目的地的建设,打造疫情后旅游产业振兴的新卖点和宣传点。(1)发挥旅游本身的健康价值属性。充分发挥自然旅游资源的生态健康价值,挖掘人文资源的社会健康和精神健康价值,将其融入旅游产品的开发和宣传中。(2)加强旅游产业与健康产业融合。树立健康旅游理念,将康体、运动、养生、养老、医疗等概念融入旅游产品建设和项目开发中,鼓励和支持中医药养生、远程医疗、健康体检、健康咨询、康体运动、康复医疗、健康养生、健康管理等产品业态开发。(3)拓展多类健康旅游产品。鼓励文、旅、康、养、体产业的多元融合创新,支持生态研学、乡村休闲、生态农业、森林康养、海洋康养、温泉养生、户外运动、体育旅游、海上运动、冰雪运动、极限探索等健康旅游产品的开发和培育。

(十六)组织开展旅游消费新场景、新活动、新体验行动计划。顺应国家促进消费扩容提质的大趋势,目的地旅游主管部门和行业协会应积极组织疫情后游客消费促进,并带动旅游经营主体积极参与开发旅游消费新场景、新活动、新体验计划,实现产业重振和企业升级,激活旅游市场。(1)刺激旅游消费。政府主管部门宜整合交通运输和旅游景区资源,在疫后加密旅游直通车线路,开通旅游公交专线，鼓励各收费景区对全国医务工作者实行免费开放，实行景区门票优惠、直通车票价补贴等措施，带动人气，提振旅游企业市场信心[1]。（2）创新旅游新消费。由行业协会组织为旅游经营主体提供消费升级建议书，帮扶旅游经营主体站位新角度并打开新视野，了解行业的新理念、新技术，鼓励各类经营主体开发新内容、研发新业态、新产品，打造新场景、新活动、新体验，从而提升二次消费，推动企业创新发展，实现内容升级、业态升级、业务复苏、营收转型升级等一体化升级。

---

1 江苏省商务厅. 我市出台十条措施助力旅游企业共渡难关[EB/OL].（2020-03-04）[2020-03-26]. http：//swt.jiangsu.gov.cn/art/2020/3/4/art_77171_8995745.html.

第二部分　健康旅游新业态与新产品开发手册

当前，我国旅游业进入品质旅游的发展新阶段，健康和高品质的旅游产品成为当前游客的新需求，多样化和个性化需求不断出现。康养旅游、医疗旅游、户外运动与体育旅游、研学旅游等业态越来越受到人们的关注。面对新的市场特征，旅游业需要深入供给侧改革，不断创新业态，动态调整产品组合，为游客提供新的价值和高品质体验，才能更好地捕捉市场机会、获得持续发展动能。本手册针对医疗健康旅游、都市康体旅游、乡村生态康养旅游、森林康养旅游、海洋康养旅游、生态研学旅游、户外康体旅游和避寒避暑健康旅游八大新业态下的产品做出开发指南，为旅游企业经营实践提供指导。

一、医疗健康旅游新产品新业态开发指南

医疗健康旅游是将健康服务和旅游结合起来的一种旅游形式，旅游者根据自身身体健康状况，选择合适的旅游目的地进行旅游活动，通过目的地提供的管家式健康管理服务，以达到提升身体健康水平的旅游。世界旅游组织将医疗旅游定义为"以医疗护理、疾病与健康、康复与修养为主题的旅游服务"[1]。2016年国务院发布《"健康中国2030"规划纲要》，对完善国家医疗卫生服务体系、创新医疗卫生服务供给模式、提升医疗服务水平和质量做出了重要指示。2017年国家卫生计生委出台《关于促进健康旅游发展的指导意见》（以下简称《意见》），提出到2020年，建设一批各具特色的健康旅游基地，形成一批健康旅游特色品牌，推广一批适应不同区域特点的健康旅游发展模式和典型经验，打造一批国际健康旅游目的地的发展目标[2]。依据《意见》对丰富医疗健康旅游业态、打造健

1　刘建国，张永敬.医疗旅游：国内外文献的回顾与研究展望[J].旅游学刊，2016，31（6）：114.
2　中华人民共和国国家卫生健康委员会规划与信息司.关于促进健康旅游发展的指导意见[EB/OL].（2017-05-17）[2020-03-16].http://www.nhc.gov.cn/guihuaxxs/s3585/201705/fd9a24caca8a4553ad6213b6fa6d928f.shtml.

康旅游产业链的总体思路，针对不同游客的需求和地域资源优势，可开发中医养生保健游、康复疗养游、医学美容游和高端医疗游四大产品。

（一）中医养生保健游开发指南。中医养生保健游是依托中医药传统故事与传统中医药学的魅力，以中医药在治病、养生方面的特殊功效吸引游客前往体验的旅游活动。主要是有保健养生需求的亚健康人群、中老年人、对中医药文化感兴趣的人群和愿意体验中医药养生项目的人群。中医养生保健游的旅游资源主要包括传统的中医药材资源、中医药文化资源和各种中医药体验项目。中医药材资源包括可以入药的植物类和动物类中医药材。文化资源包括有形与无形资源，有形资源主要包括中医药发展过程中的历史遗迹、中医药人物故居、纪念馆等；无形资源主要包括与中医药养生相关的人物故事、历史事件与文化传统等；中医药体验项目则包括传统的中医药参与性活动，如五禽戏等和中医药理疗体验项目，如气功、针灸、理疗、中医药浴等。（1）开发定制化的中医药养生理疗服务。①提供中医医生号脉问诊与健康咨询服务，医生为游客检视身体的基础状况，并提出养生建议。②针对医生建议，定制养生计划（比如中医药浴解压疗程＋药膳排毒疗程）。③营养专家制定合理膳食菜单，游客自由选择中医药健身操或其他修习课程等体验项目。④服务全程需配备专业中医医生、营养师、健身教练、中医理疗服务人员、咨询顾问等全流程专业化服务团队。（2）开发中医药膳产品制作体验活动。①依据药材特点和食用方法将食物、中药以及少量的调味品通过我国传统烹饪技术手艺处理，开发安全健康的中医药膳产品，提供给有不同养生保健需要的游客。②设计游客参与学习并制作出各种特色养生药膳的体验项目，如以砂仁为主药，肚丝为配料，制作功效为补虚健脾的砂仁炒肚丝。（3）开展中医药康养文化主题系列活动。①每年夏季开展"冬病夏治"活动，为游客举办中医药知识讲座，向游客讲授养生知识，开展特色的药浴、艾熏活动。②每年举办各类民间自发或者官方组织的中医药文化交流活动、中医药会展等节事项目。③通过中医药文化交流会、主题文化节、科普宣传周和知识竞赛等多种形式，提高公众对中医养生文化的认识，激活中医养生保健旅游的潜在游客市场。（4）开发中医药旅游商品。①为游客提供中医药材礼盒、中医药保健品、精加工的中医药膳汤包和与中医药有关的书籍，如《中医药材汇编》等。②旅游目的地可以直接采摘中医药材和直接加工中医药材，如新鲜黄芪及加工后的系列黄芪制品。③提供中医药特色商品，包含药膳类（如养生药膳、中医药膳配方、中药饮品等）；药材类（如名贵中药材、中药饮片等）；仪器设备类（如自动把脉仪、中医药香薰机、简易按摩仪等）；中医药图书音像制品（如《中药大辞典》《本草纲目》《黄帝内经》等）。（5）开发中医药研学项目。开设中医药养生、中医修养相关的课程。邀请中医药领域专家学者、养生达人对学员提供医修、药修、食修、香修、功修、德修等多种休养方式的研学活动。（6）对中医药故事进行包装营销。①打造中医药名人文化体验游，设计中医文化学习课程和中医养生培训结合的项目。②挖掘目的地著名的中医药人物故事进行包装，如湖北蕲春县的中医药人物李时珍的故事，通过中医药人物故事，提升目的地的中医药文化属性，进而提高目的地的知名度。③对中医药博物馆、文化园、名人故里（旧居）、历史古迹、药用植物园、教育培训中心等进行品牌化包装。（7）酒店住宿结合中医药特色。①给游客供应有中医药文化特色的住宿条件与对应的装饰设施，如中药材香薰、养生中药材枕头等。②将晒干的中药材、正在开放的中药的花枝和鲜花作为装饰，装点酒店和民宿等。（8）搭建中医药学和旅游服务相结合的复合型人才梯队。①对中医医疗人才进行旅游服务培训，增强他们的旅游服务意识与游客导向思维。②对旅游服务人员进行中医药理论知识与技能的培训，提升中医药旅游从业者的专业能力。（9）进行中医药文化传承和传播。①在国家中医药健康旅游示范区举办中医药非物质文化遗产保护专题展览活动，如八段锦等传统健身功法展示。②开展相关教学、竞技或演艺活动，提升中医药旅游参与性和中医药文化影响力。

（二）康复疗养游开发指南。康复疗养游是以医药资源为主要资源，以治疗疾病、康复疗养为目的，凭借疗养地所拥有的特殊自然资源条件和专业治疗与疗养器械设备，通过针灸、刮痧、中草药浴、日光浴、森林浴，配合按摩、理疗等多种服务形式，将康复治疗、休闲度假与旅游结合起来的专项旅游活动。主要针对中国"银发"市场，面向60岁以上老年人群和亚健康人群市场，还有需要康复疗养训练的特定人群，如专业运动员等。资源保障主要有自然生态资源，养生保健设施和医疗康复服务设施。自然生态资源有海水资源、沙滩资源、日光浴资源等。养生保健设施和医疗康复设施如表2-1所示。（1）开发康复理疗体验项目。①配套按摩室、水疗池、药浴中心等场所。②同时配套合格的理疗师、中医药学家和按摩技师。③运用灸疗刮痧、拔罐热疗、反射疗法、饮食疗法、药浴疗法等，开设理疗体验项目。例如，中医推拿和中医药药浴调理结合体验项目。（2）设计康养住宿产品。①运用生态化的建材，设计具有自然、舒适与简约风格的住宿产品。②内部装饰通过中医药书籍、中药植物制品（比如陈皮挂饰、植物香薰等）为游客营造健康、安稳、舒适的环境。③住宿设施外部开发自有有机菜园，种植无公害瓜果蔬菜，可与陈皮、党参、天麻等中医药材搭配，凸显特色氛围。（3）开发特色瑜伽疗养项目。①针对有腰椎、脊椎修复等健康疗养需求的人群，开发具有针对性的修复疗养瑜伽项目，进行身体修复。②针对有健身塑形需求的女性，开发具有减肥塑形效果的项目。③针对有舒缓情绪需求的人群，开发具有平复心情，舒缓放松效果的瑜伽项目。④聘请专业的有瑜伽教学资格证书的老师对疗养项目负责人员进行培训教学。⑤对有一定瑜伽基础的人群，开发具有一定难度等级的瑜伽项目，进行专业化教学，如空中瑜伽。（4）培育具有康复理疗技能的专业人才梯队。①中医医师应具有经执业医师注册机关注册认证的执业医师资格证。②理疗师应具有经国家人力资源和社保部认证的康复理疗职业能力测评证书。③营养师应持有国家人力资源和社保部认证的公共营养师职业资格证书。（5）环境保护与资源利用。①选择具有节能环保措施或设备的场所提供服务，不应安排破坏旅游目的地生态环境的项目。②康养活动场所全面禁止吸烟，在公共场所禁止拍照、禁止使用移动电话，营造幽静而平和的养生环境。③中药药材的选取和利用应遵循动植物生长周期，不过度开发利用中药材。（6）产品与环境的安全保障。①针对老年人、未成年人、残障人士、妊娠期女性等特定人群，应考虑其承受能力和适用性开发旅游产品。②旅游活动场所装有监控设备并保证正常运转，住宿场所有专人全天候值班、值守，配备必要的安保人员。

表2-1　中医药康养旅游器材/设备一览

器材/设备类型	具体器材/设备名称
康复治疗	牵引器具、治疗床、治疗仪、刺激仪、蜡疗仪、热疗仪等
运动康复	运动再学习治疗及训练系统、体质监测仪、肌贴、运动护具、监测跑步机等

器材/设备类型	具体器材/设备名称
中医养生器械	热护具、远红外磁疗、冷热敷理疗、肩部、颈椎、膝部、腰椎保健护具及治疗仪等各种养生器械等
家庭治疗康复护理	家用理疗仪、睡眠治疗仪、电位治疗仪、高压氧治疗设备、熏蒸理疗设备、温热理疗床、按摩理疗床、各类玉石床垫等
康复工程	康复机器人、水疗设施、虚拟训练系统、各类疗法治疗设备、康复健训练设备、功能评定设备等

（三）医学美容游开发指南。医学美容游是以美容为主要内容的旅游活动，把传统的旅游观光项目与医学美容结合起来，主要吸引追求美丽的女性。医学美容主要是指通过手术、医疗器械、药物治疗等方法，对人的容貌或人体形态进行修复与再塑。目标市场主要为国内外有良好收入条件的年轻白领女性和成熟女性。年轻白领女性对面貌有较高要求，愿意为外貌投资；成熟女性有寻求医疗美容方式达到美颜抗衰效果的需求。资源保障有专业医疗美容机构及配套设施，包括公立医疗美容机构和私立医疗机构，配套设备包括高频热电场皮肤治疗仪、光子嫩肤仪等；美容保健类中草药资源，包括百合、枸杞子、山药、莲子、地黄、槐实、金盏花等；美容保健相关的中医药典籍，包括《圣济总录》《奇效良方》等。（1）定制化整形美容旅游。①保障整形医院的安全和专业。整形美容旅游过程中，最重要的任务就是为游客协调安排整形外科医院，保障手术的安全性，因此首先要确保医院具备专业化的整形医生团队和丰富的美容手术经验。②匹配周到细致的服务。为海外游客安排专门的客服人员与现场接待人员，提供细微周到的接站、接机服务和随行翻译服务；在整形美容旅游全程提供就诊、手术、康复护理等咨询服务，以及旅游结束后的线上护理咨询服务。③定制化整形美容计划。整形外科医生根据游客需求与面部轮廓和五官比例，设计适合游客的整容计划，匹配专属术前面部护理与术后保养恢复项目，由专属理疗师负责。④配套美容旅游计划。整形美容结束后，参观医疗机构、参与美妆体验（如模仿韩流明星妆容打造专属美妆），开启"走近汉方医美之旅"活动，参观游览目的地的自然和文化景观，同时了解中医理念，传播中医文化。（2）开发"互联网+医疗美容"项目。①打造医美O2O平台。将游客、医疗美容机构与互联网平台结

合，游客在平台上可以充分获取医美信息，线上预约并下单付费，再到实体店接受服务。②开发在线医美项目咨询服务。线上咨询顾问针对游客身体状态和美容需求，推荐适合的美容套餐或者定制专属美容套餐。③引入人工智能辅助工具。将人工智能应用于导诊环节，使用语义识别与影像识别 AI，提高就诊效率；应用于诊疗和研究环节，通过人工智能分析影像、数据，提供美容预案、不良事件预警等，为医护人员提供更强的专业支持。④设计智能医美穿戴设备，医美旅游结束后，游客可随身穿戴，随时监测身体状态、术后恢复情况，穿戴设备也会通过移动端 App、微信服务号等实时提醒游客进行身体护理。（3）打造药膳美容餐厅，开发药膳美容产品。①联合医疗美容机构，打造药膳美容餐厅，提供药膳美容菜品，开发胡桃芝麻饮、松麦鱼米、何首乌鸡汤等养生药膳，具体药膳美容产品如表 2-2 所示。②将药膳食补作为游客美容术后恢复膳食，专门供应。药膳餐厅对外营业，提供外卖服务和半成品售卖邮寄服务，游客可以将药膳美容产品作为馈赠亲友的佳品。（4）培育医疗美容旅游专业人才团队。打造由整形美容医师、理疗师、护理人员、医疗翻译人员组成的专业人才队伍，其中医疗翻译人员需要具备医学专用英语及商务英语口译能力。（5）科学合理的医疗美容宣传。①医疗美容旅游产品的宣传资料应全面、客观、真实，不应过分夸大美容功效或引用令人误解的表述。②对医疗美容旅游产品的特点和适用的消费人群进行说明。③开展"医疗美容月"活动。线上线下同步推出"医美月"电子一卡通活动，整合目的地医美、旅游、酒店、交通、购物、餐饮等行业资源。"医美月"期间在目的地体验医美项目则可获得一卡通旅游、购物、餐饮、住宿商家制定的联合优惠。举行线下义诊活动和线上科普讲座，提高大众对医疗美容的认识，为感兴趣的游客提供美容保养体验服务。（6）远程跟踪服务系统。①旅游活动结束后提供康复保养跟踪服务。对于治疗肥胖或美容整形等需要术前商讨和术后进行跟踪服务的产品，需要建立一套远程跟踪服务系统，令游客离开目的地后仍可享受医疗服务[1]。②国内外医院共建医疗美容跟踪服务系统，公开有价值的诊疗数据，共享全球医疗美容资源，记录游客诊疗信息，为游客提供持续的术后护理等。

---

1 姜珠贤，林银华，向田和弘.韩国医疗旅游的时代[J].中国医院院长，2014（14）：62.

表2-2 药膳美容产品功效[1]

产品	原料	功效
松麦鱼米	青鱼肉、松子仁和麦冬	丽容美肤，补肾滋阴，健脾润肠
参杞粥	生晒参片、枸杞子、玉米和粳米	治疗老人健忘、失眠等，还可美容养颜，抗衰防老
胡桃芝麻饮	胡桃、芝麻、牛乳或豆浆和白糖	润肤消斑，补益虚损
何首乌鸡汤	何首乌、鸡肉、料酒、淀粉、精盐、酱油	美容、乌发、补中益气
灵芝猪蹄汤	灵芝和猪蹄	抗衰老、护肤美容、减少皱纹

（四）高端医疗游开发指南。高端医疗是医疗服务体系中的一个相对概念，具有高端服务、高技术质量和高收费的特点[2]。高端医疗旅游则是指以治疗疾病、术后疗养等为目的，以体验高端体检、基因检测、慢性疾病治疗、心脏手术、腔镜手术等高端医疗服务为主要内容，前往医疗发达的目的地进行的旅游活动。主要针对高收入且追求优质服务的患有重疾、慢性病或其他疑难杂症的人群，一般还具有高学历、高收入、高职位、高消费力等特点。他们以参与旅游项目的方式前往医疗水平更好、医疗设备更先进的医疗服务机构治疗疾病和改善健康状况。资源保障有目的地的医疗资源，如医院、疗养院、保健中心等，医院多为私立医院和非营利性医疗机构；保健医疗依托保健中心或康复疗养中心，附带保健体系和专业化的保健设施设备。（1）引进高端体检旅游项目。①与世界知名医疗机构合作，设计高端体检旅游线路。国内选择公立三甲医院或者专业医疗体检中心，比如上海全景医学影像诊断中心；海外选择日本、美国等高端体检设备先进的国家。②高端体检游项目组织方案中预约，根据受检者的年龄、性别、职业、性格、疾病史、家族史等个体化差异，定制最适合的体检方案。③体检后病情分析。体检结束后根据体检结果分配体检者到对应科室就诊，科室医生亲自解答本人健康状况及治疗方案、注意事项等，检测肿瘤、心血管疾病的体检者还会被告

---

1 高伟.中药药膳与美容养颜[EB/OL].（2016-2-06）[2020-04-03]. http：//www.doc88.com/p-9741504643514.html.

2 方欣叶，何达.高端医疗 国外的思路可借鉴[J].决策探索（上半月），2016（5）：72.

知如何识别肿瘤前兆,做到提前预防。④配备周到的服务。体检中心派专门导检护士陪同体检,实行一医一室一患体检模式,专享 VIP 检区。空腹体检后,有专门的就餐区提供健康营养早餐。⑤体检结束后随项目导游统一前往目的地周边自然风景区、人文风景区参观游览,放松身心。(2)建设高端医疗度假地。建设如海南博鳌乐城国际医疗旅游先行区(如专栏 2-1 所示)范式的高端医疗度假地。①度假地选址。选择在有优质自然条件的目的地建设医疗度假地。在气候上有差异和优势,如夏季适宜避暑或冬季适宜避寒等,有可供观赏的森林、田园风光,空气中的负离子含量高,有良好的空气质量等。②提供先进医疗项目体验。比如,肿瘤诊断、基因检测、细胞活化治疗等。③打造丰富多样的服务场所。比如,会所式贵宾医疗机构、国际康复理疗中心、五星级度假酒店、特色 SPA 生活馆、高尔夫球场以及购物中心等。④开展度假休闲活动。如森林温泉度假疗养、手工制作植物香薰体验和康体养生文化节等。(3)推广远程医疗咨询服务。①与国内外知名医院合作,在移动应用程序平台搭建预约健康检查的窗口。②通过应用程序的视频咨询功能,远程获取专家的专业诊疗建议,医生在咨询前会分析游客基本信息,在视频咨询时提出针对性治疗的书面意见。③远程咨询服务结束后,游客可根据医生建议,前往合适的医疗旅游目的地进行医疗旅游,体验专业化医疗检测与疾病治疗服务。(4)聘用特色医疗人才。①引进在线医疗、AI 医疗等智慧医疗服务人才,搭建集医学专家、理疗师、营养师、咨询师、导游于一体的特色医疗旅游人才梯队。②智慧医疗人才负责搭建集医学影像、检验报告等健康档案于一体的医疗信息共享服务体系,逐步建立跨医院的中医医疗数据共享交换标准体系[1]。③高端医疗行业理疗师需持有经国家人力资源和社保部认证的高级康复理疗师证书,方可在医疗机构的康复理疗科室、康复理疗中心、保健中心、美容美体机构等从事针灸、刮痧、火罐、推拿、美容美体等工作。(5)注重资源与环境保护。①通过建设高端医疗数据信息库、重点医药资源申报库等现代化方式,整合高端医疗服务和医药资源信息,从而合理利用医疗旅游资源。②保护生态环境,选择具有节能环保设施或设备的场所提供服务。③医疗旅游场所全面禁止吸烟,同

1　国务院印发《中医药发展战略规划纲要(2016—2030年)》[J].中国医药导报,2016,13(6):193.

时在公共场所限制拍照和使用移动电话等行为，营造幽静而平和的医疗环境。

专栏2-1　海南博鳌乐城国际医疗旅游先行区

1. 项目简介

海南博鳌乐城国际医疗旅游先行区是一个集康复养生、节能环保、休闲度假和绿色国际组织基地为一体的综合性低碳生态项目。以万泉河为生态廊道，形成"一河两岸、四区五组团"的整体空间结构，包括世界顶级医院、国际组织基地、高端购物中心、特色体验居住区四大功能区以及五个医疗养生组团[1]。

2. 产业规划

"疗"——有选择的发展特色健康疗养项目。采用特色化医疗机构结合休疗养设施或主题医疗社区的发展模式，重点发展中西医结合治疗、医学整容、亚健康治疗等领域的项目。

"养"——大力发展养老产业。采用老年医院、专业化养老院和主题养老社区相结合的发展模式，建设融诊治、疗养、护理与居住为一体的新型养老场所。

"研"——积极发展国家级医学科研基地。基地建设采用医学研究院所、专业性医疗研究中心和实验性研究机构相结合的发展模式。

"信"——建立多样化的技术服务平台。采用第三方医疗服务平台和公共医疗信息服务平台相结合的发展模式，支持医学检测设施设备与试剂等产品的研发制造和上市。

"会"——发展医疗领域国际会议等产业。引入国际医疗卫生组织，举办符合先行区特色的医疗业国际会议，打造国际高端医疗展示交流平台。

"治"——优先发展特许医疗机构。采取大型国际化综合医院结合各类专业医院的发展模式，迅速提升先行区的诊疗水平。

3. 项目经验

（1）项目选址在自然生态环境优良、工业化程度低的地方，营造舒适自然的医疗旅游环境。（2）大力引进国外先进诊疗设备和海内外优秀人才，重点发展特许医疗、医疗美容和抗衰老、健康管理、医学检测、招呼康复等高端医疗业态。（3）产学研一体化。除医疗机构外，还构建了国家级科学研究基地、博鳌一龄生命养护中心、海南博鳌瑞达麦迪赛尔国际医疗中心等，持续提升先行区的医疗水平。

二、都市康体旅游新产品新业态开发指南

都市康体旅游是依托都市良好的硬件环境、发达的工商业和深厚的文化底蕴，以维持身心和谐健康发展，丰富文化生活，促进精神文明建设为目的的一种旅游形式。《"健康中国2030"规划纲要》中明确提出要把健康城市和健康村镇

1　海南日报.乐城将建成国际医疗旅游先行区[EB/OL].（2012-4-02）[2020-04-03]. http：//news.ifeng.com/c/7fbobZRkuxi.

建设作为推进健康中国建设的重要抓手,保障与健康相关的公共设施用地需求,完善相关公共设施体系、布局和标准,把健康融入城乡规划、建设、治理的全过程,促进城市与人民健康协调发展[1]。国家发展改革委、中央宣传部等23个部门联合印发的《关于促进消费扩容提质加快形成强大国内市场的实施意见》指出,要重点推进文旅休闲消费提质升级,丰富特色文化旅游产品,构建文旅多产业多领域融合互通的休闲消费体系[2],这将进一步促进文旅融合。这些规划和意见为都市康体旅游的发展提供了强有力的政策支持,对促进健康理念的普及和人们的身心健康有着重要意义。针对都市康体旅游发展的政策背景和未来发展趋势,围绕促进游客身心健康和精神文化享受的目的,可开发都市文化游、都市特色街区游、都市节庆游和都市健身休闲游四大产品。

（一）都市文化游开发指南。都市文化游是指依托于城市的历史、文化底蕴以及现代化设施等吸引游客前往体验,从而获得精神上和文化上的审美享受,促进精神健康。针对爱好都市文化,追求猎奇、体验不同文化、自我提升的人群。依托于都市的古建筑、名人故居、历史旧址、老街等历史文化建筑和展览馆、博物馆、科技馆、艺术馆、地标建筑等现代化场所。(1)开发博物馆参观和文创体验活动。①开展博物馆参观活动。②利用AR技术,开发虚拟文创商店,在文化现象展陈点植入增强现实的文化商品销售信息,打破时空限制,实现游客需求和购买行为的及时对接。③开展文创体验活动,组织游客以文物为蓝本,进行创意创作。如从游客的衣、食、住、行等方面入手,陈设摆件类物品及日用品,在体现文化内涵的同时注重实用性。④依托博物馆中的文物,开发融入文化元素的手机游戏,如故宫博物院和网易公司联合出品的以《千里江山图》为蓝本的手机游戏《绘真·妙笔千山》。⑤开展历史人物真实生活体验活动,如故宫推出的"皇帝的一天"体验活动。(2)开发LOFT文化创意产业园区。对城市发展过程中留下的工业园区、车间、老厂房等进行创意改造。①在园区设计上,组织设计者根据园区特色和目标市场需求,对这些废弃的广阔空间进行创造性的设计,可选

---

1 新华社.中共中央 国务院印发《"健康中国2030"规划纲要》[EB/OL].（2016-10-25）[2020-03-12].http: //www.gov.cn/xinwen/2016/10/25/content_5124174.htm.

2 就业司.关于促进消费扩容提质 加快形成强大国内市场的实施意见[EB/OL].（2020-03-13）[2020-03-15].https: //www.ndrc.gov.cn/xxgk/zcfb/tz/202003/t20200313_1223046.html.

择开放式、半开放式、封闭式等空间分割方式，分割出工作区、社交区与娱乐互动区等空间。设计完成后，吸引国内外知名创意企业、创意设计师等入驻园区，将园区打造成文化创意产业集聚区。③活动体验方面，开展创意园一日游活动，组织游客参观创意工作室，与设计师近距离交流。设置创意打卡空间，游客可在打卡区域中进行拍照，同时举办园区创意摄影赛，设置专栏展示入选作品。④服务保障方面，搭建包括品牌商标保护、知识产权保护在内的法律咨询服务和游客投诉处理服务平台。⑤与设计艺术与文化产业管理等相关专业领先的国内外院校进行合作，建立校企合作型文化创意产业人才培养基地，加大对文化创意人才的培训力度。（3）开发文化体验项目。开发参与度高、游客可进行深度体验的文化活动，如蜀绣、扎染等非物质文化遗产体验等。①开发社区旅游，设置一段行程，让游客跟社区居民在一起生活，近距离感受和体验社区的环境、文化习俗以及居民的精神面貌、日常生活等。②基于影视文化，布置和剧中一样的场景，游客可以穿着剧中的服饰体验角色扮演等活动。③开发剪纸、扎染等艺术体验活动，如让游客在扎染制品的完成过程中进行染色工艺的学习和体验，增加游客的参与感。④基于AR技术，在文化体验时通过AR画册、AR明信片、AR台历等增强游客的文化体验。在参观文物时游客只需戴上一副眼镜就能在听到音频讲解的同时，看到在现实环境中呈现的文物信息。（4）开发文化演艺类旅游项目。依托地方自然风景、特色文化以及人文资源等进行创作的艺术表演，主要包括以下三类：①开发通过融入民间歌舞来展示民族风情的大型表演节目，如《云南印象》《土风苗韵》等。②开发基于物质与非物质文化遗产的演绎型旅游表演，如《又见平遥》《蜀风雅韵》等。③开发以自然山水等实景为背景进行演绎的山水实景旅游表演，如《印象·刘三姐》《西江盛典》等。（5）开发文化主题公园类旅游项目。①开发根据目的地本土文化设计的主题公园，如大明边城、大唐芙蓉园等。②开发移植外来文化的主题公园，主要是对外来文化的复制和展示，如深圳世界之窗、北京世界公园等。③开发以动漫游戏文化为主题，运用现代科学技术打造的公园，如宿迁嬉戏谷动漫王国、迪士尼乐园、环球动漫嬉戏谷等。④在运营方面，设计并出售门票之外的衍生旅游产品，如迪士尼推出的各种动漫人物玩偶、服饰等。（6）开展"感悟都市新貌"活动。①由专业的讲解员带领游客参观展示城市发展规划的大型沙盘和会展中心、CBD内环、科技馆、工业园区等独具现代化特色的建筑。②开展"游客进社区"活动,安排游客到安置小区了解城市新区拆迁居民现在的新生活,与他们近距离交流。

(二)都市特色街区游开发指南。都市特色街区游是指基于城市独具特色的美食街区、精品旅游购物街区、历史文化街区等,以吸引游客前往体验的休闲旅游形式。在游客进行美食、购物等体验的同时获得文化上的审美享受,以促进游客的精神健康发展。可以依托发达的城市工商业以及有一定规模、保存完整的、建筑风格设计有特色的历史街区。(1)开发特色美食街区。开发过程主要包括引入美食企业、开发体验活动和夜间旅游、充分利用科技促进美食街区智能化。①通过招商引资将品种繁多、特色鲜明的本地饮食企业汇集于一街,不仅包含街头巷尾的"路边摊",也有环境雅致的精品菜肴,形成一个自上而下的美食消费聚集区。②开展美食展示与品尝、美食小馆评选、十大最受游客欢迎美食评选、"舌尖上的中国"厨艺争霸赛等活动。③开发美食互动体验区,游客可以近距离观看美食制作过程,参与美食的制作,同时挑选幸运游客送上大厨亲自制作的一道特色菜肴。④开发夜间旅游,通过亮灯营造夜间美食街区的氛围。引入健康饮品,如"熬夜小能手"俞文清燕窝水,给消费者提供丰富多彩的夜间生活选择,啤酒不再是串串、麻辣龙虾等美食的唯一标配,让游客健康地享受美食。⑤与快手、抖音等短视频App合作,邀请美食达人实时直播美食品尝过程,促进美食街区线上线下场景融合,打造全方位的美食互动体验。⑥推动大数据、数字科技、人工智能和日常生活的深度融合,打造智慧餐厅,游客可体验从点餐、上菜再到结账的全流程"无人"服务。(2)开发特色购物街区。通过对立体空间的氛围营造和布局设计,突出购物街区的场景化、多功能化,注重体验感。①在空间设计方面,选择独具特色的主题,采用一些营造主题氛围的元素,进行相应的空间环境打造。如以绿色植物、石板路、青苔藤蔓等体现生态环保主题,以绿皮火车、黄包车、邮局、当铺等打造复古怀旧场景。②特色购物街区可以利用动漫、影视IP、著名景点等为创作原型进行开发,如以英国的泰晤士街、大本钟等著名景点为原型展示英伦风情。③购物街区可以进行主题场景分区,如民国主题街区可以分为民国之旅、百乐门前、穿越民国等区域。④在经营业态上注重购物和娱乐休闲一体化,涵盖手工作坊、影院、生活超市、餐饮、亲子、运动娱乐等。⑤活动体验方面,在公共区域内设置小舞台、提供一些简单的乐器如吉他、架子鼓等，让游客在购物的同时能够及时玩乐。同时，设置可供游客打卡游玩的互动景观，如英伦风的街区可开发皇家马车、能吐泡报时的大本钟等。⑥开发沉浸式体验项目，如密室逃脱，以及利用虚拟现实等技术打造的科技感十足的VR娱乐体验乐园等。（3）开发历史文化街区。开发时要注意建筑风格、文物古迹、地域文化与风情、特产美食的展现。①在建筑设计方面，对建筑空间进行复建创新，打造具有独特文化内涵的特色建筑，注意建筑风格与建筑色彩的合理搭配，如中式风格的建筑，多以红、黑、灰、褐等色调为主；巧用灯具，街道宽度较宽时庭院灯采用灯柱的形式，街道较窄可采用壁灯；利用花箱、树池等景观小品的不同组合形式和摆放位置来增加景观层次感。街道较窄的地方，设计低矮的树池保障道路畅通，重要点区域或道路较宽时，设计抬高式的树池；开发时采用节能环保的设计，如扇风系统可运用"文丘里效应"导入自然风。②传统与现代相结合，在保护建筑旧貌的同时，根据游客的需求对街区的灯光、色彩进行现代化设计。将光电技术融入开发之中，采用绚丽多彩、变幻莫测的彩光照明及3D全息投影等技术，让街区的夜晚"美轮美奂"。③构建功能完善、独具特色的业态组合。开发商贸、民宿、小酒馆等活动场所，丰富街区的文化观赏、餐饮住宿、购物娱乐等旅游功能，对街区进行功能布局设计，如划分为文化展示区、休闲区和民俗体验区等。

（三）都市节庆游开发指南。都市节庆游是指依托于城市环境，以春节、中秋节等传统节日以及电影节、音乐节等现代节庆为载体开发的一种现代新型旅游产品。通过节庆活动的开展对传统文化节日进行传承和创新，游客在获得娱乐体验的同时，感悟文化的魅力，促进身心健康发展。基于传统节日风俗设计的活动主要面向对传统文化感兴趣的群体，如中老年市场；以音乐节、电影节等新兴特色节庆为依托的活动主要针对年轻人，如大学生等。可以依托城市中举办节庆活动时的场地和组织活动的人员，如安保人员和接待人员等。（1）举办科技节。①招募科研机构、科技馆的志愿讲解员为游客提供有趣、通俗易懂的讲解。②开展大学生"体验世界500强企业"科技活动，组织大学生游客参观企业的产品研发部门、技术实验室等区域，游客通过近距离接触科研人员，感受企业科研实力，培养热爱科研的精神。③免费开放实验室、研究中心、科技馆等科普教育和科技创新基地，吸引游客参观。游客可以在高温超导实验室近距离观看超导磁悬浮现场演示，在纳米研究中心参观纳米材料、在新药设计研究实验室探究小白鼠神奇的认知能力。④举办一系列丰富多彩、引人入胜的科技赛事。举办"科技类微电影大赛"，以拍摄微电影的形式，提高游客的参与感，也向游客普及先进的科学发现和科技成果，并于大赛颁奖晚会对优秀的科普影视作品进行评选与展示。⑤开展科普木偶剧表演、走进"三体"世界、制作绿色环保材料等体验活动。⑥开发互动体验区，游客可以与人工智能机器人互动合作，聆听机器人乐队现场演奏等。戴上AR眼镜体验近乎真实的情境，用无人机拍摄创意照。（2）开发主题音乐节。①邀请强大的明星阵容以吸引游客，舞台设计要符合年轻人的风格，如星光舞台和热浪舞台等。②活动开展方面，设置各类体验区，如可以进行城市涂鸦的文化艺术区、电玩、街舞battle和DJ打碟区等创意区域，游客可以在搭配木马、玩偶的马卡龙色网红球池打卡区拍照，体验街舞、电玩等活动。③设置代言人和歌星互动专区，游客可以参与明星签名、寄信等活动。④提供各类美食，设置美食体验区。如开发"吃货情绪医馆"现场体验活动，针对年轻游客"不开心""社交恐惧症"等不同病症提供特别的美食药丸。如"枳果干""开心果""巧克力"等能调节不同情绪的治愈美食。⑤推出锦鲤大奖，在现场游客中抽选幸运锦鲤，赠送特别准备的大礼包。（3）举办电影节系列活动。①注意电影节开展的场地和时间的选择，选择旅游资源较为丰富的地方。②邀请知名导演、电影人参加，举办大师交流分享会、专业论坛以吸引对电影感兴趣的游客参加。③在活动开展方面，营造口碑电影中的场景，开发电影主题打卡活动，游客可以在打卡区进行拍照留念。④除了电影发布会、影展、评奖等常规活动外，与国内各大高校联合举办"电影辩世界"大学生辩论赛，为大学生提供表达观点的展示大学生独特的电影观、世界观的舞台。充分利用互联网，设置态度话题、为战队打call等环节，让游客除了到现场进行观看还可以参与线上活动，增强游客的参与感。⑤联合抖音等短视频，开展电影节话题接力点赞活动，游客可在抖音App上拍视频秀演技，并有机会免费获得电影节开闭幕式现场门票，与知名影星们近距离接触。⑥开发基于电影IP的文创作品，游客可参与制作过程，也可直接购买。（4）开发中国传统节日系列主题活动。①应用传统节日特有的文化元素，营造节日气氛，如春节的红灯笼、中国结等。②开展传统节日风俗体验活动，如春节剪窗花、元宵节赏花灯、端午节赛龙舟、包粽子等。③开发节庆活动主题的黑科技快闪店，对店内区域进行划分，如 3D 打印区，游客可以打印 3D 春联、艾草香囊等节日专属物件。④与美图秀秀、轻颜等美颜 App 进行合作，开发各类节日妆容特效，采用互动式的拍照玩法，开展拍照晒朋友圈点赞有礼活动，为点赞数前三名的游客送上节日专属礼品。

（四）都市健身休闲游开发指南。都市健身休闲游是指依托城市交通步道系统、慢行系统、登山步道等休闲设施，以体育运动为载体，为促进身心健康而进行的旅游活动。都市健身是比较传统的活动形式，开发都市健身休闲游重点在于以旅游这一形式对健身进行新包装，普及健身休闲游这一健康的旅游方式。针对追求减压、放松身心、强身健体的人群以及追求健身减肥的都市白领阶层，如工作压力较大的都市工薪阶层和有锻炼需求的老年人等。依托于城市绿地、公共休闲设施、体育馆、广场、公园等场所，并进一步完善都市的健身休闲设施，如健身房、健身步道等的建设。（1）应用现代数字科技，培育"互联网+健身休闲"旅游项目。①场馆设计方面，在游泳馆、健身房等大型健身场馆中，综合运用现代光电技术等科技手段进行形象包装，以达到从形式上给游客带来感官冲击的效果。②服务提供上，利用网络和私人空间，推广智能健身房、网络健身房、24小时自助共享健身房等新形式，依托大数据和物联网技术智能化记录游客健身偏好，从而开发专业化、个性化、时尚化的健身课程。③运用互联网技术，游客可预约在一定距离范围内的移动教练，办公室、客厅、草坪等多样化的场地选择为游客提供最大的便利，通过双方互评信用机制保障游客权益。④运营方面，拓展电子商务领域，推动健身房、俱乐部等业态经营线上线下融合，方便游客在网上进行浏览、预订，采用包月健身，24小时全天开放等更加灵活的付费模式和营业时间，促进健身休闲营销模式服务创新。（2）开发中国传统体育健身项目。开展太极拳、咏春拳等中国传统武术健身和健身气功体验活动等。①人员保障方面，培育专业的武术和气功人才队伍，严格按等级制度对健身辅导员进行定时培训和考核，落实辅导员持证上岗制度。②普及宣传方面，印发中国传统武术和健身气功知识科普手册，在社区健身活动设施区、社区广场、城市广场等户外健身场所，以设置宣传报的形式，对中国传统健身文化进行推广和宣传。③在活动体验方面，举行传统武术和健身气功达人表演展示活动以吸引游客。④开展感悟中国传统体育文化活动，可采用视频、现场参观中国武术、健身气功发源地等方式。⑤游客可以选择自己感兴趣的武术和气功类型进行体验，由专业的辅导员进行指导。（3）开发赛事型康体活动。①举办观赏性体育赛事，积极引入国际性知名赛事以吸引体育爱好者前来观看，如球赛、冬运会等。抓住体育赛事带来的粉丝效应、品牌形象等无形资产，做好赛事冠名、赞助及标志使用等工作。开发创意赛事纪念品，如签名球衣、偶像玩偶等。②开展山地自行车、摩托车骑行赛等赛事活动，建设专用自行车道、摩托车道和露营营地，举办定向越野赛、竞技赛等形式的赛事，并配套组织家庭露营与汽车自驾等活动。（4）开发都市健身俱乐部。①在俱乐部设计方面，营造良好的健身文化氛围，采用简洁明亮、绿色环保和人性化的设计。如提供饮水区域、间隔合理的健身器材、私密的健身空间等。同时搭配节奏感强弱结合的音乐，在节奏强、曲速快的曲目激发游客的运动能量的同时，也在歌单中穿插一些舒缓的曲调。②设置休息交流区，供游客在健身空隙时进行健身后休息、日常会话与商务交流等社交活动。③普及健身知识和养生常识，为游客准备免费的健身杂志、刊物等。④做好运动损伤的预防与防治工作，提前准备运动损伤的急救用品并保障有配套专业的医护人员。⑤服务提供方面，通过身体机能检测、骨密度测量和营养咨询并结合游客的自我意愿为其定制有针对性的健身及减肥计划。⑥提供室内外活动，室外活动如骑马、高尔夫球、滑草等，室内活动包括溜冰、小球训练馆（包括网球、保龄球、羽毛球）等，同时配备瑜伽、SPA等项目。（5）开发亲子运动项目。①让参与活动的家庭参观活动展示区，熟悉活动场地，领取场地手绘地图及比赛手册。②开展需要亲子相互配合的接力赛、"两人三足"、趣味障碍赛等家庭单项赛和分组团体赛。③根据单项赛和团体赛积分的多少进行排名，为前三名家庭颁发奖状和奖品，奖品设置可以是篮球、羽毛球拍等运动器材。

三、乡村生态康养旅游新产品新业态开发指南

乡村生态康养旅游是在乡村空间环境范围内，依托乡村独特的自然风光和人文风情吸引游客，并注重与健康要素相融合的一种旅游形式。2018年，中共中央、国务院出台的《乡村振兴战略规划（2018—2022年）》中明确指出，发掘农业农村的文化体验、健康养老、生态涵养等多种功能和价值，合理利用村庄特色资源，

发展乡村旅游。文化和旅游部印发的《关于促进乡村旅游可持续发展的指导意见》指出要完善乡村基础设施建设，优化乡村旅游环境，丰富乡村旅游产品供给，促进乡村旅游向市场化和产业化方向发展。根据乡村实际资源与市场情况，可开发乡村度假游、乡村民俗游、乡村生活体验游和郊野健康游四种旅游产品。

（一）乡村度假游开发指南。乡村度假是依托乡村的自然资源和人文资源，向游客提供乡村田园生活度假体验的一种旅游方式。乡村度假相对于一般的乡村旅游，其特点在于消费时间更长、内容更多样，涵盖了观光、住宿、餐饮、娱乐活动等要素。主要针对长期生活在都市中，有时间休假、追求生活品质的人群市场，如退休老人、休年假的企业职工等。依托较大面积的休闲用地，完善的生活服务，多样的娱乐设施，足够的专业服务人员；一般需空气清新、风景秀丽，如有特色资源，如温泉、森林等更佳。（1）开发多样化住宿设施。①针对不同游客群体的需要，在度假区内设置不同类型的住宿设施，包括类似酒店的集中区域住宿和别墅住宿。②集中区域的住宿主要针对单人度假、集体度假的游客；别墅区可以考虑设置不同规格和价位的房间，可以包括双卧亲子房、三卧家庭房和三卧度假房等，提供适于三代家庭及两三个家庭共同出游的住宿选择。③建筑集群忌千篇一律，按照村落形式设计住宿区，保留庭院和民居外墙，采取黄泥墙、青瓦顶等乡土化材质；室内装修风格要协调，保持色彩素雅，多用原木形态设计的家具。④可采用分时度假模式，即把部分客房的使用权按照时间段进行分割，允许游客购买单个时段的客房使用权，也推荐游客一次性购买多年度的使用权，以获取每年定期到此度假的休闲方式。（2）打造生态农场，开发有农家特色的膳食。①在度假区内建设生态农场，生产绿色蔬菜、水果、谷物，自主养殖禽畜河鲜等。②开发特色餐厅，以度假地内生产的新鲜食材为原料，提供每日限量的农家特色菜品。部分特色菜品，如烤全羊、烤乳猪等，可以允许客户直接预约，现场挑选，但对屠宰等过程要做好隐蔽处理工作。③开放农业园区参观、果蔬采摘、农场喂食和合影、垂钓捕捞等体验活动。④设立开放厨房，提供厨具和必备调料，允许游客对自行采摘和购买的食材亲自加工烹饪。雇用专业厨师指导游客制作有特色的农家菜并保证烹饪活动的安全。⑤对部分质量上乘、产量较大、易于保存的农产品进行包装售卖，打造生态农场自有的绿色农产品品牌，作为特产出售。例如，特色茶叶、古法酿酒、野生蜂蜜、烤鸡熏鱼、保健中药等。（3）开发特色演艺活动。①开发民俗活动巡演。对当地的民俗演艺活动进行整理编排，在街道进行巡演，营造狂欢节的氛围，如举行舞龙舞狮、踩高跷、扭秧歌等民俗巡演活动。②开发场景型演艺活动。对独具特色的民俗场景、关联的独特历史事件进行改编，依托于传统建筑等实景还原民俗场景。如在古戏台演唱经典的戏曲选段，在私塾表演学生上课等。③在表演中加入游客互动环节。简单的民俗活动可以邀请游客共同参与，如扭秧歌；也可以邀请游客小朋友一起上私塾课，跟着塾师诵读经典等。（4）开发具有社交性质的集体活动。①开发"村长晚宴"。在游客入住的第一天晚上开设"村长晚宴"，由村干部介绍度假区的基本情况并表达欢迎。设置节目表演或游戏环节，使新来到度假村的"村民"互相认识。②开发"桌游之夜""欢唱之夜""美食分享会"等特色活动。提供活动场地、原料和道具、专业主持和安保人员，鼓励有共同爱好的游客互相交流。③开发"水滨晨练""乡间徒步""荧光夜跑""活力广场舞"等常态化健康活动。向村民和游客提供活动预约小程序码，由他们自行选择是否参与。设置休息站并向游客提供饮用水和小食。每个活动项目设置活动负责人，组织活动并向游客介绍一些健康知识。（5）提供多选择的休闲娱乐设施和游憩场地。分不同区块设计针对不同游客的娱乐设施和游憩场地。①儿童游乐区，设置蹦床、旋转滑梯、跷跷板等儿童游乐设施。②中老年娱乐区，设置棋牌室、麻将台、健身步道等。③室外大众运动区，设置乒乓球桌、网球场、羽毛球场等。④分散设置休憩设施，包括凉亭、休闲椅、木质秋千、观星草坪等。⑤根据度假区自然和设备条件设计特色娱乐设施，如小型船只、马场、烧烤架野餐区、KTV、公共厨房等。⑥提供一些社会交往场合，如会议室、宴会厅等。（6）提供便捷的综合配套服务。①设置区域服务中心，为客户提供便民咨询服务，如提供附近景点的咨询服务、游玩建议等。②在交通、旅拍、门票等方面提供代订服务。③与目的地旅行社合作，为区内游客提供定制化旅游服务项目。（7）运用恰当的收费方式，避免频繁的单项收费。①尽可能让游客对游玩区域拥有一些自主权，如采摘蔬菜水果、给动物喂食、使用烧烤架等设施、自由垂钓、游泳等，不对这些项目单独收费。②采用能够覆盖成本的一次性收费。③在做到必要提醒的情况下，使用预存或统一结账，避免带来过度商业化的印象。④采用会员积分制，定额积分可兑换免费体验特权。积分达到一定额度的会员，可以享受到部分项目的免费体验特权，享受更高的消费折扣，同时节假日还会获得短信问候和小礼品等。

（二）乡村民俗游开发指南。乡村民俗游是以乡村独有的传统文化和民俗风物等资源为旅游内容打造的在乡村目的地进行的特色旅游活动。面向对不同地域文化有兴趣，有农村生活经历或向往乡村田园生活的群体。乡村往往具有丰富的传统文化遗存，带有浓郁的地域特征和时代标识，对于喜爱文化探究的游客具有较强的吸引力。主要依托包括乡村聚落和民俗资源。可以进行乡村民俗游的村落需具有一定的特色和规模，以保证有目的地吸引力和一定的接待能力。有特色的、保留完好的民俗资源是乡村民俗旅游的核心吸引力，主要包括传统建筑、民族服饰、民族工艺、音乐舞蹈、婚丧嫁娶以及节庆礼仪等。（1）开发名人故居游。①对名人故居进行保护，建设名人故居博物馆、纪念馆或展览馆，对名人生前生活与活动场景进行还原，并把主要内容作为名人故事在馆内有所体现。②通过蜡像、3D投影、播放视频等形式在故居内还原名人生活场景，通过具象演示讲述名人故事。③以名人故事、名人品质为切入点对配套设施和活动（如店铺、特产等）进行命名。④在馆内展示名人作品、生前使用过的物品等，按照时间线呈现名人的一生，着重讲述几个与当地有关的故事。⑤设计对名人的缅怀环节，如向名人纪念雕塑献花等。（2）开发非遗体验游。①保护和承袭村庄内村民们世代传承的非物质文化遗产，可开设非遗体验与学习讲堂，聘请非遗传承人进行教学，积极鼓励村民学习，传承文化遗产。②景观设计融合非遗文化元素。如剪纸形镂空灯具、糖人艺人雕塑、大鼓形凳子、京剧脸谱的园艺设计等。③建立展览馆，展示非遗技艺的发展、传承现状并进行精品展示。可以开放一些体验活动，在展览馆出口处设置纪念品商店。④对于非常有地方特色，而又相对复杂的技艺，如地方刺绣、传统舞蹈等可以采用研习班等形式，由当地擅长此项技艺的居民或聘请非遗传承人等开设相关课程，长期授课，并对研习班学员成果进行展示，如学员剪纸、刺绣作品展览或结业舞蹈展演等，作为旅游吸引物的一部分。（3）开发民族风情体验游。①成立文化研究机构，对当地物质和非物质文化遗产进行挖掘和保护，如特色服饰、传统饮食、独特器物等，并注重发展技艺传承人。②采用民族的方式接待游客，如传统的欢迎和欢送游客的仪式，宴会上唱祝酒歌等。③开发民族风情体验活动，如嫁娶仪式体验、民族服饰试穿、参加祈福仪式、与村民共舞等。④建设民族博物馆。展示民族发展的历史，较全面地呈现民族生活的各个方面，如民族服饰制作全过程、民族语言的相关研究成果等。（4）开发乡村文化记忆游。①保留乡村文化的原生性。对乡村独特文化，如方言、谚语、耕作技术、特色食品等进行记录和传承，注重对乡村儿童的地方传统文化教育。②注重保护村落民居建筑，如古民居、古宅、古树等风物，建立民居保护负责人制度。③景观设置强化农耕和游牧文化的特征，在公共区域内多设计传统的小桥、流水、耕牛、水车、磨坊、马棚等。④建设传统文化博物馆，展示我国优秀传统文化，如诗词歌赋、书法绘画、民族礼仪等；展示古老的农业智慧，如二十四节气、农具的演变历史、动物的驯化史等。⑤建设年代记忆馆，着重呈现乡村生活的变化。按照年代设置展馆，还原乡村生活。注重年代符号的使用，如人民公社、收音机、黑白电视、毛主席画像等。（5）打造独特节事活动。①凭借独特资源打造属于自己的节日。包括：根据作物时令开发的节事活动，如桃花节、油菜花节、农作物丰收节等；根据特定产业开发的节事活动，如京剧节、啤酒节等；根据独特民间工艺开发节事活动，如风筝节、剪纸节等；根据独特节日开发节事活动，如"一起过七夕""龙舟会"等。②拓展性地应用自身资源打造节事活动，如在历史悠久、多古建筑的村落可以发展汉服节；物产丰富、美食文化繁荣的村落可以发展美食节、千人大宴等。③在节庆期间，通过绘画摄影作品展示、带有主题元素的体验活动等强化IP，扩大知名度和吸引力。（6）开发独特食品和土特产。①在乡村民俗旅游区内，现场制作售卖绿色健康、工艺传统的特色美食和小吃。②对于当地一些独特的农作物或方便保存的特色食品进行包装售卖，延长保存时间，提高种类丰富度。③联合淘宝网店、微信小程序等网络销售渠道进行乡村土特产品售卖。④提供邮寄、写卡片等个性化服务。⑤设立特色食品科普馆，运用动画、雕塑、纪录片等形式使游客具体了解当地特色食品。⑥开放透明厨房、透明工厂等进行参观游览。⑦对于一些相对简单的环节可以鼓励游客动手体验，如鼓励游客自己动手尝试糖画等，配备专业人员进行指导以保证安全。（7）注重将乡村氛围与健康生活方式等相结合。①张贴健康生活方式标语。乡村传统文化中有许多健康的生活习惯要素，如日出而作、日落而息、冬吃萝卜、夏吃姜等，而在都市生活中，这些良好习惯往往被忽视，因此可以借乡村民俗旅游，通过在乡村张贴画报与标语的方式，宣传此类传统生活方式，引导人们树立健康的生活观。②建立乡村健康馆，全面呈现传统养生智慧，设置茶艺展示、五禽戏展示、穴位作用科普等板块。(8)鼓励当地居民的参与。①做好对当地居民的培训和管理，保持民风淳朴，减少居民直接参与商业活动，防止过度商业化。②聘请当地居民为导游，导游除讲解固定导游词外，可以灵活增加一些乡野故事、历史传说和民俗民风等。③允许居民有组织地将自住房屋改建为民宿，并为游客提供农家早餐等服务。④鼓励村民以土地入股等形式参与旅游开发，进行旅游生计选择，从而提高村民对发展旅游业的认同感。

（三）乡村生活体验游开发指南。乡村生活体验游是旅游者参与乡村真实的生产和生活，获得乡村生活体验的过程。在体验乡村的过程中，游客可以忆苦思甜、追忆往昔，也可以获得心灵的放松和慰藉，体会淳朴自然的快乐。主要针对向往乡村田园生活，渴望亲近自然和土地，寻求放松的城市居民、家庭，对乡村和农业有兴趣的学生和儿童以及希望回忆乡村生活的老年人。乡村生活体验游的开发可依托乡村体验设施、便捷的交通网建设和专业的旅游服务人员。乡村体验设施包括体验原料、体验工具、体验场地等；便捷的交通网建设保障了游客从主要客源地到达目的地的时间适宜，使游客能够高频次来访；专业的旅游服务人员包括相关项目的导游、指导员和安全员等。(1)开发农事活动体验项目。①划定一定范围的农田用于农事活动体验。农田划分为较小的区块，每一区块上种植不同的本土适宜农作物、蔬菜等。②可体验的农事活动包括除草、播种、松土、施肥、插秧、采摘等。③建立客户数据库，妥善保留客户手机号等信息，在特定节气或农耕活动期对客户推送短信，邀请其照管农田。④开放菜地租赁或果树认养。允许游客租赁一块菜地或认养一棵果树并对其进行照管，该区域内收成可归游客所有，由开发方负责蔬菜和果树的日常管理，并可向游客提供实时情况汇报和分享，使认领的游客更有获得感。⑤体验农田由专人指导和管理，避免游客不当行为损害农田。(2)打造乡村工艺体验厅。①将类型相似的体验项目集合起来组成体验厅，如木工体验厅，设雕花欣赏、雕花体验、鲁班锁体验、刨木体验、榫卯组装等；传统工艺体验厅，设剪纸体验、风筝制作体验、脸谱绘制等；织绣体验厅，设纺线体验、绣花体验、织布体验、扎染学习等。②各体验厅可以分散分布在相关古迹、自然风光旁，或分散于特色商业街各处。③为每个项目配备专业人员进行指导并保证安全。④对于热门项目或耗时较长的项目准备多个设备，一些难度较大的项目可以预制半成品供游客体验，如木雕体验可以雕出基本形状，画好轮廓线，由游客添加细节；绣花体验可事先做好勾边工作，由游客进行填色。（3）设计"农作物的一生"交互展览馆。①选定当地有代表性的一种或几种农作物，如小麦、大豆、油菜等设计主题展览馆，一些特定产业，如葡萄酒、香草产业、蚕桑等也可以作为展览馆选题。②按照农作物生长顺序介绍该农作物生长的各个阶段，对种子、植株等进行动态展示，放置盆栽植株供游客观察和触摸。③对需要使用的农具进行场景模拟，展示犁车、播种机、水车、收割机等农具，对一些相对小型的农具设计室内环境模拟，允许游客体验。④展示脱粒、筛选、磨粉等处理过程，对玉米脱粒、棉花去籽等环节，以及推磨、推碾等工序设置相关设施进行体验活动。⑤对特定农作物制品，如醋、酒、油、豆腐等，进行详细的制作工序展示，并允许游客体验一些相对简单的环节。（4）开发"我们的动物朋友"体验项目。①选择常见的乡村禽畜进行体验项目设计，如鸡、猪、羊、牛、兔、马等。②对动物的驯化历史、分类和构造等进行讲解和展示。③允许游客与动物互动，如喂养、抚摸、拍照，游客也可以体验剪羊毛、骑马等项目。④在游客与动物互动的过程中，需要专业饲养员从旁指导和管理，避免危险事件的发生。⑤对动物做好检疫工作，保障动物朋友的健康，同时定期对动物生存环境及周边环境进行卫生清理工作。⑥开发动物认养项目。对于一些动物，如小马、羊驼等，可由游客名义认养，允许游客与动物互动，定期向游客推送动物成长信息。（5）对一些相对复杂的技艺，开设特色项目班。①传统的游客单次到访体验活动可能无法满足游客对工艺深入探究的需要，尤其是一些较为复杂的传统工艺，如雕花、木工、剪纸、刺绣、织锦、特色乐器等。②开设项目班，招收学员，定期组织集中学习和名师分享活动。③设计开营仪式和闭营仪式，在闭营仪式上颁发结业证书，激发学员兴趣和归属感。④对于一些材料比较简单、对器材等要求不高的技艺，可以采用网课、线上讲座和论坛等形式授课。（6）引进专业人才，提高体验层次。①积极引进非物质文化遗产传承人，打造非遗传承人工作室，专门开展非遗文化展示和体验性学习。②为人才提供支持，取得相关行业协会等的认证和支持。③在体验区官方公众号、微博、抖音、快手等公众平台推送相关知识，吸引游客的长期关注。④对相关领域的工作室和创业项目等给予一定的优惠政策，如房租优惠等，吸引相关产业集群区域，增强目的地在同类旅游目的地中的竞争力。

（四）郊野健康游开发指南。郊野健康游是以郊野自然条件为主要资源，在城市周边的郊野区域进行的较短时间的休闲放松娱乐活动，以缓解日常生活的紧张感和压力，体验健康生活方式的旅游方式。主要针对城市上班族、城市家庭、城市集体出游游客以及老人、儿童等。在城市生活的人们往往缺少休闲时间，郊野距离居民生活空间较近，消费较低，亲近自然，是城市群体休闲的重要选择。开发郊野健康游需要依托自然条件优良的城市郊野空间。优良的城市郊野空间是开发城市郊野健康游的先决条件，应当具备优良的空气质量，较高的绿化水平，如有森林、湖泊、田野、牧场等资源更佳；当地出产的新鲜蔬菜、水果、禽畜等资源也是吸引力的组成因素。应避免坐落在工业区附近或重污染企业下风向等空气状况差、噪声污染强的地方，也可以依托便捷的交通、通信。郊野休闲地最好在城区两小时可达范围内，需具备良好的交通、通信设施，包括道路、停车场等，所处地区信号条件好，有 Wi-Fi、公交站、高铁站、地铁站等更佳。（1）开发郊野营地。郊野营地是一种介于观光和度假之间的旅游产品，为自驾露营车辆提供停车空间的同时，也为游客提供休息、住宿和娱乐等服务。①完善郊野区域内的水、电、气、公路等基础设施，售卖多种类的生活用品（纸巾、垃圾袋、花露水等）、食物（面包、牛奶、水果、饮料等）、体育装备（遮阳伞、遮阳帽、防晒衣、泳衣、泳镜、护具、登山杖等）、出租和出售各类设施（野餐垫、烧烤架等）、娱乐性产品（扑克、桌游纸牌、风筝、风车等）。②建设多类型的郊野营地，包括自驾车营地、房车营地、帐篷营地等，可以为游客提供针对房车等营地车辆的长租服务。③划定适合不同季节的营地进行有针对性的建设，如将阴坡设置为夏季营地，多种植荷花、玫瑰等植物；阳坡设置为冬季营地，种植蜡梅、松竹等，提供供暖设施。（2）开发郊野宠物乐园。①划定适合宠物活动的区域进行开发，需要具备开阔、土地平坦、草皮质量优良的特点。②搭建一些可供宠物玩耍和便于宠物与游客互动的设施设备，如宠物滑梯、宠物跳栏等。③定期举办宠物相关的活动，如宠物日常护理知识讲座、爱宠运动会、宠物秀等。④对入场宠物做好检查工作，要求主人出示宠物证等相关证明，避免不安全、检查不合格的宠物进入园区。⑤安装监控设备，设高围栏并派专人进行场地管理，避免宠物丢失或宠物伤人。⑥对宠物主人发放月卡、年卡、次卡，尝试与附近允许宠物进入的休闲观光区等售通票、联卡等以促进销售，提高用户黏性。（3）开发时尚休闲节事活动。①开发夜间节日,如设计篝火晚会,邀请城市居民围坐篝火吃烧烤、跳舞;设计萤火虫节,由主办方购买萤火虫在特定时间放飞,允许居民观赏萤火虫等;设计观星日活动,由主办方邀请天文知识丰富的老师来为大家实地讲解星象知识,并在场地内提供一些望远镜等设备。注重保障目的地与城区接驳的定点交通设施,安排露营住宿或夜间城区往来大巴。②开发亚文化爱好者节日,如汉服节、民谣音乐节等,在特定文化群体的圈内进行宣传,如微信公众号、论坛、贴吧等。③承接展会、婚礼等活动,与会展企业、婚庆公司等合作,为其提供环境优美的户外场地。(4)进行环境优化。①提高植被覆盖面积,对郊野绿化进行人工设计和调整,设置不同种类的植物景观。②种植在特定季节有观赏性的植物,如种植可在春天观赏的樱花、夏天观赏的荷花、秋天观赏的枫树和冬天观赏的蜡梅等。北方多种植松柏等常青植物,使四时各有植物可赏。③对园内植物添加名牌、小百科等,达到科普的效果。④引入净水系统,定期对水质进行检测。⑤采取一定的防蚊虫措施,如设置杀虫灯,定期灭虫或引入多种鸟类灭虫等。(5)降低强制性消费。①郊野旅游作为周边地区市民可以经常性选择的休闲旅游方式,不应具有较多强制性消费,可以考虑建设免费开放的生态郊野公园。②借助娱乐体验项目、场地租借、设备租借、健康餐饮、特产和纪念品等提高收入。

四、森林康养旅游新产品新业态开发指南

由于森林环境可以起到减轻压力,放松身心的效果,近年来,森林康养这种新型健康模式在国际上开始流行。它集医疗卫生、林业、旅游、养老、教育、文化等于一体,并逐渐发展成为一个新兴产业,也成为未来森林服务业发展的重要方向之一。2016年5月6日,国家林业局正式印发《林业发展"十三五"规划》(以下简称《规划》)。《规划》提出要大力推进森林休闲和康养产业的发展,发展集医疗、康养、旅游、文化、扶贫于一体的综合服务业。根据国家林业局出台的《林业发展"十三五"规划》及发展森林康养旅游的优秀地方案例,针对游客的不同需求,可开发森林观光休闲旅游、森林运动健身旅游、森林探险旅游、森林教育科普旅游和森林养生旅游五大森林康养旅游产品。

(一)森林观光休闲旅游开发指南。森林观光休闲旅游是利用森林中复杂的

山林立体地形、原生态环境和珍奇动植物资源为产品开发核心，从而吸引游客出游的旅游产品。主要针对希望欣赏自然风光、放松休闲的人群市场，如组团观光的退休老人，希望回归自然并释放压力的中年人。开发森林观光休闲旅游的资源基础包括优良的空气和气候条件，森林中的植被、山石、水体景观以及人文景观、野生动物等。（1）设置多元化、多视角的观景台及配套设施。①根据森林的独特地形、海拔等因素建设提供不同观赏视角的观景台。如在山的制高点、视野开阔处应建立俯视观景台，极大呈现自然风光全貌。②因地制宜地设置不同形态的观景台。对于山谷、悬崖、峡谷等这类自然景观，选择悬挑式观景台，材质可选择钢和透明玻璃。对于梯田等层次感明显的自然人文景观，选择阶梯式观景台。对于湖泊、海洋等水体景观，滨湖/滨海观景台需选址在景观优美、可近距离观赏且安全的位置。③在观景台处安放配套观景设备。设置长椅、遮阳伞提高观景舒适度，提供望远镜提高游客观景体验。（2）设计融入自然、突出憩憩体验的游步道。道路设计分为主游步道、次游步道两种。主游步道主要围绕核心景点设计，起到连接核心景点和界定功能分区的作用；次游步道主要设计在地势平缓、森林植被等自然风光优良的地方，起到分散主游步道人流的作用。①游步道路径应符合环境自然规律。对于茂密的森林或密林深处，应根据实际地形，采用宽窄不定的变形路或曲径通幽的自由曲线。在平坦广阔的草地上，选择笔直的道线路条。特殊环境下，如在悬崖处设置镂空步道、天桥；在森林深处，设置高架穿梭式游步道、隧道等。②游步道铺装的色彩选择相近色，图案可选择森林中的动植物。③选材贴近自然，如木板铺路或石材路。④安装防护设备，在风景优美但较为危险的观景地安装防护网、护栏和加固台阶，并设置警戒线或警示牌等。（3）开发特色森林主题景观活动，将白天观光和夜晚游览结合。①打造具有季节颜色特点的森林植物景观，如春季红花系森林景观、秋季黄花系森林景观、常绿型森林景观等，从而形成一年四季动态变化的"多彩森林"和"五彩花海"的景观效果。②打造夜晚的梦幻森林光影秀。引进专业的光影设计团队进行规划设计，充分利用森林中存在的动植物形象，赋予其生动寓意并通过光影的形式投影出来。如寓意生命萌动的"白鹿青崖"、祈愿吉祥如意的"神鹿降福"等。③设计开发专用的奇幻光影森林小程序。在白天，游客除了可以观赏现实自然风光外，可以通过进入小程序，体验增强现实游览的AR景园，与森林中的动植物交互。在夜晚，游客可以进入小程序按照夜间游览线路体验奇幻的森林世界。（4）开发"森林中的农耕文化"观光体验区。①展览区设置展台、展柜、微缩景观、雕塑、数字多媒体、多功能触摸屏等综合设施，通过多种展示手段，为游客立体化、全方位地呈现传统农耕社会的图景。②展厅结构设计应简单大方，空间布局合理，遵循游客参观规律，内部尽可能打通使用，也可根据需要分不同隔断设计不同主题的展厅。③博物馆内采用时间顺序进行展品展示及故事讲述，主要展示传统农耕文明发生历史嬗变的时代节点及主要历史文物，最后可设置近代农业技术发展主题的展厅。④重视农耕器物的征集。可从当地居民、博物馆和展览馆等方面进行收集，收集过程中要运用专门的文物保护方法对其进行保护。⑤重视非物质文化资料的收集和研究。既要展开传统农耕文明的研究，又要关注和研究现代农业文明发展的进程，全面反映农耕文化的面貌、内涵和发展进程。（5）开发多种森林内部观光交通工具。在山峰之间搭建索道提供缆车服务，方便游客移动，同时可以在缆车上欣赏到不同角度的森林之美；如有湖泊等水资源，可以在其中提供游船服务，设置多处码头方便游客进行水路观光转换；在广阔无障碍的地方提供山地自行车、山地摩托车等，游客可以享受自由穿梭在森林中的乐趣等。

（二）森林运动健身旅游开发指南。森林运动健身旅游是利用森林天然屏障和复杂的地形，设计骑行道、步行道、攀岩区、瑜伽区、太极区等户外运动场所，根据现代人生活方式与饮食习惯等特点，制定个性化的健身运动方案，从而吸引游客前来体验的旅游产品。主要针对青年运动爱好者，希望通过饮食、规律生活和运动的方式调理身体的亚健康人群。依托于森林中山形地形、水体景观、动植物景观等而开发的森林步道、骑行道、运动健身区域、运动设施和活动。（1）开发体系化、层次化的森林步道和骑行道。根据游客需求，分别开发短距离（如3公里）、中距离（如5公里）健身步道和远距离（如10公里）的骑行道。①短距离健身步道可以围绕核心湖区、花园和广场等中小型景点建设，并且沿途多设置休憩场所，主要满足老人和带孩子的一家人散步、健走等运动需求。②中距离健身步道可设置在树荫中，比如环绕森林公园的山水骨架，途径公园的湿地、生态廊道、游船码头等重要节点。③远距离骑行道按"8"字形设计，突出曲线行驶特点，途径多个主要节点和多种景观空间，最终可在骑行中游览整个森林公园。④在中、短的健身道路和远距离骑行道上分别用不同颜色的路标指引，每隔一段距离在路旁设置指示牌，标注所在位置的经纬度位置和已完成的公里数，并设置安全提示牌。⑤在中、短的健身道路和远距离骑行道上适当位置设置便利设施，如公共厕所、休息长椅、便利店等。⑥步道材料选择橡胶材质，提高运动舒适度。（2）建立"互联网+"森林运动健身模式。①开发专门的森林运动App或者小程序，用于记录游客在森林公园中每天的运动次数、运动项目、运动强度、运动时间和行走线路等。定期对用户运动数据进行处理，利用运动—积分计算公式，计算用户燃烧的卡路里和所得的运动积分。②搭建森林运动爱好者们的在线交流社区，社区用户可在此平台交流健身经验、旅游感受和团队活动信息等。设立动态的用户运动账户排行榜，对排名居前的用户进行奖励。③与企业合作联合组织公益性活动，邀请有关企业以实物购买的形式购买用户个人账户中的运动积分，以用户和企业的名义来建设体育场馆、新增并维修体育设施和种植树木等。除此之外，可以与支付宝中的"蚂蚁森林"，微信的"微信步数"等活动合作。如开辟一片专门用于"蚂蚁森林"植树的林地，让支付宝用户在线上完成捐赠能量帮助植树之后还可以实地参与活动之中，由此可起到用户引流的作用。（3）创办非赛事的全民性森林运动活动。①森林马拉松系列活动可根据森林赛道的地形和距离特点等，设置全程森林马拉松、半程森林马拉松或超级森林马拉松。另外可以在每站设置以亲子娱乐为主题的迷你马拉松项目开拓亲子旅游市场。②开发多样森林骑行线路。可根据不同年龄的游客，开发亲子游骑行线路、毕业游骑行线路、挑战者专属骑行线路和观光骑行线路等，从而满足骑行的不同需求。③挑战类森林运动项目。在上山过程中，建设树冠玻璃廊道、攀岩区等，让游客在挑战自我的运动过程中也能欣赏沿途的自然风光。在下山过程中，建设玻璃滑道、峡谷飞索和飞跃丛林等多个森林运动项目，让游客在下山过程中不走寻常路，感受"速度与激情"。

（三）森林探险旅游开发指南。森林探险旅游是借助特定的专业工具，开发森林中原始景观、生物植被等自然资源，实现游客在探险员带领下在森林旅游的旅游形式。主要针对愿意挑战自我、战胜自我，提高个人耐力、体力和应变能力等综合素质的人群市场，如追求冒险体验的中青年、企业员工。利用森林中的生物植被、水流湖泊和地势地形等已有的自然资源，并设立专门的野外露营基地，培养和引进高级探险服务人才，建设和完善安全保卫类基础设施，并设置警示警报系统。(1)创建特色山庄、营地、特色小镇。①建筑风格森林化。住宿类建筑如森林山庄、酒店等要与周边生态环境相吻合,建议选择林、木、竹、石等建材。②营地中"吃""住""娱"三位一体。住宿类建筑内部做到舒适、丰富,需要拥有餐厅、休息区、娱乐区和土特产购物区等多种功能分区;营地内可以根据地形设置森林特色休息点。在树林中设置落地式、悬空式的木屋、竹屋、草屋,在平坦宽阔的草地上设置地垫、吊床或帐篷;度假村寨营造森林野趣,可搭建树窝、地窝式原始部落,整体上使游客在森林中可以充分地享受户外森林氧吧的乐趣和舒适。(2)建造林中娱乐设施。①丰富游乐项目。设计以"树林探险"为主题的游乐活动,如林中野趣派对和森林音乐会等。②增加动态移动项目。在树丛间设有绳索让游客在林中穿梭;开发惊险刺激的"疯狂秋千"运动等。③线路中间设置森林火车道等快速通道,匹配令游客兴奋、惊喜的趣味项目,如木头谐趣雕塑、树板积木等。(3)设计四大主题的特色探险项目。①挑战类探险。聘请野外探险专家,提供专业工具,带领小团队对各种目标探险源进行探索。如野外生存、定向越野、丛林穿越等。②休闲类探险。活动项目主要以"观"和"娱"为主,不需要专业的保护器材,如登山、摄影和丛林游戏等。③传说类探险。以当地古老得传说为主要来源,对传说中的人和物进行探险。如神农架野人探究。④节事类探险。一方面可以举办赛事类探险活动,如越野挑战赛、攀岩赛等,另一方面可以通过创造探险节、徒步节等活动,吸引人气。(4)建设探险类主题公园。①充分利用森林茂密的植物,建设以森林探险为主题的公园,主题公园可以包括森林探险、森林寻宝和森林迷宫项目。②公园的名称、开发背景和具体活动内容,可以参考传说、童话、历史故事以及奇幻元素。(5)建立探险学校、冬令营和夏令营。①开设实践性强的户外拓展类、艺术培养类和生物科学类课程。②户外拓展类课程须聘请户外生存专家为探险爱好者或学生团体进行培训,主要包括野外生存技能、户外滑雪(冬令营开展)和泛舟(夏令营开展)等,培养学员的应变能力与求生能力。③生物科学学习课程可以开展动植物观察活动,组织学生们进行野外观察和捕捉昆虫的户外活动。学生们现场画出昆虫素描并记录观察过程;之后查阅资料,了解这种昆虫的习性;然后老师指导学生修改并要求学生进一步补充自己的作业,包括润色最初的素描,最后写出完整的观察报告。④艺术培养类课程可以包括森林写生、森林摄影和声乐等课程。给予游客在独特而珍贵的森林场景中磨炼艺术技能,提高艺术涵养,陶冶艺术情操的机会。(6)培养和引进专业的人才梯队。①对旅游从业者进行生存技能、急救知识等的培训,在游客旅游过程中旅游从业者要提供向导服务,切实起到保障游客人身安全的作用。②对于探险学校的教师,进行探险相关技能的专业培养,定期组织教师研究如何设置探险学校项目,这既符合安全标准,又满足学生的课程需求等。

(四)森林教育科普旅游开发指南。森林教育科普旅游是依托森林环境、森林生物资源、地质地貌等,在林间科普教育基地或农耕农事教育基地,进行森林科普知识学习与森林游览等的旅游活动。目标人群是对探索大自然奥秘有好奇心,想要提高自然科学知识的人群,也包括想要通过科普活动教育学生、孩子的家长群体或教育机构。主要可利用的资源有森林中的动植物、地质地貌和气候天象资源。(1)建立动物和植物科普基地。①对于动物科普基地,设立无害小动物接触区、动物实物图片和标本展示区,开展动物科学讲座,并发放科普知识手册。②对于植物基地,除开展动物科普基地类似的活动外,还可以引导和指导游客制作植物标本,参与植物培养过程。③基地内设置特色科普旅游商品售卖部,售卖动植物标本、科普图书、根雕、影像制品和动物玩具模型等产品,提高森林科普的趣味性,同时带来经济效益。(2)建立地质地貌科普教育基地。①在教育基地内,以图片、视频、文字等形式,向游客介绍森林中特殊地质地貌的形成过程,利用3D动画、VR技术,让游客通过电脑或屏幕触摸演示森林、地质演化过程。②在科普基地外,专业人员带领游客实地考察,进行拍摄、收集样品等。(3)开发回归田园主题活动。①培养森林特色野生产品。根据植物生长周期和植物特征来种植森林野生产品,如森林果子、森林野菜等。②开发农业体验活动。以传统的农业耕作方式设计原汁原味的农产品生产体验活动,通过对田园耕播过程的体验,激发人们对归园田居生活的向往和对近距离接触大自然的憧憬与渴望。(4)加强对森林科普旅游从业人员的专业培训。制定招聘标准、培训规划并规范科普流程。导游招聘需要在具有一定基础的林业科技人员、护林员中遴选,然后对导游进行科普旅游专项培训。导游需要能够编制科普导游词,进行科普讲解。科普内容可以包括大自然奇妙现象的科学解释、植物群落特点、动植物特征、森林的价值和用途等。

(五)森林养生旅游开发指南。我国幅员辽阔,山川纵横,五岳横贯,佛教和道教的文化蕴藏其中。森林养生旅游借鉴佛教的生活理念、佛禅养生模式开发特殊的宗教文化产品，如朝拜产品、修行产品、民俗产品等。游客能够在体验传统文化的同时，修身养性、修身养德。森林健康养生旅游主要是利用森林环境（包括负氧离子、植物精华、适当的湿度和温度、阳光、温泉等）、林产品（树木的直接产品、林下栽培产品、森林环境产品等）、森林文化（包括生态文化、传统文化及其遗迹等）等，并与体育、食疗、中药、气脉和冥想等配合，达到身心和谐目的的旅游形式。主要目标人群是希望通过饮食、规律的生活和运动的方式调理身体的亚健康人群，追求品质生活的健康人群和度假养老的老年群体。（1）完善和优化养生指标。综合考虑当地的气候、地形、空气质量、水资源、芳香气味、植物杀菌剂、绿色效应和环境等要素，具体衡量指标如表 2-3 所示[1]。（2）建立森林健康基地，构建森林产品养生体系。①开展森林养生理论知识讲解，向游客科普负氧离子对人体的益处、负氧离子浴的保健方法和天人合一的养生哲学等。②基地内设置温泉养生项目，利用天然温泉资源建立不同种类和功能的温泉保养项目。③设置养生美味厨房，采摘本地新鲜健康食材，与食品营养学原理融合，根据不同人群的食疗需求，设计不同结构和功能的康养菜谱，达到为游客提供个性化、科学化饮食安排的目标。④聘请专业的茶疗大师，开设茶文化、茶疗流程等方面的体验课，丰富游客的体验活动。（3）开发森林环境养生体验项目。①建立室外森林氧吧。森林氧吧内布置森林生态系统中多样性的植物景观，道路材料以木材和石材为主，改建和扩建现有传统游步道设施，增加相应的旅游基础设施。针对原有游步道，丰富游憩节点的主题和营造特定情境化的环境。同时通过游步道的线路设计使观景点、森林氧吧与外部具有更为便捷的交通联系。②增设游憩节点和旅游观景台，形成多处风格迥异的森林生态景观游览线，让不同的游憩节点成为划分不同游览线路的关键点。③打造充满植物香气的百花园。种植能散发有利于人体健康香气的植物，如茉莉、薰衣草等，同时提醒对花粉过敏的人不要入内。（4）构建森林人文养生体系。①设计与森林人文景观、文化遗迹、佛道儒的寺观庙宇等有关的养生文化旅游线路。聘请熟悉中国传统养生学的专业导游对中国各大养生流派的核心思想进行讲解，启发游客对人与

---

[1] 史云，董劭璇，殷海萍，高欣悦，白靖怡.森林康养模式研究[J].合作经济与科技，2019（8）：13.

自然和生命和谐的理解。②根据游客的年龄段开设实践佛道儒养生养性的功法体验活动。针对中青年游客,提供瑜伽类、"易筋经"等课程;对于老年游客,提供太极类、禅修类的课程。(5)采用环境养生法,打造森林浴场。①优先选择有益于空气中负离子形成的常绿尖形树冠的树木、针叶树叶和尖形树冠类型树木。森林浴场周围种植一定面积的草坪供游客休息,适当种植松树、冷杉和柏类这类树木。在林中、林地边缘和步道旁额外种植一些具有杀菌功能的植物,如梧桐、丁香、黄连木和樟树等。②进行森林整理和改造。修剪树枝,保障林内通风透气,有适当的阳光散射。清除森林浴场内的有害生物,包括威胁人体安全的动物、有毒带刺的植物等。③对森林浴场进行功能分区,可分成管理服务区、休闲食宿区、娱乐游憩区和空气负离子呼吸区等,进行更进一步的完善和优化。

表2-3 森林康养的要素及指标一览

要素	指标	衡量指标
气候	温度	根据人体学试验,人体最适宜温度是18℃~24℃
	湿度	人体比较适宜的湿度在45%~65%
地形	高度	最适合人类居住的高度在海拔800~2500米之间,地形起伏有致
水资源	优产度	色度、浑浊度、臭和味、pH值测试标准符合国家要求
空气质量	洁静度	PM2.5低于35ug/m³之间时,空气质量最优
	负氧离子	又称"空气维生素",300~3000个/m³之间为最优
绿色效应	绿化度	森林覆盖率一般为衡量绿化度的指标
环境	精气度	又称"芳植物杀菌素",有效预防和缓解人体疾病
	噪声强度	森林植物能吸收超声波,减少噪声。当噪声在30~50dB时,人体感觉最舒适

五、海洋康养旅游新产品新业态开发指南

海洋旅游是以海洋为旅游场所，为满足人们精神和物质需求，以探险、观光、娱乐、运动、疗养为目的的旅游活动形式[1]。2017年，国务院出台的《全国海洋经济发展"十三五"规划》（以下简称《规划》）突出了海洋旅游在海洋经济结构中的重要地位，并指出海洋旅游在康养中的作用。《规划》要求"适应消费需求升级趋势，发展集观光、度假、休闲、娱乐、海上运动于一体的海洋旅游，推进以生态观光、度假养生、海洋科普为主的滨海生态旅游"，同时发展邮轮游和休闲渔业。依据《规划》并结合《国务院关于印发全国海洋主体功能区规划的通知》，根据各地的地域特点，可开发滨海度假游、海上运动体验游、邮轮游艇旅游、休闲渔业旅游和海洋观光旅游五大海洋康养旅游产品。

（一）滨海度假游开发指南。滨海度假游是依托优美的滨海自然景观、人文娱乐休闲设施，满足游客消磨闲暇、健身康体、公务休闲等需求的旅游活动。目标人群主要针对追求休闲、养生、放松的人群，主要是黄金周出游和带薪休假的单身白领、经济条件较好的家庭和中老年群体。可以依托优质的阳光、沙滩、海水及滨海近海景观，以及由水上运动区、游泳区、日光浴区、沙滩活动区、人工娱乐设施和酒吧餐饮等配套设施组成的海滨浴场。（1）开发特色沙滩休闲运动。划分各类休闲运动区域，针对不同游客开发特色运动。①沙滩休闲区：自由散步、晒太阳、租售躺椅、遮阳伞；设立自行车出租点，组织沙滩沿海骑行活动；划分细沙踩沙处，设置沙子清洗设备。②沙滩运动区：增立沙滩排球、足球等运动场地，同时设置球类出租处。③亲子互动区：划分亲子玩沙区、滑沙区、赶海区，同时租售桶类容器、挖掘工具、天平等测量工具、模版模具、装扮类饰品、建构性材料等基础用具，可成套租售。④高端休闲区：建造高尔夫球场、高端服务娱乐区等。（2）组织地方风情的节庆活动。①挖掘具有当地特色的文化民俗，可从沙雕艺术、泼水活动、浴场疗养、当地文化民俗节庆、国际热门文化IP等入手，每年定时组织滨海特色节庆活动。②邀请名人拍摄综艺互动节目，同时邀请专业营销团队打造宣传广告及精品视频，或通过网上悬赏来征集优秀作品，在

---

1 魏小安，陈青光，魏诗华. 中国海洋旅游发展[M]. 北京：中国经济出版社，2013.

抖音、快手等新媒体上宣传，打造网红节庆活动。（3）开发运动赛事项目。①开发自主休闲性活动赛事，开展沙滩摩托、沙滩排球、沙滩卡丁车赛事，建立沙滩赛道赛场、沙滩汽车营地、沙滩轻运动场地，邀请当地俱乐部，开展友谊观赏赛。②积极申请承办国际知名赛事或国内专业赛事，如排球赛、锦标赛等，吸引运动爱好者的同时，为休闲游客提供赛事观赏的机会。③开发赛事延伸产业，积极进行节目冠名，赛事赞助，赛事纪念产品开发，幸运观众抽取旅游奖品，优胜队伍代言以及签名会等。（4）引进沙浴康体项目。①加盟专业沙疗品牌，确定沙疗馆位置、大小、床位数量。②结合品牌提供的装修模式，请职业设计师进行设计，装修以古典、中式、温馨为原则。③寻找干燥的土地、木板或石板，在上面覆盖布单，选取经过晾晒的优质沙粒平摊在布单上，令其在阳光下暴晒，暴晒好的干净海沙可用于康体疗养。④摆设以古典情意境为原则，设置茶间，配檀香、摆古筝古琴、装裱书法绘画、辅助插花艺术，提升品位。⑤邀请专家名医客座，提升服务专业性，并录制节目或制作精品视频，同时进行相关行政管理部门的权威考核，提升顾客信任。通过电视广告与朋友圈、抖音等新媒体同时营销。（5）丰富夜晚娱乐活动。①塑造特色夜生活，开设电影院、剧院、音乐厅、展览馆、酒吧、夜总会等，并延长营业时间。②进行夜间造景，购置灯光设施，结合沙滩海岸，组织灯光秀表演。③组织民俗活动，设计民族晚会、婚恋习俗的情歌对唱、祈福习俗的放灯等活动。④结合当地人文，开发设计商街夜市，或设计现代化美食街、主题街区等。⑤举办演艺活动，结合景区核心资源，组织大型表演或小剧场，可包括山水实景剧、露天广场舞、话剧、民间小曲等。（6）升级食宿。①招揽当地富有美名的特色饮食店，或邀请开立分店入驻，高频率抽查食材质量。邀请美食博主、网红，或"舌尖上的中国"等美食节目组，打造美食名气及口碑，同时以此在大众点评、美团等平台上宣传。②结合不同空间环境，充分利用片区特色化环境，重点打造温泉、沙滩、景区等主题住宿。住宿环境可关注以下环节：室内环境设计，迎宾厅可营造古典环境，结构通透，可以尽情享受海洋美景；配中式的软装饰，客房与别墅设计延续中式风格，暖木色调，布局宽松；前院设计，在入口与主建筑之间用理水、绿植造景缓冲，减少噪声、阻隔尾气；后院设计，打造公共休闲空间，从植被过渡到沙滩再到泳池，配同风格景观小品。（7）提升滨海度假工作者国际化能力。招收部分拥有国际化交流能力的人才，对部分从业人员进行国际化语言及跨文化交流培训。普及翻译设备或软件，提升国际化交流能力。

（二）海上运动体验游开发指南。海上运动体验游是依托沙滩及近海的体育运动，挑战身体和心理的极限，同时展现参与者的勇敢与强壮，集娱乐、健身、竞技运动于一体的旅游活动。主要针对年轻的运动达人、追求刺激和汗水的青年，有一定的体能且追求时尚、冒险和极限的青中年游客。可以依托的资源包括有一定的海域面积，水域开阔平静，风速、波浪高度合适，水域温度适中，水质良好，无水下暗流，有较长的海岸线和较广的海滩。同时有配套的龙舟、游泳、帆船等运动所需的专业设备和教练。（1）丰富水上运动种类。增加水上运动的种类，针对不同需求的游客开发特色运动，并划分各类水上运动区域。①体育竞技区可开发游泳、花样游泳、水球、赛艇、帆船等运动，提供相关设备租售服务，供家庭、朋友或同事之间进行体育竞技。②休闲娱乐区可提供水上摩托车、游艇、海边垂钓、浮潜、独木舟等项目。③水下探险区：提供水肺潜水、自由潜水、水下摄影服务，租售潜水设备，并提供安全设施、组织安全人员维护游客安全。④极限运动区：设计趴板冲浪、风筝冲浪、冲浪板划水、水上拖伞、激流泛舟等项目，提供给追求刺激并且健康的中青年。（2）增加极限运动。①增设水上蹦极、飞翔板、风筝冲浪等丰富多彩的极限活动。②在主打刺激的同时，以安全为特色宣传，定期检查飞翔板、风筝、冲浪板、潜水衣、头盔和救生衣等设施的安全情况，雇用专业教练及安全员。③增加活动摄影服务，记录刺激时刻，作为增值产品报价出售。④雇用专业极限运动者进行表演，同时使用灯光、音乐渲染，增加趣味性和观赏性。（3）举办龙舟竞赛。①划分不同群体进行多组不同的项目，可分家庭组100米比赛、公开组200米比赛和趣味组50米比赛。②在准备充足的艇类若干（包括裁判快艇，可保证两组同时进行），划桨、擂鼓、鼓槌、舵桨、救生衣若干的同时，多配上1/5的备用物资。③保障安全，规定每人穿戴救生衣，并准备安全快艇2~3艘、备用快艇1艘。④增加观赏性活动，在赛场上雇用水上表演团队，循环表演。⑤办赛流程可参考体育赛事活动管理办法。（4）开展水下摄影活动。主打婚纱艺术写真，配以个人艺术摄影和租赁水下摄影影棚项目。针对游客的接受程度与潜水能力分三类摄影方式进行运营：①配置水下摄影棚，雇用专业摄影师在水槽外透过玻璃摄像，拍摄过程中，水池周围至少设置一名安全员。②购置特殊泳池,在泳池的一边角处用弧形防压玻璃隔出空角,雇用摄影师在无水边角处摄影,配安全员,一般配置5~8个水下摄影影棚。③配置潜水装备、相机、相机防水罩、防水闪光灯等专业设备,雇用具备专业潜水与摄像等人员,允许具有一定潜水经验或经过培训的游客下水,整个期间安全员在旁边看护,选取水中动植物为背景,进行水下拍摄。同时进行网络营销,借互联网流量大的平台做推广,比如微信、微博、团购平台等。并定向做后台数据分析,准确投放推广信息,如目前拍摄艺术照的消费者北方人居多,年轻时尚者居多。(5)开展冬日观海滑雪嘉年华。在有降雪条件的滨海地区,打造冬日滨海滑雪嘉年华。①滑雪区,主打望海滑雪道,滑雪道的长度上在100~200米,从10米以上的顶坡滑向大海。雪道的位置选取视野开阔处,同时租售雪橇、雪圈,并配以教练。②儿童雪乐园,主打亲子区,配雪上挖掘机、雪上悠波球、雪地滚筒、香蕉船、雪地转转等人工娱乐设施。③冰上游乐园,作为亲子游乐区,配备快乐冰车、冰上自行车、冰上陀螺、冰上碰碰车等冰上游乐设施设备。④组织冬日海上闯关活动,主打闯关益智竞技节目,设计各种闯关活动,如冰面轮盘、勇攀高峰、穿越冰线等,打造综合型娱乐节目,同时邀请名人或幸运观众设计综艺节目、征集精品短视频,通过电视或抖音等新媒体传播。

(三)邮轮游艇旅游开发指南。现代邮轮是兼有交通运输功能和住宿、餐饮、娱乐休闲等功能的复合型旅游产品。邮轮游艇旅游具有高端舒适和高安全性等体验特点。目标人群主要指的是游客范围较广,主要针对家庭群体,包括婴幼儿、新婚等群体;重视安全、舒适、性价比,希望体验丰富娱乐的游客。可以依托拥有邮轮游艇,配套邮轮港口等交通设施,邮轮配有各种娱乐服务设施。(1)推出邮轮养生项目。①减少游客数量,配备船舱空间更大,同时提供健身、按摩、养生等场所与服务。②组织健身养生活动,可以提供瑜伽、太极拳等养生指导,提供高尔夫、自行车运动的场所和赛道,同时配置专业健身训练中心和全身阻力训练工作室。③邮轮内提供香薰SPA服务,搭配理疗室、桑拿室、日光浴室、沙浴室等供游客放松身心。④组织海上游泳等运动活动,将泳池设备下降到停泊船只的附近海域,同时可提供浮潜、皮划艇等运动服务。(2)创新健康服务。①解压运动。可在清晨组织练习瑜伽和养生太极拳,白天可根据兴趣爱好,组织步行观光、划艇、游泳潜水和沙滩运动等活动,还可以提供按摩服务和指导冥想练习。②水疗度假套房。配备桑拿、加热陶瓷休息室以及室内水疗服务。可尝试提供融合芳香疗法、艺术、美食点心、音乐和整体疗法的意大利创新型美容水疗[1]。同时可尝试提供美甲、美容、美发等服务。③健康课程。开设睡前冥想课程，帮助游客在船上更快、更好、更为舒适地入睡；开设瑜伽、普拉提和水上有氧运动课程；开设健康膳食习惯与烹饪教导课程等。④海岸健康活动。可组织远足、浮潜、划艇与其他康养体验等岸上活动项目，比如哥斯达黎加的雨林瑜伽郊游。⑤专业健身服务。专业教练与游客协商，个性化定制健身规则和相应的膳食食谱，同步开设健康研讨会帮助游客调整健身目标。⑥健康美食。与素食、生鲜果汁健康菜单相搭配，推出绿色健康的低卡海鲜菜单。（3）划分邮轮类型，针对性设计空间与服务。①豪华型邮轮：乘客数在1000人以下，一般为中小型邮轮，提供定制化服务，房间类型主要是套房。邮轮上的休闲娱乐设施不多，而是注重在船上和岸上提供更多的文化体验与服务体验，强调细心与周到的服务游客。②高级型邮轮：乘客数在3000以下，邮轮上拥有适用于全年龄段的成套休闲娱乐设施，并且在部分目的港口停靠时，为游客预留时间进行深度游览。③现代型油轮：乘客数在3000人至8000人，邮轮提供适用于全年龄段的多样化综合娱乐设施，如电影院、赌场、运动健身设施、购物商店、亲子游乐园等。④经济型邮轮：乘客数多在1000人至3000人，大多是船龄较老且船上设施较为陈旧的中小型邮轮。经济型邮轮一般提供自助餐、阳光浴、综合娱乐设施、较好的住宿、小型浴池等高性价比服务，适合中老年与价格敏感群体[2]。（4）招募邮轮游艇人才。①配备邮轮游艇驾驶人员、海乘、维修保养、法律咨询、经营管理等专业人才。②设置邮轮旅游销售顾问、邮轮产品研发及策划人员、邮轮产品管理人员，以及旅游拓展、营销策划、渠道拓展、团队运作、专线领队等职务。③与开设海事相关专业的中国高校展开合作，联合培养，多招收有随船经验的人才。

（四）休闲渔业旅游开发指南。休闲渔业旅游是满足人们对渔村生活的向往，开展垂钓、出海、渔家乐、渔村生活等旅游活动。针对垂钓爱好者、海鲜美食爱好者和希望接触海洋生物和体验渔夫生活的游客。（1）提供休闲垂钓服务。①提

---

1 谢燮.康养运动邮轮是不是蓝海[J].中国船检，2019（4）：69.
2 中国邮轮游2.0时代[J].中国远洋海运，2019（9）：37.

供海钓服务，租赁海上船舶，定期发船，航线可选，24小时全天都在可选范围，雇用专业钓鱼导师，提供指导，并且配置船内游泳池、休闲躺椅、冲淋房、休息室等设施可供使用。②设置钓竿、鱼钩与单饵、复合饵、拉丝饵、饵粉等多种钓饵展示区。③为垂钓者提供关于特殊诱饵、位置选择、钓鱼手法经验交流与分享的区域。④垂钓加美食，提供食品加工服务或自助烤鱼等美食加工设施。⑤提供娱乐性特殊钓法尝试服务，包括方法描述及相关设备，如瓶钓法、踩钓法、弹钓法、无钩无漂钓法、插竿钓法等。（2）开发渔家乐。①目的地渔家提供食物，与游客商定好后，当日在海边购买新鲜的海鲜与蔬菜等，或组织带领游客前往海边捕鱼，将捕到的鱼作为食材进行烹饪。②提供可体验渔家风情的特色民宿，民宿建筑的主体常用砖石、草木或土坯结构，且可以用老船木制作家具，用船上的缆绳、老钟表、量器升斗做装饰物。③渔家乐可向游客提供渔民出海的体验活动，游客与当地渔民共同乘船捕鱼，游客在观光海上风光的同时，与渔民一起进行劳作体验，可以钓鱼捞虾、打捞水草海带等。还可组织当地渔业的传统活动，如渔家的拜妈祖、祭海仪式、开船仪式、唱民谣等，让渔民与游客共同参与庆祝。（3）开发科普研学项目。①在水族馆、海洋公园、海底世界等以海洋为主题的景区，设立中小学生科普研学基地。设计场馆参观活动：以多样化的趣味形式为学生呈现海洋生物的种类、样貌、日常活动等。设计海洋生物互动活动：近距离接触海洋生物，如时间恰当，可在饲养员监督下进行动物喂食活动。设计海洋生态科普活动：讲述海洋生物的现状与海洋生态的保护。②利用海洋牧场，针对游客开展海洋参观科普旅游，项目设计可包括海洋生态及海洋牧场的科普、潜水体验、牧场参观、海底观光、海钓等旅游服务。服务组合设计，以包价游或套票形式进行系列活动出售。③可组织渔船、邮轮、帆船、游艇等出海，提供观看渔港作业、赏万家渔火的服务，提供与渔家同捕鱼、同就餐的深度体验游，并配以工作人员对渔家文化的渊源进行深入浅出的讲解。（4）开发疗养系列服务。①考察选取滨海空气清新、负氧离子含量高，同时热带海岛风光绮丽处，集齐"阳光、空气、沙滩、海水、绿色"五大旅游要素。②组织参加垂钓、赶海、捕鱼等休闲渔业活动，减少对游客的引导与声音干扰，多打造自然要素，减慢旅行节奏。③同时选取热带海洋中具有较高药用价值的动植物，雇用专业食疗调理师，进行健康膳食调养。（5）打造休闲渔业文化节。①在沿海城市，组织游客参与海上生产技能比赛,比如海钓比赛、织渔网比赛与海盐晾晒比赛等。②邀请民间乐手演奏音乐,打造独具特色的海洋音乐节;也可邀请摇滚乐队、专业DJ等在夜晚的沙滩上举办海滨音乐节。③在中元节组织如拜祭龙王、祭船、送渔灯等传统文化活动。④组织万人赶海寻宝节,全民携带铲子、小桶、鱼竿等工具,在落潮时去海滩礁石上采集海产品。同时举办随手拍活动,评选最美和最奇的贝壳等海产品,并通过抖音等新媒体宣传。

(五)海洋观光旅游开发指南。海洋观光旅游是一种较为传统的旅游,依托目的地优美的大海、阳光、沙滩生态植物等自然景观和独具特色的人文景观遗迹、海洋主题公园等,吸引游客前往目的地进行观光游览的旅游活动。主要针对大众观光游客,重点面向内陆对海洋好奇或爱好海洋风光的游客。可以依托大海、阳光、沙滩和优质的生态植物、人文景观、娱乐设施等。(1)开发海洋主题公园。①打破常规环境,产生反差,呈现许多超乎想象的自然和人文奇观。例如,依据寒冷气候可打造极地景观,创造出人们想象中冰天雪地般的世界;也可以打造如外星球般神秘莫测的世界;还可以依据温暖气候打造热带雨林,感受对比的差异,体会森林、流水、海洋、火山景观。②保持环境一致性,将餐厅设置为海地沙滩的模式,地上配水波条纹、整体环境布置成蓝色主题、周围有鱼类投影与装饰,展现海洋风情。③划分室内水族馆、互动体验区和亲子娱乐区等不同的功能区域。在各区域利用现代科技,通过VR、AR等技术,游戏、影视等方式,进行虚拟现实互动,达到科普效果,或通过全息投影技术,进行海洋生物与海洋奇观的展现,以及通过灯光效果,进行灯光秀表演,提升游客沉浸度。(2)开发新型滨海观光。①增加新技术交通工具运载游:打造自动驾驶快艇、水蜘蛛、水上巴士、地效翼船等新技术水上运载游;打造潜艇、深水飞行器等新技术水下运载游。②打造无人机观光摄影游,VR、AR、全息投影等新技术体验游,如VR水滑道。③打造依托海洋所衍生的高科技产品参观体验游,可包括救援、生产、生态保护等方面,如参观水面机器人、海水转化器、海上垃圾处理器等。(3)开发散步康养观光线路。①设计打造滨海观光线路,拼接成一条长度3公里以上,只支持沿海步行观光,禁止车辆的观光线路。②线路设计时,沿路靠近景点、名胜区、地标建筑、纪念碑、植物园、岛礁区、沙滩、水上、动物栖息地、公园、村落等多元场景。③危险地段设有高质量保护栏及警示标语,注意安全防护。④分路段、景点、里程设置观景台、打卡区、拍摄打卡地,可用标志物摄像、留言、动植物、特色小吃等作为打卡内容。

六、生态研学康养旅游新产品新业态开发指南

研学旅游是近年来新兴的一种"教育+旅游"的学习模式,让学生们走出学校和课堂进入到自然社会中,学习平时课本上没有的知识。我国教育部出台的文件中表明,研学旅游是由学校组织的,根据学生的年龄层次结构和地区特色以及所学的知识内容特点,组织学生走出校园走进社会的集体旅行方式,其目的在于让学生能够更好地亲近自然、了解社会。

时下国家大力提倡研学旅行,先后出台了《国民旅游休闲纲要(2013—2020年)》《国务院关于促进旅游业改革发展的若干意见》等一系列政策。根据国家教育部联合11个部门印发的《读万卷书行万里路——教育部等11个部门印发〈关于推进中小学生研学旅行的意见〉》,针对不同游客的需求和地域资源优势,可开发农业生态研学旅游、工业生态研学旅游、环境生态研学旅游和人文遗产生态研学旅游四大类研学旅游产品。

(一)农业生态研学旅游开发指南。农业生态研学旅游就是利用自然资源与农业田园风光,进行农业生产、农业经营、农家生活体验等的旅游活动。主要目标市场是对农业知识感兴趣以及未来想要进行农业学科专业知识学习的学生群体、生活在城市中对农业知识了解相对欠缺的学生群体和青少年群体。主要按照年龄与学科特色课程分为小学一至三年级幼龄群体、小学四至六年级低龄群体、初中年级、高中年级的学生群体。可以依托田园风光、田园的自然资源及环境,结合田园体验活动、农林牧渔等生产活动、农业经营活动、农村文化及农家生活体验等。(1)开发田园体验型研学旅游项目。①在生态农业场所设计观光游览线路和农事生产活动的体验项目,让青少年群体可以在体验和旅游中获得知识,了解产业生产特点及农产品特色。如开发休闲观光列车、设计观景平台等项目。②设计农业体验项目,让青少年参与到播种、浇水、采摘、晾晒等农事活动中去,在轻松愉快的氛围中完成农业知识的科普教育。③设计农业研学课程,将农业知识与青少年校园学习的相关课程相结合,更好地补充专业课程的学习,如让

青少年认识各种农作物品种、了解各种粮食作物的生长习性。（2）进行农业知识科普教育。①设计生态研学展厅，在展厅以课程学习的必修课本为载体，以真实的农作物和实际的农事活动为案例，讲解各种具体的农业生产知识。②在生产种植的基础上，开展研学旅游活动，如为初中学生的生物课程设计"嫁接""无土栽培""传粉"等生物知识的实际操作性讲解，为孩子们提供全新的观察视角和认知方式。③结合时令特点和地方特色，充分讲解因地制宜和因时制宜的农业生产特色。如在南方的山区丘陵地带种植茶树的地区，讲解茶树生长特色，并了解茶叶制作过程。（3）打造"生态+植物+动物"的生态体验区。①设计观赏体验区（桃花观赏区、水稻观赏区），近距离接触农作物，进行农业观察活动。②设计生态功能区（鸟类生态公园、水生植物公园、生物多样性探索区），在这里可以和动物们进行近距离接触，并进行生物观察，感受自然与生命的魅力。③在各类生态分区进行自然生态实践活动设计，如了解生态区内整个生态食物链的构成，更好地认识到平衡生态系统的重要性。（4）营造真实感氛围。①在整个农业生态研学旅游过程中对动物与植物进行翔实的解说，并通过各种图文进行说明。解说内容包含动植物的品名、科目及特性，进行科普知识互动。②在农场内各景区都设计有自动按钮解说系统，有相应的解说设备或者二维码扫描解说系统。③根据学校所在地区的自然植被特色和动物资源特色，设置相应的自然带和绿色植被资源环境保护区和动物探索区，如在长江中下游地区的亚热带常绿阔叶林带内打造与该地区相符的植被保护区，并在多样性动物探索区设有仿真场景的背景音乐。④在农业种植体验园区安装保证空气湿度的自动喷雾系统，营造真实的农业生态系统。（5）开展专业的跨界合作。①与专业的学者合作，为青少年群体讲解相关课程，如聘请高等院校的生物学和地理学教授，为青少年讲授相关的生物和地理专业课程。②与学术单位或学校团体校外教学的实验农场合作，利用专业的农业设施设备给青少年进行课堂演示。（6）分级教育，设计不同课程体验。每个年龄阶段的孩子都有不同的个性特点，根据这些阶段性特点设计适合他们的农场体验活动，学习内容也由浅入深。例如，在农场进行农业体验项目，如表2-4所示。（7）研学活动规划设计贴合时令特点。根据春播、夏耕、秋收、冬养的农业特色活动，设计开发不同的研学活动。①如春季设计"春播"主题的研学活动，指导青少年群体在春天可以进行的农事活动，如幼苗培育、嫁接等。

②在夏季设计"夏耕"主题研学活动,教会青少年群体在夏天可以进行的农事活动,如犁地、松土、施肥等。③在秋季设计"秋收"主题研学活动,教会青少年群体在秋天可以进行的农事活动,如收割小麦、采摘棉花等。④在冬季设计"养地"主题研学活动,教会青少年群体在冬天可以进行的农事活动,如堆肥、休整土地等。(8)设计主题园区,做好主题亮点。①在每一个园区,设计特色鲜明的主题,并针对这一主题特色,开展研学活动设计。如在奶牛牧场,农场呈现各种各样牛的元素;在竹园,呈现出各种竹特色的建筑和插画。②举办相应的农业元素设计活动,如在奶牛园区邀请参加研学活动的学生们设计有牛元素的logo,设计牛奶的衍生品;在竹园进行"观竹画竹"活动。③设计有园区特色的体验项目,持续不断地推出多元化的DIY体验活动。如在奶牛牧场,设计与牛有近距离接触的活动,和小牛亲密接触、挤牛奶体验等;在竹园,设计挖竹笋、制作竹质品等活动。

表2-4 各年级农业体验课程设计

年级	课程内容
一年级	在农场做零活,如拾柴火、清理杂草等
二年级	农作物种植,如参与春播秋收等具体的农业活动
三年级	动手做饭,如利用农场现有食材做饭
四年级	认养奶牛,如熟悉奶牛的品种、年龄和生长特点等
五年级	研究乳制品,如学习乳制品的处理加工过程等
六年级	探索外面的世界,如了解农场上具体的生物种类
七年级	学习植物学,如了解农业种植的生长特点
八年级	房屋搭建,运用农场资源团队合作完成建造任务
九年级	茶艺学习,学习茶叶的制作过程及茶艺这一门艺术活动

（二）工业生态研学旅游开发指南。工业生态研学旅游是以工厂风貌、工业劳动场景和工业生产过程等为主要吸引物的旅游活动。主要针对某一工业类型或工业特色感兴趣的人群。可以依托工业活动需要的各种资源、工业生产过程、工业工厂或园区及配套的旅游基础设施。如钢铁工业类生态研学旅游中炼钢所需要的一系列工业材料、工业机械、工业园区和工业技术。（1）场馆或园区设计融入特色工业产品元素。①在开放的工业参观区和体验区，融入工厂特色，如将工业故事融入参观工厂的过程中。②在展示廊道和展示橱窗的设计上，体现出特色的工业元素，如在巧克力工厂（巧克力博物馆），进行巧克力生产和制作、包装的全流程展示。③在园区外部景观设计上，工厂大楼设计和宣传插画上融入工业特色，如钢铁厂中一系列具有代表性的钢铁插画及钢铁动漫。④在内部雕塑上，设计有代表性的工业雕塑，如造船厂的"郑和下西洋"；航天工业的"神舟系列"；造纸厂的"蔡伦造纸"等。（2）讲述好工业文化历史，讲好品牌故事。①讲好工业发展过程中的技术故事和人文精神，对工业发展过程中的先进事例进行收集整理并修订成册进行科普教育。②通过现场参观、动手参与、观看直播视频等手段传授好工业制作流程和制作工艺，深刻理解工业中的工匠精神和技术追求。③结合当前重要工业部门受到广泛关注的工业技术进行专题讲解。如在钢铁厂，让青少年了解我国的钢铁工业进程和钢铁技术，并联系当前中国的国家名片，讲好高铁与钢铁之间的故事。④了解青少年群体的工业研学需求，以达到科普教育、历史文化教育、自然生态环境和谐教育、爱国主义教育和励志教育等教育目的。⑤通过工业历史、工业技术、资源环境绿色开发和利用等具体的工业生产环节，让青少年获得强烈的专题教育。（3）开发工业生产线体验项目，开发互动型工业研学产品。①让青少年参观真实的生产过程，在工厂设置参观廊道和观景平台，切实参观制作过程。②在一些比较安全、容易操作的工艺流程上，让青少年体验工艺流程，传承工匠精神。如在钢铁厂，设置一些炼钢体验项目，让学生们亲身体验到传统炼钢的制作流程。③严格控制安全标准，设定相应的健康生产的红线，保护青少年的安全。④在活动设计中，为青少年群体科普适合其年龄层次的科普教育内容，了解工业技术进程，传授工业开发与生态环境和谐相处的生态理念。（4）针对不同年龄游客开发不同形式的工业研学游产品。①针对小学生群体，主要开展观赏型工业研学活动，如参观工业遗产博物馆、观看针对某一技术的相关影像及视频资料等。②针对初中生群体，主要开展体验型工业研学活动，如在造纸厂让同学们体验原木造纸的过程，在印刷厂体验中国传统的活字印刷技术，在风力发电厂体验模拟风力发电过程。③针对高中生群体，开展探究型工业研学活动，通过结合课程学习的内容进行深入的理论学习和实践活动，加深专题模块知识的学习，如通过了解钢铁厂随着时间演进的生产过程，了解技术在工业生产中的应用，并掌握钢铁厂工业布局的关键区位因素。（5）设计精品工业研学旅游线路。精品研学线路主要针对某一特色产业，集资源开发、资源利用、工业技术和产品开发与产品特色等于一体，让学生了解全过程的工业投入、工业产品开发和工业产出。如针对钢铁工业，从铁矿和煤炭资源的开发、铁矿炼钢、精品钢材锻造、精钢产品以及钢产品制作过程中的生态工艺等一系列全过程的钢铁工业研学旅游线路。（6）配备专业的工业研学导师。①在工业研学活动开展的过程中，必须配备有相关教育背景和经验并且通过相关培训和考试的研学导师，严格对研学导师的资格进行把关。②研学导师必须有相关的教学经验，尤其是需要掌握中小学生进行室外活动和相关体验活动的应急措施。③工业研学导师评价采取双向评价，让参与研学的学生群体和老师共同为研学导师打分。④研学导师要重视生态观念的传授，重点讲授工业的可持续发展以及绿色生态理念。（7）重视工业的可持续发展特色以及工业中的绿色观念和生态观念。①开发出无污染工业运作的工业研学课程，向青少年群体讲解工业案例及工业原理，如生态工厂的产品制作流程、废弃物处理回收流程以及净水循环流程。②就工业生产过程中的废弃物利用问题，为青少年群体开设互动课程，围绕废弃物的物理性质与化学性质以及处理思路进行探讨，思考如何进行废弃物的生态利用，最大限度与自然和谐共生。③对工业中的绿色技术进行挖掘，开发出适合青少年群体的研学项目，如对绿色技术项目进行参观、互动和体验；开发专题课程，让青少年群体学习绿色技术的原理和操作等。

（三）环境生态研学旅游开发指南。环境生态研学旅游是指以自然生态环境（包括自然环境、海洋资源、森林资源和山地资源等）为依托，鼓励青少年亲近自然、认识自然、享受自然的旅游活动，教导青少年树立尊重自然、顺应自然、保护自然的生态命运共同体的观念，达到人与自然和谐相处的教育目的的旅游活动。主要针对热爱自然生态环境，希望了解自然生态知识的人群。可以依托旅游目的地的自然生态环境,包括当地的动物资源、植物资源、微生物资源及具有某种特色的生态资源。(1)开发专题环境生态研学产品。①在滨海地区,依托海洋资源特性,发展具有海洋特色的海洋生态研学旅游,组织青少年进行海洋生态保护观察,对周边海域的发展情况进行记录,并可以组织相应的中小学生在海洋生态观察站开展海洋科考研学旅游。并与专业的海洋研究专家合作,针对不同年龄的青少年受众,开设海洋专题的一系列精品课程,教导青少年识别各类海洋生物、了解海洋生物的生长习性和生活特点以及在海洋生态系统中发挥的作用和扮演的角色。②在林区及森林公园,依托森林资源的特性,发展具有森林资源特色的环境生态研学产品,组织青少年对森林中动植物资源进行生态观察保护,并对相应的动植物生长情况进行记录,同时通过开设相关的课程讲座,聘请植物学家和动物学家在森林中开设露天的森林自然讲堂,让青少年群体充分了解森林生态系统的特点,并认识森林对于维持生态平衡的重要作用。③在开发山地环境生态研学时,对各种山地资源的类型、形成原因和开发条件进行分类,结合山地特色资源(如断层、丹霞地貌等)深入挖掘相应的资源特色,开发相关的体验类、参与类和研究类课程活动。(2)结合生态资源优势和民俗旅游文化,设计旅游产品。比如在海洋环境生态研学旅游的过程中,充分挖掘海洋的生态特点,如海洋资源的特点、海洋生态的特点、海洋渔业的特点等。①在保护海洋环境的同时,开发相应的海洋专题研学课程,如海洋生物研学、海洋水质研学、海洋环境研学等。②将自然的海洋生态和海洋周边的渔文化结合起来,开发相应的研学课程,了解特定历史时期海洋资源的开发和利用特点。③开发相应的民俗文化体验活动,如针对海滨地区的"妈祖""疍家文化"等,开发相应的有纪念价值和传承价值的研学课程,全方位地了解和认识海洋文化。(3)对目的地资源进行模块化开发。根据目的地的相关旅游资源条件,结合资源特色,可以划分为不同特色的研学产品,如生态研学区、户外拓展研学区以及地质地貌研学区等。①生态研学区可以对目的地的自然环境与青少年群体的各个学科知识进行结合,让青少年通过户外实地考察了解实际的生态知识。如针对中学生物学科特点,设计开发某类具有代表性的哺乳动物实践基地,以小见大,了解哺乳动物的特点。②户外拓展研学区可以依托当地的自然资源,设计相关的户外活动基地,如攀岩基地、骑行基地等,开展户外研学旅游课程。③地质地貌研学区可以结合当地地质地貌条件，设计专项研学课程，如结合高中地理课本的课程内容需求，了解内外力作用对地貌形态的影响。（4）坚持保护自然生态环境的出发点。①在设计开发环境生态研学旅游产品时，应坚守保护环境的初心，树立青少年群体与环境之间的生态共同体意识。②开发旅游项目时，一定要保护好当地的自然环境和资源，保护性开发而非掠夺性开发。③进行研学旅游活动时，教导青少年要有保护环境的意识，同时参与到保护环境的具体活动当中，在研学旅游过程中，保护当地的自然环境。如在滨海沙滩上拾捡垃圾，在浅海区域打捞垃圾，保护海洋生态环境。（5）重视天气气象类环境生态旅游产品的开发。①与当地气象局合作，组织青少年群体前往气象局参观学习，了解气象工作的内容，学会关注天气变化。②模拟原始气象形成过程，让青少年群体了解各种天气现象的成因以及各种灾害性天气的危害、预警和预防措施。③开发天气气象与灾害预警信息发布系统的操作体验项目，让青少年群体体验气象工作者的具体内容。④设计开发各类探测仪器的操作使用课程，如主要探测地底下的温度变化的地温探测仪；通过液体来判断降雨量的多少的雨量传感器。⑤开发学习人工干预天气现象的具体项目，如开发人工增雨课程项目，让青少年群体了解人工增雨的历史由来、进步性、具体的操作原理和操作流程，让他们获得相关的实践知识。

（四）人文遗产生态研学旅游开发指南。人文遗产生态研学旅游主要是挖掘目的地有价值、有特色的传统文化、红色文化、民族文化等文化特色，达到历史文化教育、爱国主义教育和励志教育等目的。目标人群主要针对希望了解和学习各种人文、历史等遗产文化的人群。可以依托各类遗址遗迹、古代建筑、古代园林、古代陵墓等富有文化底蕴、科考价值和美学价值的人文类旅游资源。（1）人文遗产类研学产品。①针对小学生群体，开展以观赏科普型为主的研学旅游活动，如参观历史文化场所，听历史文化讲座。②针对初中生群体，开展以体验参与为主的研学旅游活动，如参与体验当地的特色民俗，如划龙舟、舞龙灯等，体验某一时期的具有时代特色的科学技术，如宋朝时的活字印刷术。③针对高中生群体，开展以探究学习为主的研学活动，如举办相应的文化课程讲座等。（2）针对不同文化资源特色的目的地，开发人文遗产研学旅游。深入挖掘地方特色，打造特色的地方研学文化品牌。①开发儒家文化研学产品，如山东省特色最为鲜明的孔子和儒家文化，可以打造成研学旅游中的儒家文化品牌。②进行体验参与型项目开发，结合某一地区特色，开展相应的体验活动，如在山东曲阜，可以结合当地的儒学背景，推出"孔庙读书"等文化研学活动。③开发缅怀先贤，怀古颂今体验项目。如荆楚地区的屈子文化，在每年的端午节前后，进行一系列的"纪念屈原"研学活动，开展包粽子、划龙舟、插艾叶、喝雄黄酒等参与体验类项目。（3）开发特色建筑主题研学游项目。①以苏州园林为典型代表，开设主题游园日活动，参观学习中国南方园林建筑，学习了解中国的园林艺术。②在园林中开展专题学习课程，如认识园林建筑、了解工艺特点、了解造园手法、探究景观设计艺术等，让青少年了解中国的传统文化。③进行对比学习，对比中国南方私家园林、北方皇家园林、宗教园林及西方园林的异同点。（4）打造爱国主义教育类研学产品。①依托当地的爱国主义教育基地、红色革命遗址遗迹，革命先烈纪念地等资源，通过参观游览（包括影片欣赏）、活动体验等方式对青少年群体进行引导。②开发重点红色体验项目，以亲身体验的方式让青少年群体参与到活动中，如举行"重走长征路""我在八路军的五天生活""推独轮车、抡开山锤、抬太行石、吃劳工餐"等活动。③实景模拟革命场景，帮助青少年体验当年的红色事迹。在活动中结合当今时代特色和技术支持，如利用 AR 与 VR 技术，增强活动的体验感。④对参加研学活动的青少年群体进行爱国主义教育讲座与培训，讲好红色故事，传承红色基因。

七、户外康体旅游新产品新业态开发指南

户外康体旅游是以满足旅游者追求健康的需求，依托户外运动产业发展而来的旅游业态。2014 年 10 月国务院出台的《关于加快发展体育产业促进体育消费的若干意见》中突出强调了促进运动与康体的结合，提出大力支持发展健身跑、健步走、自行车、水上运动、登山攀岩、射击射箭、马术和航空等群众喜闻乐见和有发展空间的项目[1]。2016 年国务院颁布的《关于加快发展健身休闲产业的指导

---

[1] 中华人民共和国中央人民政府.国务院关于加快发展体育产业促进体育消费的若干意见[EB/OL]. （2014-10-20）[2020-04-03]. http：//www.gov.cn/zhengce/content/2014-10/20/content_9152.htm.

意见》中，明确提出了"以户外运动为重点，研究制定系列规划，支持具有消费引领性的健身休闲项目发展"的指导意见，大力发展冰雪运动、山地户外运动、水上运动、汽车摩托车运动和航空运动五大项目[1]。同年，"健康中国2030"的提出彰显着国家全面推进健康中国建设的决心。大力发展户外运动是响应国家号召，实现"健康中国2030"总体目标的有力举措。依据国务院《关于加快发展健身休闲产业的指导意见》和《关于进一步促进体育消费的行动计划（2019—2020）》，可对山地康体游、水上康体游、冰雪康体游、航空康体游和健康运动游五大产品进行重点开发。

（一）山地康体游开发指南。山地康体游是以自然山地环境为载体、以参与体验为主要形式、以促进身心健康为目的而开展的健康旅游活动，主要包括登山、徒步、露营、骑行、自然岩壁攀登、定向与导航等项目[2]。主要为中青年群体，有一定的经济基础且以登山运动为爱好。包括身体处于健康状态的中青年群体和追求自我实现和健康身心的群体，尤其是商务人士和银发群体。主要依托丰富的山地旅游资源。依据我国《旅游资源分类、调查与评价》（GB/T 18972—2017）中的具体分类，将山地旅游资源归纳为地文景观、水域景观、天象与气候景观、生物景观、人文景观五大类。结合山地健康旅游的资源特色与健康功能将其细化为山地空间环境、水景资源、山地气候、山地动植物（森林、林间花卉、山特产品）和人文景观五大类，如表2-5所示[3]。（1）开发山地户外拓展项目。①长线的拓展项目选择在国家《山地户外运动产业发展规划》建议的运动线路上进行。包括太行山脉山地户外徒步线路、徐霞客古道户外探险线路和沿丝绸之路的山地户外运动线路等。②项目期为一天的短程项目，以山地徒步、山地穿越作为破冰活动，中间环节为山地户外探险、野外生存和山地露营，项目设置打卡点，团队集

1　中华人民共和国中央人民政府.国务院办公厅关于加快发展健身休闲产业的指导意见[EB/OL].（2016-10-28）[2020-04-03]. http://www.gov.cn/zhengce/content/2016-10/28/content_5125475.htm.

2　国家体育总局. 国家体育总局印发《山地户外运动产业发展规划》[EB/OL].（2016-11-08）[2020-03-04]. http://www.sport.gov.cn/n315/n330/c774631/content.html.

3　国家体育总局. 国家体育总局印发《山地户外运动产业发展规划》[EB/OL].（2016-11-08）[2020-03-04]. http://www.sport.gov.cn/n315/n330/c774631/content.html.

体到达打卡点算任务完成，晚上在露营营地野营露宿、打猎野炊、夜间观星等。③项目配套装备有护腕、护膝、护踝、登山杖、运动帽。同时提醒游客带好手机、水壶/水袋包（最少1升水）、越野鞋、速干衣服裤子，建议也装备好防晒品、急救用品和少量食物。(2)开发山地特色寿养食品。①依托山地独有的自然资源，发掘茶树、各种野生山果、山野菜的栽培地，按季培育并引导游客采摘如野生核桃、山楂、葡萄、柿子、毛栗等有益寿养的食材。②对山特产品进行初加工制成寿养食品，保留其生态自然的品质，加工过程中按照严格的山特产品生产加工标准进行。③包装、运输、销售过程中减少化学试剂、细菌真菌接触，避免出现食品污染。④现场和网络同步售卖目的地开发出的特色寿养食品，游客在目的地现场还可品尝利用寿养食材制作的健康膳食、药膳、养颜菜品等。(3)开发山地温泉疗养旅游项目。①康体浴疗体验。根据理疗师推荐，结合游客体质状况分短期、中期和长期三种浴疗疗程，游客可选择体验天然温泉水疗、中草药药浴和温泉汗蒸等服务。女性游客如有温泉美容需求，可体验温泉美容美体、温泉水按摩和温泉浴后针灸等衍生美容服务。②建设温泉理疗馆。理疗馆提供温泉热浴按摩、中医针灸、推拿等服务项目，其中温泉按摩可根据游客需求设置不同的水温、水流量、水冲击力度以及是否使用中草药药浴等，对有不同体验需求的游客提供促进血液循环与身心健康的温泉浴体验。③开发温泉度假酒店。酒店作为配套温泉浴疗的休闲住宿场所，提供健身房、娱乐中心、中西餐厅、户外运动馆、高尔夫球场等休闲度假设施，有足够的停车场来支持一定规模游客的停车需求。④露天温泉的温泉池不宜过大，便于卫生清洁和节约资源；温泉池深浅合适，保证游客隐私。(4)设计登山步道，开展山间健康探秘活动。①选择空气清新、自然环境优美、不破坏重要的自然景观、地形条件良好的线路开发登山步道。步道全程设置不同的景观带与观景点，便于游客在途中休息或赏景。②步道不要铺设水泥路面、尽量少用台阶，设计成趋缓的弯曲线路。较滑路段，可以用少部分台阶、水泥、砂石路缓冲。③登山步道全程设置完整的指示路标，有经纬度、海拔高度、GPS点等，便于游客定位。④利用登山步道，开发山野探秘主题活动。采摘山中植物作为药用原料，采摘野葱、荠菜、蕨菜等山野菜，作为山地露营的食品，手工制作膳食。⑤安全保障。培训当地村民（居民）为山地救援队，如遇突发事件，由附近居民组建的救援队员可以保证在最短的时间内到达现场。(5)举办山地马拉松赛事。①根据全民健身理念，鼓励更多游客参与马拉松赛事，设置全程山地马拉松、半程山地马拉松、4~12公里的山地马拉松体验赛、群众健身赛四类难度不等的赛事。②在赛道设置上分为休闲健身赛道和竞赛赛道，其中针对普通游客推荐选择难度系数较低的健身休闲赛道，而对于专业运动员或体能好的马拉松赛爱好者，推荐选择竞赛赛道。③将赛道设置在自然景观优美的户外徒步线路上或者途经自然山水类旅游景区的地方，增强赛事活动的体验感。④赛程结束后可就地举办山地马拉松露营和山地旅游美食节活动，为游客营造更丰富的赛事体验。（6）山地康体游经营单位资质要求。①依据《全民健身条例》相关要求，从事这类项目经营活动的单位必须具备符合项目要求的应急救护人员和救护设施，能够制定可行、有效的安全保障措施和安全救护应急预案。②对可能危及消费者人身安全的项目，要求明示注意事项，采取必要的防范措施。③从事山地户外运动的单位、组织与个人必须"持证上岗"，及时更新山地户外运动相关的装备、技术，提供科学、安全的服务产品[1]。（7）健全山地康体游的安全保卫体系。山地康体旅游目的地应建设有服务中心、休息点、露营地、驿站等，旅游活动中必须有随行救援人员和向导。活动组织者应根据山地户外运动目的地周边的天气状况、交通管制等信息及时调整行程。

表2-5　山地康体游资源类型

分类	子类	主要景观
山地空间环境		山峰、悬崖峭壁、峡谷、垂直带、步道、山坡
水景资源		温泉、溪流飞瀑、高山湖泊
山地气候		高山气候、清新空气、高浓度负氧离子
山地动植物	森林	森林绿色、植物挥发、森林静谧环境、珍稀动植物
	林间花卉	色彩美感、花卉护肤、花卉药用
	山特产品	山泉、山野菜、野生中药材
人文景观		宗教、建筑、红色遗址、红色历史

---

[1] 中国报告网. 2019年中国山地户外运动行业发展：消费市场趋于成熟[EB/OL].（2019-5-05）[2020-04-03]. http：//free.chinabaogao.com/wenti/201905/05541c302019.html.

（二）水上康体游开发指南。水上康体游是以海洋、江河、湖泊为载体，主要涵盖帆船（板）、赛艇、皮划艇（激流）、摩托艇、滑水、潜水（蹼泳）、极限（冲浪、漂流）等项目的休闲康体旅游活动[1]。主要针对专业水上运动员和以寻求身心健康、休闲康养的水上运动爱好者。可以依托自然水域资源。包含内陆淡水资源和海洋水资源，此外还有水上运动保障性资源，如各类船艇泊位、职业俱乐部等。（1）建设水上运动旅游度假区。①度假区整体应依水而建，从上游到下游建设水上游乐区、帆船或皮划艇竞技比赛、水上表演观摩、山间漂流运动、江边垂钓、休闲度假村等功能区。②水上游乐区重点建设索道划水项目，此项目危险性低、观赏性好、老少皆宜。竞技比赛区按照国际标准布置水上运动赛道，举办皮划艇比赛、龙舟比赛、帆船比赛等，并配套设置船库、码头、看台等相关设施。③水上表演区和江边垂钓需选址在水流缓、流量稳定、水面宽广的地方，借助良好的生态和开阔的水面条件，开展江边垂钓、潜水探古、山间戏水等水上休闲娱乐项目。可配套高尔夫练习场、钓鱼基地、游艇俱乐部等，满足高端水上运动需求。④水上运动项目均应保证有专业教练团队指导和救生人员救援，为水上运动提供安全保障。（2）开发水上运动主题会展活动。①根据不同节日和季节，开展主题赛事。在过年期间，开展"水上中国年"赛事活动，组织游客体验水上赛艇、帆船等运动项目。在端午节期间，开展"龙舟节"，在湖南汨罗、武汉汉江等地举办龙舟竞渡赛事。在盛夏时节，开展"盛夏亲水运动季"，体验溪地漂流、水上皮划艇等运动。②打造国内外品牌赛事，包括"重点赛事""一项一品赛事"和"潜力拓展赛事"。打造如中国杯帆船赛、中国摩托艇联赛等重点赛事以及中美滑水对抗赛、国际冲浪赛、国际漂流大赛等潜力拓展赛事[2]。③规划完善船舶码头、赛艇码头、游艇俱乐部等设施建设，同时配套设置更衣室、休息室、移动卫生间、洗浴中心等辅助设施。④水上运动场地选址在临近城镇的主要道路或公路，保障参赛者的顺利到达，保障便捷得疏散观赛游客。（3）开发水

1　国家体育总局. 水上运动产业发展规划[EB/OL].（2016-11-08）[2020-04-03]. http：//www.sport.gov.cn/n316/n340/c774639/content.html.
2　国家体育总局. 水上运动产业发展规划[EB/OL].（2016-11-08）[2020-04-03]. http：//www.sport.gov.cn/n316/n340/c774639/content.html.

疗康复项目。①建设集游泳、健身、康复水疗于一体的健身馆，并配套康复理疗馆、健身房、洗浴室等服务设施。②游客与水疗池的康复治疗师进行一对一交流针对身体状况，开展水下一对一训练，训练项目包含水中平衡训练、水中步行和步态、水中游戏（如水球）、水中踩脚踏车等，根据游客身体状况进行选择。③水疗结束后，前往理疗馆进行精油按摩、足底保健等延伸服务，缓解水疗过程中肌肉紧绷的状态，放松身体。(4) 开发水上体验式健康项目。开发包含帆船运动、潜水运动和赛艇运动的体验套餐。①帆船运动体验由专业帆船俱乐部教练为游客提供一对一指导，包含码头教学，讲解帆船知识，实际体验环节。其中海上体验全程教练随行，游客将体验从掌舵、升主帆、降主帆等操作过程。②潜水运动体验，设置自由潜水、水肺潜水、浮潜三种项目，首先进行理论学习，穿戴好装备后随同教练员入水进行水下呼吸训练和配套动作指导，体验全程教练员陪同。③赛艇运动体验。赛艇体验前在教练员指导下进行准备运动，拉伸肌肉，先学习滑动动作再实操。(5) 水上康体旅游人才培育与引进。①水上康体旅游人才上岗前需经过全面且严格的专业培训，包括水上运动教练员、救生员及导游等。②对不同人员制订相应的培训计划。例如，针对水上帆船运动教练提供专业的帆船教习培训；针对水上运动防护与救生人员制定生命安全救援与突发事件营救项目培训，全面提升从业人员的素质。(6) 注重环境保护。①在发展水上运动旅游的同时，不能忽视环保问题，对重点水域进行定时定点监测。②在水上运动过程中不乱扔垃圾。

（三）冰雪康体游开发指南。冰雪康体游是以冰雪旅游资源为主要的旅游吸引物，体验冰雪文化内涵、实现健身休闲康体目标的所有旅游活动形式的总称，是一项极具参与性、体验性的旅游产品。包含以运动竞技、健身休闲等为目的开展冰雪康体游的人群，包括中老年人也包括儿童和青年群体。主要依托有冰雪资源是指可利用的自然积雪和积冰，以及人工制造的冰雪资源。还包括冰雪器材装备。包括滑雪板、滑雪杖、雪服、头盔、雪镜、滑雪鞋等专用装备。(1) 开发冰雪温泉康养项目。①开发串联冰雪运动场和温泉度假地的旅游线路，将冰雪运动与温泉疗养相结合，将滑冰场、冰雪小镇、温泉度假地建设成一条龙冰雪温泉康养产业。②冰雪运动场内设计冰雕、冰挂、冰灯等景观，夜间利用高科技激光打造创意冰雕灯光秀产品，吸引游客夜间游览观光，开发夜间消费市场。③温泉疗养产品与冰雪运动配套，为游客提供"温泉泡汤+按摩"、足浴、精油SPA等体验项目。④项目设有专业冰雪温泉康养顾问为冰雪运动后的身体理疗提供专业建议，推荐不同功效的药浴温泉，缓解运动损伤或肌肉疲劳。⑤温泉产品开发要符合原国家旅游局颁布的《温泉旅游泉质等级划分》的行业新标准。（2）建设冰雪旅游康养小镇。①冰雪康养小镇选址在自然生态优良、山林环绕、生态富育、空气质量好的地方。②除户外滑雪场外，建设国际医学中心、房车公园、环雪山漫步道、骑行道、有机餐厅、度假村等配套设施和场所。③户外滑雪场地，除了设计多个专业赛道级雪道，还有针对孩子的儿童级专用雪道，重点开展休闲滑雪等适合大众参与的体验型滑雪项目，配套专业滑雪教练指导。④小镇内部建设国际医学中心，开设综合医疗服务、提高睡眠质量治疗、运动后修复治疗、肢体活动能力治疗、体重管理治疗、能量平衡治疗等与运动养生相关的医学治疗项目，为冰雪运动提供健康保障。⑤建设环雪山漫步道。环雪山漫步道依山而建，环绕雪场，由不同主题、不同材质的步道铺设而成。（3）建设冰雪康养特色社区。①冰雪康养社区针对有冰雪运动和康养度假需求的家庭游客，且有老年人同行的家庭游客。②采取公寓式房屋出租管理模式，开放线上租赁平台和线下预订方式进行社区运营。③在社区内建设小型户外滑雪场和室内冰壶场地、可拆装式冰场、仿真冰场等，为休闲游客开展冰壶、冰球等冰上项目提供便利，也为老年人提供雪橇和雪中漫步提供运动场地。④社区内配套冰雪运动学习中心，开设冰雪课程、冰壶运动课程和旱冰课程等，同时有专门为老年群体开设的冰雕雪雕设计课程，丰富休闲度假活动。⑤配套专业化、本土化的冰雪运动教练和安全员，保障游客在社区内度假期间的人身安全。（4）打造群众性冰雪运动节事活动。①结合春节推广冰雪旅游年、冰雪嘉年华系列节事活动。举办冰雪旅游节、冰雪文化节、赏冰观雪季、冰雪马拉松等冬季品牌节事活动，并在节事活动中开发滑雪橇、冰上自行车、冰上龙舟、雪地拔河、雪地足球、旱地冰球、旱地冰壶等冰雪娱乐项目。②举办冰雕雪雕设计大赛，邀请国内外冰雕雪雕艺术设计大师参加，竞赛项目包含大型冰雕雪雕设计、光影冰灯设计、微缩冰雪滑梯设计及冰雪飞车设计，竞赛作品评比后将作为展品展览。③夜间举办大型冰灯会和5D灯光秀，激发夜间旅游市场活力。④开放适合广大群众的初级滑雪道和滑冰场，游客可免费体验冰雪运动，康体健身。（5）冰雪运动场地设施设备安全管理。①冰雪运动场地需配备专业教练员，有规模的雪场可设立滑雪学校。②设立医务室和急诊室，配备冰雪运动所需急救设备，包括救生船、救生艇和救护车辆等。③保证与对外通信设备沟通畅通，尤其是户外冰雪场地要保证信号全覆盖，室内滑雪场所要保证通风，有安全防火设备。④公共区域要有防滑设施，在陡坡和危险地段要有监控设备。

（四）航空康体游开发指南。航空康体游是旅游者在旅游城市、旅游小镇、国家A级旅游景区等旅游目的地游览过程中，利用航空运动飞行器在低空空域进行的热气球、飞机跳伞、滑翔等一系列运动项目，以达到促进身体健康目的的旅游活动的统称。航空康体游中的航空运动项目由于具有挑战性、专业性和危险性特点，会吸引有一定经济实力，对航空运动有猎奇心理的中青年群体和航空运动爱好者。主要依托专业的航空运动设备，包括热气球、热气飞艇、氦气球、混合式气球等各类热气球，轻型飞机、超轻型飞机、旋翼类、模拟飞机等各类运动飞机还有跳伞装备、滑翔机、动力滑翔伞等。（1）开展低空飞行旅游项目。①设计线路。依据目的地地形地势和气候环境状况，合理设计连接飞行营地、自然风景区、世界自然遗产地、城市中心、通用机场、航空运动基地的飞行线路。②进行飞行前游客身体检查、安全说明，并为游客穿戴好飞行服、配备齐全安全救生装备，进行动力滑翔伞、动力三角翼、飞艇等低空飞行器的体验游。③提供多样化飞行器和机型服务，不断满足个性化的市场需求。例如，针对中老年群体可提供更安全可靠的直升机飞行体验；针对有探险欲望的年轻群体，开展飞艇、滑翔翼等更具刺激性与体验性的项目，最终形成"最优服务+最美景区+最佳体验"产业模式。④定期对航空器、飞行器等进行适航、年度检查，针对热气球、直升机和其他飞行器的驾驶员要定期进行资质能力测试和安全背景调查，符合规范要求的才准予上岗。（2）开发热气球飞行体验项目。①热气球飞行体验。体验前一天，依据天气情况提前告知游客体验活动是否正常进行。提醒游客穿耐脏的厚衣服和防水的鞋子，建议戴帽子。飞行开始前，飞行员讲解飞行方法与注意事项，游客需协同热气球机组人员把热气球升上高空，适时调整飞行高度与方向，直至平稳飞行。当热气球飞行到距离地面一定高度后，游客可在这个高度中俯瞰脚下的美景，获得心灵的疗愈与放松。②热气球打包体验。热气球安全着陆后，在工作人员带领下进行欢乐的热气球打包游戏，同时了解热气球上升的内在原理与热气球装备。③热气球亮球表演与晚餐派对。夜间进行热气球亮球表演，点燃热气球，火焰从燃烧器里喷出，使得球囊的体积随之不断增大但不至于起飞，利用热气球营造出浪漫放松的氛围。晚餐派对提供香槟酒来庆祝这独一无二的热气球飞行体验，并配有茶、咖啡、果汁，以及各种面包、蛋糕等甜点。④飞行员有经过专业训练，热气球需经过专业的测试检查，以保证安全。(3)开发互联网+航空运动项目。①开发航空运动旅游体验类App软件，开发如网上订场、网上预约、虚拟体验、运动反馈社区等功能。②在App中设置AR航空运动体验功能，游客可在线体验航空运动从装备穿戴到远程实景体验等全流程活动，体验过程中配合肢体动作与虚拟操作，增加AR体验的实感。③开设在线航空旅游游客信息反馈、交流功能，一方面可以在线预订航空体验活动，另一方面可以对活动效果提建议。④打造信息化、智能化航空康体运动教学平台，通过线上远程教学，AR远程体验的模式帮助初级学者和中老年游客获得参与航空运动康体的机会。⑤在远程航空运动与旅游的过程中，提醒参与者远程报告个人身体状况信息，平台收到反馈后会结合参与者综合身体素质等信息，定制适合的航空康体体验活动。(4)举办健康航空旅游会展类活动。①举办世界级健康航空运动旅游博览会，大会包含配套的赛事活动、学术会议与论坛、专业飞行表演以及飞行器展览等，并延伸成为国内健康旅游类品牌展会。②打造健康滑翔嘉年华、健康热气球之旅等节事活动，将健康户外运动与航空项目和康养理疗结合，通过运动提升游客健康水平。③举办航空运动节，邀请航空旅游活动的忠实粉丝和业界名人分享自己与航空运动的故事和航空旅游与身体健康的故事，带动更多的人参与到航空康体旅游中来。(5)建设AI数字化航空旅游消费线上服务平台。①利用互联网+人工智能技术，利用AI客服，在线与航空运动游客沟通需求；也可依托平台开发赛事宣传、运动培训、旅游项目预订等功能，将平台打造成综合性健康航空运动信息发布平台。②利用大数据技术，分析行业动态，收集整理航空旅游专业服务人员数据库以及目标市场信息，便于制定旅游宣传推广方案。

（五）健康运动游开发指南。健康运动游是以养生保健康体为目的，融合运动项目与旅游的活动，即在旅游活动中融入野营、徒步、攀岩、探险、轮滑等健康运动项目。主要目标市场是一、二线城市的中青年群体是户外运动游的主流消费群体。按照资源的分布场所划分可以分为陆地资源、水上资源、空中资源和综合资源,其中陆地资源包含山、丘陵、平原;水上资源包括河、湖、库、温泉;综合资源包含水、陆、空。(1)举办"全民健康马拉松跑"活动。①选择城市中非主干道、红绿灯少、车流量较少、有公路辅道的道路开展跑步运动,并提前设定跑步线路和中途补给站点。②活动开始前联络交通部、公安消防、公共卫生部门做好活动突发事件应急预案与活动前期物资准备及道路清扫等工作,设置路障引流车辆,封锁活动场地。③跑步活动全程有志愿者跟随,补给站点提供水、功能型饮料、葡萄糖等能量补给。(2)开展沙漠穿越徒步。①联合地方体育总会、户外运动管理中心、卫健委和知名户外运动协会举办,同时联系专业安保与救援组织全程随行。②选择在沙漠景区内部,保证徒步全程有卫生设施、休闲区域及补给站,并且规划固定线路。③活动全程免收门票,且提前帮参与者购买保险。④活动前为参与者分发印有统一标识的GPS定位手环,分团队出发。⑤备齐徒步装备。准备登山鞋或军胶、沙套、手仗、护目镜、百变围巾、双肩背包、能量饮料、能量食品、防晒霜、消炎药、退烧药、感冒药、水袋等。⑥注意环境保护。不乱扔垃圾,不随意破坏植物和捕猎动物,人为产生的垃圾均须个人自行带出沙漠统一处理。(3)传播"全民健身"理念。①与政府机关、企事业单位、社会团体、学校等合作,推出"运动健康月"系列活动。活动期间聘请专业的运动健身私教走进企业、工间和校园为大家普及健身知识与基本动作;推广课间健身制度,学校、企事业单位、工厂等机构落实每天一小时健身运动计划,为学生、职工等创造运动健身的良好条件;针对学校实施学生课外体育活动计划,督促学生主动选择感兴趣的运动项目进行专门学习,掌握该项运动技能,培养青少年热爱体育运动的好习惯。②以社区为单位,开展"全民健康跑""全民健康游""全民健康舞"系列活动,具体包含社区4×100接力赛、游泳比赛、广场舞等项目。活动期间企业联络社区居委会、社区办公室为社区居民报名参赛提供便利,同时通过设置奖牌奖品、生活用品奖金券等形式吸引居民们踊跃报名。③活动期间主要在公共交通、旅游集散地、社区集中地通过实体海报进行宣传推广,掀起"全民健身热潮"。(4)开发中国传统户外运动项目。①将运动与传统文化相结合,利用旅游目的地独特的自然、人文资源,开发特色户外运动项目,如舞龙舞狮、中华武术、龙舟竞渡等。②根据旅游者的年龄阶段开发适宜的项目,如开发适合老年人特点的广场舞、太极拳、八段锦等休闲运动项目。(5)户外运动专业人士教育与培训。①引进专业教练员、退役运动员、体育培训机构教员等为户外运动旅游提供指导。②争取将户外体育基地、运动营地等纳入青少年研学基地，以完善学校户外运动教学、训练和竞赛体系，有条件的企业可以与学校建立起运动员共同培养机制。（6）结合智慧城市、绿色出行，规划建设城市步行和自行车交通体系。充分挖掘海、陆、空资源，研究打造国家步道系统和自行车路网，重点可以关注建设山地户外营地、徒步骑行服务站、自驾车房车营地、运动船艇码头、航空飞行营地等健身休闲设施[1]。

八、避寒避暑健康旅游新产品新业态开发指南

避寒避暑旅游是在特定季节依托于舒适气候和良好生态环境开展的一种健康旅游业态，开展避寒避暑旅游有利于提升国民的身体素质和生活质量。发展避寒避暑旅游贯彻落实了习近平总书记提出的"绿水青山就是金山银山"。2018年3月，国务院办公厅发布的《关于促进全域旅游发展的指导意见》中，明确提出要"大力开发避寒避暑旅游产品，推动建设一批避寒避暑度假目的地"。避寒避暑旅游已成为国家战略，成为旅游发展的重要趋势。依据《关于促进全域旅游发展的指导意见》的全域旅游发展要求，根据游客的细分需求和避寒避暑旅游主要的活动类型，重点开发避暑康养游、避暑乡村游、避寒疗养游和避寒温泉度假游四类旅游产品。

（一）避暑康养游开发指南。避暑康养旅游是基于夏季凉爽宜人的气候条件，通过养颜健体、营养膳食、修身养性、关爱环境等各种方式，使人达到身体、心智和精神上的优良状态的避暑旅游活动[2]。主要针对一线城市及二、三线高温城市的60岁以上老年人群、亚健康人群以及需要康复疗养训练的专业运动员等。可以依托的资源包括凉爽宜人的夏季气候条件或者山地、森林等局部小气候。当

---

1 中华人民共和国中央人民政府.国务院办公厅关于加快发展健身休闲产业的指导意见[EB/OL].（2016-10-28）[2020-04-03]. http://www.gov.cn/zhengce/content/2016/10/28/content_5125475.htm.

2 国家旅游局.国家旅游局公告2016年1号《国家康养旅游示范基地》行业标准[EB/OL].（2016-03-11）[2020-05-12].http://www.cmw-gov.cn/news.view-651-1.html.

地应拥有与养生相关的、独特的自然或人文资源。与养生相关的自然资源包含洁净的水源、富含负氧离子的清新空气、矿泉、中草药资源等,与养生相关的人文资源包含当地特色的生活习惯、饮食文化、文化活动等。(1)开发全感官避暑康养旅游。①围绕视觉体验,开展自然美景的观光活动,在景区内部利用小火车、电瓶车、自行车、游船等慢速代步工具,欣赏沿途美景,在养生人文资源相关环境中,设计仿自然生态的小品景观。②围绕听觉,控制噪声昼间不大于45分贝、夜间不大于35分贝,游客处于自然环境中在减少噪声的基础上突出水、风、动物叫声等大自然的声音,可人工饲养一定的鸟虫,在养生人文资源相关环境中,可小音量播放舒缓、轻柔的音乐。③围绕味觉,开展品尝当地特色绿色餐饮活动,如绿豆汤等去火降燥药膳。④围绕嗅觉,保持空气清新,空气中高浓度负氧离子对人体有疗养和康复的功效。⑤围绕触觉,可设计森林浴、温泉浴、芳香疗法等康养体验类旅游活动,同时设计传统武术、五禽戏、太极拳、瑜伽等较为安全、有效的运动项目。(2)开发夏季运动康养旅游。①以水资源为避暑资源的目的地,可开展垂钓、漂流、游泳等运动项目,以夏季清凉气候为依托积极承办皮划艇马拉松赛、游泳赛等赛事,以赛事和避暑康养运动吸引游客。②以山林为避暑资源的目的地,可开展自行车骑行、攀岩、徒步等运动项目,也可开发野营、野外生存、洞穴探险等户外活动,承办环山道自行车赛等赛事扩大知名度。③以草原为避暑资源的目的地,可开展骑马、滑草、摔跤、射箭等运动,目的地通过承办马拉松赛、赛马等赛事吸引游客前来。(3)设置休闲特色步道系统。根据运动量大小和步行喜好设计四类不同的步道系统。①缓和步道,此步道可作为串联整个景区的环状步道系统,供年长者和身体状况不佳者使用,坡度较低,运动量较少。②中氧级步道,坡度稍有增加,步道所需活动量稍有增加。③高氧级步道,可供热爱锻炼且体能情况良好者使用,步道坡度变化大,利用阶梯达到高氧的活动,锻炼强度较强。④休闲步道,供喜爱走楼梯者使用,步道周边自然环境优美,斜坡及阶梯穿插在林荫道中,其间搭配木平台,满足游客休息和亲近自然的需求。(4)开发适合老年人的避暑康养住宿。①在家居装饰方面,采用适老化的设计,床、椅子等家具高度适中,家具边角安装防护垫,防止碰伤老年人,适中的家具高度也便于老年人使用及起身;对于厨房及卫生间等有水的地方需要进行防滑处理,防止老年人滑倒摔伤。②在安全设施方面,每个房间设有紧急呼叫设备和紧急门灯,住宿场所设置24小时监控中心并配置医护人员值班,全天候提供紧急救援服务。③在文字标识方面,适当提高房屋照明亮度,采用色彩鲜明的家具及装饰,将标识牌和标语放大,便于老年人识别。④在避暑方面,房屋每日进行通风换气,保持空气清新。如有空调装置,需定期清洗或更换空调器过滤芯,保证空调装置的洁净。(5)开发夏季健康餐饮。①推出健康的避暑清凉食品,利用薄荷、蜂蜜、绿豆等制作清凉茶饮,利用苦瓜、黄瓜、番茄、芹菜、生菜等凉性蔬菜作为食材制作菜肴。②推出地方特色药膳,地方特色体现在运用当地野生中药材和当地的药膳食谱方面,药膳中的药物必须是原卫生部《按照传统既是食品又是中药材的物质目录》和《可用于保健食品的物品名单》中包含的品种。③推出有机菜肴。食用施加天然肥料的农作物和有机肉类,有利于身体健康,也可减少对环境的污染。

(二)避暑乡村游开发指南。避暑乡村游是指在每年6~8月的盛夏,游客前往乡村地区,利用乡村的气候资源消暑纳凉、度假休闲、健身疗养,以特有的乡村人文环境、乡村文化民俗、乡村田园风光、农事活动及自然环境为基础的旅游活动。目标市场主要为一线城市及盛夏时节二、三线高温城市市民,退休老年人占较大比重。依托的资源有清爽宜人的夏季气候条件或森林、湿地等局部小气候,目的地应具有较长的气候舒适期,不受极端气候影响。乡村拥有除气候条件以外的丰富自然旅游资源或者独特的人文旅游资源,构成乡村目的地的独特优势。(1)打造具有夏季生态元素的主题景观。将艺术和乡村结合,打造具有当地特色、乡村风情的大地艺术和村落艺术,沿主要交通路段,在农田中塑造多样的创意图案,吸引游客回归农田消夏纳凉。①针对儿童,可在农田中创造卡通笑脸、恐龙、小动物等各种卡通形象图案,设计卡通形象的稻草人。②针对年轻人,在农田中创造迷宫,开发走迷宫旅游活动。③针对中老年人,结合当地的历史神话故事等,开发当地的文创IP,基于当地流传的神话、历史人物形象和历史故事,创造具有当地特色的农田创意景观。(2)丰富避暑娱乐体验项目。①丰富农家乐体验活动,组织农事体验、田野娱乐等乡村特色活动,如摘茶叶、养蜜蜂、参观家禽放养场、制作乡村特色美食、放风筝、捉知了、河边捉鱼等当地特色的乡村活动。②开设乡村文化大舞台,村民们定期表演当地特色歌舞、曲艺节目,避暑游客们在空暇时间可进行自助式表演,形成村民和游客们共享的文化空间，促进游客与村民的交流，深入了解当地文化。③完善公共服务，增设乡村公共图书馆、文化广场，图书馆提供读书场所，文化广场配置健身器材、乒乓球台、羽毛球场地等，便于游客和村民开展休闲运动。④增加夏季由乡村到附近景区的汽车班次，与景区形成合作，为游客提供月票或者多家景区的联票，为游客前往景区游玩娱乐提供便利。（3）打造乡村特色生活和文化体验。①在乡村特色避暑生活体验方面，挖掘当地避暑特色的建筑文化、饮食文化形成乡村避暑特色食宿产品，以当地冬暖夏凉、防潮防湿的特色住房作为特色旅馆，如陕北地区的窑洞、傣族的竹楼等，以乡村独特的夏季饮食习惯、食物等作为乡村特色餐饮，如甘肃人夏季吃浆水面。②在乡村特色文化体验方面，依托乡村地区独特的耕读文化，开发针对儿童及青少年的耕读生活体验项目；依托乡村地区的特色节庆、婚庆、葬礼等文化资源，雇用村民开展民俗演艺，展示原汁原味的乡村仪式；依托乡村传统技艺如磨豆、刺绣、造银饰、酿酒等，开发文化体验项目和纪念品售卖活动，手艺人展示制作过程，游客可参与制作，成品用于销售。（4）开发避暑旅游住宿产品。①保障住宿品质，形成包含农家乐、民宿、养老公寓、度假酒店在内的多种住宿产品，满足游客的多样化住宿需求；制定避暑乡村住宿业的产品标准、卫生标准、服务标准、价格规范、安全标准等系列化、规范化的住宿行业标准，规范发展秩序。②可引进 Airbnb、途家、小猪短租等在线短租平台，整合具有当地特色、房屋质量较好的闲置房屋开发为乡村特色民宿。（5）优化乡村避暑卫生环境。①公共卫生环境方面，保障乡村环境整洁。垃圾筒布局合理，数量足够，有门有盖，生活垃圾日产日清，村内街巷无暴露垃圾，垃圾收集运输密闭化[1]。②餐饮卫生环境方面，店内环境和周围环境应整洁、美观、无垃圾；保证食材新鲜健康；餐具表面光洁，无油渍、无水渍、无异味。③住宿卫生环境方面，在农家乐等住宿设施周边栽种绿色植物等以阻隔外部噪声。住宿场所应做好夏季防蚊虫工作，有防蚊、蝇、蟑螂和防鼠害的设施，做到室内外无蚊蝇滋生场所；住宿场所必须每日清扫、消毒，做到并保持无积水、无积尘、无蚊蝇、无

---

1 卫计委.省爱卫会关于印发2017版《江苏省健康镇（县城）标准》《江苏省健康村（社区）标准》《江苏省健康单位标准》《江苏省健康家庭标准》的通知[EB/OL].（2017-09-10）[2020-03-22].http://www.rugao.gov.cn/rgswjw/zcwj/content/89E9BCB19BE1440498DB2B65F0193C77.html.

异味[1]。(6)保障乡村旅游安全。①乡村旅游景点应配置一定数量的消防器材、防盗设备，定期进行检查，保障完好无损；乡村危险地段应设有明显标志，设置齐备、有效的防护设施。②开展针对村内旅游业从业人员的消防和急救技能培训，旅游业从业人员需具备紧急情况下组织游客疏散、意外应急处理和紧急救援的技能。③准备安全保卫工作方案和应急预案，在人员密集场所配备充足的保安人员，以维护秩序和保障安全。

(三)避寒疗养游开发指南。避寒疗养游是游客为躲避严寒、治疗疾病、康养身体而到特定目的地开展的冬季旅游，以温暖舒适的冬季气候条件为依托并结合一定的外部活动促进游客的身体健康、心情愉悦。主要面向居住于气候季节变化明显的中高纬度城市的中高龄居民和亚健康者。中高纬度地区冬季寒冷，明显的季节变化易引发多种疾病。此类城市居民有着较强的冬季避寒疗养需求。依托的资源主要包括优良的气候环境条件。具体表现为舒适的气候、清新的空气（富含负氧离子）、茂盛的植被、和煦的阳光，有利于医治诸如呼吸道系统、心血管系统等许多常见病、慢性病。还包括目的地优质的医疗卫生资源，如适宜数量的公立与私立医院、疗养机构、健康管理中心等。此外，拥有专业医生、专业疗养师和疗养设施的疗养机构，也可作为资源支撑。(1)开发避寒生态疗养旅游。①利用避寒疗养阳光资源，开展日光浴项目。选择清洁、平坦、干燥的区域开发日光浴项目，最好绿化地区；聘请医生进行日光浴时间和方式指导，根据游客体质状况控制日光浴时间，虚弱者日光浴时间短，强壮者和慢性病患者可适当延长日光浴时间，可进行全身浴、背光浴、面光浴等。②利用避寒疗养森林资源，可开展森林浴，游客们进行登山观景、林中散步和郊游野餐等活动；利用含有矿物质的泉水、河流等，开发沐浴、生态水疗、流行SPA等活动，也可出售矿泉水用于饮用；利用花卉开发养生类纪念品，如花香、精油，通过外用内服，达到美容、养生的效果。③利用避寒疗养海滨资源，开展海滨度假项目。建设度假酒店、特色民宿、疗养公寓等，设计潜水、沙滩排球、钓鱼等旅游活动。④环境基础方面，保护原生自然环境，禁止捕猎和破坏野生动物生存环境；疗养区域环境

---

1 卫生健康局.旅店业卫生标准GB9663-1996[EB/OL].（2018-12-27）[2020-03-22].http：//www.chencang.gov.cn/info/2084/68398.htm.

噪声昼间不大于45分贝、夜间不大于35分贝；垃圾筒数量及布局合理，垃圾及时清理，保持水体清洁。(2)开发避寒文化疗养旅游。挖掘当地的养生文化，包含身体疗养和心灵养生。开发文化疗养项目需以养生文化为依托，满足游客避寒疗养度假的需求。①民俗养生文化，将有民族特色的养生食品、运动等生活方式开发为避寒疗养旅游体验项目，如回族的节食风俗，瑶浴、藏浴的"五味甘露汤"等药浴，客家文化中的客家煲汤、客家药膳等食疗，客家操、客家民间体育等运动，皆可开发为地方特色避寒疗养项目。②宗教类养生文化。以佛教文化为核心，提供中式禅味的按摩服务，配备素食馆、禅茶馆（专人教授茶艺），推出禅修活动；以道家文化为核心，开展太极拳、武术锻炼活动，开发道教养生菜谱，推出研习老子文化的课程，修养心性。(3)开发避寒疗养旅居项目。开发针对老年游客的疗养地产项目，满足老年游客冬季长期旅居、疗养身体的需求。①在安全保障方面，设计无障碍通道，公共走道及卫生间地面做防滑处理，房间内有紧急呼叫按钮、防滑扶手、安全电热源，配备医护人员，可提供急救服务。②在休闲活动方面，设计大面积的公共活动区域，配置羽毛球场、乒乓球台等运动场所，满足老年游客的日常社交需求和运动需求。③在餐饮方面，提供绿色有机食品、营养配餐及药膳等养生食品。④在自然环境方面，设计大范围的绿化环境，愉悦身心，满足游客亲近自然的需求。⑤在配套设施方面，场地选址应满足周边有超市、医院、银行等配套设施，提高旅居生活便利程度。(4)开发避寒诊疗旅游。①在利用优质医疗资源方面，利用信息技术，建立与全国先进医院、优秀专家的远程诊疗系统。②在利用当地医疗资源方面，与当地医院进行合作，建立游客就医便捷通道，简化就诊流程。③在整合医疗信息方面，整合目的地的医疗、治未病、体检等信息，编写并发布当地医疗机构简介、优势专科、地址、咨询电话等信息手册，为游客提供全面、准确的医疗信息。(5)提供健康管理服务。①针对身体无病的游客，安排健康检查、体能检测，以促进身体健康、增强活力；安排流行性疫苗注射，预防冬季流行性感冒；定期举办健康讲座、养生咨询，教导并增强游客的养生观念。②针对患有慢性病的游客，聘请护理师、药师及医师，向游客提供用药咨询；在住宿场所设有自动血压仪、血糖机等，游客可以进行血压、血糖的自我监控，维持良好的慢性病管理。③健康服务保障方面，实现照护管理计算机化，建立个人健康数据库，与医院医疗体系接轨，实现信息共享，为游客提供完备的健康管理与紧急医疗服务。（6）提供人性化疗养服务。①在服务人员方面，医生和疗养师使用敬语，向游客详细介绍、解释相关身体检查、疗养项目、服用药品等，积极解答游客疗养方面的疑问。②在服务场所方面，疗养服务场所采取暖色调的装饰，让游客放松心情；诊断、疗养的房间隔音良好，保护游客的隐私。③在服务保障方面，设置意见箱或意见倾诉室，当场解决游客面临的问题，如遇到无法当场解决的问题，留下游客联系方式，后续核实处理后，向游客反馈处理结果。

（四）避寒温泉度假游开发指南。避寒温泉度假游是依托温泉资源，以沐浴温泉、体验温泉文化为主要内容，达到避寒、养生、放松身心、度假休闲目的的冬季旅游活动。温泉有医疗保健的诸多功效，可以促进身体素质的改善；泡温泉也可达到放松心情的效果，有益于身心健康。主要针对银发族和快节奏压力下的都市白领。大都为结伴出游，"80后"白领常以家庭游形式出游。依托的资源有优质的温泉水（含有多种对人体有益的矿物质及微量元素），包括食盐泉、铁泉、碳酸泉和单纯泉等不同种类。（1）开发"温泉+"综合避寒度假旅游。①开发温泉+会议避寒度假旅游，在温泉度假区建设完善的商务及会议设施，配备不同规模的会议室和齐全的投影仪、话筒、复印机、打印机、办公文具等会议和办公设施。②开发温泉+水游乐避寒度假旅游，引入水上滑梯、人工造浪池、巨兽碗、温泉漂流等一系列水游乐项目形成温泉+水游乐避寒度假旅游项目。③开发温泉+生态农庄避寒度假旅游，将温泉与生态农庄结合，利用地热营造温室，在温室中开发养殖项目和农业生产项目；同时对温室大棚进行艺术化设计，将温室大棚开发为特色温泉泡浴场所。④开发温泉+养生避寒度假旅游，开发薄荷温泉、艾叶温泉、当归温泉等中医药温泉，将佛教、道教、国学养生文化等有机融合到避寒温泉度假旅游中，开发道家养生菜谱、佛教斋菜，组织太极、瑜伽等养生运动，推行自行车等养生交通工具，设计木屋、帐篷等特色养生住宿产品。（2）深化温泉养生功能。根据环境特性、温泉水质等发展背景的不同，确定温泉的医疗功能，根据游客群体的不同需求确定养生温泉的适用人群。①面向上班族开发缓解压力、放松身心、恢复体力功效的温泉，如温泉中的碳酸钙可以起到缓解疲劳、强身健体、改善体质的作用。②面向老年游客开发康养身体、缓解病痛的温泉，如含有丰富的钙、钾、氡等成分的温泉对老年人的心脑血管疾病预防有一定效果。③面向女性游客开发滋养肌肤、畅通气血、起到美容养颜功效的温泉,如硫黄泉可软化角质,含钠元素的碳酸水有漂白软化肌肤的效果[1]。(3)推进规范化服务。①设有温泉水温、泉质等级分类及其理疗作用介绍等温泉介绍标识,设置营业场所示意图、营业时间、价格等营业信息公示设施,为游客提供全面的信息标识。②温泉入口处应至少标有中英文的温泉沐浴安全须知,提醒游客人身及财物安全、卫生等注意事项,并安排服务人员进行提示,保障游客温泉沐浴安全。(4)合理开发温泉资源,保护生态环境。①可持续开采温泉资源,在政府相关部门和行业协会的监督指导下,适度控制温泉开采量,保护地热环境。②使用污水回收处理设施,回收处理有害成分超标的地热废水,以免污染浅层水。③温泉水循环使用,配备水循环设备,多用途使用温泉资源,将温泉资源综合利用于塑造景观、种植业、养殖业和热循环等方面。(5)监测温泉水质卫生。①企业开展温泉水质卫生的日常监测、检验、消杀灭菌等相关工作。日常对常规检验项目自行监测,或委托具有中国计量认证资质的第三方检验机构进行水质检测,并在温泉水区醒目位置对水质卫生情况予以公示[2]。②设立水质卫生管理岗位,员工具体负责温泉水质卫生管理工作,做好水质卫生监测记录,建立企业的水质卫生管理档案。③企业应定期安排水质卫生管理人员进行身体检查,身体健康者方能从事该项工作,水质卫生管理人员应接受专业培训,掌握温泉水质卫生标准等相关知识和岗位职责。表2-6展示了温泉水质检测标准与频次供参考。

表2-6 温泉水质卫生常规检验项目及限值与频次[3]

项目	指标限值	检验频次
温度(℃)	≤48	每日至少一次
pH值	6.8~8.5	每日至少一次
尿素	≤3.5	每日至少一次

---

1 刘丽君.温泉旅游开发中的养生文化探析[J].商业经济,2011(23):49.
2 中国旅游协会.关于《温泉旅游水质卫生规范》(征求意见稿)的意见征求函[EB/OL].(2018-09-21)[2020-03-14].http://www.chinata.com.cn/info/9389.
3 同2.

项目	指标限值	检验频次
菌落总数（36℃+±1℃，48h）（CFU/mL）	≤100	每周至少一次
总大肠菌群（36℃+±1℃，24h）（MPN/100mL或CFU/100mL）	不得检出	每周至少一次
游离性余氯a/（mg/L）	0.3~1.0	每日至少一次
化合性余氯b/（mg/L）	<0.1	每日至少一次
浑浊度（NTU）	≤1 原水与处理条件限制时为≤5	每日至少一次

注1：a、b为根据所使用的消毒剂确定的检测项目及限值。
注2：检验频次为日常检验，如遇客流高峰时，应是具体情况加大检验频次。

第三部分 游客公共卫生防控与健康旅游手册

习近平总书记强调,"健康是促进人的全面发展的必然要求,是经济社会发展的基础条件,是民族昌盛和国家富强的重要标志,也是广大人民群众的共同追求。"[1]生命安全和健康是旅游的生命线和底线,生命健康永远应摆在旅游第一位,同时,追求健康幸福也是旅游的重要动机,是全人类共同追求的永恒目标。世界卫生组织在《旅游业21世纪议程》中提出重视旅游构建健康生活,倡导通过健康旅游减少旅游发展的负面影响、保护环境、使旅游可持续发展、让人们健康生活。尤其新冠肺炎疫情的冲击,我们更加深刻意识到提升健康旅游行为的重要性。推进健康中国建设,要全面推行健康文明的生活方式,营造绿色安全的健康环境。因此,本部分从旅游者角度,梳理游客如何树立健康旅游新理念,并针对不同类型、不同年龄的旅游者在不同季节、不同环境、不同项目中可能出现的卫生健康问题提供保障的注意事项,并对旅游健康保险等系统介绍,为健康出游提供切实可行的服务手册。

一、旅游者应树立的健康文明旅游理念

新冠肺炎疫情也是一场公共卫生健康意识和行为的大考,惨痛的代价促使国民健康保健意识迎来一次全面觉醒,让我们更加珍视生命健康价值,也重新审视旅游的健康价值,把保护生命健康放在第一位,强化旅游健康安全教育,强化健康安全意识和防护,培养我们每个人的健康旅游意识和行为习惯。把提升健康素养作为增进全民健康的前提,有针对性地加强和促进旅游者健康教育,让旅行健康知识、行为和技能成为全民必备的素质和能力,实现健康素养人人有。健康中国行动推进委员会在印发的《健康中国行动(2019—2030年)》中,倡导每个人

---

1 中华人民共和国中央人民政府.全国卫生与健康大会19日至20日在京召开[EB/OL].(2016-08-20).http://www.gov.cn/xinwen/2016-08/20/content_5101024.htm.

是自己健康第一责任人的理念，激发居民热爱健康、追求健康的热情，养成符合自身和家庭特点的健康生活方式，改变不健康、不文明的旅游方式[1]。我们概括为"三大理念、N项注意"，即树立以下三方面健康旅游理念，每个理念有N项注意。

（一）树立强化健康旅游理念和行为规范。旅游是健康中国建设的窗口，旅游让生命更健康更美好，健康让旅游更安全更美好，人人都做健康旅游者。（1）健康旅行，做自己的"健康旅行第一责任人"。世界卫生组织研究发现，个人行为与生活方式因素对健康的影响占到60%。通过正规、权威和专业渠道获取与旅行中传染性疾病防控相关的防护指南，包括个人饮食卫生、环境卫生等各旅行健康知识，不断提高旅游卫生保健意识，改正旅游中不文明和不卫生习惯，倡导"每个人是自己健康第一责任人"的理念，激发国民热爱健康、追求健康的热情，养成符合自身和家庭特点的健康生活方式，使健康文明的生活方式、健康文明的旅游方式变成自己自觉遵守的行为规范。（2）文明旅行，将抗疫行为内化成为健康旅游习惯。抓住抗"疫"中形成的举措内化为我们健康文明和旅游和生活习惯，让使用公筷餐食、聚餐实行分餐制、保持健康社交安全距离等卫生礼仪成为我们每个人的共识与自觉；进行电话交谈时，要考虑到时间、地点是否合适，以及周围人的感受；咳嗽、打喷嚏时，注意用餐巾纸或用手肘部位遮住口鼻，不让唾沫横飞以造成病毒传播的潜在危险；自觉抵制封建迷信活动，拒绝黄、赌、毒，追求高尚情趣的旅游。每个人自觉倡导健康的生活方式、生活习惯、健康的旅游方式和习惯，内化为每一个人的精神追求、每一个人的自觉行动。（3）生命旅行，让健康旅游提高健康水平和免疫力。古希腊名医西波克拉底曾说过："阳光、空气、水和运动，是生命和健康的源泉。"抵御病毒侵袭、提高身体免疫力和抵抗力的最佳方式之一就是旅行。旅行中，保持合理膳食、增加适量运动，都有助于提高健康水平。同时，旅游还让我们眼界开阔、回归自然、返璞归真，走进风景如画的田野草地，呼吸带有泥土芳香的空气，沐浴灿烂温暖的阳光，改变日常生活中单调的环境带来的精神不振和身心疲惫，缓解社会高效工作带产生的生理和心理的紧张机制，加强人际交往，改善人际关系，健全人格，使人更加热爱生活从而

---

1 卫生健康委.健康中国行动（2019—2030年）[EB/OL].（2019-07-15）.http：//www.gov.cn/xinwen/2019-07/15/content_5409694.htm.

更好地娱悦身心、促进健康。（4）安全旅行，培养和增强自身旅行健康救护技能。倡导都积极学习应急救护知识和技能，旅游者要注意掌握必要的突发救护措施，提升我们应对突发事故中的自救、互救意识和能力，让更多的游客也变成旅行中的急救"第一人"，在旅游者发生意外时互帮互助，在不能拨打120的情况下，尽可能减少威胁生命安全的情况发生。同时，要特别注意"病从口入"，拒绝不安全饮食也是一种救护技能。大量的传染性疾病，尤其是经由消化道传染的疾病都是病从口入，健康旅游首先要特别重视食物安全健康，要注意饮水卫生、食物干净卫生、拒绝食用野生动物、注意就餐环境和用具卫生是否合格等，培养健康饮食习惯。（5）幸福旅行，做公共卫生防控和健康旅游的志愿者和宣传员。中共中央、国务院发布的"健康中国2030"规划纲要中强调，要立足全生命周期，"落实预防为主，推行健康生活方式，减少疾病发生，强化早诊断、早治疗、早康复"[1]，在做好自身健康维护与卫生防护同时，提醒他人共同做好疫情疾病防控，共同把我国建设成为文明、卫生、健康、幸福的现代化国家，共同塑造健康中国的良好形象。

（二）树立强化绿色生态旅游理念和行为规范。习近平总书记指出："我们既要绿水青山，也要金山银山。宁要绿水青山，不要金山银山，而且绿水青山就是金山银山。"[2] "环境就是民生，青山就是美丽，蓝天也是幸福。要像保护眼睛一样保护生态环境，像对待生命一样对待生态环境，把不损害生态环境作为发展的底线。"[3] 我们每个游客需要践行生态环境保护和生态旅游理念。生态旅游你我他，五个"践行"须注意。（1）践行可持续理念，实现人与自然和谐。中华民族自古就倡导人和自然的和谐相处，敬畏自然、敬畏天地、敬畏生命，带着虔诚、敬畏去融入自然、保护自然，尊重大自然的发展规律，把可持续发展作为旅游理念，把保护生态环境作为旅游前提，把统筹人与自然和谐发展作为旅游准则，依托自然生态环境和人文生态环境，采用生态友好方式，进行生态体验和生态认知，从而获得心身愉悦的生态旅游方式。（2）践行"两山理论"，推进美丽中国建设。加

---

1 中共中央、国务院."健康中国2030"规划纲要[EB/OL].（2016-12-30）.http：//www.mohrss.gov.cn/SYrlzyhshbzb/zwgk/ghcw/ghjh/201612/t20161230_263500.html.
2 习近平在哈萨克斯坦纳扎尔巴耶夫大学的演讲，2013-09-07.
3 习近平在全国人大三次会议和全国政协十二届三次会议江西代表团审议的讲话，2015-03-06.

快发展环境友好型、非资源消耗型的生态旅游,加强资源环境国情教育,引导形成正确的生态价值观,树立崇尚生态文明新风尚,推动形成绿色消费新观念,发展负责任、可持续的旅游业,实现人与自然和谐共生。在旅游中进行生态文明的宣传推广教育活动,增强旅游者在旅途中的节约意识、环保意识和生态意识,推进美丽中国建设。(3)践行生态文明,守护地球共同命运。以保护生态平衡为前提,亲近自然、热爱自然,体验精神情趣,获得身心健康。在旅游中关注生态环境,关注环境质量、自然生态和能源资源状况,学习生态环境科学、法律法规和政策、环境健康风险防范等方面知识,树立良好的生态价值观,提升自身在旅游中的生态环境保护意识和生态文明素养。保护旅游景区中的自然生态环境,爱护山水林田湖草生态系统,保护野生动植物,不破坏野生动植物栖息地,不随意进入自然保护区,不购买、不使用珍稀野生动植物制品,拒食珍稀野生动植物。注意保护生态环境,不随意踩踏绿地、攀折花木和果实,不追捉、投打和随意乱喂动物。(4)践行低碳生活,崇尚节能绿色消费。旅游出行尽量自带购物袋水杯等,减少塑料袋使用,按标志单独投放有害垃圾,注意垃圾分类投放,不乱扔、乱放,要把果皮纸屑、杂物等废弃物丢进垃圾桶,不要弃置在地上或抛入水池中。选择低碳出行,优先步行、骑行或公共交通出行,多使用共享交通工具,家庭用车优先选择新能源汽车或节能型汽车等"绿色"交通工具;在旅游中积极节约能源资源,住宾馆酒店等合理设定空调温度,夏季不低于26℃,冬季不高于20℃,及时关闭电器电源,多走楼梯少乘电梯,人走关灯,一水多用,节约用纸,按需点餐不浪费。优先选择生态旅游、乡村旅游、绿色产品。(5)践行环保公益,履行生态道德义务。在旅游中积极履行生态义务,奉行生态道德,提倡生态文明。坚持简约适度、绿色低碳的旅游方式,自觉做生态环境保护的倡导者、行动者、示范者,共建天蓝、地绿、水清的美好家园。积极传播生态环境保护和生态文明理念,参加各类旅游环保志愿服务活动,遵守生态环境法律法规,履行生态环境保护义务,积极参与和监督生态环境保护,劝阻、制止或通过"12369"平台举报破坏生态环境及影响公众健康的行为。按照习近平总书记要求共同"努力打造 青山常在、绿水长流、空气常新的美丽中国"[1]。

---

[1] 本部分主要参考生态环境部等5部门于2018年6月5日发布的《公民生态环境行为规范》。

（三）树立强化文明安全守法旅游理念和行为规范。旅游者的言行举止，不仅体现个人道德素养，也关乎国家整体形象，体现一个国家的文明程度。《中华人民共和国旅游法》（2018年修订）明确规定：旅游者在旅游活动中应当遵守社会公共秩序和社会公德，尊重当地的风俗习惯、文化传统和宗教信仰，爱护旅游资源，保护生态环境，遵守旅游文明行为规范。旅游者在旅游活动中或者在解决纠纷时，不得损害当地居民的合法权益，不得干扰他人的旅游活动，不得损害旅游经营者和旅游从业人员的合法权益。旅游者购买、接受旅游服务时，应当向旅游经营者如实告知与旅游活动相关的个人健康信息，遵守旅游活动中的安全警示规定。旅游者对国家应对重大突发事件暂时限制旅游活动的措施以及有关部门、机构或者旅游经营者采取的安全防范和应急处置措施，应当予以配合。旅游者违反安全警示规定，或者对国家应对重大突发事件暂时限制旅游活动的措施、安全防范和应急处置措施不予配合的，依法承担相应责任。出境旅游者不得在境外非法滞留，随团出境的旅游者不得擅自分团、脱团。入境旅游者不得在境内非法滞留，随团入境的旅游者不得擅自分团、脱团。明确国家建立旅游目的地安全风险提示制度。旅游目的地安全风险提示的级别划分和实施程序，由国务院旅游主管部门会同有关部门制定。县级以上人民政府及其有关部门应当将旅游安全作为突发事件监测和评估的重要内容。旅游者在人身、财产安全遇有危险时，有权请求旅游经营者、当地政府和相关机构进行及时救助。中国出境旅游者在境外陷于困境时，有权请求我国驻当地机构在其职责范围内给予协助和保护。旅游者接受相关组织或者机构的救助后，应当支付应由个人承担的费用[1]。2006年10月中央文明办联合国家旅游局公布的《中国公民出境旅游文明行为指南》，出境旅游文明行为主要包括8个方面：(1) 中国公民，出境旅游，注重礼仪，保持尊严。(2) 讲究卫生，爱护环境；衣着得体，请勿喧哗。(3) 尊老爱幼，助人为乐；女士优先，礼貌谦让。(4) 出行办事，遵守时间；排队有序，不越黄线。(5) 文明住宿，不损用品；安静用餐，请勿浪费。(6) 健康娱乐，有益身心；赌博色情，坚决拒绝。(7) 参观游览，遵守规定；习俗禁忌，切勿冒犯。(8) 遇有疑难，咨询领馆；文明出行，一路平安。同样2006年公布的《中国公民国内旅游文明行

---

1 全国人民代表大会常务委员会.中华人民共和国旅游法（2018年修订）.

为公约》,也提出8个方面文明公约:(1)维护环境卫生。不随地吐痰和口香糖,不乱扔废弃物,不在禁烟场所吸烟。(2)遵守公共秩序。不喧哗吵闹,排队遵守秩序,不并行挡道,不在公众场所高声交谈。(3)保护生态环境。不踩踏绿地,不摘折花木和果实,不追捉、投打、乱喂动物。(4)保护文物古迹。不在文物古迹上涂刻,不攀爬触摸文物,拍照摄像遵守规定。(5)爱惜公共设施。不污损客房用品,不损坏公用设施,不贪占小便宜,节约用水用电,用餐不浪费。(6)尊重别人权利。不强行和外宾合影,不对着别人打喷嚏,不长期占用公共设施,尊重服务人员的劳动,尊重各民族宗教习俗。(7)讲究以礼待人。衣着整洁得体,不在公共场所袒胸赤膊;礼让老幼病残、礼让女士;不讲粗话。(8)提倡健康娱乐。抵制封建迷信活动,拒绝黄、赌、毒。

二、旅游者的公共卫生防控行为规范

旅游一方面是促进身心健康的重要方式,另一方面,旅游具有人员聚集性强、流动性大的特点,如何防控不好也可能成为公共卫生疾病容易传播的渠道。新冠肺炎疫情常态化防控下如何做到安全出游?就需要以这次新冠疫情防控为契机,推进形成常态化的公共卫生防控机制和个人防控习惯,筑牢出游安全屏障。

(一)公共卫生疫情常态化旅游防控。要做到"三个'坚持',三个'避免'"。(1)坚持防控优先,避免侥幸心理。密切关注各地疫情防控部门发布的疫情风险情况,继续保持警惕状态,避免侥幸心理,做好自我防护,戴口罩、勤洗手,测体温、勤消毒,少聚集、勤通风。如果乘坐飞机或者火车等公共交通工具,也要遵守秩序和乘务人员的管理要求,全程佩戴口罩,要做好手卫生,并且妥善保存票据以备查询。在乘坐交通工具、入园游览时,自觉与其他游客保持间距。就餐时拉开桌椅间距,使用公筷公勺[1]。(2)坚持错峰出游,避免扎堆聚集。出游前,通过专业或权威渠道了解目的地最新疫情防控政策,查询景区开放、限流措施,

---

1 文旅部发布提醒:"五一"出游疫情防控不放松[EB/OL].(2020-04-24).https://baijiahao.baidu.com/s?id=1664860303226005883&wfr=spider&for=pc.

尤其要了解门票预约、分时段游览等措施。旅途中及时了解地面交通状况，合理规划旅游线路和时间。游览时遵照景区规定，间隔入园、错峰旅游。游玩过程中，与他人保持距离，轮流有序游览参观。尽量避开热门景点或者景点的高峰时段，切记不要扎堆、不要聚集，避免在密闭空间内开展娱乐项目[1]。避免去疾病流行的地区，避免前往不具备开放接待旅游者条件区域，减少到人员密集的公共场所活动，尤其是空气流动性差的地方，自觉遵守旅游目的地疫情防控制度，遵守旅游目的地的规章制度，配合做好体温检测、健康登记、查验健康码、分时限流、保持间距等要求，对于由此产生的排队等待给予充分理解。（3）坚持健康礼仪，避免接触感染。旅途中疫情防控不能松懈和大意，要做好接触感染和呼吸道感染途径的隔离防护措施，科学规范使用防护装备，旅游过程中如若出现发热、乏力、干咳等症状，应及时到就近医疗机构就诊。在疫情常态化的现实情境下，出游时要保持1.5米的安全距离；咳嗽、打喷嚏时用餐巾纸或用手肘部位遮住口鼻；咳嗽或打喷嚏后，尽快使用流水清洗双手，或使用速干手消毒剂进行手消毒[2]；建议使用公筷和实行分餐制；使用过的纸巾应该丢到垃圾桶；不建议握手、拥抱，建议行拱手礼或抬手招呼。

（二）旅游途中口罩佩戴注意事项。做好五个"佩戴"。（1）佩戴场所情形。旅途中，在个人酒店房间内、户外、无人员聚集、通风良好的情况下，不建议佩戴口罩。前往人员密集场所，如办公、购物、餐厅、会议室、车间等；或乘坐厢式电梯、公共交通工具等情况，建议在中、低风险地区，应随身备用口罩（一次性使用医用口罩或医用外科口罩），在与其他人近距离接触（小于等于1米）时戴口罩。在高风险地区，戴一次性使用医用口罩。对于咳嗽或打喷嚏等感冒症状者，建议戴一次性使用医用口罩或医用外科口罩。如果与出院康复人员共同出游，建议戴一次性使用医用口罩或医用外科口罩[3]。（2）佩戴正确方式。不管是一次性口罩，还是医用口罩，都是有正反面的。一次性口罩大部分颜色深的是正

---

1 文旅部发布提醒："五一"出游疫情防控不放松[EB/OL]．（2020-04-24）．https：//baijiahao.baidu.com/s?id=1664860303260055883&wfr=spider&for=pc.

2 北京市疾病预防控制中心.对抗流感消毒一定要跟上[J].大众健康，2018：106-107.

3 国务院应对新型冠状病毒肺炎疫情联防联控机制.公众科学戴口罩指引〔2020〕33号.

面，正面应该朝外，具体请阅读口罩包装上的说明书。注意带有金属条的部分应该在口罩的上方，不要戴反。分清楚口罩的正面、反面、上端、下端后，先将手洗干净，确定口罩是否正确之后，将两端的绳子挂在耳朵上。将口罩佩戴完毕后，需要用双手压紧鼻梁两侧的金属条，使口罩上端紧贴鼻梁，然后向下拉伸口罩，使口罩不留有褶皱，最好覆盖住鼻子和嘴巴。（3）佩戴过程指引。随身携带备用口罩，将口罩放入小塑料袋内，当进入人员密集场所、与其他人近距离接触时（小于1米）、身边有咳嗽、打喷嚏的人，可自行酌情佩戴。戴口罩前，用含酒精成分的免洗洗手液清洁手或用肥皂和清水洗手。佩戴口罩时候注意正反和上下，并确保面部与口罩之间无空隙。在佩戴过程中避免触摸口罩内外侧，应通过摘取两端线绳脱去口罩。如果触摸了口罩要用含酒精成分的免洗洗手液清洁手或用肥皂和清水洗手。如果口罩变得潮湿，应立即换上新口罩，口罩脏污、变形、损坏、有异味时需及时更换。不要重复使用一次性口罩，如需再次使用的口罩，需单独存放，可悬挂在洁净、干燥通风处，或将其放置在清洁、透气的纸袋中，避免彼此接触，并标识口罩使用人员。（4）佩戴注意事项。适合公众使用的口罩包括：一次性使用医用口罩、医用外科口罩、N95级别的医用防护口罩等，所用口罩应该符合《一次性使用医用口罩》（YY/T 0969—2013）、《医用外科口罩》（YY0469—2011）、《医用防护口罩技术要求》（GB19083—2010）等国家标准和行业标准要求。呼吸防护用品包括口罩和面具，佩戴前、脱除后应洗手；佩戴口罩时注意正反和上下，口罩应遮盖口鼻，调整鼻夹至贴合面部；佩戴过程中避免用手触摸口罩内外侧，应通过摘取两端线绳脱去口罩；佩戴多个口罩不能有效增加防护效果，反而会增加呼吸阻力、破坏密合性；各种对口罩的清洗、消毒等措施均无证据证明其有效性；一次性使用医用口罩和医用外科口罩均为限次使用，累计使用不超过8小时。职业暴露人员使用口罩不超过4小时，不可重复使用[1]。（5）特殊人群佩戴指南。孕妇佩戴防护口罩，应注意结合自身条件，选择舒适性比较好的产品。儿童处在生长发育阶段，脸型小，选择儿童防护口罩。不建议老年人使用KN95、N95等防护口罩，因为其密闭性太强，呼吸阻力较大，长期佩戴后可能出现缺氧，从而导致胸闷、气短、憋喘等呼吸困难症状。患有心血管疾

---

[1] 国务院应对新型冠状病毒肺炎疫情联防联控机制.公众科学戴口罩指引〔2020〕33号.

病、呼吸系统疾病的老年人更要谨慎；不推荐使用棉布口罩、海绵口罩[1]。

专栏3-1　9种不佩戴口罩的场景和6种要佩戴口罩的场景

9种不佩戴口罩的场景：
1. 田间地头、森林滩涂、牧场草原等农林牧副渔户外；
2. 建筑工地、野外勘探、高空作业等户外人员不密集的地方；
3. 在户外空旷的地方，比如公园、景区、绿道、大街等；
4. 在人员稀少的地方活动，比如走路、散步、骑车、购物等；
5. 室内外运动时；
6. 个人独处时；
7. 独自开车时；
8. 健康的家人、朋友一同乘坐私家车时；
9. 一岁以内的婴幼儿一般不能戴口罩，易引起窒息。

6种要佩戴口罩的场景：
1. 出现发热、干咳等呼吸道症状的人；
2. 与有发热、咳嗽等呼吸道症状病人接触时；
3. 在医疗机构就诊或医院探望病人时；
4. 在机场、火车站、高铁站等人员密集场所；
5. 乘坐出租车、公交车、地铁等公共交通工具；
6. 在密闭和人员密集的商场、超市、银行等公共场所；

（资料来源：成都市人民政府.科学戴口罩的"1+1+12+9"[EB/OL].http：//www.chengdu.gov.cn/chengdu/c135628/2020-03/27/content_d718dcb087aa44a1acf22f38bc643ca7.shtml）

（三）日常旅游行为习惯防控要点。（1）旅途洗手防控要点。正确洗手是预防疾病感染有效措施，推荐用肥皂和清水充分洗手。为了避免旅途中经手传播传染性疾病，应视具体情况调整洗手频率。在咳嗽或打喷嚏后、吃饭前、制备食品全过程、厕后、手脏时、接触他人后、接触动物或物品后（如扶手、门柄、电梯按钮、钱币、快递等物品）要及时洗手；抱孩子前、喂孩子前、处理婴儿粪便等后要及时洗手。用洗手液或肥皂在流动水下洗手。北京协和医院录制了《七步洗手法》的视频，推荐洗手要领包括7个步骤，简称"内、外、夹、弓、大、立、腕"，即第一步（内）：洗手掌，流水湿润双手，涂抹洗手液（或肥皂），掌心相对，手指并拢相互揉搓；第二步（外）：洗背侧指缝，手心对手背沿指缝相互揉搓，双手交换进行；第三步（夹）：洗掌侧指缝，掌心相对，双手交叉沿指缝相

---

[1] 国家卫生健康委老龄健康司.老年人新型冠状病毒肺炎防护问答[M].北京：中国人口出版社，2020：5.

互揉搓；第四步（弓）：洗指背，弯曲各手指关节，半握拳把指背放在另一手掌心旋转揉搓，双手交换进行；第五步（大）：洗拇指，一手握另一手大拇指旋转揉搓，双手交换进行；第六步（立）：洗指尖，弯曲各手指关节，把指尖合拢在另一手掌心旋转揉搓，双手交换进行；第七步（腕）：洗手腕、手臂，揉搓手腕、手臂，双手交换进行[1]。除了手卫生，还要注意手机消毒，每次外出回来后，建议关闭手机电源，待手机彻底关机后，蘸取适量酒精或使用消毒湿巾擦拭手机表面，并做好手卫生。尽量避免乘坐拥挤的电梯，避免手部直接碰触电梯按键，离开电梯后做好手部清洁。（2）旅途如厕防控要点。正确使用卫生厕所，有助于预防传染性疾病。要尽可能选择卫生厕所，卫生厕所要保证"三不"：天不漏雨、人不露身、地不露粪；"两无"：无蝇蛆、无臭味；还要保证分辨进行无害化处理。粪便中含有很多对人体健康有害的病原体（致病细菌、致病病毒、寄生虫及寄生虫卵），建造和使用卫生厕所是从源头控制相关传染病和寄生虫病的首要手段[2]。使用公共卫生间时应注意正确佩戴口罩，如厕前后注意冲水。便后洗手很关键，推荐使用"内、外、夹、弓、大、立、腕"7步洗手法。如不是自动感应水龙头，应在手部清洗结束后捧起一些水，冲淋水龙头，再关闭水龙头。完成以上步骤后，用清洁毛巾或纸巾擦干双手，也可用吹干机吹干。（3）手套佩戴防控要点。以下情况使用手套：接触大量污染物时；手上有破口，从事可能接触污染物品或污染的物体表面的操作时；疫情严重，周边疑似或确诊病例频频出现时，外出戴手套；疫情逐渐升级，外出戴手套。不推荐为了防被传染，在家中或户外无危险的情况下长时间使用手套。戴手套是为了要强化自己的意识，戴手套的手不能到处乱摸。长期戴橡胶手套，手会因不透气而皮肤异常，且防污染意识会下降，甚至戴着手套摸脸、摸鼻子、摸嘴巴等，这时就很危险了。注意双向防护，既保护自己也保护别人。如果你戴着手套接触了污物，没有及时更换手套，还到处乱摸，那你只保护了你自己，周边的人都将随之遭殃。所以强化自己的意识，只在接触污染物或手上有破口时戴，在疫源地戴。用后及时处置。操作结束立即脱手套后洗手，

---

1 北京协和医院.北京协和医院拍摄制作的个人防护小视频来啦！[EB/OL].（2020-02-01）.https://www.pumch.cn/detail/22548.html.

2 中国疾病预防控制中心.正确使用卫生厕所[EB/OL].（2020-03-16）.http://www.chinacdc.cn/jkzt/crb/zl/szkb_11803/jszl_2275/202003/t20200316_214430.html.

一次性手套放入袋子弃于垃圾桶，复用手套立即清洗，需要时消毒后清洗[1]。（4）旅途特殊情况处置要点。如若被传染病患者血液、体液、分泌物、呕吐物、排泄物等污染物污染，需及时进行消毒处理：皮肤若被污染物污染时应立即清除污染物，然后用一次性吸水材料蘸取0.5%碘伏消毒液或含氯消毒剂和过氧化氢消毒剂擦拭消毒3分钟以上，使用清水清洗干净；黏膜若被污染物污染时应用大量生理盐水冲洗；衣物若被污染物污染时按患者衣物处理，若无肉眼可见污染物的可用流通蒸汽或煮沸消毒30分钟，或先用500mg/L的含氯消毒剂浸泡30分钟，然后按常规清洗，贵重衣物可选用环氧乙烷灭菌方法进行消毒处理[2]。（5）旅途电梯乘坐防控要点。疫情流行期间，尽量避免乘坐电梯。如确需乘坐，要佩戴一次性使用医用口罩，尽量选择人少的时候乘坐，并与他人保持一定距离，尽量避免用手指直接接触按钮。如手指直接接触电梯按钮，不要直接触碰口、眼、鼻，并及时洗手。每日及时对电梯间进行消毒[3]。（6）旅途错误行为指正。没有洗手就戴口罩，容易使手上的细菌、病毒接触到口罩内测，从而接触口鼻；正确做法是在戴口罩前洗手或使用速干手消毒剂。随手放置口罩容易导致口罩的内侧受到污染，也要注意如若口罩外侧已经被污染，也会污染触及的其他物品；正确做法是单手拉口罩带取下口罩，向内对折并放入透气的袋子、信封里，然后洗手。摸口罩内侧和外侧，使用过的口罩表面存在细菌和病毒；正确做法是摸过外侧，及时洗手；没有清洁的手碰到内侧，要考虑丢弃口罩。饭前不洗手，可能将受伤的细菌和病毒随食物带入肚中；正确做法是在公共场所吃饭时，寻与他人保持一定距离的适当位置，摘下口罩，按照正确步骤洗手后就餐，餐后洗手并重新戴上口罩。如果手上有细菌和病毒，揉眼睛可能造成结膜感染；正确做法是随身携带消毒湿巾或免洗洗手液，洗完再擦眼睛。用手捂嘴咳嗽、打喷嚏，细菌和病毒会随着唾液扩散，且手继续摸到的地方也会被污染；正确做法是用纸巾或手肘将口鼻遮住，用

---

1 新民晚报.疫情期间外出有哪些注意事项？[EB/OL].（2020-02-26）.http：//paper.xinmin.cn/html/home/2020-02-26/01/2627.html.

2 定西日报.新型冠状病毒感染的肺炎防控知识（三）[EB/OL].（2020-02-03）.http：//szb.dingxidaily.com/rb/20200203/Articel03007QY.htm.

3 经济日报.乘坐电梯有哪些注意事项？[EB/OL].（2020-02-18）.http：//www.txglxx.com/zhanyizhuanti/xinwendongtai/649.html.

过的纸巾扔进封闭的垃圾桶，咳嗽或打喷嚏后洗手[1]。

（四）旅行重要环节卫生防控要点。旅游过程中，食、住、行、游、购、娱等各个环节，都需要注意卫生健康，把这次防控的应急行为内化为我们长期的卫生健康习惯。（1）旅行中"食"的卫生防控。旅途中保持身体健康的首要问题就是注意防止"病从口入"。旅行中的饮食卫生，主要包括以下五个方面：一是注意饮水卫生。通常情况下，不能饮用生水。旅途饮水应以开水和消毒净化过的自来水为最佳，其次是山泉和深井水，避免引用未经过过滤和烧煮的江水、河水、塘水和湖水。无合格水可饮时，可用瓜果代水。二是注意瓜果卫生。瓜果一定要洗净或去皮才能食用。因为瓜果除了在种植时受农药污染，采摘与销售过程中也会受到病菌或寄生虫的污染。三是注意三餐卫生。认真谨慎对待旅途中的每一顿饭，不可饥不择食。通常来说，高、中档的餐饮店可放心吃，路边的大排档可有选择地吃，街边的小摊位或摆卖（推车卖）尽量不要吃。四是注意饭店卫生。学会鉴别饮食店卫生是否合格。合格的一般标准是有卫生许可证，有清洁的水源，有消毒设备，食品原料新鲜，无蚊蝇，有防尘设备，周围环境干净，收款人员不接触食品且钱票与食品保持相当距离。五是注意饮食节制。在车船或飞机上要节制饮食。乘行时，由于没有有运动条件，食物的消化过程延长、速度减慢，如果不节制饮食，必然增加胃肠的负担，引起肠胃不适[2]。（2）旅行中"住"的卫生防控。在旅游住宿环节中的卫生防控应该注意以下要点，在选择住宿地点之前，在点评网站上搜索其评价内容，并对自己主要关注的意见进行重点筛选，这里要注意的是需要排除一些刷单内容以及恶意差评才能知道酒店/民宿的真实情况。在入住酒店前要观看酒店是否有展示自己的卫生许可证，如没有公开展示，游客有权利要求酒店出示，如若酒店不配合，可以选择退订或者向相关部门进行举报。房间的选择及使用，在潮湿的地区，尽量选择带窗朝阳的房间，这样有利于房间通风，防止房间因长久潮湿、阴暗而产生霉变并且出现细菌和爬虫。在入住之前，要先检查床垫是否有明显霉变、污渍、异味、潮湿等情况。如果条件或者

---

1 从细节处防范病毒，避免八个错误动作[EB/OL].（2020-02-16）.http://www.cisau.com.cn/3g/show.asp?m=1&d=53593.

2 中国国际旅行卫生保健协会.旅行中饮食卫生的注意事项[EB/OL].http://www.itha.org.cn/lxjk/65678.htm.

行李空间允许,最好自带一身睡衣,因为消过毒的床单一般 pH 值偏高,不适合直接接触皮肤。对卫生间进行检查,如果有霉菌和虫子,应及时联系酒店进行灭菌杀虫处理并更换房间,换的房间尽量远离原房间。注意房内的细节防护,在使用热水壶以及杯子前,确保先烧 2~3 壶开水,并用刚烧开的开水冲洗水杯,为水壶与水杯进行简单的高温消毒处理。使用酒店毛巾前,在流水下用香皂或洗衣粉反复揉搓冲洗,香皂针对金黄色葡萄球菌与大肠杆菌有一定的杀菌作用。使用马桶前,用肥皂水擦拭,再用清水冲洗后再进行使用,或使用一次性马桶坐垫。行李尽量放在桌子上,并拉上拉链。为保险起见,可以给行李套个塑料袋。入住酒店最好自带洗漱等用品,如果不得不使用酒店的一次性用品,要检查一次性用品的生产厂家,以及是否密封完好。此外,在发生公共卫生疫情,有时酒店成为隔离场所。当遇到疫情时游客可能会被隔离,隔离地点通常为旅游目的地或者居住地的定点隔离酒店,要注意以下事项确保自身及他人健康:隔离酒店期间,不可以离开房间,居住时应该询问空调状况,如果是中央空调则尽量不要使用。被隔离期间要在送物品的人员离开后再拿取。自己用过的物品要根据隔离点的要求进行分类防止,尤其是与体液接触的物品不可随意丢弃。(3)旅行中"行"的卫生防控。交通工具是一个相对于密闭的环境,在客运量大时,处于同一密闭空间的人员密度也会增加。在流行感冒、传染性呼吸系统疾病等能通过飞沫形式传播的疾病的好发时期,在乘坐交通工具的过程中的防护措施是否到位会显得尤其重要。即使不是在疾病的高发期,也要做好充分的自我防护,对自己和他人健康负责。乘坐公共交通工具,游客之间尽量保持一定距离,有条件时,隔位或分散而坐。在不得已乘坐拥挤交通工具,无法保持距离的时候,尽量避免与其他乘客出现面对面的情况。要听从公共交通工作人员的安排,做好个人防护。当有疑似或确诊病例出现时,听从工作人员的指令,及时自我隔离,听从安排进行排查检测,不可私自离开。公共交通工具车厢通风方式首选自然通风,有条件开窗的公共交通工具可开窗低速行驶,或在停驶期间开窗通风,也可采用机械排风。如使用空调,应保证空调系统供风安全。场站内和车厢中应设立应急区域[1]。尽量使

---

1 新华网.乘坐公共交通工具 如何做好个人防护[EB/OL].(2020-02-16).http://m.xinhuanet.com/hq/2020-02/16/c_1125580850.htm.

用无接触式付费方式,乘车后按规范洗手,全程佩戴口罩,减少交流。(4)旅行中"游"的卫生防控。游客要增强防疫意识,积极培养分时段预约参观习惯,根据自身实际科学规划游览线路和游览时长。积极做好个人防护,配合景区测量体温,出现身体不适等情况应第一时间告知景区工作人员。(5)旅行中"购"的卫生防控。购物场所往往是人员密集区域,碰到通过呼吸道传播的疾病时存在隐患。前往购物场所前,要准备好口罩,可自备一小瓶免洗手消毒液或者一包含有酒精的消毒湿巾等产品。尽量减少购物停留时间,选购时与他人保持距离,不要购买来源不明的野生"土特产",尤其是不购买野生动物制品。尽量避免触碰公共扶手等有较多人触碰的地方,必须接触之后一定要及时清洁双手。在公共场所避免用手触碰口、鼻、眼及伤口。尽量走楼梯或者是乘坐电动扶梯,尽量减少乘坐厢式电梯。可以进行免费品尝的食品,不要用手直接接触,要向销售人员索取牙签、叉子等一次性用品,并且要注意销售人员是否有将一次性牙签及纸杯回收使用,或者有无过期变质,如果发现,不可食用。排队结算时要与前人保持一定的距离,尤其是当前面的游客出现咳嗽等症状时,及时更换结算窗口,不要过久停留。结算时可以选择非接触结算方式,如不使用现金进行结算、使用部分商场提供自助结算服务等。(6)旅行中"娱"的卫生防控。娱乐场所人员密集容易引发交叉感染,要减少甚至不去密闭性娱乐场所。在泳池游泳时要观察泳池的消毒换水日期是否为最新日期,观察泳池水以及环境是否洁净,有无蛰咬人的蚊虫。直接接触的娱乐设施要观察消毒清洁日期是否为当日日期,如果不是当日日期,请勿使用。对于直接接触眼、嘴、鼻的娱乐设施要观察有无一人一用一消毒,如VR眼镜或者影院3D眼镜,若未进行及时消毒,会有感染眼部传染性疾病的风险。美容、足疗、按摩、整形、文身等时,应关注相关机构的资质,所用物品是否是一次性、无菌、消毒、清洁的,在进行操作时是否对操作部位进行了消毒,以及人员的个人卫生问题。游戏娱乐场所反复使用的虚拟币在使用期间不要用接触过虚拟币的手接触眼睛、嘴巴与鼻子等部位,以免引起细菌感染和疾病传播。

(五)旅行主要流行疾病防控要点。针对常见的流行疾病,主要采取相应的防控措施。(1)呼吸道传染疾病的传播途径及预防措施。主要是通过近距离空气飞沫传播,或者通过病人打喷嚏、咳嗽等方式,将病毒排出体外并悬浮于空中,形成"病毒气溶胶",易感者在吸入带有病毒的飞沫或者"病毒气溶胶"后会被传染,常见有流行性感冒、麻疹、水痘、风疹、流脑、流行性腮腺炎、肺结核等[1]。有相当一部分呼吸道传染疾病也会通过接触传播。防控要点：不随地吐痰，避免在人前打喷嚏、咳嗽、清洁鼻腔，且事后应洗手；确保住所或活动场所通风，避免去人多或相对密闭的地方，应注意戴口罩；保持乐观稳定的心态，均衡饮食，多喝汤饮水，注意保暖，避免疲劳，足够的睡眠以及在空旷场所做适量运动等[2]这些良好的生活习惯有助于提高人体对病毒的抵抗能力；加强个人的卫生意识，倡导和培养个人呼吸道卫生和预防习惯，保持环境清洁、合理加工烹饪食物等；部分疾病可以通过注射疫苗的方式进行预防。（2）消化道传染疾病的传播途径及预防措施。主要是通过病人的排泄物（如呕吐物、粪便等）传播，病原体随排泄物排出病人或携带者体外，经过生活接触污染了手、水、食品和食具吃入体内而感染。常见的消化道传染病有细菌性痢疾、脊髓灰质炎（即小儿麻痹症）、伤寒、副伤寒、霍乱、副霍乱、阿米巴痢疾、各种肠道病毒感染（如柯萨奇病毒、埃可病毒等）、细菌性食物中毒以及各种肠道寄生虫病（如蛔虫病、绦虫病、蛲虫病、姜片虫病）等。[3]防控要点：养成良好的卫生习惯，做好预防工作，不喝生水，不吃变质、不干净的食物，如果是从冰箱里长期保存的食物，要煮熟热透再食用；在旅途中一旦出现腹泻、呕吐，要及时到各医院的肠道门诊进行就诊；部分疾病可以通过注射疫苗的方式进行预防。（3）接触传染疾病的传播途径及预防措施。指病原体通过媒介物直接或间接接触，直接接触传播指病原体从传染源直接传播至易感者合适的侵入门户，间接接触传播指间接接触了被污染的物品所造成的传播[4]。包括通过血液传播、性传播、体液传播等途径的传染性疾病，如乙型肝炎、艾滋病、手足口病等。预防措施：不发生不洁性行为；如果进行有创治疗要警惕未彻底消毒的设备、重复使用的污染性器材和不安全的注射行为等；拒绝在卫生条件不佳的地区进行文身、穿孔等操作；避免与患有此类疾病的患者接触，在接触后及时进

---

1 章俊霞.季节性传染病的控制[J].临床合理用药杂志，2014，7（11）：115.

2 中小学公共安全教育读本编委会.中学公共安全教育读本（高中全一册）[M].广州：中山大学出版社，2008.

3 汪华.甲型H1N1流感和常见传染病预防教育读本[M].南京：江苏科学技术出版社，2009.

4 医学教育网.接触传播[EB/OL].（2010-01-19）.http://www.med66.com/new/47a210aa2010/2010119renyej163926.shtml.

行消毒清洗；避免接触啮齿类和蝙蝠，在裂谷热和克里米亚—刚果出血热流行地区避免接触家畜；使用杀虫剂处理过的蚊帐和使用驱避剂以便预防感染媒介传播性疾病；避免直接接触疑似感染患者的尸体。避免接触或食用灵长类、蝙蝠和其他丛林动物肉类；避免进入有蝙蝠栖息的洞穴或矿井；部分疾病可以通过注射疫苗的方式进行预防。（4）虫媒传播疾病的传播途径及预防措施。指病原体通过昆虫或其他节肢动物引起易感者感染的疾病，分机械性传播（如蝇传播痢疾、伤寒等）和生物性传播（如蚊传播疟疾、丝虫病等）[1]。防控要点：重点预防与传染源以及传播媒介接触，切断与传染源以及传播媒介的接触机会；远离蚊虫较多的地区，在前往蚊虫较多的地区之前要喷防蚊喷雾或者采取物理防蚊虫措施，如穿防蚊衣等；部分虫媒传播疾病可以通过注射疫苗的方式进行预防。

（六）运动病发病人群及预防要点。运动病又称晕动病（motion sickness），是因机体暴露于运动环境中，受不适宜的运动环境的刺激而引起头晕、上腹部不适、恶心、呕吐、出冷汗、面色苍白等前庭和自主神经反应为主的症候群。人群中有近1/3人因晕动病影响他们在陆上、海上及空中的旅行。通俗来说，运动病就是人们常说的晕车、晕机、晕船等[2]。只要运动加速度达到或超过一定限度，尤其是更为复杂的复合加速度运动，如飞机在恶劣状况下不平稳飞行或航天飞机起降等情况下，任何人都可能发生运动病。是否发生运动病与每个个体身体平衡能力和身体状况相关。有几个人群更易引发运动病：2~12岁儿童，儿童相应器官功能尚未发育成熟，因而更容易发生运动病，而2岁以下的幼儿因为相关器官功能没有发育缺位而反倒不容易发生。女性，尤其是怀孕、经期，或服用女性激素的女性更容易发生运动病。偏头痛患者，尤其是偏头痛发作时。服用容易引起恶心和消化道不适副作用药物，如阿奇霉素、红霉素、甲硝唑等抗菌药，避孕药等含有雌激素的药物，布洛芬、萘普生、吲哚美辛（消炎痛）等非甾体类消炎止痛药等，更容易引发运动病。预防措施主要有：（1）运动病的发生是与个体"能力"相关的一种暂时性不适，日常加强这种能力的锻炼以增强适应能力就是最根本的防治措

---

[1] 夏征农.大辞海[M].上海：上海辞书出版社，2003.
[2] 王尔贵，薛龙增，张炳新，高建林.晕动病的病因及防治[J].听力学及言语疾病杂志，2002（4）：276-279.

施。训练可以从易到难循序渐进，比如开始进行急转急停、爬软梯等运动，过渡到倒立、滚翻等训练，最后进行更复杂的秋千、旋转运动等。（2）旅行前一定时间段内避免服用含有酒精和咖啡饮料，避免过饱尤其是避免进食油腻、高蛋白含量等胃排空缓慢的食物。（3）预订或者选择各种交通工具中颠簸幅度最小的座位，即中部中间位置的座位。如汽车中靠近前中部的座位；飞机中部即靠近机翼，又位于机体中间部位的座位；船舶则选择中部尽量与甲板同一水平的座位。（4）头部尽量固定在靠垫上，永远面向运动的前方。头部尽量固定是为了减低头部运动幅度，降低对前庭感受器的刺激；面向运动方向前方是为了保持视觉输入和前庭感受器输入信息的一致性，如果面向运动的相反方向，那么视觉输入的运动方向将与前庭感受器所感受的信息相反，容易引发和加剧运动病的反应。（5）平视外部物体。行驶过程中要尽量保持平视，并观看运载器外部的景物，这样同样是为了保持视觉输入与前庭感受器输入信息的一致性。也可以"闭目养神"，可以切断视觉运动信息传入。尽量不要阅读，阅读导致视觉输入产生小幅度频繁相反方向运动的错觉。在上下颠簸剧烈的船舶中，如果条件许可，旅游者可采取头向运动前方的水平俯卧位，可以降低频繁上下垂直运动（即颠簸）对前庭感受器的冲击。（6）避免吸烟并远离其他吸烟者。（7）对于运动病防治，药物仍然是最有效的措施。具有明显中枢神经抑制作用的第一代抗组胺药是使用最频繁和广泛的运动病防治药物，而没有镇静作用的第2、3代抗组胺药则无效。最常用茶苯海明（也叫乘晕宁、晕海宁），需要提前30~60分钟服用，间隔4~6小时可以重复使用。具有抗胆碱能和中枢抑制作用的东莨菪碱是另一种常用抗运动病药物，通常可以口服，还有皮肤贴剂。抗多巴胺药物丙氯拉嗪，胃复安常用于止吐治疗。（8）儿童用药：2~12岁的儿童，可于出发前1小时按照1~1.5毫克/公斤剂量给予茶苯海明，或者0.5~1毫克/公斤剂量给予苯海拉明（最大剂量25毫克），每6~8小时可以重复给药。有部分证据显示有少数儿童应用这类药物后出现躁动，因此FDA不提倡抗组胺药用于儿童运动病的防治。东莨菪碱对儿童可能导致不良影响，因此不应该用于儿童运动病防治，慎用丙氯拉嗪和胃复安[1]。

---

[1] 旅行健康常识——运动病[EB/OL].（2013-11-20）.http://www.360doc.com/content/13/1120/08/2283188_330667562.shtml.

（七）旅行心理健康疏导提升要点。(1) 游前树立信心。在前往目的地之前，做好充分的用物准备与心理准备，让自己免除面对未知的恐慌。建立自我信心，相信自己能够融入旅游团队，能够适应目的地的生活，具有可以面对恐惧和焦虑的信心。(2) 科学评估放心。出行前充分了解自身情况，对自己是否能参加即将进行的旅游活动进行评估，根据评估选择合适的旅游活动，不能够参加超自身能力范围过多的旅游活动，否则会带来心理上的挫败感甚至威胁到生理健康与生命；如果旅游活动低于自身能力范围过多，则不能够在旅游活动获得充分的满足感、成就感，健康的提升范围也会较低。(3) 保持乐观悦心。遇到事情不急躁，不让冲动的情绪带动游客做出冲动行为，应保持冷静与乐观的态度，遇到问题应先进行思考和判断，并理性地提出解决问题的思路与方法。学会欣赏和享受旅游中带来的惬意与乐趣，不因过度纠结小烦恼而损失旅游中的大乐趣，如解决不了向导游寻求帮助。一些来自他人、自然的、社会的突发事件不可避免，突发事件导致的后果可能包括财产损失、身体伤害、心理损伤等，如果在旅途中遇到了会导致游客心理被冲击的事件，应该及时与导游沟通进行心理疏导或者在旅途结束后及时联系心理咨询师进行咨询与心理疏导。(4) 疏导恐慌定心。如果旅行中碰到疫情，要科学应对疫情带来的心理恐慌情绪，通过政府、权威机构发布的信息，了解相关疫情、防控知识等相关信息，减少虚假或不科学信息对自己的误导，不信谣、不传谣，主动、积极采取个人防护措施。维持规律作息，合理安排工作、学习和生活，追求内心充实。吃好三餐，多喝水，进行适度的运动，提高免疫力。科学调适心情，通过正规、专业、权威渠道学习深呼吸、冥想等方式，保持平和心态。(5) 及时沟通舒心。多与家人和朋友进行交流沟通，互助共同摆脱不良情绪，做到自助与助人。如果负面情绪持续时间比较长并难以缓解，影响正常生活，自己无法解决，应及时寻求精神卫生、心理健康等专业人员的帮助。

（八）海外华人出入境防控要点。(1) 疫情严重地区中国公民防控措施。目前仍在境外的人员，根据当地疫情形势，减少不必要的外出，尽量不去人群聚集的地方，做好个人防护，戴好口罩，勤洗手。若接触确诊病例，或出现可疑症状一定要及时就医。目前，疫情比较严重的国家还没有完全断绝与外界的公共交通，所以在当地的人员可以选择以直航或者是中转绕道的方式回国。在当地的中国公民积极配合驻在国疫情防控措施，加强自身的防护。如果遇到紧急情况，及时向当地政府有关部门求助,并与中国驻当地使领馆联系。如果疫情进一步发展,在当地人员的健康安全受到严重威胁,采取必要措施,积极协助和安排回国[1]。(2)滞留海外公民回国办法。针对我国公民在外滞留的问题,民航局建立了国际航班计划协调机制,每周协调中外航空公司编排航班计划,并定期发布,为中外旅客往来和物资运输提供必要的运输保障。根据疫情变化,滞留海外公民与我国驻外使领馆保持密切联系,如有需要,将及时安排加班或包机接回我国在外公民[2]。(3)回国期间防控措施。如果已决定回国,应本着对自己、家人及社会负责的态度,做好体温监测,确保自己没有发热、咳嗽等症状,提前联系家人或单位,主动向居住地基层政府报告登记,主动申报健康信息,优化返程线路,减少中途换乘交通工具次数,尽可能避免途经有疫情发生的境外国家和地区,做好自我防护。同时要配合相关部门做好隔离医学观察、流行病学调查等各项卫生检疫措施,尽最大可能防止疫情扩散。密切跟踪国内外的疫情发展,多渠道全方位收集各种疫情信息,及时开展研判[3]。全面启动健康申报制度。要求所有出入境人员都必须进行健康申报,海关在口岸对申报内容进行审核,严格排查有没有症状,有没有在14天内到过疫情发生的地区或者是国家,以及有没有接触史。出境人员在到达口岸之前就可以使用手机小程序来进行填报,生成一个二维码,在口岸扫码验放。严格开展出入境检疫。海关对所有出入境人员严格实施"三查、三排、一转运"的检疫措施[4]。(4)入境后的防控措施。对外国公民和本国公民一视同仁,无差别地执行相应措施,并且会充分照顾当事人的合理关切,尊重宗教和风俗习惯。入境后,所在的社区还将为其提供必要的保障和协助,帮助解决好生活方面的实际困难[5]。

---

1 中华人民共和国国家卫生健康委员会.2020年3月1日新闻发布会文字实录[EB/OL].(2020-03-01).http://www.nhc.gov.cn/xcs/fkdt/202003/bfd0b2ffd57741abb58423b956ba6a8f.shtml.

2 中国民航局:已为我国滞留海外的公民建立国际航班计划协调机制[EB/OL].(2020-03-01). http://App.bbtnews.com.cn/?App=article&controller=article&action=show&contentid=338827.

3 新华网.重庆通报一起境外输入病例活动轨迹 给市民三大建议[EB/OL].((2020-03-30).http://m.xinhuanet.com/cq/2020-03/30/c_1125785985.htm.

4 新京报.所有出入境人员严格实施"三查、三排、一转运"检疫措施[EB/OL].(2020-03-01). http://www.bjnews.com.cn/feature/2020/03/01/697442.html.

5 中华人民共和国国家卫生健康委员会.2020年3月1日新闻发布会文字实录[EB/OL].(2020-03-01).http://www.nhc.gov.cn/xcs/fkdt/202003/bfd0b2ffd57741abb58423b956ba6a8f.shtml.

三、特殊人群旅游健康注意事项及救护

随着人们物质生活水平的提升，旅游逐渐成为日常生活的一部分。人们越走越远，走出国门，走向世界。出游的主体包含了各年龄段、各类型人群，但是这些人群是否能够承受长途的奔波？是否能够适应旅游目的地的气候条件和生活环境？旅途中应该关注哪些健康问题？不同人群在旅游过程中的防护措施和注意事项是什么？这些问题目前还未引起旅游者的足够重视，据相关研究显示，只有8%的旅游者会在出游前进行旅行健康咨询。然而，旅游者在外游玩期间和游玩归来后生病或死亡的事件时有发生，人们出行前和旅行中的健康防护问题，尤其是特殊人群的旅行健康防护问题亟待引起人们重视。基于此，本部针对老年人、儿童、孕妇、老人、残障人士和常见慢性病患者这五类特殊人群，分别阐述旅程中应采取的卫生健康防护注意事项及救援措施。

（一）老年人旅行的注意事项及救护。我国老龄化现象日益凸显，老年人已成为旅游活动和旅游消费中不可忽略且十分重要的群体。老年人因自身身体机能下降，与其他旅游主体相比，反应能力较为迟缓、视力听力略微下降，老年人在旅途中需要在目的地、交通工具、出行时间、旅游住宿和衣物药品的选择、旅行前身体的检查，以及旅行中身体状态等方面更加注意卫生健康防护的问题。（1）旅行前的健康检查。老年人应在旅行前进行身体检查，在征得医生同意后方可进行旅游活动，并建议结伴而行。对于患有慢性疾病的老年人，即使体检合格，也应详细咨询医生自己在途中所需的注意事项。依据自身健康状况，选定旅游地点，安排旅行日程，注意不可勉强前往自己身体状况不适合的地区。务必带常用药和一些急救用品，若晕车、船，应带上防晕药物。（2）旅游目的地的选择。不建议前往有疫情发生的地区旅行。尽量避免选择偏远地区或高海拔地区，最好选择淡季出行，除了能享受淡季的折扣优惠外还能够避开旅游旺季和黄金周等高峰期的高密度人流，避免产生由此带来的不适感。4~6月以及10~12月是老年人出游的最佳时间，气温适宜，在舒适的天气下出游，老年人不易生病[1]。旅游时间一般

---

[1] 老年人外出旅游应注意哪些事项[J].新农村，2010（5）：48.

以一星期为宜，旅游时间过长，体力消耗过多，对身体健康反而不利[1]。（3）出游时间和方式的选择。天气太冷或太热都不适合老年人出行，因此应该尽量避免选择夏季和冬季旅游，春季和秋季是老年人旅游的最佳时机。飞机是最快捷、劳累度最低的一种出行方式，对于想要长途旅行的老年人来说，是一种较为理想的交通方式。为减少和防止飞行中的医学急症，对近期出院的老年人、有医学问题的老年人、患有慢性进行性加重性疾病老年人（如心力衰竭、慢性通气障碍）以及记忆或认知缺失的老年人和欲连续飞行超过 6 小时的 65 岁以上的老年人[2]，应做飞行前的医学评估。对于短途旅行，建议老年人选择火车或豪华型邮轮作为出行方式。这两种出行方式空间相对较大，安全性较高，旅途中可以欣赏沿途风景，享受悠闲时光。（4）旅行前的物品携带。出行前需要关注旅游目的地的天气、温度，根据当地的情况准备好日常用品。选择柔软舒适的休闲鞋或运动鞋，尽量避免穿新鞋，尤其是新皮鞋。老年人患慢性病较多，外出旅游时，除随身携带晕车宁、感冒灵、清凉油、藿香正气水等轻便药物，还应备些特殊的急救药品[3]。比如，冠心病人应随身携带硝酸甘油含片、速效救心丸等急救药品，高血压或糖尿病患者要带好降压降糖药物，应用胰岛素的糖尿病人还要备好口服糖，以便能及时应对低血糖反应或低血糖休克。（5）旅行中的健康防护。旅途中饮食应以清淡为主，少盐、少糖、少油，餐餐有蔬菜，天天吃水果；拒绝食用未煮熟的海鲜产品，不吃野生动物，不喝生水。高龄和体弱消瘦的老年人，可在三餐的基础上增加 2~3 次加餐，加餐主要食用牛奶、鸡蛋、面包、糕点和水果等[4]。外出时自备餐具和水杯。对旅游目的地的地方特色小吃不宜过多食用，以免引起消化不良等症状。老年人体力有限，如若登山要谨慎。乘车时不将手臂倚靠在车窗玻璃上，以免受寒；患有颈椎病或类似疾病的老年游客更要注意，保护好肩部和臂部以防风寒。勤洗手，不与他人共用毛巾等个人用品，保证充足睡眠。注意适

---

1 韩文.中老年保健必读（四）[M].长春：延边大学出版社，2004.
2 杨淑民.老年人慎坐飞机旅行[J].国外医学.护理学分册，2004（6）：255.
3 老年人外出旅游应注意哪些事项[J].新农村，2010（5）：48.
4 国家卫生健康委老龄健康司.老年人新型冠状病毒肺炎防护问答[M].北京：中国人口出版社，2020：12.

当休息,保证休息质量,旅游途中一定不要勉强自己做超出体力和健康范围的运动。(6)旅行中的健康监测。旅途中定时测量体温、血压等日常健康检测,出现发热、咳嗽等症状建议及时就医。随气候变化及时增减衣物,注意防止受凉感冒或天热中暑,注重休息和睡眠,避免过度疲劳,规范使用自备药。老年人遭遇突发病情或意外事故时,在第一时间拨打紧急救助电话,寻求专业医护和救援人员。购买适合老年人的旅游意外保险,提供更好的安全保障。

(二)儿童旅行的注意事项及救护。儿童的身心发展尚未成熟,相较于成年人抵抗力与适应新环境能力较差,因此在旅游中会出现缺乏自我控制和自我照顾的行为,再加上儿童好奇心较强、喜于冒险探索,要特别关注儿童的旅行健康防护。(1)旅行前的准备工作。不到5岁的儿童生理周期并不稳定,通常不会凸显时差问题;5岁以上的儿童在长途旅行中会产生时差效应,建议父母在出发前3天,与孩子共同调整生活步调,提早适应时差,为旅途做好准备,同时,不要忽视在飞机上也是调整时差的好机会。儿童在旅途中往往会因为新环境而兴奋地无法入睡,家长应努力控制、调节孩子的作息时间,为后续旅程的愉快进行养精蓄锐,做好准备。(2)旅游目的地的选择。不选择公共卫生环境和安全健康条件较差的国家或地区旅游。出游前认真仔细调查目标旅游地区是否正在流行传染病,核对检视自己与儿童是否已经接种相关疫苗,若谨慎评估后仍有健康安全风险,请务必根据旅游目的地国家的现实情况,选择疫苗进行预防接种。(3)出游时间和方式的选择。出发前最好请医生评估儿童年龄、健康状况是否适宜出游,对旅游期间所使用的交通工具、居住设备、预计停留时间等都必须事先妥善规划。一般来说,一岁以下的婴儿包括一个月以下的新生儿,免疫力较差,需要在稳定的环境下成长,不适宜出游[1]。3~4岁的儿童正处于多动时期,应该多选择观光休闲为主,儿童的耐心有限,尽量选择短途旅行。旅行的距离最好控制在3小时飞行时间或者5小时车程以内,最好可以直飞,落地后能够方便租车进行自驾游。(4)旅行前的物品携带。儿童对温差的敏感度较低,夏季出游要穿着宽松棉麻的衣物、佩戴防护帽、携带水壶等;冬季出游应穿着温暖舒适的衣物,佩戴帽子、

---

1 人民网.儿童出行安全防范[EB/OL].(2018-07-12).http://health.people.cn/n1/2018/0712/c14739-30143181.html.

手套、携带温水壶等;四季出游,都应携带常备药品,比如退烧药、止咳药等。儿童的肌肤较为敏感,稍有不洁就会产生不良反应,鉴于酒店床上用品均是使用高度消毒水消毒的,家长可以给儿童带一套干净的床上四件套,为婴儿准备日用餐具、专用洗漱用品、奶粉奶瓶等日常用品。(5)疫情期间的旅行防控。儿童应做到:勤洗手、不乱摸、不吃手、不挖鼻孔、不揉眼睛。作息规律,健康饮食。餐具、毛巾等生活用品单独使用。外出一定要戴上口罩。选择人少、通风良好的地方(如公园)玩耍,不去室内游乐场等人员密集、通风不良的场所。外出尽量避免乘坐公共交通,家长或监护人和儿童出行必须做好自身防护,回家后及时更换衣物并洗手。家长或监护人可根据当地疫情形势,电话咨询免疫接种时间,按通知预约时间前往接种,并做好相关防护,部分疫苗可适当延后接种[1]。(6)旅行中的常见疾病及防治。上呼吸道感染是儿童旅行中常见病,症状表现为发烧、喉咙痛、咳嗽、鼻塞等,造成上呼吸道感染的原因主要是在途中飞沫接触传染导致。若儿童有发烧反应,但是无明显上呼吸道感染症状,家长们不必慌乱,在保证孩子充足睡眠的前提下,让其多喝温开水即可;建议发烧38.5℃以上再服用退烧药;若发烧时间持续超过24小时、全身痉挛、活力明显变差、呕吐、腹泻或皮肤出现异常红疹等征兆,就必须送医治疗;一旦发现旅游地区有传染病如麻疹、水痘等,要立刻转移或终止旅游[2]。有些儿童初次到达旅游目的地,会对当地的食物和水产生水土不服,因此要谨慎选择旅途中的食物和饮用水。若发生急性肠胃炎,由于严重而持续的呕吐与腹泻会导致脱水,要立即为孩子施予口服电解液补充,降低胃肠道蠕动的药物切莫在没有医师的指示下服用,以免延长肠道内有害细菌在儿童体内的停留时间。儿童在旅游途中也常见一些皮肤症状,比如尿布疹、昆虫叮咬、脓痂疹、疥疮、念珠菌感染等,要做好相关防护,避免蚊虫叮咬,随身携带外用药膏等备用。儿童对温差的敏感度较低,排汗散热机能不如成年人,耐高温能力差,前往热带国家或国内夏季出游易生热性疾病如热痉挛、热衰竭及中暑,因此要注意防止热伤害,尽量避免正午外出或长期暴露在强烈日

---

1 国务院应对新型冠状病毒肺炎疫情联防联控机制综合组.各类防控技术指南.

2 人民网.儿童出行安全防范[EB/OL].(2018-07-12).http://health.people.cn/n1/2018/0712/c14739-30143181.html.

光下，避免出现头痛、耳鸣、烦躁不安，或因流失水分和盐分过多而产生昏厥，烈日高温要戴遮阳帽，并适当补充水分与电解质。（7）儿童意外伤害急救。家长要特别注意照看生性好动的儿童，如若儿童受到意外伤害，要进行紧急救助。对于轻微的意外伤害，如小刀划破表皮、摔倒破皮、烫出小水泡等，简单处理即可，必要时再前往医院进行治疗。对于严重的意外伤害，如烧伤、烫伤、骨折、毒蛇咬伤、狗咬伤等，要立刻送往医院进行治疗，若处理不当，严重可导致死亡或终生残疾。对于危及生命的意外伤害，如淹溺、触电、雷击、外伤大出血、气管异物、车祸、中毒等，首先要拨打急救电话，然后针对现场情况进行急救处理，比如心肺复苏术，以免贻误救治时机。对于中毒情况，如若孩子发生中毒现象，应立刻联系急救中心。如果孩子是误食毒物中毒，应立即用软布或面巾纸包住手指，取出孩子口中的剩余毒物，并保持孩子的左侧卧位，延缓胃内容物的排空，保持气道通畅，利于呕吐物的排出。如果孩子是接触毒物中毒，要立即用肥皂及流动的水冲洗毒物接触部位。如果孩子是吸入毒物中毒，应立即把孩子带离中毒现场，若孩子已失去意识，应按照意外窒息的急救措施进行抢救[1]。

（三）孕妇旅行的注意事项及救护。孕妇是女性人生中的特殊时期，此期间女性的身体相对虚弱，孕妇出行一定要以安全为前提，需要特殊关爱。（1）旅行前的健康检查。孕妇旅行前咨询医生，身体状况是否适合出游，孕妇要意识到出行有一定风险需慎重考虑。孕早期不适宜旅游，因为胚胎状况还不明朗，可能会有先兆流产的风险，如未进行及时处理，会对孕妇和胚胎造成不可挽回的影响。孕晚期也不宜出行，因为可能会有早产、羊水早破等风险。孕妇在怀孕的第4到第6个月之间出游最为安全，这一时期，孕早期的不适和疲劳已逐渐消失，孕晚期的沉重和肿胀等尚未开始，最适宜出游。（2）不宜出游的特殊情况。有些身体症状特殊的孕妇并不是适合旅游：有流产病史、曾经早产或提早破水；曾经或目前有胎盘异常，如前置胎盘、胎盘剥离；多胞胎怀孕、怀孕有先兆性流产或阴道出血；胎儿有子宫内生长迟缓；心脏衰竭或心脏瓣膜疾病；有妊娠毒血症、高血压或糖尿病、心脏衰竭或心脏瓣膜疾病，曾经有血管栓塞疾病；慢性器官功能异

---

1 海林市人民政府.儿童意外伤害的急救措施[EB/OL].（2013-04-28）.http：//www.hailin.gov.cn/zwgk/yjgl/yjzs/2013/04/4924.htm.

常,需要经常就医或长期服药,如气喘病[1]。(3)旅游目的地的选择。妊娠期间旅游目的地的选择有很多,但是不建议选择有疫情发生的地区,避免前往需要接种疫苗的地区,比如非洲、东南亚等国家和地区,尤其疟疾对孕妇的影响尤为严重,甚至可导致流产。尽量避开人流量大的旅游景点,建议选择人流相对较少、环境舒适、服务质量优良的旅游目的地,最好是休闲旅游目的地,比如自然风景区和度假村。(4)出行方式的选择。孕妇出行要有人陪伴照顾,以防出现意外。选择安全的交通工具,不宜乘坐颠簸强烈、时间较长的长途公共汽车,尽量坐火车或飞机;包括航程在内的路途最好不要超过5小时;若乘坐私家车做长途旅行,最好1~2小时停车一次,孕妇下车步行若干分钟,活动四肢,促进血液循环。(5)旅行前的物品携带。请产检医生建议一些孕期安全药物,如抗腹泻药、肠胃药和止吐药等必备药品;携带产前检查手册、医疗记录等医疗记录;携带钱包、银行卡、适当衣物、健康零食、伞、蚊虫叮咬药膏、卫生用品等日常用品和生活用品。(6)疫情期间的旅行防控。如若处于特殊疫情期间,孕妇应该注意:保持良好生活规律,保证充足睡眠,清淡饮食,均衡营养。生活用品单独使用,不与他人共用。做好自我健康监测,每日测量体温和体重,监测胎心,胎动变化有异常情况及时咨询医生或就诊。尽量选择步行或自驾车外出,外出时,与其他人尽量保持1米以上距离,并全程佩戴口罩。尽量不去封闭、空气不流通的公共场所和人员密集的地方。孕早期、孕中期没有特殊问题的孕妇,在医生的建议和指导下,根据当地疫情形势,确定产检间隔时间[2]。(7)旅行中的健康防护。孕妇旅行要有家人或朋友陪同,不要单人出行。保证充分的休息和睡眠,不穿过高跟的高跟鞋,选择宽松舒适的衣服。选择安全的旅游活动,避免参加登山、滑雪、溜冰、骑马、冲浪等旅游项目。如果旅游目的地没有足够的新鲜水果、蔬菜和蛋白质,应该及时补充足够的矿物质和维生素。特别注意,如若出现下列症状,可能代表有流产或早产的危险,应立即就医并中止旅游:阴道出血、下腹部疼痛、子宫规则收缩、阴道出现水样的分泌物、头痛、视力模糊、四肢水肿、高血压等,出现异常时一定要请人帮助。

---

1 妈妈网.不适合长途旅游的孕妇[EB/OL].http://www.mama.cn/z/art/44022/.
2 国务院应对新型冠状病毒肺炎疫情联防联控机制综合组.各类防控技术指南.

（四）残障人士旅行的注意事项及救护。残障人士依法享有同健康人一样的旅游自由权、旅游方式选择权、旅游知情权、个人旅游信息保护权和旅游服务平等享有权等旅游权。旅行对于残障人士来说已经不是那个遥不可及的梦，随着社会物质文化生活的不断进步，随着无障碍设施建设日益完善等，越来越多的残疾人开始走出家门，享受旅行带来的美好。囿于身体和能力的某些缺陷，旅游能力受限，在旅游活动中具有多种障碍和特殊需求的残障群体，包括但不限于轮椅使用者、移动障碍群体、视障群体、听障群体等，他们的旅行需要特殊关爱[1]。（1）出行方式的选择。大部分残障人士在陌生的环境下独自行动不便，在旅行过程中建议有人陪同，或选择有专业人士带队的特殊旅行团。尽量选择经济水平发达的大城市或者相对成熟的景区，有相对完善的无障碍设备。如视力残疾群体由于视觉感官的限制，倾向于触觉体验性的旅游产品或服务，且对于旅游目的地导游人员或者接待人员的服务水平有着较高的依赖性和期待；听力言语残疾的游客对可视性景观的需求更大，而对于身边的服务与社会环境较为敏感，因此较为偏爱于发展成熟自助性较高的旅游目的地；肢残游客则对观光型及可进入性较高的景点更有兴趣。优先选择有适宜残障人员感官体验的项目；无障碍标识系统完备，无障碍通行和游览设施相对完善；对残障人员友好、志愿服务氛围浓郁；关注残障人员在安全救助方面的特殊需要[2]。（2）旅行前的物品携带。除每日必须随身携带的物品之外，建议残障人士携带残疾人证（残疾人服务一卡通）和残障辅助工具的小型修理装备。残疾人证（残疾人服务一卡通）具有身份识别、业务管理、社会服务、金融应用等多项功能。残疾人持卡就可以享受政府提供的各项服务，比如免费乘坐公交车、进公园等各项福利补贴。以北京市为例，视力残缺人士持卡还可免费乘坐地铁。出示证件的残障人士在旅游中可以享受多种优惠政策。如果选择火车出行，持有中华人民共和国残疾证，残障人士便会被安排在列车两端靠近卫生间和洗手台的位置。景区方面，有31个省、市、自治区明确规定残障人士进入旅游景区可享受免票的优惠政策。携带小型残障设备的修理装备，能够确保残障人士的旅途顺利进行。（3）旅行中的健康防控。要充分

1　杭州市质量技术监督局.残障人员旅游服务规范.
2　刘何丽，田良.残疾人旅游需求及影响因素分析[J].中国残疾人，2015（3）：44-45.

利用无障碍旅游设施和服务。无障碍旅游设施是指在旅游活动中能够帮助残障人员自主、便捷、安全地通行和使用的各种配套设施。无障碍旅游服务是指为了使残障人员在旅游活动中能够顺利完成旅游行程、享受旅游乐趣所提供的各项服务。无障碍旅游信息包括但不限于服务于残障人员旅游需求的无障碍旅游资讯、无障碍旅游产品、无障碍旅游设施以及无障碍旅游服务等信息。根据自身特点，注意旅行顺序和旅行节奏，合理分配游览时间，应避免可能存在安全隐患的旅游项目[1]。

（五）常见慢性病患者旅行的注意事项及救护。世界卫生组织定义慢性病为"病程长且通常情况下发展缓慢的疾病"[2]。常见的慢性病有高血压、糖尿病、哮喘、心脏病等。不建议慢性病患者前往有疫情发生的地区旅行。（1）高血压患者的旅游注意事项。高血压患者不适合快节奏的旅游，应尽量不要选择跟团游，最好选择自助出游，可以控制旅游节奏。自驾出游时也避免长时间驾车。在旅行途中尽量少吃泡面、腌制食品、火腿肠等多盐的食品，多吃新鲜水果，并保证每日饮水量。要备好防寒保暖的衣物，以及血压计、降压药。还需要调整好自己的心态，旅途中尽量不与人发生过激行为，保持平和心态。（2）糖尿病患者的旅游注意事项。糖尿病人最主要一点就是要控制好自己的血糖，出行前先去医院做体检，然后准备好足够的口服降糖药或注射用胰岛素，备好充足的注射器。外出一定要带着血糖仪，旅行时的活动、生活、饮食方式都有较大变化，会影响血糖值，一定要每天及时监测血糖。旅行时一定要准备好适量的食物，以防因延误吃饭而导致的低血糖，同样备好饮用水，以防高渗性昏迷的发生。（3）哮喘病患者的旅游注意事项。哮喘是一种过敏性疾病，要了解目的地气候，备好紧急用药。只要有过敏原的地方就容易发病，所以出行前尽可能多了解目的地的环境和气候，因为花粉、冷空气等环境因素都可能诱发哮喘。（4）心脏病患者的旅游注意事项。出行前到医院做全面检查，经医生确诊病情稳定方可出游，且需要与医生确定出游范围。旅游时要有人陪同，并随身携带病情摘要、近期心电图和一般急救药，如硝酸甘油片、速效救心丸、安定片和地高辛等。每天的活动时间限制在

---

1 杭州市质量技术监督局.残障人员旅游服务规范.
2 世界卫生组织.慢性病[EB/OL].https: //www.who.int/topics/chronic_diseases/zh/.

6小时以内，睡眠休息时间不应少于10小时。时间和日程安排宜松不宜紧，路途宜短不宜长，活动强度宜弱不宜强，避免过度疲劳。出行旅游可能会发生晕车、晕船和胃肠炎等，所以要随身带上晕车药、治疗腹泻的诺氟沙星等，如果发生急性症状，切勿拖延，应及早就医[1]。心血管疾病患者出游时，无论是飞机、火车抑或是自驾行，千万别忘了站起来活动活动。久坐危害大，不仅会导致下肢麻木、血流不畅，更有甚者会引发心脏病。尤其是中老年及心血管疾病患者，一旦血栓随血液循环到心脏，就会有生命危险。在途中坐的时间过长，要起来走动走动，做深呼吸及简单的伸展运动，不仅可以舒缓肌肉痉挛，还可以振作精神；自驾的朋友长时间开车，可在休息区稍作停留，欣赏下沿途风景。如果出现头晕、乏力、胸闷和心悸等症状，应立刻休息，必要时到医院治疗。出门旅游，或是外出买的东西，都要做好保护措施，特别是患有心脏病的老人更是要注意，不管去哪里，都要随身携带一些药物，以防万一。旅游前应根据自己的年龄和体力，合理选择旅游的地点和项目。应随身携带一些常用药和急救药，如感冒药、晕车药、抗过敏药、肠胃药、去痛片等。心脏病患者日常用药千万不能忘记随身携带[2]。

四、四季易发疾病与旅游健康防护措施

不同季节的温度、湿度、天气特征等都有差异，人们外出旅游的活动内容和节奏也不相同，在旅途中易遇见的疾病种类也不同。春天天气回暖，易发生各种疫情和传染病，夏季温度高外出要注意防晒防中暑等，秋季天气转凉需要预防感冒，冬季天气变冷、气候严寒易引发冻伤。这里将介绍不同季节易发生的疾病、其针对性的预防措施以及四季养生常识，做好防护工作会让旅途更安心。

（一）春季易发疾病与防护措施。春天万物复苏，人体气血活动不断加强，新陈代谢变得旺盛，户外活动开始增多。由于天气多变，许多致病的微生物、细

---

1 慢性病人也能出门旅游，但出门前必须了解一些注意事项[EB/OL].（2016-05-25）.https://www.jxhqx.com/news/1085/.

2 秋季心脏病老年人外出旅游注意事项[EB/OL].（2013-08-27）.http://health.sina.com.cn/hc/2013-08-27/1048101369.shtml.

菌、病毒等也会乘虚而入，因此春天是一些传染病的高发季节。常见的传染性疾病有流感、流行性腮腺炎、流行性脑脊髓炎、花粉过敏症、红眼病、皮炎、麻疹、水痘、骨关节病、猩红热等。（1）流行性感冒简称流感是流感病毒引起的急性呼吸道感染，一般表现为高热、全身疼痛、显著乏力、呼吸不畅等，主要传播途径是空气中的飞沫、人与人接触或与被污染物品接触[1]。（2）流行性腮腺炎是由流腮病毒引起的急性传染病，多见于儿童，近年成人也有发病主要表现为全身不适、发热、耳下或下颌角疼痛，以耳垂为中心迅速肿大，张口和咀嚼时疼痛[2]。（3）流行性脑脊髓膜炎简称流脑，是由脑膜炎双球菌引起的急性呼吸道传染病，发病初期类似流行性感冒，会出现咳嗽、头痛、发热、流鼻涕等病症，病菌进入脑脊液后，头痛会加剧，会出现嗜睡、颈部强直、有喷射样呕吐或昏迷休克等症状，传播途径以空气飞沫直接传播为主，人群普遍易感，好发于低龄儿童[3]。（4）花粉过敏症，春季百花齐放，花粉过敏大多会出现眼痒、鼻塞、打喷嚏、流鼻涕、流泪、哮喘等症状。其容易在过敏体质人群、儿童、孕妇、压力大者等人群中发生。花粉过敏症的诱发一方面与旅游者的过敏体质有关，另一方面与现代人的生活方式息息相关。如果在旅途中大量进食海鲜、蛋类、肉制品等高蛋白、高热量食物，会导致体内产生抗体的能力亢进，从而遇到花粉等抗原时，容易发生变态反应；同时，旅游者平日生活受大气污染、水质污染或食品添加剂的影响，不断接触新的过敏源，导致人体接触更多的抗原物质，促使人类发生变态反应性疾病[4]。（5）红眼病是由细菌感染引起的一种常见的急性流行性眼病，主要表征为结膜充血，发病后患者会双眼发红、多眼屎，伴有刺痛、怕光、流泪、早上起床睁不开眼睛等情况[5]，主要通过接触传染，如不清洁的手、公用毛巾、公共脸盆，或游泳时被污染的水等。（6）皮炎的症状普遍表现为皮肤红斑、肿胀、丘疹、水

---

1 郭坤.流行性感冒的诊断治疗方法及预防措施[J].世界最新医学信息文摘，2014（30）：145.

2 杨群超.口腔科急症速查手册[M].石家庄：河北科学技术出版社，2005.

3 刘海峰，梁莉萍，何新生，张宏山.流行性感冒、流行性脑脊髓膜炎的中医药预防治疗[J].中国保健营养（中旬刊），2013（11）：506-507.

4 国际旅行卫生健康资讯网.花粉病发病的原因[EB/OL].（2016-03-28）.http：//www.ithc.cn/article/133303.html.

5 兰博.夏季红眼病高发预防知识不可少[J].现代养生，2015（18）：18-19.

疱、痒痛烧灼感等，多因食物或接触动物皮毛、昆虫、灰尘、空气污染、农药、化肥、洗涤剂、橡塑鞋等引发[1]。（7）麻疹由麻疹病毒引起的急性传染病，主要症状为发热、怕光、流泪、流涕，眼结膜充血，出现口腔黏膜斑及全身斑丘疹[2]。（8）水痘是一种由带状疱疹病毒引起的传染性很强的疾病，症状为中低等发热，接下来会发展成为大批红色斑丘疹，并快速变为清亮的卵圆形的小水疱，24小时后水疱逐渐变浑浊、易溃破，继而从中心干缩、迅速结痂。水痘主要传播途径为呼吸道飞沫、接触被水痘病毒污染的食具、玩具、被褥及毛巾等[3]。（9）骨关节病，初春时气温变化大、早晚温差大，易引发骨关节疾病，症状多为骨关节处疼痛，如钝痛、刀割痛、夜间加重疼痛常放射至颈、背、前臂及手部等。（10）猩红热是由乙型溶血性链球菌引起的急性呼吸道传染病，临床特点为发热，咽峡炎，全身弥漫性皮疹，疹退后伴皮肤脱屑等[4]。春季主要易发疾病防护措施：①流行性感冒。接种流感疫苗，提高身体免疫力，尤其是老年人、儿童等高危人群。在旅途过程中要做好个人卫生，勤洗手、勤换洗衣物。前往人流密集、空气污浊的地区时要佩戴口罩。多喝水、多吃水果和蔬菜，保持摄入维生素，增强流感抵抗力。旅途过程中如遇流感爆发期，应及时停止旅程，如果确诊应隔离治疗。②流行性腮腺炎。最有效的预防方式是接种疫苗，儿童在1.5岁接种一针，6岁接种一针[5]。旅途中佩戴口罩可切断其传播途径。注意旅途中餐具在消毒后使用。勤洗手、勤锻炼、多喝水。合理安排作息时间，加强营养，根据天气和温度变化及时添减衣服。③流行性脑脊髓膜炎。要接种疫苗降低传染病发生概率。增强预防流脑意识，旅途中早发现、早报告、早治疗、早处理。易感人群在旅途中可短期口服磺胺嘧啶或青蓝汤预防流脑。④花粉过敏症。避免与花粉直接接触，带上脱敏药物，如苯海拉明、阿司咪唑等，如症状较轻，可自行口服或外涂药物。⑤红眼病。注意旅行途中所有用具，如毛巾、脸盆、手帕等应单独使用，不用脏手揉搓眼睛，如

---

1 石磊.健康宜忌1000问[M].石家庄：河北科学技术出版社，2006.
2 徐美琴.麻疹的症状和预防措施[J].中国保健营养（中旬刊），2014（2）.
3 章玉瑛.春季流行性疾病的预防[J].农家科技，2013（4）.
4 张东风.猩红热[J].中国实用乡村医生杂志，2004（4）：17-19
5 蒋明昕.流行性腮腺炎的流行病学分析及防治对策[J].当代医学，2013（26）：159-160.

发现有患红眼病者应立即隔离，患者的日常生活用具也应该隔离消毒。⑥皮炎。加强皮肤养护应尽量远离过敏源，若发生过敏性皮炎，可用热水热毛巾盖或进行热水浴，用酸奶做面膜，减少挠痒。⑦麻疹。注意不要太累，旅途中防暴晒风吹，保持皮肤清洁。症状较显著者，应卧床充分休息；伴有高热、头痛、咳嗽、结膜炎者，应及时去医院就诊。⑧水痘。注意日常消毒与清洁，如果发烧，可选择物理退烧法，采用冰枕、毛巾、多喝水等降温，饮食上吃易消化的流质、半流质饮食，注意不要抓破面部的痘疹，以免引起化脓感染，免疫力低者应及时就医，采用抗病毒药物治疗。⑨骨关节病。旅途中应避免过度运动带给骨关节太大压力，适度给骨关节按摩、热敷、用热水泡脚，促进骨关节放松。⑩猩红热。旅途中要讲究个人卫生，勤剪指甲，防止因瘙痒而抓破皮肤，增加感染概率。保持衣物干燥整洁。保持口腔清洁，饮食清淡，多喝水。如与猩红热患者有接触史，尽快服用复方新诺明片等药品预防，并及时就医。

（二）春季健康养生常识。"春气之应，养生之道"，春季养生须掌握"春令之气升发"的特点，保持体内阳气充沛旺盛，才能防病健康。春季养生，需要注意以下几方面：（1）饮食。唐代药王孙思邈说："春日宜省酸，增甘，以养脾气"。即春季饮食宜多甜少酸，温补护阳。春季应多吃含优质蛋白质、糖类及维生素的食品，如禽蛋、大枣、蜂蜜、山药等，多吃新鲜蔬菜如西兰、韭菜、菠菜、荠菜、春笋等。此外多吃红黄色、深绿色蔬菜如胡萝卜、南瓜、芹菜、青椒等有利于恢复精力、消除春困。春季易上火，因此饮食宜清淡，有明显上火症状的人群可以多喝一些绿豆汤、金银花茶、菊花茶、莲子心泡水等去火。春季不宜多食西红柿、山楂、橙子等，这些食物会让肝气旺盛，横逆犯脾，使脾功能下降[1]。（2）运动。《黄帝内经》指出"春三月，此为发陈，天地俱生，万物以荣。夜卧早起，广步于庭，被发缓形，以使志生。"在春天坚持运动，能够提高人体免疫力，减少疾病的发生。春天不宜进行过于剧烈的锻炼项目，选择舒缓的运动项目为宜，如太极拳、散步、慢跑、健美操、放风筝等[2]。（3）穿衣。建议不要过早穿的单薄。北方有个词叫作"春捂"，即春天应该多穿一些衣物，因为刚入春天

---

1 崔欣,赵红岩.春季养生要因人而异[J].工会博览,2017（6）：54-56.
2 刘桂云.春季养生四要素[J].新农村,2019（3）.

之时，北方阴寒未尽，早晚较凉，如果过早穿着单薄的衣物，很容易受凉生病，因此春季衣物的厚度应逐渐减少，不可顿减而受寒。（4）精神情绪。控制情绪，力戒暴怒和忧郁，多与朋友交流，多亲近自然景色，做到心胸开阔、乐观愉悦，利于肝气通顺达、气血畅通。

（三）夏季易发疾病与防护措施。我国各地区普遍夏季高温，因地域、干湿环境的不同，或炎热干燥或湿热多雨。夏季炎热高温，是各种传染病的高发时节。人体阳气浮跃于体表，伴随出汗而排出，导致卫气不足，抵抗力降低，若此时没有保护到位，大量接触外风，容易引发胃肠炎等疾病，同时不能忽视夏季的其他常见病，比如流行性腮腺炎、水痘、细菌性痢疾、乙型脑炎和手足口病等。夏季旅游需要重点防护的健康问题主要有：（1）中暑。夏季具有高温、高湿、强热辐射的特征，这种天气会引起人体体温调节、水盐代谢、循环系统、消化系统等出现一系列生理功能改变，若机体无法适应，引起正常生理功能紊乱，则可能造成体温异常升高，从而导致中暑，症状包括头痛、头晕、胸闷、恶心、呕吐、大量出汗、脸色苍白、红疹、发热、皮肤疼痛、肌肉疼痛、疲倦、继而抽搐、昏厥、意识障碍等[1]。预防措施：当气温在32℃及以上时，旅行者应待在通风的室内，尽量避免正午出行或长时间在户外滞留。在高温天气里，注意增加液体摄入，不要口渴时才饮水。如进行剧烈运动，应至少每小时喝2~4杯凉水（500~1000毫升），水温不宜过高，少量多次。不宜饮用含酒精、多糖或过凉的冰冻饮料。多吃消暑开胃的食物，如绿豆、菠萝、苦瓜、西瓜等，不宜吃厚味油腻的食物。每天洗澡，保证睡眠，衣服宽大通风，保持汗腺排泄通畅。如在旅途中出现中暑，旅行者需要立刻停止活动，并在凉爽、通风的环境中休息，褪去多余或紧身衣物。如患者有反应并且没有恶心呕吐，可适量喝水、躺下，用湿凉毛巾放置于头部和躯干部以降温。如果30分钟内患者情况没有改善，应寻求医学救助。在夏季出游时，可适量携带人丹、十滴水、藿香正气水等药，一旦发觉有轻微中暑表现，可及时服用。（2）肠道传染病。主要有细菌性痢疾、食物中毒、急性肠炎、伤寒等，大多数发病者会有恶心、呕吐、腹痛、腹泻、食欲不振等胃

---

[1] 中国疾病预防控制中心.公众高温中暑预防与紧急处理指南（2014版）[J].中国实用乡村医生杂志，2015（11）：1-3.

肠道症状,有些伴有发热、头痛、肢体疼痛等[1]。肠道传染病主要通过被污染的食物、被污染的饮用水、蟑螂和苍蝇等媒介入侵肠道而导致的。预防措施:在旅途中一定要加强食品卫生意识,不要吃变质食品、不要喝生水、不吃隔夜饭菜,不要使用未消毒的碗筷。水果如西瓜等要尽快吃完,如若未吃完,应用保鲜膜封好,放到酒店冰箱保鲜,但时间也不要超过24小时。注意个人卫生,勤洗手,常洗澡。饮食不宜过辛辣、过油腻,多食用富含优质蛋白、糖类及微量元素的,如瘦肉、蛋类、蜂蜜、蔬菜、水果等。海鲜要选择干净、新鲜的,食用海鲜时和刚吃海鲜后,不要饮用冰啤、冰水和冷水,不要吃过凉的食物,以防发生腹泻等疾病,若出现肠道传染病症状应及时就医。(3)痱子。在夏季或炎热环境中,常见痱子这类表浅性、炎症性皮肤病,多表现为小水疱、丘疹或丘疱疹,伴随皮肤烧灼、刺痒感。预防措施:炎夏和高温环境中,衣着宜宽大轻松,不宜太紧太贴身。适当进行日光浴锻炼,提高皮肤抵抗力。日光浴锻炼要掌握好时间,可在8:00左右进行,照射5~10分钟。居住环境要通风,保持空气清新,注意降温,从而减少汗液,维持皮肤的清洁、干燥。如若生痱子,不可用热水烫洗,不可用肥皂擦拭,不可用手抓挠。对于反复发作的患者,在夏天湿热的季节到来前,坚持经常外扑痱子粉也会起到预防作用。(4)热中风。先兆症状表现为精神萎靡、嗜睡或整日昏沉乏力,有时伴有耳鸣、听力减退或视物旋转感;往往出现一侧面、舌、唇或肢体麻木感觉,可能伴有间断性或持续性头痛,或出现肢体乏力、无法行走等运动障碍。预防措施:调节好情绪,静心安神,戒躁息怒,将室内温度调节在25℃~27℃。及时定量补充水分,科学饮食。有过中风史的病人,旅途中出现上述热中风明显症状时,要立即前往医院就诊。(5)热感冒。主要表现为发热,出汗口干,喉咙疼,流稠涕,咳浓痰等。预防措施:旅途中注意多喝白开水或淡盐开水,少量多次,一般以每次300~500毫升为宜;每天保证8小时睡眠,如旅途情况允许,可在中午补充睡眠;多吃蔬菜,如番茄、黄瓜等,还要适当多吃富含蛋白质的食物,如猪瘦肉、鸡蛋、鱼、豆制品等。减少待在空调房里的时间,控制空调房间温度,与室外温度相差4℃最为适宜。可适量携带银翘片、金银花口服液、双黄连等,一旦有热感冒倾向,可服用预防。(6)手足口

---

1 赵新娟.初夏时节需防肠道传染[J].病解放军健康,2015(3).

病。多发于 5 岁以下儿童，症状表现为发热，手、足、口腔、臀部出现皮疹或者疱疹，少数患儿会并发肺炎、脑炎、心肌炎等。主要传播途径一是消化道传播，二是手足口病患者在说话、打喷嚏、咳嗽时也会将病毒传播，三是集体生活中使用共用的玩具和餐具，此类密切接触都可能传播病毒[1]。预防措施：旅途中护理、接触儿童时，要清洗双手，保持手部洁净；婴儿奶瓶使用前和使用后要进行消毒；不喝生水，不吃生冷食物；若出现手足口病患者，其使用过的玩具物品要进行清洗消毒，防止感染他人。（7）晒伤。一般指日光性皮炎，为正常皮肤经暴晒后产生的一种急性炎症反应，主要表现为红斑、水肿、水疱和色素沉着、脱屑等[2]。预防措施：每日 12：00~14：00 是日光照射最强的时段，该时间段尽量减少户外活动，避免日光暴晒。在户外活动时可以通过涂抹防晒霜、佩戴遮阳帽和墨镜等方式进行防护。如有晒伤，可通过局部冷敷减少热损害，轻度晒伤患者可用抗组胺药，重者或疗效欠佳者可口服小剂量糖皮质激素、阿司匹林或吲哚美辛。（8）登革热。登革病毒经蚊媒传播引起的急性虫媒传染病，可导致隐性感染、登革热、登革出血热。临床表现为起病急骤、高热、头痛、肌肉和骨关节剧烈酸痛，部分患者出现皮疹、出血倾向、淋巴结肿大、白细胞计数减少、血小板减少等[3]。主要由伊蚊传播，高峰在 7~9 月。预防措施：到登革热流行区旅游或生活，应穿着长袖衣服及长裤，并在外露的皮肤及衣服上涂蚊虫驱避药物；如果住宿房间没有空调设备，应装置蚊帐或防蚊网，同时使用家用杀虫剂杀灭成蚊；避免在花斑蚊出没频繁时段在树荫、草丛、凉亭等户外阴暗处逗留；把所有用过的罐子及瓶子放进有盖的垃圾桶内[4]。（9）旅游露宿症。野外露宿有时会出现头痛、头晕或腹痛、腹泻等病症。预防措施：夏季旅游露宿野外时，露宿地点应选择在干燥、通风、平坦处，搭建安全、简易帐篷；露宿方位最好选择东南坡；地铺搭建时，可找些防潮解乏的干草当"褥子"；野外昼夜温差大，注意添加适当衣物保

---

1 张文香.夏季细菌猖獗如何预防常见病[J].中华养生保健，2018（7）：13-14.
2 陈莉.浅谈日光性皮炎的健康教育[J].饮食保健，2017（16）.
3 刘昕.登革热，这种病严重的会致命[J].养生大世界，2019（8）：74-76.
4 任晓波，吴平，李莉，李蕊..登革热的防控及健康教育[J].当代护士（学术版），2008（1）：83-84.

暖，避免受凉。

（四）夏季健康养生常识。暑热和湿邪是夏季的主要特征，要学会避暑祛邪。中医认为，夏季的阳气是一年四季中最为旺盛的季节，也是最易耗泄的季节，夏季养生一定要根据季节特点注意几方面：（1）起居环境。夏季起居环境应护阳防湿，通常来说，病菌在空气湿度高于65%时易繁殖，因此要注意保持旅途中保持居住室内通风干燥。比如，可在较潮湿的地方放置干燥剂、除湿盒，以祛除室内湿气。勤换洗衣物，保持洁净，尤其在进行运动、涉水等旅游项目后，要及时擦干身体、换下汗湿衣服。（2）饮食。夏季饮食应少甘多苦，多吃果蔬和清热泻火的食物，如西瓜、菜花、包菜、黄瓜、西红柿、绿豆芽、海带、木耳、苦瓜等[1]。夏季人体新陈代谢较快，为减轻脾胃负担应该多吃养胃食物，如小米粥、燕麦粥、荷叶粥、百合粥等。但忌食过于燥热、辛辣油腻、寒凉的食物，如绿豆汤、乌梅汤等宜趁温热喝，不宜喝过量冰镇冷饮等。（3）睡眠。如旅途中条件允许，夏季应保持午睡的习惯。睡觉地点不要在楼道、屋檐下或风口的阴凉处，不要正对电风扇、空调睡眠。（4）运动。夏季运动要合理安排运动时间、运动地点和运动强度。运动要适量，不宜过于剧烈，以免运动出汗过多损伤正气，太极拳、游泳、骑自行车、慢跑、走路等运动为宜；晨练不宜过早，以免影响睡眠；不宜在烈日下运动，预防中暑。运动后忌立即用冷饮降温，体内温度过高时吃冷饮会刺激肠胃，淡盐水是最佳饮品。（5）心理情绪。夏季高温易引起烦躁，更要善于调节心情，情绪不宜波动，大喜、大悲或大怒。旅途中，在交通工具上或休息时，宜多闭目养神，静坐时可通过听音乐、看书等调节心情。

（五）秋季易发疾病与防护措施。四季中，秋季处于夏冬两季之间，因此夏冬两季的传染病都有可能在秋季发生。通常来说，常见的秋季传染病为三类：肠道传染病、呼吸道传染病和虫媒传染病。初秋气温较高，容易引发一些肠道传染病和虫媒传染病；晚秋气温逐渐下降，空气干燥，常有大风，容易高发一些呼吸道传染病。秋季旅游常见疾病与防护措施如下：（1）伤风感冒。主要表现为高热、头痛、流泪、流涕、四肢酸痛等症状，部分病例可并发肺炎等疾病。其主要传播渠道是吸道传播，易在集体单位发生。预防措施：注意选择适宜的衣物，注

1　夏季健康养生模式[J].农村新技术，2019（6）：67-68.

意保暖，睡觉盖好被子、关好窗户，要适当多饮水，多吃水果。（2）腹泻。秋高气爽，容易导致食欲增加，加重胃肠负担；昼夜温差较大，易引起腹部着凉，或诱发结肠过敏，使肠蠕动增强而导致腹泻[1]。预防措施：加强手卫生，勤洗手，不吃或少吃生冷食物，注意餐具卫生，根据天气变化及时增减衣服做好保暖。（3）胃病。慢性胃炎和十二指肠溃疡病复发高峰期，多表现为上腹部不适、反酸、恶心呕吐、腹泻、食欲不振[2]。预防措施：旅途膳食应合理搭配荤素，尤其需要注意的是，患有胃病的旅行者在饮食上应以温、软、淡、素、鲜为宜，做到少吃多餐、定时定量、细嚼慢咽。不吸烟，不饮用酒、咖啡、浓茶、碳酸性饮品（汽水），不食用酸辣等刺激性食物。（4）哮喘病。有哮喘病史的人对气温、湿度等气象变化非常敏感，适应能力弱。秋季空气干燥，草枯叶落，过敏物质大量增加，容易引发哮喘，多表现为突发性喘息、气促、胸闷、咳嗽，多在夜间发生[3]。哮喘病患者秋季出行应尤为注意安全健康问题。预防措施：秋季旅途居住地宜空气流畅、阳光充足、通风，减少接触特殊气味，多吃蔬菜水果，如萝卜、白菜、豆腐等，多饮热水。忌食或少食虾、蟹、香菜、麦类，保持精神愉悦、情绪稳定。（5）肺结核。肺结核是结核杆菌侵入肺部并引起肺部病变的呼吸道疾病。秋季旅行者出现脸红、低烧、乏力、盗汗、咳嗽、吐痰等情况时，应提高警惕[4]。预防措施：不随地吐痰，尽量减少在人群密集度高的公共场所的停留时间，视情况佩戴口罩；旅途过程中居住地要保持通风，一旦有确诊者应及时去医院进行隔离治疗。（6）气象过敏症。秋季北方地区温度下降较快，一些北方游客会前往南方景区度假，但气象条件相差较大，可能会引发"气象过敏"，主要表现为头痛、失眠、恶心、心情烦躁等症状，个别游客可能出现腹泻、发热、关节疼痛等[5]，尤其是体质较弱者应多注意防止气象过敏症的发生。预防措施：外出前要持续关注天气预报，根据气象变化适当添减衣物，防范气候突变引发此类疾病。

---

1 牧之, 张震.身体健康枕边书II[M].北京：新世界出版社, 2005.

2 马洪悦, 杨晓颖》胃肠病用药配餐指南[M].北京：第四军医大学出版社, 2011.

3 同1.

4 尹军, 叶超群, 张莹.健康运动与保健[M].北京：北京体育大学出版社, 2009.

5 郭庆慧.浅谈不同季节旅游过程中的突发疾病及预防应对措施[J].商情, 2012（17）：119-120.

（六）秋季健康养生常识。《黄帝内经·素问·四气调神大论》："秋三月，此谓容平。天气以急，地气以明，早卧早起，与鸡俱兴，使志安宁，以缓秋刑，收敛神气，使秋气平，无外其志，使肺气清，此秋气之应，养收之道也。"[1]秋季万物成熟，阳气渐收阴气渐长，也是人体内阴长阳消的过渡时期，秋季养生需要注意以下几方面：（1）起居衣着。早睡早起，睡觉尤其要注意被子包裹好腹部和脚部，避免着凉。此外秋季气温变化快，昼夜温差大，旅途中要注意适当增减衣物。常言"春捂秋冻"，适当接受冷空气刺激，可以加强机体抗寒能力，但体质虚弱的游客要注意御寒保暖。（2）饮食。《饮膳正要》："秋气燥，宜食麻，以润其燥。禁寒饮食，寒衣服。"即秋季饮食宜温补和清补。常见温性食物有：西红柿、鸡蛋、红薯、南瓜、荔枝、冬瓜、茄子、牛肉、羊肉、鸡肝等。想要预防秋燥、养好心肺，旅途中要多进食滋阴润肺的蔬菜和水果，如萝卜、百合、芝麻、大枣、苦瓜、莲藕等。在水果方面，不宜多食苹果，秋梨是较好的选择，利于润肺去燥及止咳。（3）运动。秋季锻炼宜多动，与夏季相比，在旅游项目的选择上，可酌情增加运动量，但要注意循序渐进。旅途中的身体锻炼，可以选择瑜伽、慢跑、羽毛球等运动。秋季晨露及水雾较大，尽量避免太早运动。（4）心理情绪。应该保持心胸开阔，心情舒畅，可以通过调息调神有意识地锻炼自己的吐纳节奏，可以欣赏书画调节情志，多看有益心身的书籍或者电视、电影，也可通过到户外呼吸新鲜空气减轻焦虑等负面情绪。（5）皮肤保养。秋季皮肤宜保湿，除了补水乳液、补水面膜等日常皮肤护理保养之外，在旅游中要坚持良好生活习惯，不宜熬夜及长时间对着电脑和手机。

（七）冬季易发疾病与防护措施。受气温和天气等因素影响，很多人群冬季易感冒、易受冻伤影响，旅行者外出旅行更要注意安全。冬季常见疾病与防护措施有以下几点：（1）风寒感冒。冬季易因风吹受凉引发感冒，症状主要表现为浑身酸痛、鼻塞流涕（清涕）、咳嗽有痰。预防措施：多喝水促进排毒，多吃蔬菜水果补充维生素，旅途中睡觉前热水泡脚，合理安排旅途中运动量，不要太劳累，保持合理休息时间，注意保暖，保持室内空气流通。（2）诺如病毒感染性腹

---

[1] 贺娟.黄帝内经：饮食与养生[M].北京：中国轻工业出版社，2010.

泻（冬季呕吐病）。主要通过被污染的食物和水传播，也可通过接触病人排泄物和呕吐物，和受污染的手、物体和用具，以及呕吐产生的气溶胶等方式传播，旅途中多发生在大型邮轮等人群聚集场所。感染诺如病毒后多在48小时内出现呕吐、腹泻等急性胃肠炎症状，以呕吐症状多见[1]。预防措施：保证充足睡眠、均衡营养；保持个人卫生，咳嗽或打喷嚏时，用纸巾、毛巾等遮住口鼻，咳嗽或打喷嚏后要洗手，尽量避免触摸眼睛、鼻或口。对诺如病毒污染的物品、地面等可采用含氯消毒剂进行消毒，如症状较重，应尽早前往医院就诊。（3）慢性支气管炎。一般是由感染、长期吸烟等因素引起，老人、吸烟者、患有慢性病和免疫力低的人（如患有冠心病、高血压、糖尿病、肺结核、肿瘤等），在冬天里都容易发作慢性支气管炎，而且容易发展成肺气肿，严重的甚至会发展成肺心病[2]。预防措施：适度饮食，少吃辛辣刺激食物，多吃蔬菜和富含维生素C的水果；注意保暖，适度增添衣物；旅途中做呼吸操，预防和减少慢性支气管炎的发作次数。（4）哮喘。冬季天气寒冷，寒冷的气候容易诱发哮喘。预防措施：体质过敏以及哮喘高危人群首先要远离过敏源；要注意保暖，以免因为寒冷诱发哮喘；旅游时要注意不能剧烈运动；要坚持用药控制和预防，哮喘患者不要嫌用药麻烦；有条件的哮喘患者可在旅途中写下哮喘日记，用风流速仪测风流速，并记录下数据；尽量避免吸入油烟，一定早发现、早诊治[3]。（5）皮肤瘙痒症。冬天人的新陈代谢较为缓慢，出汗少，皮肤干燥、粗糙，容易引起瘙痒。皮肤常出现抓痕、血痂、色素沉着、湿疹化、苔藓化等损害[4]。预防措施：旅游选择干净清洁的居住环境，确保室内温度和湿度；旅途中少吃或不吃酸辣和刺激性的食物；不过多洗澡，不用过热的水洗澡，浴后涂抹适量润肤露；发生瘙痒症状不要抓，抓破皮肤容易引起感染[5]；严重者及时就医。（6）冻伤、冻疮。冻伤是由于寒冷潮湿作

---

1 人民网.诺如病毒传播力强威力不大 典型症状为呕吐和腹泻[EB/OL].http://health.people.com.cn/n1/2017/0330/c14739-29179321.html.

2 尹军，叶超群，张莹.健康运动与保健[M].北京：北京体育大学出版社，2009.

3 西安晚报.冬季常见病排行榜[EB/OL].（2008-01-08）.http://epaper.xiancn.com/xawb/html/2008-01/08/content_10460.htm.

4 刘彦岭，冯兰珍，杨德华.皮肤科病自疗速查手册[M].石家庄：河北科学技术出版社，2013.

5 邹先彪，石文植.冬季别忽视身体的小毛病[J].家庭科学·新健康，2017（12）.

用引起的人体局部或全身损伤。受冻部位冰凉、苍白、坚硬、感觉麻木或感觉丧失，表现为皮肤局部淤血性暗紫红色隆起的水肿性红斑[1]。预防措施：注意保暖，尤其保护好手足、耳朵等易冻部位，外出前注意戴好耳罩、手套，穿厚袜、棉鞋等。经常揉搓手足、耳朵部位，促进血液循环。手脚与鞋袜应保持干燥，在无法避免潮湿时，应预先外涂凡士林或其他护肤品[2]。携带糖皮质激素、樟脑软膏等外用止痒冻疮药，若发生水疱和破溃者，可外用抗菌药膏，严重时可口服硝苯地平。（7）关节痛。季节过渡时期，气候剧烈变化，晚秋、初冬较强的冷空气容易导致关节病痛发作。疼痛发作也可能出现在天气变化的前一天，这就是"旧伤疼痛明日雨"的由来[3]。预防措施：有关节炎和其他伤痛的旅游患者，旅途中也要保持锻炼，提升关节功能。关注天气预报，在天气剧烈变化前，及时采取保暖和驱湿措施。（8）荨麻疹。有些人皮肤御寒功能差，吹冷风后，面部、手部等暴露处的皮肤就会瘙痒、出现肿块，回到室内后又慢慢消退。这种在冬天出现的肿块称为寒冷性荨麻疹[4]。预防措施：平时应注意保暖，外出时戴上帽子、手套，注意避免冷风，减少与冷水的直接接触；容易发病的人冬季最好不要吃鱼、虾、蟹、羊肉等食品，减少喝酒和吃辣椒；多饮水，促进致敏物质排泄；避免穿着粗纤衣裤，内衣宜选宽松柔软棉质品；减少冷热环境的交替刺激，避免情绪激动和剧烈运动。（9）口角炎。冬季空气干燥，如果用舌头去舔嘴唇，唾液在干燥空气下立刻蒸发，从而越舔越干，口角干裂，口腔中的细菌乘机侵入口角，引发炎症，冬季进食中新鲜蔬菜减少，维生素 B2 缺乏也会诱发口角炎。多表现为口角潮红、起疱、皲裂、糜烂、结痂、脱屑等[5]。预防措施：随身带润唇膏并保持涂抹；多吃含核黄素丰富的食物、蔬菜和瓜果，如粗粮、黄豆、绿豆、豆制品等，适当吃一些含锌量高的食物，比如牡蛎、蛋类、瘦肉等；保持唇部和口腔的卫生与清洁，进食后注意洁净口唇。

---

1 宋洁，李森浩.冻伤治疗药物研究进展[J].海峡药学，2017（4）：81-83.
2 科普中国.冻伤[EB/OL].https：//www.baikemy.com/disease/kg/1254?so=jb.
3 党员健康手册[M].郑州：河南人民出版社，2007.
4 邹先彪，石文植.冬季别忽视身体的小毛病[J].家庭科学·新健康，2017（12）.
5 尹军，叶超群，张莹.健康运动与保健[M].北京：北京体育大学出版社，2009.

（八）冬季健康养生常识。冬季气候寒冷，寒气凝滞收引，易导致人体气机、血运不畅，而使许多旧病复发或加重。特别是那些严重威胁生命的疾病，如中风、脑出血、心肌梗死等，不仅发病率明显增高，而且死亡率亦急剧上升[1]。所以冬季养生要注意以下几点：（1）冬季饮食养生。冬季人们脾胃吸收消化功能较好，饮食内容中可以适当加入高热、高营养、味浓色重、补益力强的食物，如羊肉、牛肉、鸡肉等动物类食品。《千金月令》曾记："（十二月）是月可补药，不可饵大热之药，且早食，宜进宿熟之肉"。说明冬季是进补时令，但依然要避免大辛大热，宜以温补为佳。多吃温热食物，少吃寒凉食物，温热食物包括糯米、板栗、大枣、杏仁、核桃仁、香菜、韭菜、南瓜、葱、生姜、大蒜等。多吃一些润肺、滋阴、补液、生津的水果、菜蔬、豆类等食品，如西红柿、柑橘、梨、葡萄、萝卜、大枣、芝麻、银耳、莲子、蜂蜜、红豆等。（2）冬季温泉养生。温泉热浴可使肌肉、关节松弛，消除疲劳，扩张血管、促进血液循环、加速新陈代谢[2]。不同的温泉有不同的养生功能，含有碳酸钙成分的温泉对改善体质和恢复体力有益，含有钾、氡等成分的温泉对调整心脑血管疾病，治疗糖尿病、痛风、神经痛、关节炎等有效果，含有硫黄成分的温泉则可软化角质，含有钠元素的碳酸水有漂白软化肌肤的效果[3]。（3）睡眠。《黄帝内经》里说道："早卧晚起，必待日光。"冬季适当增长睡眠时间，有助于人体潜藏阳气和积存阴精。值得注意的是，旅途中的深度睡眠应注重防寒保暖，避免受到冷风侵袭而引发感冒、呼吸系统等疾病。（4）运动。冬季健身活动更适宜动作幅度较小、热量消耗较大的有氧运动。年轻人可以选择跑步等高强度的有氧运动，中年人可选择快走、慢跑、爬楼梯等低强度的有氧运动。需要注意的是，冬季运动锻炼要注意防冻保暖。运动前要舒缓筋骨，进行适当热身，待身体暖和后，再脱去厚重的衣物进行锻炼，锻炼完要立即穿好衣物[4]。（5）精神调养。冬季冷暖交替，容易造成游客心理波动，这对健康不利。冬季的精神调养应平和宁静，储蓄精力。另外，也可以通过与伴

---

1 管路军.话冬季养生[J].中国保健营养（上旬刊），2014（7）.
2 温泉与长寿[J].民心，2015（9）：63.
3 蔡希.当个聪明"泡汤客"[J].家庭医药·快乐养生，2015（11）：62-63.
4 王强虎.运动保健[M].西安：世界图书出版西安公司，2004.

侣、旅游同行伙伴交流等进行自我调理。（6）冬季避寒旅游。冬季可以到海南、云南、广西、广东等南方气候温暖的地区和滨海避寒养生旅游。

五、特殊区域旅游健康安全需注意事项

旅游活动范围也在不断扩大，越来越多的人倾向在一般的大众旅游目的地之外，在特殊旅游目的地进行刺激性、有挑战性的旅游活动。但很多特殊区域受历史环境、地理要素影响，在旅游者在进行旅游活动时可能对旅游者身心健康造成一定的威胁。这里将系统介绍高海拔与高寒地区、山地丛林地区、沙漠戈壁地区、雨林地区、海岛地区、江河峡谷地区等特殊旅游区域的安全注意事项。

（一）高海拔与高寒地区旅游注意事项。（1）高原反应及病症特征。海拔在3000米以上的地区，称为高原地区。其环境特征为气压低，空气中氧气含量以及浓度也低于平常水平，会产生人体缺氧的现象，从而引起一系列的高原反应。高原病出现概率的大小与登山速度、海拔高度、在高原地区居留时间以及个人身体素质等多种因素有关。通常情况下常年在平原地区居住的人在突然前往海拔达3000米以上高原时会有50%~75%左右的人群表现出高原反应。常见的高原反应表现有呕吐、呃逆、耳鸣、头痛、食欲减退、体温升高、困乏，严重者会出现反应迟缓、情绪不稳定、精神异常亢奋、记忆力衰退、听、视、嗅、味觉异常、时有发生幻觉等，也可能出现浮肿、休克或痉挛等症状。（2）体检身体是否合适出行。出发前需体检，患有心脏疾病、贫血、糖尿病、高血压、神经疾病、脑血管疾病以及肺部有问题的患者不应去高海拔和高寒地区。16岁以下和60岁以上的旅行者，患有贫血、糖尿病和较严重的心脑血管疾病和慢性肺病者，以及患有精神类疾病的患者和妊娠期妇女等不宜进行高原旅游活动。有心、肺、脑和血液系统疾病的人群，不宜前往高原地区参加旅游活动。（3）出行准备。保证充足睡眠，养精蓄锐，同时可进行长跑等适当锻炼，增强耐力。带足衣物：冲锋衣裤、羽绒衣裤、排汗内衣、硬底高帮的登山鞋、手套、护膝、遮阳帽、雨衣等。准备足够分量的药品，如可以在上高原之前可以提前7天以上服用红景天，红景天具有抗缺氧、疲劳以及缓解肺动脉高压等功效，可持续服用。肌苷口服液可在启程前2~3天服用，并可在高海拔地区一直服用，高原反应较为严重时，可佐配心

脑舒或葡萄糖口服液，能够有效地缓解症状。西洋参含片可缓解极度疲劳，百服宁可减轻头痛。带好装备：驼包与冲锋包、保温水壶、头灯、登山杖、防雨罩、防晒霜、太阳镜、指南针、氧气罐等。带好食品：巧克力、牛肉干、榨菜、面包、压缩饼干、口香糖（缓解耳鸣头痛）等。（4）旅行中注意事项。一是合理饮食。饮食要保证高蛋白或高糖分，以帮助自身克服缺氧。饮食应选择热量较高并且容易消化食物，避免暴饮暴食，晚间就餐时应特别注意不可过饱，避免因为增加胃肠道负担、心肺受压而导致的胸闷心慌等症状。通过将睡眠姿势调整为半卧位可以有效减轻心肺负担。非高原居民在高原地区尽量避免饮酒，40岁以上的中老年人应该格外注意，因为引用含有酒精类的饮品会加重心血管的负担，会使高原反应的概率增高，甚至诱发脑出血等严重的心脑血管疾病的发作。与此同时也要适当增加饮水的次数，少量、多次地饮水。二是调整呼吸。游客在行走或攀登时，可以把两手放在臀部位置，这个姿势可以促使腰部以上躯干的肌肉共同做辅助呼吸，从而增加呼吸系统的活动能力。三是参与登山的游客在向上攀登的过程中，要注意控制速度，保持步调平稳并根据运动节奏调整配合呼吸，同时要根据外部环境对运动节奏进行调整，如坡度的急缓以及风的阻力等，令运动量和呼吸成正比。攀爬的总体高度应循序渐进地增长，不可陡然增加，合理安排行程，保证睡眠、饮食的充足正常，运动过程中少量、多次地进行短时休息，休息时可通过体操等放松活动来强化循环功能及身体适应程度。四是在高原缺氧引起的一系列症状，发生高原缺氧症状的人群常常会出现呼吸急迫、气喘、难以入眠、无法安睡等表现。当出现因高原反应而导致的失眠症状时，可适当服用适量促进睡眠的药物促进睡眠；游客在高原区睡觉时可采取垫高头部或者坐姿入睡等特殊睡眠姿势，这些睡姿有助于呼吸顺畅。五是了解并掌握应对高原反应的普遍措施。症状较轻的患者可不必进行特殊处理，通常症状会在1~2周后消失。如果有游客出现较为严重的高原反应达到无法通过放松等简单方法缓解的情况，可酌情选用止痛、镇静、止吐等药物来缓解相应症状。高原反应特别严重者需给予吸氧，吸氧时间应保持间断性、短时间的吸氧，不可进行过长时间吸氧。必要时需前往医院就诊根据医生建议服用药，并且需适当降低高度，直到游客感到舒服或症状明显减轻为止。通常来说，出现高原反应的游客再回到其惯常海拔环境后，多数症状会自动消失。虽然如此，严重的患者仍需送医院处理。六是要避免在高原地区进行剧烈的运动和进行长时间的热水浴，因为以上活动会促进游客的身体代谢速度，从而导致加剧缺氧，出现肺水肿等情况。七是提防中暑。如果有人在高原地区出现中暑症状，需尽快将出现症状的游客转移至阴凉通风处，将头部抬高，采用物理降温的方式为中暑游客进行降温，如为患者扇风并用冷毛巾擦拭身体来降低其体表温度。在游客意识清醒时，应首先补充一定量的水分。八是高原地区皮肤养护。应该涂抹防晒系数高的防晒护肤品，特别要重视面部的全面防晒手段，因为面部由于毛细血管丰富等原因所以皮肤娇嫩，相对于其他部位来说更易晒伤、脱皮。由于旅途中难免会出现流汗或者皮肤出油的现象，所以最好每隔一两小时再重新涂抹一次防晒护肤品。帽子是前往高原旅游的必需品，但要适当控制帽子的松紧程度。唇部同样是需要格外注意保护的部位，因为在高原地区由于气压低以及湿度低等原因会导致嘴唇表层开裂，建议准备护唇用品。

（二）山地丛林地区旅游注意事项。（1）山地丛林地区特征。东部沿海地区山地海拔不高，通行、补给、住宿都较为便利。西部山地海拔较高，地形切割严重，空气稀薄，植被稀少，降水、气温温差、风速和光照变化较大，野外生存不便。普通游客避免前往海拔过高并且常年被深厚积雪覆盖的地区，因为这些地区不止对于徒步的身体素质有极高的要求，对经验以及装备等要求都极高。（2）出行前准备。提前查看天气预报，了解山地丛林的地理环境特点。单人行动有不安全因素，建议组团或携伴前往，若单人出行出发前告知家人朋友联系方式与日程安排。备好冲锋衣类、防滑鞋、排汗袜子、护膝等衣物。备好医药用品：绷带、注射器、消炎药（如青霉素）、酒精、生理盐水（用于虚脱注射）、止血药、感冒药、退烧药、驱蚊止痒喷雾。工具装备：指南针、卫星地图、登山绳、充电宝与手机、宽带背包、手电筒、哨子等。（3）旅行中注意事项。不过度运动或夜间跋涉，不要在山林中随便采食以防中毒，不要狩猎、不要在野外用火、采集标本、遗弃垃圾等。旅行中的防身知识：迷路——当发现自己迷路时，尽量保持镇定，在保持头脑清醒的前提下估计一下从能确定方位的地方走出了多远，并利用在沿路植物上做标记的方法记录自己的路径。所做标记要在容易发现的位置并且容易被辨认，从而能够被轻松识别。在迷路时如果发现周边有溪流，可尝试沿着溪流边界走出森林。防蛇——在步行时可以采取用木棍拨打草丛的行为，能够让蛇受到惊吓，从而将蛇惊走，达到降低被毒蛇咬伤的概率。一旦出现被毒蛇咬伤的情况，要先稳定情绪保持头脑清醒，先将伤口上方（靠近心脏一方）用绳或布带勒紧，再用力自上而下地通过挤压伤口周边的皮肤组织从而将混有毒素的血液体液从伤口处挤出，然后用干净水源或者唾液清洁伤口，同时需要及时服用解蛇毒药片，并用外敷解毒药物涂抹伤口。对中毒较严重的游客应在进行紧急的必要处理后尽快送至医院。雷击——如果在森林中游览时遇到雷雨天气，尽量避免在高大的树下避雨，避雨时应暂时去掉身上的金属制品。此外，森林中会传染疾病或者携带毒素的害虫很多，在旅游过程中做好防蚊虫叮咬的措施。夜间睡觉时做好防蚊虫的工作，保证帐篷的密闭性，并且避免着凉，以防蚊虫叮咬及森林气候诱发关节炎等疾病。

（三）沙漠戈壁地区旅游注意事项。（1）沙漠戈壁地区的特征。沙漠环境是一种特殊的环境形态，其主要特点是地温高、温差大、多大风、多尘土、日照强、湿度低。我国沙漠多分布在西北地区，有昼夜温差大，夏季炎热，冬季较寒冷的现象。（2）出行前准备。提前查询沙漠戈壁区的相关信息，充分了解其地理特征、环境特点。提前告知家人朋友旅行日程安排，方便即时通信。①衣物。冲锋衣和保暖内衣、防水鞋丝巾、帽子、墨镜、绒毯、口罩、面纱等。②药物。防感冒：日夜百服宁、可乐必妥、感冒冲剂，肠胃道：黄连素、易蒙停、牛黄解毒丸，外用药：扶他林、百多邦、护创膏、风油精，其他：晕车药、开瑞坦、麝香保心丸、棉花、纱布。③装备工具。指南针、地图、冲锋背包、防晒服、防晒霜、护唇膏、保湿喷雾、保湿露、雨具等。（3）旅行注意事项。注意提前获取目的地天气信息，从而根据天气情况选择要携带的衣物，并根据当日天气预报适当增减衣物。夏季建议带足够的防晒装备如遮阳帽、防晒衣、遮阳伞等，并增加饮水次数。在天气多变并且较凉爽的季节建议携带外衣、可拆卸冲锋衣、雨具等，如春季、秋季。若遇到沙尘暴应立刻趴下，伺机爬行前进，若能见到建筑物，可像建筑物方向爬行前进，万一因沙尘暴而迷路，应及时检查装备和食物储备，利用手机、对讲机、口哨等发出求救信息并等待救援。沙漠日照相对较强，必须做好防晒、防暑、防脱水等工作。在沙漠活动时，由于沙粒硬度高、体积小，容易刮伤屏幕或者进入设备中，所以要注意保护好贵重的精密仪器。在沙漠进行旅游活动时必须听从领队安排，避免出现脱团现象，如果遇到特殊情况必须离团行动，一定要提前与领队进行沟通，确保随时能取得联系。沙漠地区普遍存在昼夜温差偏大的现象，所以要准备多种衣物，以便根据温度随时对衣物进行加减。要准备好防晒用具以及护肤品，如防晒霜、防晒喷雾以及专业防晒服等。即使是在沙漠中进行旅游也要注重环保行为，不能将垃圾留在沙漠，要将垃圾随身带出沙漠。在洗漱后，如果身边没有毛巾擦干双手和面部，需要自然风干，不可随意将水甩出。在少数民族居民较多的情况下，避免与异性有肢体接触，如部分少数民族女子不可随意与异性握手。游客在消费时，请看准欲购物品和欲参与的娱乐项目，谈妥价格和娱乐时间后，再付款（最好自备零钱）。在选择食品（商品）时，请勿嗅、挑、翻，应请商户拿取。个体食品摊店的散食可品尝，但不可拿走或装进口袋。西北的口味普遍偏酸辣甜，并且按照当地饮食习惯常会在菜肴中加入洋葱、辣椒和西红柿，有忌口、过敏或有特殊要求的游客在出行前应将自身要求提前告知导游人员。前往人口基数大的城市或地区时，游客应格外注意对随身贵重物品的看管，尤其是在流动性人口较多的城市或地区，要随时注意物品安全，如有不方便携带的贵重物品可存入宾馆的保险柜。（4）旅行注意事项。出行时要穿舒适的旅游鞋，尽量避免穿露趾凉鞋和不方便行走的高跟鞋。尽量减少随身携带物品数量，可以背斜挎包用于存放贵重物品，以防掉落或者丢失。如果有骑驼项目，要避免背红色包，因为骆驼对红色物品较为敏感，会有发狂的可能性。患有高血压、心脏病等急慢性疾病不能进行过量运动的游客，禁止参与骑驼活动。不可擅自前往骆驼周围与其接触，以免被咬伤、踏伤。上骆驼时应服从牵驼人的安排，从骆驼的左侧上、左侧下，上驼坐后一定要先用脚踩稳驼镫，骑行时不要用小腿夹的过紧，以避免擦伤小腿或弄脏衣物。骑上骆驼后应先用手扶稳，千万不可大喊大叫，手里尽量不要携拿物品，要将物品放在背包中，戴好帽子，做好固定，防止被风刮走惊吓到骆驼，更要避免在骑行骆驼时交换物品。防止在骆驼站起或卧倒时跌落，用力抱紧鞍或驼峰，要顺着骆驼的步伐自然骑坐，随时调整坐姿，并可间断性地下来走一段。

（四）雨林地区旅游注意事项。（1）雨林地区的特征。雨林地区多表现为阴凉、潮湿多雨、高温、植物群落丰富的特征。旅行者在雨林地区可能会面临迷路、温湿度极端、沼泽深潭溶洞等地形极端、各种昆虫侵袭、一旦划伤很容易引发细菌感染、心理环境压力大等挑战。（2）出行前准备。提前查询海岛雨林目的地的相关信息，充分了解其地理特征、环境特点。提前告知家人朋友旅行日程安排，方便即时通信。衣物：长袖长裤、运动休闲鞋、泳衣泳镜、太阳帽、太阳镜等。药物：风油精、藿香正气液、眼药水、防蚊药水、酒精、绷带、消炎药、止血药、创可贴等。工具与装备：遮阳伞、雨具、多功能用刀、手电筒、哨子、指南针、打火机、热水壶等。（3）旅行注意事项。做好防蚊准备：随身携带清凉油、驱蚊喷雾、防蚊药等减少蚊虫侵扰。如果在热带雨林旅行突然发烧并且三天不退，应去就近的医院排查蚊虫传播引起的登革热等可能性疾病。如遇到水蛭叮咬时切勿用力硬拉，可在叮咬处附近拍打，将其震落。然后压迫伤口处进行止血，并用安尔碘等消毒液涂抹伤口，自然风干，避免出现感染的情况。若伤口持续流血，可用炭灰末敷于伤口上，或用嫩竹叶捣烂后敷上。一定要喝烧开的水，不可擅自饮用野外自然地带的水。在需要搭建帐篷营地时应先进行认真选址，评判周围情况，尽量选择在较为干燥开阔的地带，并把周围把树叶杂草清理掉。

（五）海岛地区旅游注意事项。（1）出行前准备。衣物：到临海地区游玩时，尽量选择速干衣物并携带一套可以更换的备用衣物。即便是在夏季去海岛游玩，也需要准备一件长袖衣服，防止因海岛气候多变而发生受凉的情况。晚上睡觉注意保暖，以免受凉感冒。希望下水的游客应带齐泳具，如泳衣、泳裤、泳帽、泳镜、浴巾以及沙滩裤等。穿旅游鞋方便登山或旅行，尽量选择耐水、平跟、不露趾的凉鞋，以及一双方便、舒适的拖鞋。防晒品：天气晴朗，海边的太阳比较毒辣，要做好防晒工作。随身携带防晒霜、防晒油、太阳镜、遮阳帽等防晒物品，如果游玩处没有售卖饮用水的摊位，应提前携带充足饮用水。药品：部分人群在食用海鲜后会引起一系列不适症状，如呕吐、腹泻、过敏等，所以应提前准备好止泻药、防过敏药等，以及常规需要准备的晕车（船）药、消炎药等。由于海岛上蚊子多，需要携带防蚊喷雾、风油精等。（2）饮食注意。海边日晒充足，温度偏高，湿度相对较大，而海产品中富含丰富的蛋白质，所以海产品较其他食物更容易变质，如果在游玩过程中不注意饮食卫生，就会出现带着愉快的心情去游玩，但是带着疾病归家的状况。吃海鲜时，必须先对海鲜是否干净、新鲜等情况进行判断，熟食是否蒸熟、煮透，如果有刺身、生食等食物时要尤其注意餐厅资质。当碰到海产品出现变味、变质或者未充分烹饪的情况时，必须立即停止食用；吃海鲜时，可以搭配醋、姜末、蒜末一起吃，会有一定杀菌作用，也可适量饮用白酒。食用海鲜之后，短时间内避免喝冷饮、吃西瓜，不可立即前往海里游泳。在吃海鲜的同时，减少饮品的饮用量，以避免破坏和冲淡胃酸，减弱胃酸的杀菌作用。晕船者在上船前尽量不要进食，不能进食太油腻的食物，可提前服用晕船药。晕船者上船后应选择宽敞透气的环境，产生晕眩时可将放平身体，并在手腕处及肚脐处贴晕船贴。（3）旅行注意事项。游泳时不要单独行动，最好结伴同行。参加涉水活动的时候，需要根据自身具体情况进行选择，家长应看管好儿童，避免让儿童独自活动。参加专业性较强的水上活动的时，必须听从专业人员安排，按要求穿好救生衣，做好各项安全防护措施。参加涉水之前，首先应认真阅读注意事项，熟练掌握相关设备具体使用方法，必须时刻穿戴救生物品，在专业人员指明的规定区域内活动，并陪同人员在一旁陪伴。

（六）江河峡谷地区旅游注意事项。（1）江河峡谷地区的特征。峡谷出现在构造高原、台地或方山之间，沿构造裂隙发育，两坡由崖壁组成，它初期是一种深窄的巷谷，谷形挺直，两坡壁立，谷底平坦[1]。江河地区一般降水丰富、湿度较大、植被茂盛，旅行者外出可能会遇到天气环境变化大、洪水、滑坡等威胁。（2）出行前准备。提前察看目的地天气，选择好出游时间，连续大雨或地震后不要去江河峡谷地区，冬季出行适当穿戴防水雨具（雨衣），以防淋湿受凉。建议穿冲锋衣类型的服饰，防水透气颜色鲜艳，穿轻便耐磨的运动鞋。携带手电、指南针、卫星地图、登山绳等，同时带好手机、电池、充电宝等和通信有关的设备，方便随时联系。适量携带绷带、消炎药、酒精等，若途中擦伤磕伤可及时处理。（3）旅行注意事项。随时关注目的地江河峡谷区域的天气状况，不要强行冒雨前进。在登山、爬坡、过桥、渡水、照相、下台阶等途中不要嬉闹拥挤。进入峡谷地区旅游时不要在岩石、树木和毛竹上等随意涂刻，要注意森林防火，不要吸烟。随身携带防虫药水，进入江河峡谷植被茂盛区时注意防虫。峡谷旅游出行比较耗费体力，适量携带水和食物补充能量。建议多人组团旅行，不要单独行动。

---

1 吴正. 地貌学导论[M]. 广州：广东高等教育出版社，1999.

六、特殊旅游项目需要注意的安全风险

有许多特殊旅游项目和活动有一定危险性，需要格外注意安全，这部分系统介绍攀岩、漂流、跳伞、滑水、滑冰等系列特殊旅游活动的安全注意事项。

（一）攀岩旅游活动需要注意安全事项。徒手攀岩是指借助岩石上的裂缝、洞穴、突起等天然把手进行攀登陡峭岩壁的一项运动，徒手攀岩不需要辅助攀岩工具，被列为世界十大危险运动之一，攀岩运动大量使用手部力量，常会导致手指、手腕、手肘及肩部等部位受到外伤。攀岩活动不宜人群：有运动限制的慢性疾病，如关节病、风湿炎的人群；有呼吸系统慢性疾病、肺心病、慢性气管炎的人群；患有心血管类慢性疾病，如高血压、冠心病，尤其是慢性冠状动脉供血不足的人群等不适合攀岩。攀岩活动注意事项：（1）攀岩时要系上安全带和保护绳，配备绳索等以免发生危险，检查安全带、主绳、铁锁、攀岩鞋等装备。（2）查看目的地（户外、室内），了解攀岩整体环境，提前看天气预报，不可选择大风大雨大雪天进行户外攀岩。不同高度、角度的岩道，不同位置的岩眼，难度不同，选择好适合的线路。（3）穿轻便简约的衣服，活动关节，放松肌肉，让自己处于一种灵活状态；把手脚指甲剪短、长发者需扎起，攀岩时不得佩戴手表、手链、戒指等。（4）攀岩时保持情绪稳定以及四肢动作协调，保持有三点贴稳岩壁，保持身体的重心落在前脚掌，减轻手、臂、腕关节的负担。（5）善于利用台阶间的裂缝和下肢的登踏力，减轻上肢负担。（6）如有同行者，与同行者保持适当交流。（7）登顶后，在进行下落动作时要注意配合岩壁形态，放慢速度，适当用脚支撑，避免擦伤。（8）采取下落行动之前，必须检查保护系统；落地后不可立马躺下休息，稍微走动，适量饮水，保持良好心情。

（二）漂流旅游活动需要注意安全事项。漂流原指人类的一种原始涉水方式，在"二战"之后才发展成为一项真正的户外运动。漂流运动是对人的体能与胆量的挑战，在寻求刺激、享受快乐的同时，深入感受大自然的美好。漂流不宜人群：有严重心血管病、精神类病、高血压、视力模糊等疾病游客，妊娠期妇女、1.4米以下的孩童或60周岁以上的人群。漂流注意事项：（1）开始前，要按安全要求穿好救生衣，戴好安全帽，做好救护防范。选择船时如果是充气船只，必须提前检查船充气量是否足够，充气量不足的船不仅会降低安全性，也会影响游玩体

验，并且要在选好船后，注意观察船是否有漏气现象存在。(2)在进行漂流活动的过程中，尽量保持行驶方向与船身方向相同，特别是在水流湍急的地方，要注意随时调整船身的方向，从而避免出现搁浅和翻船的危险情况。在活动过程中注意岸边的提示牌或者警示牌，从而避免迷路并且能够提前对危险水域做出准备。避免船身被利石剐蹭，一旦发现有漏气现象或者其他异常，必须立刻与领队或者护漂员进行沟通，然后靠近可停留的岸边。在通过险滩时要听从领队与护漂员的指挥，不要放松警惕，应紧握安全绳，收回双脚，身体向船体中央倾斜，禁止做危险动作，不擅自下船、不在漂流过程中打闹、不主动去抓水中的漂浮物和岸边的花草碎石。(3)必须全程穿着救生衣，不要携带贵重物品以避免掉落或损坏。不要戴眼镜进行漂流，如需戴者用绳索在头上绑好系上眼镜。寄存好现金以及其他贵重物品，不要穿皮鞋、平底拖鞋、高跟鞋，也不能赤脚，可以穿旅游鞋，女士不要穿裙子。带一套干净的衣服，方便活动后更换，漂流完后换掉湿衣服以防感冒。(4)一旦落入水中，要尽量保持冷静，借助救生衣的浮力保持托浮在水面之上，与此同时在艇上的其他同伴应当将划桨伸出，让落水者抓取，避免徒手拉落水者。当发现前方有岩石时，可以在碰撞前调转船头轻轻旋转船，绕开岩石。如果同伴数量减少，应第一时间检查漂流船下方，确定失踪队友是否被绳索或衣物缠住。(5)靠岸。在岸上对船保持密切的控制，在绳上打个结或将绳绕在树上帮助你实现对船的控制。

(三)跳伞活动需要安全注意事项。跳伞运动是指跳伞员乘飞机、气球等航空器或其他器械升至高空后跳下，或者从陡峭的山顶、高地上跳下，并借助空气动力和降落伞在张开降落伞之前和开伞后完成各种规定动作，并利用降落伞减缓下降速度在指定区域安全着陆的一项体育运动[1]。跳伞以前是空降兵的专利，如今已发展成为一种空中极限运动。这项运动具有高风险性，被世人誉为"勇敢者的运动"。跳伞不宜人群：心脏病、恐高症、低血糖患者、老人小孩。未成年人须在成年人监护陪同下方可进跳伞活动。跳伞注意事项：(1)跳伞前需要做全面检查和体能及心理测试，看是否适宜跳伞。并坚持一段地面训练，包括体能训练和专业跳伞动作训练，也可以模拟高空状态进行跳伞动作。进行一定的地面热身

---

[1] 喻跃龙，余文武，戴建波.大学体育教程下册[M].长沙：中南大学出版社，2011.

活动，让自己处于一种舒展状态。第一次跳伞一定让专业人员陪跳降低发生危险概率，跳伞前必须买一份适合自己的保险。（2）基本装备保证跳伞的安全成功。主要包括背带、容器、主伞盖（存放在容器中）、备用伞盖、固定开伞索和挂钩、切断手柄、备用手柄、前后升降器、自动激活设备（ADD）、高度计、护头装置、卫星定位仪（GPS）、服装等。（3）安全跳伞。推荐使用固定开伞索系统以及加速自由降落和使用跟随式跳伞。一种方法是使用固定开伞索系统，降落伞连接到飞机的机身上。自起跳后，固定开伞索会打开容器，并拉起伞包，从而避免伞绳与降落伞的伞盖缠绕的状况出现，另一种方法是使用加速自由降落。在约3658米的高度从飞机中跳出，自由降落大约40秒，然后再拉动开伞索，打开降落伞[1]。第三种方法是使用跟随式跳伞。不必参加培训课程即可享受跳伞乐趣，游客与教练员一起飞行，教练员处理从起跳到着陆的整个飞行过程。（4）其他注意事项。查询天气，咨询教练何种天气适宜跳伞，根据具体种类在合适天气进行。穿全封闭的鞋子，如有鞋带的运动鞋，不要穿带有后跟的鞋子或靴子。检查装备，如主伞、套带、安全帽等，装备要完整完好。和教练充分沟通，学习掌握开伞时机、技巧和紧急救生知识。不要紧张，保持良好心态，注意力集中。根据目的地远近，合理选择开伞时间，控制好跳伞速度。落地后解除装备，适量走动，保持良好心情。

（四）滑翔运动的安全注意事项。滑翔伞的设想最初来自于阿尔卑斯山区登山者贝登，1978年，贝登用一顶高空方块伞从山上起飞并安全地在山下着落，6年后费龙使用早期的滑翔伞从自朗峰上飞下，自此开始滑翔伞声名大噪，世界各地的人都开始跟风尝试。滑翔伞飞行员具有等级分类，分为A、B、C、D、E五个级别。等级是按照飞行高度、飞行时间以及飞行距离等确定的。滑翔运动不宜人群：有高血压、冠心病等疾病的人，平衡感差的人，老人、孩子、孕妇等特殊人群。滑翔运动注意事项：（1）严禁在疲劳状态下飞行，严禁在饮酒以及服用有镇定、兴奋等反应的药物后进行飞行。（2）查询当地气象，咨询教练何种天气和风速适宜滑翔，确认风向，风速符合飞行条件，根据目的地具体情况和教练指

---

[1] 卢锋. 现代休闲体育项目活动指南[M]. 成都：电子科技大学出版社，2008.

导，合理选择停靠地点。（3）活动前应进行一定地面热身活动，充分学习掌握滑翔技巧和紧急救生知识。（4）检查装备，确保伞衣、飞行器具等完整完好，飞行中始终戴头盔，穿戴好专业运动鞋服，不佩戴饰物。（5）滑翔时保持良好心态，精力集中，滑翔结束解除装备后，适量走动缓和节奏，保持良好心态。（6）了解由不同环境因素而产生的不同气流形态，从而提前决定是否能够进行飞行，并在飞行前做好充足的准备，以确保飞行安全，如春夏季应当留意风向的快速变化以及积雨云、雷击天气下的感电危险。

（五）蹦极运动的安全注意事项。蹦极也被称为机索跳，是一项体感、视觉感受上都较为刺激的户外活动。蹦极运动不宜人群：心脑血管疾病的人群、深度近视的人群、超重人群、怀孕、癫痫、骨折史（尤其是绑带部位）、血管瘤、哮喘、伤口刚缝合或未愈合等人群，饮酒后不要蹦极。蹦极运动注意事项：（1）在蹦极之前要了解气候状况，充分考虑是否下雨、阳光、风力等因素，与指导员沟通好在合适天气状况下进行。（2）部分蹦极点会根据不同体重使用不同称重的绳索，绳索上附有不同的颜色以及标签，注明具体可被用于的体重范围，在进行蹦极活动前，必须询问清楚绳子规格。（3）蹦极时所穿的衣服应以简洁、舒适、合体为主，勿穿宽松易兜风的衣服。（4）很多蹦极点都行使一条主安全绳，但还有一条备用绳，在第一条产生断裂时派上用场，所以蹦极之前要确保第二条绳子的安全和稳固。（5）确保绳子垂出去的方法可安全弹跳，蹦极时应该选择在清晨，在绳子完全处于阳光暴晒和高温之前。（6）如果发现绳子不完整、有磨损或者有其他异常情况，及时终止蹦极行动。绳子有行使限期，超出限期必须改换，如果系着物看起来陈旧不堪，或者觉得有不符合程序的细节，可以拒绝参加。（7）由于蹦极是一项具有风险的挑战性活动，在进行蹦极之前尽量参加保险。（8）蹦极时保持良好心态，注意力集中，适时适量运动，休息放松，恢复心情。（9）如果出现危险或者发生意外，可向当地警察派出所以及其他救助部门报案并请求协助。

（六）潜水运动的安全注意事项。潜水原本指的是工作人员为进行水下查勘、打捞、修理等作业而在携带或不携带专业工具的情况下进入水面以下的活动，后逐渐发展成为一项广为大众所喜爱的休闲活动。感冒、神经过敏病、耳鼻疾病患者、呼吸系统疾病患者、心脏病、心血管疾病、糖尿病、醉酒后等人群不适合潜水。癫痫、长期酗酒的人群不适合潜水。有红细胞病变、药物成瘾、胰岛素依赖型糖尿病的患者、做过胸腔手术的人、做过眼角膜手术的人群也不适宜潜水。潜水运动注意事项：（1）防止抽筋。水下抽筋可能是由于心理紧张、水温低或浸泡在水里时间过久等因素导致的，所以为了避免出现抽筋的问题，要在下水前做好充分准备运动。即使出现抽筋现象也不应手忙脚乱或者过度紧张，可以采取相应的动作措施缓解抽筋现象，如脚趾抽筋就马上将腿屈起用力将足趾拉开扳直，小腿抽筋使小腿用力向前伸蹬让收缩的肌肉伸展松弛，手指抽筋手握成拳头然后用力张开等。（2）耳压平衡防止及耳朵排水。捏鼻鼓气使耳压平衡，吞咽口水、打哈欠或左右摆动下颌来达到耳压平衡。要格外注意的是，不可以捏住鼻子之后鼓气过久或者过度用力，因为这种动作会有伤害耳蜗及耳鼓的和能行。如果在潜水活动后出现耳痛、耳鸣等症状，这有可能是水进入耳朵或者是鼻子呛水的表现，可以采用以下方法将水排出：第一种方法是将进水侧耳朵朝向下方，并拉住进水侧耳朵的耳垂，同时用同侧腿稍加用力进行单足蹦跳动作；第二种方法同样先用手心堵严进水侧耳朵，再将进水侧耳朵朝向下方，之后快速将手移开，或者用消毒棉签送入耳道内将水吸出。（3）头昏脑胀等相关症状。出现以上症状的主要原因是由于在水下时间过久，在压力的作用下导致脑缺血，或者由于体能的过多消耗而产生过度疲劳。出现以上症状的时候应立马上岸休息，并进行全身保温，同时饮用一些淡糖盐水。当呛入不干净的水时也会恶心呕吐，出现恶心呕吐现象时要尽快上岸，并用手指点按中脘、内关穴，或者服用止吐药物。为预防肠炎，还可吃几瓣生蒜。皮肤如果出现瘙痒或者红肿时主要是由于皮肤过敏所致，即刻上岸并服用缓解过敏症状的药物。由水质问题引起的眼部不适可以在上岸后采取清洁淡盐水冲洗的办法进行缓解，并使用消炎作用的眼药水，并在睡觉前进行热敷。如果游客患有慢性鼻炎，或者遇到呛水、身体寒冷等情况时会出现头痛的症状，这是由于暂时性脑供血不足引起的。这时应立即回到岸上，并使用大拇指对百会、太阳及列缺等穴位按揉，再用温热的毛巾敷头部，或者饮用温开水。游客在过饥或者过饱的情况下进行潜水活动会出现腹痛腹胀的症状，这类症状可以通过上岸后仰卧，用手指点按中脘、上脘及足三里等穴位，同时口服3~5毫升十滴水，并用热毛巾敷腹部等办法进行缓解。（4）潜水其他注意事项。在潜水的过程中，与潜水员、同伴之间的沟通要做好，必须严格遵守潜水的相关规则和教练指导，以便出现突发状况也能及时找到解决方法途径。切忌随便触摸珊瑚、热带鱼等，避免破坏生态环境。要紧跟领队，不要单独行动，要穿配救生衣，不要使用耳塞，要把面罩内的水清除干净，避免做超呼吸的动作，完全回到岸上之才能脱掉蛙鞋、面罩、呼吸管。

（七）滑雪的注意事项。滑雪指的是人们呈站立姿态，手持滑雪杖、足踏滑雪板在雪面上滑行的运动。"立""板""雪""滑"是滑雪运动的关键要素[1]。旅游滑雪是出于休闲、锻炼等目的，较少受人为因素制约，适用人群范围较广。在所有的滑雪类运动中，高山滑雪是最受滑雪者欢迎的运动，这是因为其具有更高的挑战性、充满刺激并且可参与面广的特点。（1）滑雪不宜人群。老年群体、视力障碍这以及患青光眼、耳鼻喉科慢性疾病、泌尿系统和生殖系统炎症疾病、气喘性支气管炎或支气管气喘以及流感刚痊愈的儿童等，不可参加滑雪运动。（2）滑雪注意事项。出发前关注目的地的天气情况，根据天气条件制订好外出滑雪的计划，并随时关注天气预报，避开突然变天。着装：为了方便展开滑雪动作，需要选择宽松舒适的上衣，但是不能选择兜风严重的衣物，上衣的袖口以及裤装的裤口需要有调节松紧的功能，从而防止进风、进雪。除此之外，上衣的领口应该是直立的高领，以防止滑雪过程中有冷空气进入。套头式的滑雪帽是最好的选择，因为这一类滑雪帽能够有效减轻冷空气对面部皮肤的刺激，保护娇嫩的面部皮肤。为了方便其他滑雪者能够辨认出自己，要选择鲜艳颜色的滑雪服，这样能够与雪地呈现出巨大的颜色反差，方便识认。滑雪镜：最好佩戴封闭式的滑雪镜，并在外框上配有用透气海绵制成的透气孔，这样能够减少滑雪镜的镜面因皮肤的热气无法散出而导致镜片起雾的现象，戴近视镜的患者要保证滑雪镜可以将近视镜完全覆盖。防晒霜：除了冷空气对皮肤产生的刺激以外，滑雪时皮肤还会受到强烈的紫外线的灼伤，所以要有针对性地选择具有防止水分散失以及防紫外线的护肤品。防冻伤：手部、脚部、耳朵等部位是人体上最容易发生冻伤的部位，所以要使用具有良好保温效果的制品对以上提到的部位做好保温工作。并且可以准备一些高能食品随身携带，以便随时补充能量，如牛肉干、巧克力等。了解滑雪道的状况：在到达滑雪场后，首先要详细观察滑雪道的高度、宽度、长度

---

1 张殿福，朱林，刘春定.体育与健康[M].成都：电子科技大学出版社，2013.

等具体情况，并认真仔细地检查自己的滑雪工具，注意所用的滑雪器材是否完整、安全、可用，尤其要仔细检查滑雪板和滑雪杖有无裂痕、固定器连接是否牢固等。正式滑雪前做好热身运动，压压腿扭扭腰等。滑雪时雪靴的夹子一定要扣紧，保护踝关节。雪杖一定不能固定在手腕上，以便在摔倒时能够顺利将雪杖扔出，避免扎伤自己。感觉有摔倒的风险时不可后仰，应采取向侧面倾倒的动作。禁止擅自超越滑雪场界线。滑雪时不要打闹、碰撞、开玩笑。出现意外或受伤不要盲目处理或搬动，要及时和雪场人员联系寻求救护。滑雪结束后整理好衣物和物品。结束后休息与适量饮食，补充能量。

（八）滑冰的注意事项。滑冰，我国早在宋代就有滑冰运动，当时被称为"冰嬉"。（1）滑冰不宜人群。老年群体、孕妇、有严重膝关节病的人群不宜进行滑冰。（2）滑冰注意事项。进行滑冰活动之前要进行场地检查以及护具检查，充分了解场地是否有危险的情况存在，避免因场地不平而发生摔倒的情况。进行冰刀活动时必须佩戴护肘、护膝、手套、头盔等护具，并且认真检查冰刀与鞋带是否结实。选择保暖、舒适但不厚重的服装，从而增强四肢的灵活程度。如果身上有尖锐物品，如小刀、钥匙、手机等，应暂存在不进行滑冰活动的同伴或者其他地方，以免摔倒时划伤自己。上冰后尽量保持身体平衡，缓慢向前沿着多数人滑行的方向滑行，速度不宜过快，不可追逐打闹。如果在冰面上摔倒，要尝试跪在冰面上，并慢慢站起来，不要长时间坐或躺在冰面上，以免被他人的冰刀划伤。滑冰时最好每隔15分钟休息2~3分钟，当肌肉酸痛或者感觉到疲劳时应脱掉冰鞋，对小腿和腿部的肌肉进行放松。活动结束后到温暖区域，防止冻伤、感冒。运动出发前，如有感冒可服些清热感冒冲剂、板蓝根冲剂；如果出现扭伤关节的情况，可外用跌打止痛液、外敷麝香壮骨膏，内服跌打丸、三七片、云南白药胶囊等外用药品，缓解疼痛肿胀。

（九）冲浪的注意事项。冲浪是借助海浪动能在海面上利用冲浪板进行滑行的极限运动，通常冲浪者会俯卧或坐在冲浪板上，在海里有适宜海浪的地方等待，当合适大小与速度的海浪靠近的时候，调整冲浪板的方向，俯卧在冲浪板上顺着海浪涌动的方向划水，给冲浪板足够的速度使冲浪板保持在海浪的前面，当海浪推动冲浪板滑动时，冲浪者站起身体，两腿前后自然站立，两膝微屈，利用身体重心、肩膀和后腿控制冲浪板的走向。（1）冲浪不宜人群。患有严重心脏病、高血压、精神失常的人不宜冲浪，有严重耳病和眼病的人群也不宜冲浪。（2）冲浪注意事项。下水前做热身运动，让自己充分舒展。检查装备，如冲浪板、安全绳、救生衣等是否完整完好。当冲浪板撞击到海浪时，禁止用手去牵扯安全脚绳和冲浪板，避免手部受伤。进行冲浪运动时，冲浪者应保持适当的海上距离，安全距离通常为2个冲浪板的长度。冲浪起乘规定当冲浪者最靠近海浪崩溃点，并且是第一个站立起来的冲浪者时，附近的其他冲浪手都要停止冲浪运动，避免因为争抢合适海浪而发生意外。必须遵守冲浪起乘规则，一人一浪，杜绝争抢现象。在冲浪过程中时如果发现水母，或是被水母蜇伤，赶快上岸对伤口进行处理，并及时去医院就医。

（十）泡温泉的注意事项。温泉是泉水的一种，是从地下自然涌出的，泉口温度显著地高于当地年平均气温的地下天然泉水，温泉水中通常含有一些微量元素的矿物质元素，这些元素有益于人体健康。泡温泉能够有效缓解下列疾病：肥胖症、运动系统疾病（如创伤、慢性风湿性关节炎等）、神经系统疾病（神经损伤、神经炎等），早期轻度心血管系统疾病、痛风、皮肤病等。（1）泡温泉不宜人群。糖尿病患者、心血管疾病患者、有皮肤病或有伤口的人群不宜泡温泉。准备孕育下一代的男士尽量少泡或者不泡温泉，因为温泉水的高温会影响精子的活性和发育。饮酒后不适合泡温泉。女性在生理期或者生理期前后几天，妊娠的初期和末期，都不建议泡温泉。（2）泡温泉注意事项。一定要记得把身上的金属饰品如戒指、耳环、手链等摘下来。泡温泉时避免处于过饥或者过饱的状态，泡温泉与吃饭时间至少应间隔一小时。最好不要独自一人泡，以免发生意外。温泉通常有四种，如中性碳酸泉、碱性碳酸氢钠泉、盐泉以及硫黄泉。这四种泉水水质不同，对不同的病症具有不同的疗效。单纯泉具备各种成分，浸泡单纯泉对于神经痛、风湿、皮肤病等有缓解作用；碳酸泉中由于能够释放二氧化碳，对治疗高血压、心脏病有缓解作用。所以在泡温泉前要先对温泉的种类以及其特殊功效进行了解，并根据自身的具体身体状态进行选择，才能真正达到泡温泉的预期目的。泡温泉时，可以选择闭眼冥思，保持心情放松，缓缓地进行深呼吸，可以达到放松身体、缓解疲劳、释放压力的目的。泡温泉的时间不宜过长，长时间浸泡温泉会出现胸闷、口渴、头晕等症状。在泡温泉时若有口干、胸闷等感觉，要及时停止浸泡温泉，在池边进行休息，并补充水分，最好是选择20℃~25℃的白开水、柠檬水或淡盐水来补充体内水分。夏季泡温泉不宜水温过高和浸泡过长时间,水温最佳为38℃~40℃,每泡10~15分钟就起身调整活动几分钟。患有心血管疾病的游客在起身时动作应当谨慎缓慢,避免突然改变姿势出现血管扩张、血压下降导致头昏眼花跌倒的情况。泡完后不要用沐浴液洗澡,皮肤干燥者浸泡温泉之后最好立刻抹上滋润乳液,以免肌肤水分大量流失,泡温泉后喝水补充。

(十一)过山车的注意事项。过山车是一种机动游乐设施,常见于游乐园和主题乐园中,结构包含爬升、滑落、倒转(儿童过山车没有倒转),其轨道的设计不一定是一个完整的回圈,也可以设计为车体在轨道上的运行方式为来回移动。过山车是一项富有刺激性的娱乐工具,虽然刺激,但是基本上是安全的设施,深受很多年轻游客的喜爱。(1)过山车不宜人群。高度近视的人群、有心血管疾病的人群、有颈椎病的患者不宜乘坐过山车;怀孕人群不能乘坐过山车,心脏病、高血压、身高不满1.4米、饮酒后的人群禁止乘坐过山车。其他如癫痫、骨折未愈、哮喘、伤口刚缝合或未愈合等人群也不适宜坐山车。(2)过山车注意事项。衣服口袋要有可以合上的拉链或摁扣,或者不带随身物品,不要戴项链,以免在扭动过程中勒住脖子。女生在乘坐时不适宜穿过于飘逸的裙子,以免卡在机器上,不要带有框眼镜,不要穿无扣带的皮鞋,不要穿人字拖,坐车之前不要喝任何带气泡的饮料。为防止脖颈扭伤,可以佩戴脖套等保护性物品;玩过山车时不要把头埋太低,以免摇动过程中使头部受伤。保持良好心理素质,乘坐过程中不要惊慌紧张。活动结束后适量走动,恢复心态,检查个人物品,安全返回。

(十二)沙漠徒步旅行的注意事项。徒步,也可以称作远足、行山或健行,区别于通常我们所说的散步,同时它也不是比赛中的竞走项目,徒步通常指在目的地进行中长距离的走路锻炼,是最经典以及最具有特色的户外运动方式之一。根据徒步距离的长短可以分为短距离徒步活动以及长距离徒步活动,短距离徒步活动相对容易,对技巧与装备的要求相对较低,而长距离徒步对户外知识技巧及装备的要求较高。人们常常将徒步旅行看作最亲近大自然的一种活动。沙漠徒步是一种中长距离的徒步,因此沙漠徒步前务必做好充分准备。(1)沙漠徒步旅行不宜人群。患有如关节病、皮肌炎、风湿炎等慢性疾病导致有运动障碍的人群;有呼吸系统慢性疾病、肺心病、气管炎的人群;有高血压、冠心病的人群不宜进行沙漠徒步;身体素质差、老人、孕妇等群体都不适宜沙漠徒步。(2)沙漠徒步旅行注意事项。时节选择：我国沙漠多分布在西北地区，属于干燥气候带，夏季炎热昼夜温差大，内蒙古至新疆一带的沙漠4月份有季节性强风。沙漠徒步旅行应该尽量避开夏季和风季，选择在9月至来年3月比较合适。制定线路和战术：结合自身时间、金钱、出行人数和旅游偏好等确定好进行何种徒步行，是跟团游、协作式还是全自助式等。根据自身情况和出发时节、天气做好防寒保暖工作，合适着装，建议冲锋衣裤或速干衣裤，尽量穿防水登山鞋，鞋袜舒服不磨脚。计划好每日饮水量，尽量一天3~4升水，食品尽量选择高能量、易消化、不易变质的干粮类食品。准备并检查好背包、手杖、帽子、头巾、太阳镜、手电筒、水袋、地图等必备物品，适量携带酒精、绷带、创可贴等消毒药用物品。和同行团队、伙伴等充分沟通交流，熟悉彼此的电话等联系方式。徒步行军速度不宜过快或过慢，沙漠里负重穿越行走40分钟应该休息3~5分钟。徒步途中灵活使用手杖，减轻双腿承重。早晨行走一小时后适宜进行饮水，上午9~10点、下午3~4点建议摄入适量高热量餐食补充能量。营地多选在避风处，不要扎在红柳、胡杨树等附近（其附近有有毒的虫类），建议扎在沙丘的平地上。若遇到沙尘暴，不要惊慌，不要到沙丘的背风坡躲避，不要站立行走，可以先趴下，爬行前进。旅途结束后适量休息进食，补充能量，保持良好心态。

（十三）游玩玻璃栈道的注意事项。玻璃栈道通常在景区、景点中，依悬崖峭壁凌空而建，采用钢化玻璃铺设。在玻璃栈道上，游客体验悬空心跳和刺激震撼之感。（1）游玩玻璃栈道不宜人群。有心脏病、恐高症、眩晕症等的人群不宜玩玻璃栈道。（2）游玩玻璃栈道注意事项。寄存好行李包，轻装上阵，不要负戴太多东西。不要穿高跟鞋、拖鞋等进入，要按工作人员引导换上专业的鞋子或戴好鞋套。不要带雨伞、登山杖、明火、烟、宠物等过玻璃栈道，易引发危险。不要带着醉酒、失落、愤怒压制等特殊情绪去走玻璃栈道。儿童、老人需在监护人陪同下进行游玩。游玩过程中服从工作人员的安排和指引，不要插队，不要和周围游客争抢、争吵。不要把玻璃栈道当游乐场，蹦蹦跳跳、跑来跑去，不要在上面题字。过玻璃栈道时尽量走中间，不要倚靠栏杆，不要摆各种姿势拍照。不在桥面列队前进，不在桥面聚集、嬉戏打闹。游玩结束后检查物品等。

七、出入境检疫与国际旅游健康注意事项

随着出入境旅游快速发展,与出入境旅游相关的健康保障问题日益突出。为保障旅游者健康,这部分介绍出入境旅游中应注意的事项,包括出入境检疫内容、健康申报工作以及出国旅行的准备工作、海外旅行常见问题与对策等。

(一)出入境检验检疫。指政府行政部门以法律、行政行规、国际惯例或进口国法规要求为准则,对出入境货物、交通工具、人员及其他事项等进行管理及认证,并提供官方检验证明、民间检验公证和鉴定完毕的全部活动[1]。经批准出国一年以上的各类出国人员,出国前必须到中国检验检疫机关所下属的国际旅行卫生保健中心(简称保健中心)接受健康检查、预防接种,领取国际旅行健康检查证明书(简称健康证明书),出境时须向中国检验检疫机关出示,方能出境[2]。中国出入境管理机关凭中国检验检疫机关签发的健康证明书办理出境手续。对未办好上述手续者,检验检疫机关视情况可以阻止其出境。在国外居住三个月以上的国内公民回国,入境后须到就近的保健中心接受健康检查,领取健康证明书,居住所在地公安机关予以协助,并凭健康证明书办理有关手续。为了保障自己的身体健康以及他人的身体健康,出行方便,建议在出行前前往保健中心接受国际旅行卫生保健咨询,以了解我国和前往国(或地区)在体检和预防接种方面的相关要求,特别是前往国(或地区)的疾病流行状况和应采取的相关保健措施。对于法定体检和预防接种对象,必须办理并领取《国际旅行健康检查证明书》和(或)《疫苗接种或预防措施国际证书》,方能出境。根据世界各国(地区)有关部门要求,在办理儿童入托、留学和买保险等项手续时,都应提供体检、预防接种记录。北京国际旅行卫生保健中心将根据各国要求,给予办理体检、预防接种,签发各国体检、预防接种表格[3]。

(二)旅客携带物检验检疫范围及相关手续。 旅客携带物检验检疫(旅检)

---

1 俞兰.创新检验检疫工作全力服务一带一路发展[J].财经界,2016(35).

2 中国海关浙江国际旅行卫生保健中心.中国公民出入境卫生检疫须知[EB/OL].(2014-08-29)[2020-05-15].http://zj.ithc.cn/article/64369.html.

3 北京国际旅行卫生保健中心.中国公民出入境卫生检疫须知[EB/OL](2014-08-29)[2020-05-15].http://www.ithc.cn/bj/viewStoparticles.action?bh=54808.

是指对出入境的旅客（包括交通员工和享有外交、领事特权与豁免权的人员）携带或随所搭乘的车、船、航空器等交通工具托运的特殊物品（包括微生物、人体组织、生物制品、血液及其制品）、骸骨、骨灰、废旧物品和可能传播传染病的物品以及动植物、动植物产品和其他检疫物，在对外开放的港口、机场、车站和边境通道等场所实施的检验检疫[1]。检验检疫地点：旅检工作主要在海关旅客检查厅或过境关卡执行，以现场检疫为主，其他检疫手段为辅。检疫审批：携带用于人体的特殊物品出入境，必须事先向出入境口岸所在地直属检验检疫局申请办理检疫审批[2]。携带植物种子、种苗及其他繁殖材料进境的，必须事先提出申请，办理检疫审批手续[3]。因特殊情况无法事先办理的，应当限期在口岸补办检疫审批手续。办理审批手续后，须在进境口岸所在地直属检验检疫局备案[4]。因科学研究等特殊需要携带禁止携带进境物，必须提前向国家质量监督检验检疫总局或相关行政主管部门申请办理检疫特许审批。报检时应提供的单据：携带上述所列检疫物品入境的，入境前必须如实填写《入境检疫申明卡》，主动向口岸检验检疫机构申报。携带特殊物品出入境申报时，须提供《出/入境特殊物品卫生检疫审批单》和有关传染病病原体检验单。出入境人员携带骸骨或骨灰报检，须提交境外公证机构出具的公证书、死亡医学证明书、出境许可证和原墓葬地点证明等。

（三）我国入境旅客检疫查验相关要求。对入境旅客的身体健康状态查验收取《入境检疫申明卡》，并留下相关人员有效的联系方式。对出入境旅客实施必要且充分的医学观察，并根据情况需要进行健康询问。发现入境人员申报有发热、黄疸、咳嗽、呕吐及腹泻等症状的，要及时进行医学检查、检验和流行病学调查。对入境旅客实施严格体温检测，在体温检测过程中，发如果现有体温大于或者等于38℃，检疫人员应当在做好自身防护措施同时，再次采用合格的水银柱体温计对相关人员进行体温复测，对复测体温仍然大于或者等于38℃的入境旅客，严格按照《口岸急性呼吸道传染病人处置规范》等标准应急处理措施的要

---

1 王斌义.报检员业务操作指引[M].北京：对外经济贸易大学出版社，2005.
2 冯毅，郭清山.进出口商品报检实务[M].北京：中国商务出版社，2005.
3 国家质检总局.中华人民共和国进出境动植物检疫法实施条例.[EB/OL]（1997-01-01）[2020-05-15].http://www.gov.cn/zlzt/gzqlg/content_104264.htm.
4 温耀庆，鲁丹萍.商检与报关实务[M].北京：清华大学出版社，2007.

求，同时进行流行病学调查，将所取得的检查结果以及标本并送医院进行相关排查。对申请来华定居或任职、就业、学习在华居留一年以上的外籍入境人员，要求其出示艾滋病/性病检验证明；在国外定居三个月以上的中国籍人员，以及回国定居或工作的华侨和港澳台同胞，要求出示有效的健康证明，如上述人员不能出示有效健康证明，要求其在入境后一个月内到就近的国际旅行保健中心接受体检。检疫传染病染疫人/染疫嫌疑人的判定，依据鼠疫诊断标准 GB 15991、霍乱诊断标准及处理原则 GB 15984、国境口岸黄热病检验规程 SN/T 1243 判定。其他传染病人或疑似传染病人员可依据具体的临床症状、流行病史、长居地流行病具体情况等做出判断，并将取得标本及检查结果送往医院进行进一步排查。对入境的检疫传染病染疫人/疑似染疫人员需要实施隔离、留验或就地诊验等有效医学措施。对国务院卫生行政部门和国家质检总局确定和公布的其他重大传染病人或疑似传染病人员也应依据有关规定实施隔离、留验或就地诊验等医学措施。对出境的检疫传染病染疫人/疑似染疫人员，以及国务院卫生行政部门和国家质检总局确定和公布的其他重大传染病人或传染病嫌疑人，应阻止其出境，并实施隔离、留验或就地诊验等医学措施。对患有艾滋病（含艾滋病携带者）、性病、开放性肺结核、麻风病、精神病的外籍人员，检疫人员应会同边防检查部门，阻止其入境。

（四）新冠肺炎疫情期间健康申报要求和途径。总体要求：海关总署 2020 年第 16 号《关于重新启动出入境人员填写健康申明卡制度的公告》，规定所有出入境人员必须向海关进行健康申报，并配合做好体温监测、医学巡查、医学排查等工作，验证合格后才可放行。具体申报途径：（1）纸质申报。所有出入境人员在出入境时向口岸海关领取并如实填写《中华人民共和国出/入境健康申明卡》。（2）网上申报。出入境游客提前通过"海关旅客指尖服务"微信小程序网上进行健康情况申明。具体操作是进入该小程序后点击"健康申报"，填写个人信息、出入境类型等申报内容，完成后点击"提交申报"，申报完成后点击"查看健康申报记录"查看条形码。游客实际通关时，须出示相关的条形回执，交由海关工作官员进行详细核查。

（五）出国旅行需要接种的疫苗。接种原则：根据特定的目的地选择疫苗，在进行出境游之前前往官方网站或者向熟识的目的地长居人口咨询目的地最新的疾病流行情况，根据目的地的具体情况，选择有高风险的疾病进行疫苗接种，比如霍乱、伤寒、乙脑、流脑、脊灰、蜱传脑炎、黄热病、狂犬病等。根据特定国家要求选择疫苗：在前往一些特定国家时会对游客是否有特定疫苗接种史进行检查，如果没有将被拒绝入境。此类疫苗主要有：脊灰疫苗、黄热病疫苗、流脑疫苗。根据旅行者既往疫苗的接种情况来选择疫苗：出国前根据相关国家提供的官方信息进行参考，确定是否已经按照该国家免疫规划的要求接种了特定疫苗。部分疾病虽然在我国已经被有效控制，但在其他国家还有流行。所以针对部分疾病如果没有接受全程接种，建议及时进行补充接种。比如脊灰疫苗、百白破疫苗、麻腮风疫苗等，这类传染病传染性强对健康影响很大。接种时间：旅行者在获取需要接种疫苗的相关信息后，需要提前 30~60 天左右进行准备，根据疫苗的具体情况，安排疫苗接种时间。任何疫苗接种都需要一定时间，才能产生最佳保护效果。一般情况下在接种疫苗后，最短时间大概是 7~10 天左右会产生免疫力，在接种后的 30 天左右达到高峰，因此旅行者必须提前做好疫苗接种安排，以便在出行前疫苗能产生最佳的保护效果。疫苗种类及适应国家或地区名单：我国唯一一个国境卫生检疫法规定对前往特定目的地必须进行接种的疫苗是黄热病疫苗，特定目的地是指有黄热病或途经黄热病疫区，主要是非洲、南美洲，以上地区都必须接种黄热病疫苗。此外，需要接种的疫苗还有甲肝疫苗、乙肝疫苗、狂犬病疫苗等，如表 3-1 所示。此外还有流感疫苗、破伤风疫苗、白喉疫苗、肺炎双球菌菌苗、流脑疫苗、脑膜炎双球菌菌苗、鼠疫菌苗和伤寒菌苗等。旅行者若想接受预防接种，可向设立在各省会城市的国际旅行卫生保健中心咨询。

表3-1 疫苗种类及适应国家或地区名单

疫苗	前往的国家和地区
黄热病疫苗	安哥拉、阿根廷、贝宁、玻利维亚、巴西、布基纳法索、布隆迪、喀麦隆、中非共和国、乍得、哥伦比亚、刚果（金）、刚果（布）、科特迪瓦、厄瓜多尔、赤道几内亚、埃塞俄比亚、法属圭亚那、加蓬、冈比亚、加纳、几内亚、几内亚比绍、圭亚那、肯尼亚、利比里亚、马里、毛里塔尼亚、尼日尔、尼日利亚、巴拿马、巴拉圭、秘鲁、塞内加尔、塞拉里昂、南苏丹、多哥、特立尼达和多巴哥、乌干达、委内瑞拉、坦桑尼亚[1]

---

[1] 中共湖北省委外事工作委员会. 关于经黄热病流行国家入境南非须出示疫苗接种证明的通知[EB/OL].（2012-05-31）[2020-05-15].http: // www.fohb.gov.cn/details_7709.html.

疫苗	前往的国家和地区
甲肝疫苗	适宜到非洲、亚洲（除日本、新加坡外）、拉丁美洲和东欧地区的旅行者
乙肝疫苗	据统计全球约有2亿多乙肝病毒携带者，所以接触乙肝病毒携带者的概率极大，无乙肝病毒感染史者、无乙肝抗体者以及体内抗体活性减弱者最好接种乙肝疫苗
狂犬病疫苗	狂犬病存在于150多个国家和地区。前往狂犬病地方性流行区的旅行者需要提前接种狂犬病疫苗

（六）出国旅行相关安全准备工作。出国前准备工作：(1) 出发前查询中国领事服务网（http://cs.mfa.gov.cn/）、驻目的地中国使领馆网站、组团旅行社网站等，并将旅行途经地和驻目的地中国使领馆的联系方式以及相关海外旅行提示、安全提醒等信息保存在方便查阅地方，或者将使领馆联系方式设为紧急联系人之一。全面收集目的地风俗禁忌、气候条件、治安状况、流行疫病、入出境规定、法律法规等信息，并做好相应准备。(2) 外交部及有关驻外使领馆发布的海外安全提醒共分三个级别，由低到高分别是"注意安全""谨慎前往"和"暂勿前往"。如是第三等级则旅游者不要前往该目的地。(3) 出发前请登录中国领事服务网（http://cs.mfa.gov.cn/），了解中国驻外使领馆及当地应急电话。如果游客前往的目的地国家与我国无外交关系，可将中国驻其周边国家使领馆的电话进行保存，以便就近求助。游客需要记住外交部全球领事保护与服务应急呼叫中心热线号码 +8610-12308 或者 +8610-59913991 以备紧急求助时使用，同时关注"领事直通车"微信公众号（微信号：LS12308）、"领事之声"微博、"外交部12308"微信小程序、"携程微领队"公众号及时了解信息。(4) 检查护照有效期：护照剩余有效期应在6个月以上，若过期要及时更新办理。(5) 办妥目的地国签证：对于需提前办妥签证的国家，确保已取得目的地国的入境签证和经停国家的过境签证，申办签证种类须与出国目的相符，签证的有效期、停留期和入境次数与出行计划一致[1]。(6) 出行前进行全面体检，并根据目的地国要求进行必要的预防接种，随身携带接种证明（黄皮书）。(7) 留下联系方式以备应急：出国前给家朋友留下一分出行日程，约定好联络通信方式。建议旅游者在护照"应急资料"页

---

[1] 中共四川省委外事工作委员会办公室.安全文明出境游攻略[EB/OL].（2019-07-18）[2020-05-15].http://www.scwqb.gov.cn/xwzx/hwyj/201907/t20190718_10912.html.

详细写明家人、朋友的地址、电话号码。对于重要证件，如护照、签证、身份证等应复印两份，其中一份留在家中并告知亲友其存放位置，一份随身携带，同时建议存储在个人电子邮箱中。同时多准备几张护照相片、未成年人应携带出生证明复印件。出国后注意事项：（1）进行公民登记：如需在国外停留较长时间或所旅居的目的地国家安全性堪忧，游客可以通过中国领事服务网提供的"出国及海外中国公民自愿登记"网址（http：//ocnr.mfa.gov.cn/expa/）进行登记，在进行登记后，如果有特殊紧急情况发生使领馆能够通过填写的信息及时与旅游者取得联系。（2）随时提高安全防范意识：注意防盗、防抢、防诈、防骗。出门不要随便乘陌生人的车。不将文件、钱包、护照等重要物品放在易被利器划开的塑料袋中，不要随身携带贵重物品或大量现金，也不要在居住地存放大量现金。不在车内的明处摆放贵重物品。不要在黑暗处招呼、乘搭出租车。不要在不正规或不具备资格的地方进行换汇，不可通过微信、支付宝与陌生人进行换汇。（3）经常联系家人：通过网络通信软件、国际电话等方式与家人或朋友保持联络，在远距离更换位置时或者临时更换停留地点时要将相关信息分享给亲友。（4）切勿非法停留：严格按照签证或者其他居留协议内容中的要求时间进行停留，既不可以提前入境，也不能够超过最后期限，如有特许情况或者其他要求，可以根据签证类别的相应要求及时到当地移民或警察部门进行登记。

（七）境外旅行常到的时差综合征、护照丢失和生病等问题与对策。（1）时差综合征：地球被平均划分为24个时区，每飞行15个经度，便要对时间信息进行更新，更新方式是：向东跨越15个经度要加1小时，向西跨越15个经度要减1小时。游客长久形成习惯的生物钟会因为跨越不同时区而被打乱，导致出现时差综合征。时差综合征会产生一系列的睡眠问题、自觉乏力以及一些其他症状的综合状况。目的地时间与长居地时间差距越大，越容易发生时差综合征，用来克服时差综合征的时间越长。其常见症状有：睡眠紊乱，半夜无法入睡，白天犯困；感到疲劳或精力不佳、注意力不集中，日常活动受到干扰；胃肠功能紊乱，恶心、腹泻或便秘等。预防方法如下：提前改变作息时间：如果往西走，那就出发前几天晚点睡觉。如果往东走，就试着每天让自己早点上床。戴墨镜：减少与强烈光线的接触，有利于旅游者适应新环境。多喝水：让身体保持充足的水分，而且尽量不要喝酒以及含咖啡因的饮品，其会导致脱水。如果往西走，多在清晨去感受初升的太阳，如果往东走，可以多去看看落日。多做运动，但不要安排在准备睡觉之前。游客可以在商店或药店买褪黑激素，通常剂量是每天5毫克，在晚上睡前半小时服用。5天后可以停用。儿童不要使用。（2）护照、旅行证件丢失：立即向当地警察部门报案，同时向就近的中国使领馆申请补发旅行证件。申请旅行证件所需的有关材料为：完整、认真准确地按照个人实际情况填写的《中华人民共和国护照/旅行证/回国证明申请表》、护照遗失/被盗抢的情况说明，并提供符合要求的照片。另外，请尽量提供原护照复印件、原签证复印件或其他个人身份材料。有关申办要求及表格可在中国领事服务网或相关使领馆网站查询和下载，具体要求以您前往申办证件的使领馆所提供的为准。（3）旅游者在国外突患重病，国内家属如何出国陪护：请患者所在国医院出具诊断书，凭该诊断书分别向中国公安机关和该国驻华使领馆说明亲属在当地患病情况，申请尽快办理护照和签证手续。若旅游者在国外突患重病想回国治疗：首先应判断相关疾病是否能够乘坐飞机，并根据游客的具体情况咨询当地医院意见，同时也需要咨询拟搭乘航空公司意见，如医院及相关航空公司同意，可通过国际SOS或其他商业机构、航空公司联系转运病人回国事宜，有关转运费用自理。

（八）遇到突发事件被困在目的地国及医疗转运。因恐怖袭击、自然灾害、政治动乱、流行疾病等不可抗力被困时：如果游客是随旅行团进行团体出行，因遇不可抗力被困，必须及时领队或组团社沟通协商并寻求帮助，按照《旅游法》相关规定解决问题。个人出行，请联系中国驻外使领馆，把相关情况、联系方式告知使领馆，寻求帮助，具体操作是：拨打12308热线，接通后按"0"再按"9"优先转人工服务，也可登录微信进入"领事直通车"公众号或打开"外交部12308小程序"，按提示进入人工客服对话或选择一键呼叫12308热线[1]。或拨打当地使领馆的应急电话求助。其中因为"无法抵抗的自然灾害"造成的逾期滞留，入境处将重新签发一个允许滞留的入境章，将在当地滞留的有效期延至申请人的离境当日。如果由于商务问题，或者其他非自然不可抗力灾害原因造成的逾期滞留，比如因重要国际会议延期等，可以在进行协商沟通得到同意后，缴纳一

---

1 北京市人民政府.中国公民境外出行安全指南[EB/OL].（2020-05-15）.http://www.beijing.gov.cn/fuwu/bmfw/bmzt/jwaq/.

定数量的罚款，入境处也将重新签发一个准许当日离境的许可章。医疗转运：当异地旅行者发生意外或疾病时，若当地医疗救治条件和水平不足，需要将伤患转运至符合救治条件的医疗卫生机构。常见医疗转运方式有：（1）航空医疗转运。其又包括四种：商务舱或头等舱转运——舱位的座椅可以放平 160~170 度，患者在途中相对舒适，比较适合病情较轻的患者。这类患者一般有一定的行动能力，至少可以自己独立就座，或在医护人员的辅助下，实现基本自理，比如自己去卫生间。常见是上肢骨折、下肢骨折打石膏固定的患者。由于主要是对地面救护车、商务舱座位和医疗服务付费，相对费用较低。商业航班担架位转运——大部分民航客机出于安全考虑，不允许带氧气瓶上飞机。这一方式适用于不能坐、生活不能自理且不需要氧气的患者。如果要使用航空担架转运，专业转运医疗机构在选定合适的航班之后，要提前向航空公司申请担架位。申请成功后，该趟航班会视每班飞机情况拆除一些座位，并在此安装一个担架。选用这一方式转运往往需要提前联系机场救护并协调升降机辅助登机。费用高于商务舱或头等舱转运，低于包机转运。主要需要支付担架所占据全部机舱座位的全价票、起终点机场内及机场外救护车使用费用、升降机使用费用及医疗服务费用。医疗包机转运——固定翼飞机包机转运是医疗转运中的最高等级，转运环境最好。包括自装担架及医疗设备的专业医疗机转运和需要医疗团队自己携带担架及医疗设备的公务机转运两种包机转运形式。包机转运适用于重症患者，尤其是重症且需吸氧的患者。直升机转运——受单次飞行里程限制，直升机医疗转运更适用于飞行半径在 300 公里以内的短途飞行。其优势在于起降灵活，不需要机场和跑道。所以更适用于急救或目的地地面条件较差的医疗转运。（2）高铁和救护车医疗转运。高铁转运——医疗团队使用高铁商务舱座椅转运病人的一种医疗转运方式，速度比一般列车快，是介于陆地救护车转运和航空转运之间的一种较安全、高效和稳妥的选择。适用人群：身体状况不耐受陆地车辆或高空（航空）转运条件；转运距离较长；航空转运预算不足。费用：主要是购买高铁车票、协调两地救护车及转运服务费用，相对航空转运较低。救护车转运——即便是在高铁或航空转运中，除直升机转运外，由于主要转运方式无法直达医院，往往也都需要救护车转运的配合，因此这是用途最广的一种医疗转运方式，其适用于病情较轻的患者。费用：医疗服务费 + 里程数 × 所选救护车里程单价，在各种转运方式中整体费用最低。

建议出境旅游者关注"携程微领队"公众号,如遇到相关状况,可根据自身需求向其求助,其常见查询和可提供的帮助事项有:协助就医包括医疗机构介绍与推荐、协助和安排就医住院;紧急医疗转运,即在旅行途中病情严重的客户经过与携程有合作关系的救援公司的医师确认其所在医院无法提供适当处理,在得到家属的同意后,会为其安排适当的通信、交通工具及医疗护送小组将病重游客转移至最近的可针对其病情提供适当医疗治疗服务的医院,但不局限于游客所在的国家境内;指导补办证件:在境外旅行时遗失或身份证件如护照、旅行证件被盗等,携程可提供补办手续相关的信息,并介绍适当的部门或机构,以方便游客补办相关证件。

八、旅游安全健康保险与安全救援服务

近年来全球性的重大自然灾害事件发生频繁,重大疫情灾害传播范围呈现扩大趋势,突发性群体事件数量日益增多,多种类型的公共安全事件呈现出由非常态化的偶发向常态化频发转变的趋势。另一方面,我国进入大众旅游时代,旅游成为新生活方式,旅行中的生命健康安全风险问题随之凸显,迫切大力发展旅游保险,针对旅行途中可能发生的各种意外提供保障,完善旅客安全保障体系,让旅行者更安心出行。旅行(旅游)保险是与外出旅行有关的一种综合性保险,初期主要是针对因公务或商务出国旅行人员,随着个人旅游普及转为主要承保个人外出度假过程中的各种风险。

(一)旅游保险主要类型。旅游保险是指针对旅行途中可能发生的各种意外所导致的意外死伤事故所做的保障,一般包括医疗费用、人身意外、意外双倍赔偿、紧急医疗、运送、运返费用、个人行李、行李延误、取消旅程、旅程延误、缩短旅程、个人钱财及证件还有个人责任等[1]。主要类型包括:(1)游客人身意外伤害保险。因意外事故导致游客死亡、残疾或丧失身体机能的,保险公司除按规定支付医疗费用外,还要向伤者或死者家属支付保险金[2]。体验惊险刺激旅游

---

1 战金威. 关于旅游保险推行必要性探讨[J]. 现代营销, 2014 (7): 97.
2 况杰 周君. 中华人民共和国旅游法(实用问题版)(法律单行本实用问题版丛书)[M]. 北京: 法律出版社, 2013.

项目最好选择自愿性旅游人身意外伤害保险。(2)住宿游客人身保险。游客因遭意外事故、外来袭击、谋杀或者为保护自身或他人生命财产安全而致自身死亡、残疾或身体机能丧失,或随身携带物品遭盗窃、抢劫等,保险公司按不同标准支付保险金[1]。(3)旅行救助保险。指由保险公司与救援公司联合推出的保险形式,当游客国内外任何地方遭遇任何险情,均能够拨打电话获得无偿救助。(4)旅游求援保险。游客在国外发生意外事故或因不谙当地习俗法规引起法律纠纷,可运用其救助。

(二)旅游保险责任保障范围。旅行保险一般包括医疗费用、人身意外、意外双倍赔偿、紧急医疗运送、运返费用、个人行李、行李延误、取消旅程、旅程延误、缩短旅程、个人钱财及证件还有个人责任等诸多保障责任[2],具体如下:(1)旅行人身意外保障。投保者在遭受由于意外造成死亡或永久性伤残后,给予指定受益人预先约定数量的保险金额。(2)旅行医疗费用保障。用以保障在旅途中因意外而导致的过多的医疗费用开支。完善的旅游保险应包括"国际医疗支援"服务,万一在外地发生严重事故,受保人可享用国际医疗队伍的服务,如紧急医疗运送或送返原居地等。值得注意的是,大部分旅游保险是只为因意外造成的医疗开支进行保障,但也一小部分的保单可以共同为在旅途中因疾病而带来的医疗支出提供保障支持。(3)旅行个人财物保障。为在旅途中因财物遭受意外损毁或被盗窃所带来的经济损失提供保障。在运输途中,即使行李并未丢失,但要很长时间才能拿到或行李破损,游客都可以向其进行索赔。各个航空公司对于行李的丢失与损坏都有针对性的赔偿措施,赔偿的金额根据舱位有所不同。(4)旅行个人法律责任保障。为旅途中受保人因疏忽而导致遭受人身伤亡或财物损失而被追讨索偿提供保障。(5)旅程延误或取消保障。旅程延误:若乘搭之交通工具因天气恶劣、机械故障、工业行动或被骑劫导致延误,受保人可按时间得到赔偿。取消旅程:若受保人在保单生效日至起行日内,因严重疾病或意外不能成行,所有旅费订金、机票等损失由保险公司负责。缩短旅程:若受保人或家属因遭遇意外,重病或死亡,需要提早结束旅程时,受保人可索偿已支付或是不能享用的费用。

---

1 许伟基. 旅游纠纷诉讼指引与实务解答[M]. 北京:法律出版社,2013.
2 《公民维权百事通》编委会. 公民维权百事通[M]. 成都:电子科技大学出版社,2011.

（三）境外旅游保险。境外旅游保险属于旅游保险其中一种，在购买时因为前往的目的地国家不同，挑选侧重点也有所不同。如在前往美国、加拿大、日本等经济发达的国家时，要注意这些国家存在医疗水平发达、医药费用昂贵的现象，在挑选境外旅行保险时，医疗保障额度一般最好在20万元以上。对于前往东南亚游玩的旅客来说，由于经济水平较低，气候炎热，传染病滋生，购买具有基本保障功能的保险还远远不够，还要注意选购能够承保各类传染性疾病的保险。如果前往非洲游玩，要特别关注紧急救援和医疗运输保障等方面的信息，从而保障出行安全。计划去欧洲国家旅游的人要特别注意是否出行的目的地是申根签证国家（包括德、法、荷在内的26个欧洲国家）。前往申根国家的游客务必提供一份已购买的申根签证保险，使领馆将以此为依据签发申根签证的基本前提，要注意所购买的保险产品必须是附带全球紧急救援功能。境外医疗保险金额通常从3万欧元起步，多数在30万元人民币以上。最后要留意的是，申根签证保险只有在所有申根国家和有效逗留期间才能发挥作用。

（四）旅游保险合同及投标方式。旅游意外险合同有两种：游客个人与保险公司之间签订的保险订单，出个人保单；由旅行社与保险公司之间签订的订单，出团体保单；无论是以上何种，都是为游客在旅行期间因遭受意外伤害造成的医疗费用提供保障的保险类型。保险合同是被游客、旅行社与保险公司之间的协议，旅行社和游客之间不能签订保险合同。还有一种旅游保险类型被称作旅行社责任险，是由旅行社和保险公司之间签订的保险，负责因旅行社的疏忽或过失造成其接待的境内外游客遭受经济损失进行赔偿金额保障，依法应由旅行社承担的经济赔偿责任。旅游保险投保方式：（1）保险公司柜台投保。即游客前往保险公司尚未投保柜台店面，与业务员协商并填写保单。保险公司在收齐应缴保费用后，向投保人出具保险凭证，即刻起保险生效。（2）网络投保。游客选定保险公司后登录保险公司官网，在产品列表中找到相应的旅游保险产品，按照要求填写个人相关信息，完成网上付费。付费后由保险公司将出具电子保单或凭证并邮寄到客户登记的电子邮箱或手机短信中，保险才能正式生效。（3）电话投保。游客在拨打保险公司投保电话后，保险公司的客服引导投保人选择适合旅行者个人情况的引导进行保险投保，投保后保险公司将通过旅行者登记的银行进行扣款，而后将纸质保单寄给投保人或发送电子保单到投保人邮箱，保险生效。（4）可联系有资质的个人代理人购买。很多旅游消费者有为自己服务的保险代理人，消费者可以通过这个代理人购买。（5）游客还可以通过有资质的代理机构购买。多数保险公司将系统终端装置设置在代理机构，在客户提供出具体的投保信息并向代理机构交付保险费后，由代理机构通过保险公司系统打印保险凭证投递给消费者，保险才能正式生效。

（五）购买保险注意事项。购买时注意阅读保险期限，注意阅读保险的保障范围，保哪些内容，不保哪些内容。注意阅读保险期限，比如是7天还是10天。尤其要注意看免责条款，注意看保险金额，保险金额要买足，一些人会有购买10万元意外和5000元医疗保险的习惯，实际上起不了多大的保障作用，因为人们购买保险就是希望能够获得超过自己支付能力范围外的补偿，如果保险金额较低，碰到重大事故时，也不能真正地起到有效的保障作用。投保后，一定要仔细检查审核保单的要素是否齐全、正确，填写的资料是否完善，一般在投保后都应该有发票、保险单、投保单和保险条款等内容。游客要根据出游的时间长短来衡量应该购买何种保额的人身意外险。不管是境内游或者是出境游，如果出行时间大于等于7天，就需要缴纳25元的人身意外保险费，保额为10万元。如果出行时间大于等于8天，则需缴纳50元或以上的保险费，提高保额额度。"航空意外险"能够在各机票销售代理点或机场等地点进行购买。自由行、自驾游购买时向旅游商购买，或向保险公司购买，也可以登录各保险公司官方网站进行购买，或亲自到保险公司各代理点购买。

（六）旅游保险理赔流程和要求。当被保险人在保险期限内于旅行期限发生保险责任范围内的保险事故，请第一时间拨打各保险公司的24小时救援电话或报案电话[1]。同时向保险公司提供以下信息：保单号码；被保险人姓名及身份证号码；报案人姓名及联系电话；投报保险的相关事故具体情况（如发生的时间、地点、经过、伤势、处理结果、住院治疗相关信息等）。要注意：如实填写投保单，避免因为漏填、误填或者故意隐瞒信息而导致的投保信息错误，错误的投保信息会导致保单无效。详细阅读保险条款里面涉及的投保险种的责任范围，没在查明看清之后方可进行投报。避免因盲目贪图投保数量而导致的投保费过多产生

1　宁雪娟.财产保险[M].北京：清华大学出版社，2006.

的浪费问题。发生保险涵盖范围内的事故时，要及时通知保险公司，根据《保险法》第二十一条规定：投保人、被保险人或者受益人知道保险事故发生后，应当及时通知保险人，出现后应及时报案。准备索赔资料主要包括：请被保人完整填写和亲笔签署《索赔申请表》，并请参考《索赔资料准备对照表》准备好所需资料。理赔时需要提供索赔申请书；保险凭证，也就是电子保单；被保险人身份证件；护照出入境记录页及持有人页等资料。在申请身故保险金的时候需提供完整的病历以及诊断证明；被保险人死亡证明、户籍注销证明、火化证明；受益人的身份证及与被保险人的关系证明。申请残疾保险金还需要提供用以确定受益人身份的相关证明；受益人银行存折（卡）复印件；意外事故证明、残疾鉴定书。申请意外医疗保险金还需要提供完整的门急诊和住院病历、诊断证明、检查报告单；医疗费发票和收据；医疗费用明细清单。准备好相关材料后提交索赔申请，保险公司核查理赔条件，符合合同要求，理赔给付。

（七）旅游意外险。指被保险人在保险期限内，在出差或旅游的途中因意外事故导致死亡或伤残，或保障范围内其他的保障项目，保险人应承担的保险责任。交通意外险涵盖两个类型：第一种是交通意外险，指为被保险人作为乘客在乘坐客运大众交通工具期间因遭受意外伤害事故时遭受身故、残疾、医疗费用支出等保障的保险。所指交通工具包括火车、飞机、轮船、汽车、地铁等交通工具。第二种指的是人身意外险，投保人在约定的保险期内如果发生意外事故而导致其死亡或残疾，需要支出医疗费用或暂时丧失劳动能力，所投保的保险公司需要按照双方的约定，向被保险人或指定受益人支付约定数额的保险金的保险。保障项目的给付方式分为四种：死亡给付、残疾给付、医疗给付和停工给付。

在保险期间内，被保险人在旅行期间因遭受意外伤害事故导致身故、残疾或医疗费用支出的，保险人依照下列约定给付保险金[1]。被保险人在旅行期间遭受意外伤害事故，并自事故发生之日起180日内因该事故身故的，保险人按意外伤害保险金额给付身故保险金，对被保险人的保险责任终止。被保险人因遭受意外伤害事故且自该事故发生日起下落不明，后经人民法院宣告死亡的，保险人按意外伤害保险金额给付身故保险金。但若被保险人被宣告死亡后生还的，保险金

1　黄进才.保险学法[M].郑州：郑州大学出版社，2011.

受领人应于知道或应当知道被保险人生还后30日内退还保险人给付的身故保险金。被保险人身故前投保人已给付按照约定缴纳残疾保险金的订单，身故保险金应扣除已给付的保险金。被保险人在旅行期间遭受意外伤害事故，并在自该事故发生之日起180日内因根据本保险合同所附《人身保险残疾程度与保险金给付比例表》，保险人按该表所列给付比例乘以意外伤害保险金额给付残疾保险金。若在第180日治疗仍未结束的，按第180日的身体情况进行残疾鉴定，并据残疾鉴定给付残疾保险金。被保险人因同一事故导致两项及以上残疾时，保险人给付金额为各项残疾保险金之和，但给付总额不超过意外伤害保险总金额。如果在同一肢上发生不同残疾项目时，仅给付其中给付比例最高的残疾保险金。身故保险金申请包括：保险金给付申请书；保险单原件；保险金申请人的身份证明；公安部门或医疗机构出具的被保险人死亡证明书等相关证明文件。残疾保险金申请材料包括：保险金给付申请书；保险单原件；被保险人身份证明；二级以上（含二级）或保险人认可的医疗机构或司法鉴定机构出具的残疾鉴定诊断书；被保险人的旅行交通票据（如机票、车票等）、酒店住宿票据、旅游团费单据等旅行凭证，须提交复印件并提供原件以查验；保险金申请人所能提供的与确认保险事故的性质、原因、损失程度等有关的其他证明和资料；若保险金申请人委托他人申请的，还应提供授权委托书原件、委托人和受托人的身份证明等相关证明文件。医疗保险金申请材料包括：保险金给付申请书；保险单原件；被保险人身份证明；释义医院出具的医疗证明和医疗费用原始凭证等相关证明文件。被保险人如为境外就医，保险责任中的医疗费用按照被保险人在国内的保险单签发地相同治疗的平均水平折算。本保险合同涉及的外币与人民币的汇率，以结算当日中华人民共和国中国人民银行公布的外汇汇率为准。投保人和保险人可以协商变更合同内容。变更保险合同的，应当由保险人在保险单或者其他保险凭证上批注或附贴批单，或者投保人和保险人订立变更的书面协议。投保人解除本保险合同时，应提供下列证明文件和资料：保险合同解除申请书；保险单原件；保险费交付凭证；投保人身份证明。

（八）自驾车旅游保险。不同的自驾旅游险产品提供的保障内容不一样，但大部分的自驾旅游险产品都包括：如果被保险人不幸在保险期内遭受意外伤害导致身故或残疾，保险公司赔付保险金；如果被保险人在保险期内遭受意外伤害并针对伤害进行相关治疗，保险公司可根据免赔额度外的、可报销的医疗费用支付保险金；若被保险人在保险期内驾驶或乘坐自驾车遭受道路交通意外伤害导致身故或残疾，保险公司赔付保险金；如果被保险人不幸患病或遭受意外事故，保险公司将通过指定的救援机构提供医疗运送和送返的服务，并且也能提供酒店住宿意外伤害、突发急性疾病身故或突发急性疾病全残、住院津贴等内容的保险保障。此外，自驾游会受路况或天气等因素的影响，可以考虑选择附加紧急拖车和快速维修服务的自驾旅游险。自驾游过程中也可能发生意外，最好包括人身保障的范围，比如意外伤害身故和意外伤害残疾、意外伤害医疗、紧急救援等保险保障。购买的自驾旅游险保障期限尽量超过出行期的范围，以确保为行程提供全覆盖的保障，避免因为超过保单期限等时间问题而无法获得理赔。游客最好为自己、车上财物等都买好保险，做到"车人共保"。根据自驾旅游风险如目的地环境情况、驾车人员的身体情况等因素确定保额，若风险偏低，便可购买保额较低的自驾旅游险；如果参与的旅游活动风险较高，那么要有所侧重地增加保额。还需要看清保险的除外责任，有的高风险活动不在保障范围之内。

（九）SOS境外援救医疗保险。境外旅游救援保险最早是由新华保险和国际（SOS）救援中心合作提出的，通过国际救援中心沟通全球服务网络，针对国民境外旅游、探亲访友、公干在境外面临的意外、医疗等风险联合推出的全天候、综合性的紧急救援服务和意外、医疗、救援服务费用保险保障。当被保险人在其他国家发生意外伤害或者突患疾病的危急时刻，被保险人只要拨通SOS设立的三条专线电话，便可以得到国际救援组织的服务信息及及时救援，同时还能获得相关费用保障等。

近年来，我国旅游相关保险发展和创新很快，类型日益丰富，对游客的安全保障能力快速提升。但是，面对突发公共卫生事件等给游客和旅游企业带来的影响，保险能够发挥的作用还很有限，仍存在较大差距。面向未来，迫切需要保险在我国的公共安全治理，也包括突发公共卫生事件管理中发挥更大的作用。将"新型冠状病毒导致的肺炎"引起的医疗、身故等责任纳入保险的保障范围之内，并推出专门为旅游中小企业提供的"复工防疫险""营业中断险"等，能够在疫情防控关键期发挥出有效的保障作用。

第四部分　公共卫生防控与健康旅游知识手册

全面提升旅游行业和旅游者的公共卫生防控和健康保障能力，大力倡导健康旅游，需要全面了解公共卫生防控与健康旅游相关知识，系统了解这些相关知识，是旅游者出行和旅游行业发展全面提升健康能力的基础。为此，本部分系统介绍新型冠状病毒肺炎相关知识、中国防控新冠疫情出现的新名词、公共卫生突发事件与应急管理、公共医疗卫生等相关法律法规、我国公共卫生事业的主要成就、国际组织关于卫生健康宣言等、健康旅游相关标准规范和技术、中医抗疫优势与古代防疫智慧、旅游健康管理与旅游危机管理共九方面的内容。

一、新冠肺炎的相关知识

为增进旅游者和旅游从业者对新型冠状病毒的了解，提升自我防护意识，增强卫生意识，提高自我卫生防控能力，本部分内容主要从世界卫生组织、中华人民共和国国家卫生健康委员会、中国疾病预防控制中心等权威网站归纳汇总了有关新型冠状病毒肺炎的相关知识、主要症状、传染路径、传染情况、密切接触者基本内涵、无症状感染者、关于疫情的传言与事实、疫情风险等级等知识要点。

（一）新型冠状病毒肺炎（COVID-19）。依据国家卫生健康委《关于新型冠状病毒肺炎暂命名事宜的通知》，新型冠状病毒感染的肺炎暂命名为新型冠状病毒肺炎（Novel Coronavirus Pneumonia），简称新冠肺炎（NCP）。世界卫生组织将新型冠状病毒感染的肺炎命名为"COVID-19"（Corona Virus Disease 2019），中文译名为"2019冠状病毒病"。为与世界卫生组织名称保持一致，国家卫健委将"新型冠状病毒肺炎"英文名称修订为"COVID-19"。根据国家卫生健康委办公厅和国家中医药管理局办公室印发的《新型冠状病毒肺炎诊疗方案（试行第七版）》内容，新型冠状病毒肺炎作为急性呼吸道传染病已纳入《中华人民共和国传染病防治法》规定的乙类传染病，按甲类传染病管理。新型冠状病毒属于β属的冠状病毒，有包膜，颗粒呈圆形或椭圆形，常为多形性，直径60~140nm。其基因特征与SARS-CoV和MERS-CoV有明显区别。目前研究显示与蝙蝠SARS样冠状病毒（bat-SL-CoVZC45）同源性达85%以上。体外分离培养时，新型冠状病毒96小时左右即可在人呼吸道上皮细胞内发现，而在Vero E6和Huh-7细胞系中分离培养需约6天。对冠状病毒理化特性的认识多来自对SARS-CoV和MERS-CoV的研究。病毒对紫外线和热敏感，乙醚、75%乙醇、含氯消毒剂、过氧乙酸和氯仿等脂溶剂均可有效灭活病毒，氯己定不能有效灭活病毒。

（二）新型冠状病毒肺炎（COVID-19）的主要症状。依据国家卫健委发布的《新型冠状病毒肺炎诊疗方案（试行第七版）》，患者临床表现主要有以下几个方面。基于目前的流行病学调查，潜伏期1~14天，多为3~7天。以发热、干咳、乏力为主要表现。少数患者伴有鼻塞、流涕、咽痛、肌痛和腹泻等症状。重症患者多在发病一周后出现呼吸困难和（或）低氧血症，严重者可快速进展为急性呼吸窘迫综合征、脓毒症休克、难以纠正的代谢性酸中毒和出凝血功能障碍及多器官功能衰竭等。值得注意的是重型、危重型患者病程中可为中低热，甚至无明显发热。部分儿童及新生儿病例症状可不典型，表现为呕吐、腹泻等消化道症状或仅表现为精神弱、呼吸急促。轻型患者仅表现为低热、轻微乏力等，无肺炎表现。从目前收治的病例情况看，多数患者预后良好，少数患者病情危重。老年人和有慢性基础疾病者预后较差。患有新型冠状病毒肺炎的孕产妇临床过程与同龄患者相近。儿童病例症状对较轻[1]。

（三）新型冠状病毒肺炎（COVID-19）的传染途径。目前新型冠状病毒的主要传播途径包括经呼吸道飞沫传播（无防护措施情况下的打喷嚏、咳嗽、近距离对话等行为）与接触传播（用带有病毒的手接触口、鼻、眼等）两种方式。在《新型冠状病毒肺炎诊疗方案（试行第六版）》中增加"经呼吸道飞沫和密切接触传播是主要的传播途径""在相对封闭的环境中长时间暴露于高浓度气溶胶情况下中存在经气溶胶传播的可能"；在《新型冠状病毒肺炎诊疗方案（试行第七版）》中增加传播途径"由于在粪便及尿中可分离到新型冠状病毒，应注意粪便及尿对环境污染造成气溶胶或接触传播"。接触传播指病原体通过媒介物直接或间接接触，具体到呼吸道传染病的感染，直接接触主要是指直接接触病人的身体分泌物。间

---

[1] 内容来源于国家卫健委发布的《新型冠状病毒肺炎诊疗方案（试行第七版）》。

接接触途径主要是通过接触沾染了病毒的公共物品，一般需要注意的公共物品主要有门把手、楼梯扶手、桌面、手机、玩具、笔记本电脑、公共空间台面。

（四）什么是密切接触者，为什么要进行隔离？国家卫生健康委员会发布的《新型冠状病毒感染的肺炎防控方案（第二版）》中提出，与病例（观察和确诊病例）发病后有如下接触情形之一者：病例共同居住、学习、工作或其他有密切接触的人员；诊疗、护理、探视病例时未采取有效防护措施的医疗人员、家属或其他与病例有类似近距离接触的人员；病例同病室的其他患者及陪护人员；与病例乘坐同一交通工具并有近距离接触人员；现场调查人员调查后经评估认为符合条件的人员[1]。传染病流行主要有传染源、传播途径和易感人群三个环节。传染源：能够散播病原体的人或动物；传播途径：病原体离开传染源到达健康人的方式，如呼吸道飞沫、空气传播、食物传播、生物媒介传播等；易感人群：对某种传染病缺乏免疫力而容易感染该病的人群叫易感人群。控制传染病流行需要同时从控制传染源、切断传播途径、保护易感人群三方面入手，对病例进行隔离。

（五）无症状感染者。根据国家卫生健康委发布的《新型冠状病毒肺炎防控方案（第六版）》，无症状感染者是指无相关临床症状（如发热、咳嗽、咽痛等可自我感知或可临床识别的症状与体征），呼吸道等标本新冠病毒病原学（通常指核酸检测）或血清特异性免疫球蛋白M（IgM）抗体检测阳性者。无症状感染者不是确诊病例，因此不算新增感染病人。（1）无症状感染者可分为两种情形。一是感染者核酸检测呈阳性，经过14天潜伏期的观察，均无任何可自我感知或可临床识别的症状与体征，始终为无症状感染状态；二是感染者核酸检测呈阳性，采样时无任何可自我感知或可临床识别的症状与体征，但随后出现某种临床表现，即处于潜伏期的"无症状感染"状态。（2）根据国务院联防联控机制发布的《新冠病毒无症状感染者管理规范》，有五类人群需要格外的关注。一是新冠肺炎病例的密切接触者；二是聚集性疫情的密切接触者，比如在飞机、火车上等小范围内有两人以上发病，其密切接触者就需要被隔离和排查；三是在新冠肺炎病例的传染源追踪过程中发现的暴露人群；四是有境内外新冠肺炎病例持续传播地区旅居史的人员，在不同时期，国家会发布不同的需要关注的对象，比如一开始重

1　此部分内容来源于国家卫生健康委员会发布的《新型冠状病毒感染的肺炎防控方案（第二版）》。

点关注湖北武汉地区，现在比较关注国外重灾区；五是在流行病学调查和机会性筛查中发现的相关人员。（3）无症状感染者存在着传播风险。一是传播的隐匿性。由于无症状感染者无任何明显的症状与体征，其在人群中难以被发现，其导致的传播也难以预防。二是症状的主观性。症状轻微或不典型者可能认为自己没有感染新冠病毒，不主动去医疗机构就诊，在日常的诊疗工作中难以被发现。三是发现的局限性。由于存在检测窗口期，采用核酸检测和血清学检测方法难以发现全部无症状感染者，有部分无症状感染者难以被发现[1]。

（六）COVID-19 新型冠状病毒病：传言和事实。本部分资料根据世界卫生组织官方网站"传言与事实"板块内容进行整理，共有 11 方面的内容。（1）病毒不会通过无线电波或者移动网络进行传播，也不会通过 5G 网络进行传播。（2）高于 25℃或者晒太阳并不能预防新型冠状病毒，并且新型冠状病毒可以在气候炎热的地区或者国家传播。同样，洗热水澡并不能预防新型冠状病毒。（3）温度低或者天气寒冷也不能杀死新型冠状病毒。（4）感染新型冠状病毒以后都会痊愈，体内不会再有此病毒。（5）新型冠状病毒不会通过蚊虫叮咬进行传播，目前尚未证据证明。（6）干手器和紫外线灯均不能杀死新型冠状病毒，同时紫外线灯不能用于皮肤进行消毒的。（7）饮酒并不能预防新型冠状病毒的感染，同样全身喷洒酒精或氯并不能杀死已经进入体内的病毒。（8）肺炎疫苗并不能预防新型冠状病毒，目前在世界卫生组织下，研究人员和机构正在研发新型冠状病毒疫苗。（9）用生理盐水冲洗鼻子并不能预防呼吸道感染，但是可以帮助人们更快的从普通感冒中恢复。（10）吃大蒜并不能保护人们免受新型冠状病毒的感染，但是吃大蒜可以起到抗菌作用。（11）所有年龄段都有可能受到新型冠状病毒的影响，尤其是年龄较大或者患有心脏病、糖尿病、哮喘等疾病的人感染的可能性更大。

（七）疫情风险等级区分。根据国家卫生健康委员会印发的《新型冠状病毒肺炎防控方案（第六版）》，要采取分区分级精准防控。根据《中华人民共和国传染病防治法》《突发公共卫生事件应急条例》等法律法规，实施分区分级精准防控。以县（区）为单位，依据人口、发病情况综合研判，科学划分疫情风险等

---

1 本部分内容来源于中国疾病预防控制局"关于新型冠状病毒无症状感染者的防控工作答问"的内容。

级，明确分级分类的防控策略。（1）低风险地区。实施"外防输入"策略。加强疫情严重地区以及高风险地区流入人员的跟踪管理，做好健康监测和服务。医疗机构加强发热门诊病例监测、发现、报告，疾控机构及时开展流行病学调查和密切接触者追踪管理。督促指导城乡社区、机关、企事业单位等严格落实社区防控措施，做好环境卫生整治，公众防病知识和防护技能普及等工作。（2）中风险地区。实施"外防输入、内防扩散"策略。在采取低风险地区各项措施的基础上，做好医疗救治、疾病防控相关人员、物资、场所等方面的准备，对密切接触者进行隔离医学观察和管理。以学校班级、楼房单元、工厂工作间、工作场所办公室等为最小单位，以病例发现、流行病学调查和疫情分析为线索，合理确定防控管理的场所和人员，实施针对性防控措施。无确诊病例的乡镇、街道、城乡社区可参照低风险地区采取防控措施。（3）高风险地区。实施"内防扩散、外防输出、严格管控"策略。在采取中风险地区各项措施的基础上，停止聚集性活动，依法按程序审批后可实行区域交通管控。以县域为单位，全面排查发热患者，及时收治和管理疑似病例、确诊病例和无症状感染者，对密切接触者实行隔离医学观察。对发生社区传播或聚集性疫情的城市居民小区（农村自然村）的相关场所进行消毒，采取限制人员聚集、进出等管控措施。动态开展分析研判，及时调整风险等级，在病例数保持稳定下降、疫情扩散风险得到有效管控后，及时分地区降低应急响应级别或终止应急响应。

二、中国防控新冠疫情出现的新名词

新冠肺炎疫情发生以来，党中央高度重视，中国采取最全面、最严格、最彻底的防控举措。在做好疫情防控的同时，也涌现出大量的国内外关注度比较高的词汇，本部分内容将结合官方报道，对疫情防控期间出现的新名词或者原有名词赋予的新内涵进行汇总和梳理。通过梳理发现，中国疫情防控始终坚持以人民为中心，善于运用制度优势应对风险挑战冲击，用中国速度为疫情防控争取我宝贵的时间，用中国力量为控制疫情蔓延筑牢防线，用中国实践为应对突发公共卫生事件树立了标杆，中国用艰苦卓绝的努力书写了"抗疫答卷"。此次疫情"危"与"机"并存，疫情期间也出现了新形势、新业态、新技术、新模式，为社会经济发展注入新的活力。

（一）疫情防控的人民战争、总体战、阻击战。中共中央总书记、国家主席、中央军委主席习近平于2020年2月10日在北京调研指导新型冠状病毒肺炎疫情防控工作时强调"当前疫情形势仍然十分严峻，各级党委和政府要坚决贯彻党中央关于疫情防控各项决策部署，坚决贯彻坚定信心、同舟共济、科学防治、精准施策的总要求，再接再厉、英勇斗争，以更坚定的信心、更顽强的意志、更果断的措施，紧紧依靠人民群众，坚决把疫情扩散蔓延势头遏制住，坚决打赢疫情防控的人民战争、总体战、阻击战"。面对疫情，习近平始终将人民生命安全和身体健康放在第一位，急人民之所急，忧人民之所忧，想人民之所想[1]。全国各地行动起来，采取最严格、最彻底的防控措施，全国上下，万众一心，众志成城，一场防控疫情的总体战开展起来[2]。此次疫情防控阻击战展示了全国一盘棋的高效动员力，体现了紧紧依靠群众、万众一心、共克时艰的凝聚力[3]。

（二）双线作战。2020年3月2日，习近平在北京考察疫情防控科研攻关工作时说"防控新冠肺炎疫情斗争有两条战线，一条是疫情防控第一线，另一条就是科研和物资生产"。在最初疫情严重时，实施全面严格的管控，切断感染源，有效控制增量。在疫情取得初步成效时，针对不同区域疫情情况，分区分级精准复工复产，实现"战疫"和经济发展同步进行。伴随着全国疫情防控向好，逐步下调应急响应级别，多个城市和地区逐步复工复产。尽管复工复产可能会导致出现大规模的人员流动和聚集，存在一定的传播的风险，但是，短期内疫情防控需要的物资等还是有必要的。此外，2020年是全面建成小康社会和"十三五"规划的收官之年，统筹推进疫情防控和经济发展更是重要任务，疫情发生以来，从党中央、国务院等及相关部门出台一系列应对疫情和复工复产的政策，全国各地分区分级复工复产，促进经济社会稳定发展。

（三）电话外交。新冠肺炎疫情发生以来，习近平总书记密集开展元首外交，亲力亲为与各方领导人共商抗疫大计，电话外交展示中国担当。截止到5月18

---

1 总书记指挥这场人民战争[J].当代兵团，2020（6）：6-9.
2 彰显制度优势　打赢防疫总体战[J].审计与理财，2020（2）：1.
3 史守林.疫情防控阻击战彰显制度优势[J].新长征，2020（4）：16-17.

日，习近平主席就新冠肺炎疫情开展的"电话外交"已达51次，通话覆盖五大洲39个国家、1个国际组织。其中，还有一次同联合国秘书长通话。根据新华社统计报道，习近平总书记电话外交的高频词是"疫情"，通话中共出现463次；其次是"合作""支持""防控"，出现的次数分别是261、168、135次；除了疫情，电话外交的议题也涉及双边关系发展、"一带一路"合作、多边框架内加强交流等。习近平主席在电话外交中多次强调，"中国采取了最全面、最严格、最彻底的防控举措""我们有信心、有能力、有把握打赢这场疫情防控阻击战""疫情不会动摇中国长期稳定发展的坚实基础"等。中国公开、透明地介绍中国抗击疫情的经验、举措、进展和成效，呼吁国际树立人类命运共同体的理念，团结合作，共克时艰，将中国方案、中国倡议、中国决心向世界传递。

（四）人类卫生健康共同体。新冠肺炎疫情向全球蔓延，给全球公共卫生带来巨大的挑战，习近平总书记首先发出了"携手打造人类卫生健康共同体"的倡议，中国愿意携手国际社会联合抗击新冠肺炎疫情[1]，中方愿同世界各国一道，加强国际抗疫合作，共同维护全球公共卫生安全[2]。唯有团结协作、携手应对，国际社会才能战胜疫情，维护人类共同家园。团结合作是抗击全球疫情的重要体现，构建人类卫生健康共同体是人类命运共同体在卫生领域的重要体现。理解人类卫生健康共同体的科学内涵，需要从理论、历史、实践层面把握其深刻的逻辑思路[3]。人类卫生健康共同体融合了马克思科学社会主义思想，具有鲜明的中国特色；随着世界各国之间的联系越来越密切，面对健康和卫生问题，任何国家都无法独善其身，世界各国已经意识到加强国际合作应对灾难的重要性；中国从防控经验到诊疗方案，从派遣医疗队伍到物资捐赠，从疫苗研发到国际合作，中国用实际行动凝聚了国际抗击疫情的共识和力量。

（五）六稳六保。2019年9月4日，国务院总理李克强主持召开国务院常务会议，部署精准施策加大力度做好"六稳"工作；确定加快地方政府专项债券

---

1 刘恩东. 打造人类卫生健康共同体的时代价值[N]. 学习时报，2020-03-27（001）.
2 中华人民共和国中央人民政府：王毅：以习近平外交思想为指引，在全球抗疫合作中推动构建人类命运共同体[EB/OL].（2020-04-15）[2020-04-20].http：//www.gov.cn/guowuyuan/2020-04/15/content_5502818.html.
3 李春根 罗家为. 深入理解"人类卫生健康共同体"的逻辑理路[N].光明日报，2020-04-27.

发行使用的措施，带动有效投资支持补短板扩内需，"六稳"指的是稳就业、稳金融、稳外贸、稳外资、稳投资、稳预期。2020年4月17日中央政治局会议提出，除了加大"六稳"工作力度，还增加了"六保"，也是在适应新冠疫情下中国的现行经济情况提出的，"六保"指的是保居民就业、保基本民生、保市场主体、保粮食能源安全、保产业链供应链稳定、保基层运转。扎实做好"六稳"工作、全面落实"六保"任务均是结合中国经济发展新形势做出的决定。习近平总书记强调：我国经济稳中向好、长期向好的基本趋势没有改变，要坚持稳中求进的总基调，稳住经济发展的基本盘。"保就业"是当前宏观政策最核心的内容之一，也只有保住了就业，才能保基本民生，然后才能拉动消费，激活市场需求。

（六）中国新冠肺炎防控方案345模式。2020年3月29日举行的疾控系统疫情防控工作座谈会上，国家卫生健康委介绍了在疾病防控方面的"中国方案"。（1）把好疫情扩散的"三个关口"。在疫情防控期间，指导、督促武汉市全面强化社会面管控：把好"入口关"，严格农贸市场管理，严禁野生动物和活禽进武汉；把好"出口关"，落实机场、火车站、汽车站、码头等体温筛检；把好"聚集关"最大限度减少公众聚集等。（2）把好社区防控、发热门诊、面对面流调"三道防线"。①社区防控：武汉市2轮集中拉网式大排查，深入13个区，对258个街道、485个社区、116家社区卫生服务中心（站）进行蹲点巡查，做到"不落一户、不漏一人"。落实网格化防控措施，实现对所有小区（村）24小时封闭管理。②发热门诊：充分发挥医疗机构发热门诊预检分诊、监测报告"两张网"作用。紧紧扭住核酸检测这一枢纽环节，不断提升检测能力、效率和质量。湖北省核酸检测能力从每天300人份提高到3.5万人份，反馈结果时间从6天缩短到4~6小时。做到疑似病例、发热病人和密切接触者"应检尽检、即送即检、日清日结"。③面对面流调：组成近1300个流调小分队，贯彻防控工作方案和"四早"技术方案，仅在武汉市就累计完成1.2万名病例流调，3.7万名密接人员追踪调查。（3）把握好2小时、12小时、24小时"三个时限"。医疗机构发现病例后2小时内增加网络报告、检测机构12小时内反馈检测结果、疾控机构24小时内完成流行病学调查并追踪密切接触者，发现一起，扑灭一起。（4）抓好重点地区、重点场所、重点人群防控"三个重点"。落实15项防控方案要求，通过明察暗访、督导、调研等方式，查找养老院、福利院、精神病院等特殊场所的薄弱环节，督促整改落实。组建心理援助服务组，提供服务 2 万多人次。指导老年人、儿童、孕产妇、学生等加强个人防护。（5）落实早发现、早报告、早隔离、早治疗"四早"防控措施；管好确诊、疑似、发热、密接这"四类人员"；做到应收尽收、应治尽治、应检尽检、应隔尽隔这"四应四尽"。（6）落实"五包一"社区防控责任制。发放一张社工联系卡、一张疫情明白纸、一支体温计、一包防护手套、一包医用口罩，即"五个一"工具包。做到排查、管控、督导、宣教、关爱，即"五个到位"。

（七）国务院联防联控机制。国务院联防联控机制（全称是国务院应对新型冠状病毒感染的肺炎疫情联防联控工作机制）是中国政府为应对 2020 年初突发的新冠肺炎疫情而启动的中央政府层面的多部委协调工作机制平台，由国家卫生健康委牵头建立，成员部门共 32 个。联防联控工作机制下设疫情防控、医疗救治、科研攻关、宣传、外事、后勤保障、前方工作等工作组，分别由相关部委负责人任组长，明确职责，分工协作，形成防控疫情的有效合力。2020 年 1 月 20 日由国务院副总理孙春兰主持召开国务院联防联控机制首次会议[1]。国务院应对新型冠状病毒感染肺炎疫情联防联控机制陆续召开新闻发布会和发布一系列通知，从 2020 年 1 月 22 日到 5 月 5 日的 105 天，国务院联防联控机制共召开 125 场新闻发布会。发布会上除了介绍全国各省份确诊病例和疑似病例数据，同时还围绕科学使用口罩、科学消毒、儿童孕妇等特殊人群如何做好防护、疫情防控、患者救治、社区防控、医疗物资保障、交通运输保障等问题答记者问。出席国务院联防联控机制新闻发布会的有院士、专家和一线医护人员，有助于公众了解病毒防控知识、减少焦虑等。另外，国家卫健委每日汇总发布全国各省份确诊病例和疑似病例数据，并在国家卫生健康委员会的网站进行公布。

（八）健康丝绸之路。2016 年 6 月 22 日，习近平主席在乌兹别克斯坦最高会议立法院发表演讲时提议，着力深化医疗卫生合作，加强在传染病疫情通报、疾病防控、医疗救援、传统医药领域互利合作，携手打造健康丝绸之路。2017 年 1 月 18 日，中国政府与世界卫生组织签署了双方关于"一带一路"卫生领域

1　此部分内容根据中华人民共和国政府网站发布的"国家卫生健康委会同相关部门联防联控　全力应对新型冠状病毒感染的肺炎疫情"内容进行整理。

合作的谅解备忘录。健康丝绸之路的主要目标是提高"一带一路"沿线国家整体的健康卫生水平,健康丝绸之路推进全球卫生事业,是落实2030年可持续发展议程的重要组成部分。主要措施包括:沿线国家加强在卫生体制政策、卫生领域相关国际标准和规范的磋商和沟通,加强重点传染病防控合作,加强人员培训,推动更多中国生产的医药产品进入国际市场,使质优价廉的中国医药产品造福"一带一路"国家人民等。新冠肺炎疫情再次凸显加强全球公共卫生的必要性和紧迫性,各国要加强合作沟通,汇集全球力量共同抗击疫情。此次疫情是人们对健康丝绸之路有更加深刻的认识,在中国防控疫情取得向好的局势后,派出医疗队伍及救援物资对"一带一路"沿线国家进行支援和救助,全力支持沿线国家和地区的疫情防控能力。此外,华侨华人为打造"健康丝绸之路"也发挥重要作用,弘扬中医药文化,如组织中医药科普"云课堂",为其居住国居民进行中医药知识的科普;同时发放中医药抗疫小贴士,通过互联网等渠道搭建中医药经验分享微信群。

(九)绿色"一带一路"。在2018年9月举办的中非合作论坛北京峰会上,习近平主席指出:"中国愿同国际合作伙伴共建'一带一路'。我们要通过这个国际合作新平台,增添共同发展新动力,把'一带一路'建设成为和平之路、繁荣之路、开放之路、绿色之路、创新之路、文明之路。""一带一路"建设就是在强调"政策沟通、设施联通、贸易畅通、资金融通、民心相通"下,践行"绿水青山就是金山银山"的发展理论,加强生态文明建设,实现人与自然和谐发展。为进一步推动"一带一路"绿色发展,2017年5月,环境保护部、外交部、发展改革委、商务部联合发布了《关于推进绿色"一带一路"建设的指导意见》。中国国家主席习近平在"一带一路"国际合作高峰论坛开幕式演讲中倡议,建立"一带一路"绿色发展国际联盟(简称联盟)。联盟定位为一个开放、包容、自愿的国际合作网络,旨在推动将绿色发展理念融入"一带一路"建设,进一步凝聚国际共识,促进"一带一路"参与国家落实联合国2030年可持续发展议程。

(十)下半旗志哀。根据国务院发布的公告,为表达全国各族人民对抗击新冠肺炎疫情斗争牺牲烈士和逝世同胞的深切哀悼,决定2020年4月4日举行全国性哀悼活动。在此期间,全国和驻外使领馆下半旗志哀,全国停止公共娱乐活动。4月4日10时起,全国人民默哀3分钟,汽车、火车、舰船鸣笛,防空警报鸣响。按照国旗法规定当天当升国旗的场所、机构和单位均应下半旗志哀。下半旗时，应当先将国旗升至杆顶，然后降至旗顶与杆顶之间的距离为旗杆全长的1/3处；降下时，应当先将国旗升至杆顶，然后再降下。当天，中国驻韩国大使馆、柬埔寨大使馆、驻菲律宾大使馆、俄罗斯大使馆、德国大使馆、加拿大大使馆、驻卡尔加里总领馆、温哥华总领馆、驻多伦多总领馆等均下半旗志哀。

（十一）方舱医院。方舱医院是以医疗方舱为载体，医疗与医技保障功能综合集成的可快速部署的成套野外移动医疗平台[1]。方舱医院一般由医疗功能单元、病房单元、技术保障单元等部分构成，是一种模块化卫生装备，具有紧急救治、外科处置、临床检验等多方面功能。方舱医院的优点适应外在环境的能力强、作业环境符合医疗需求、医疗设备齐全、机动性及运用弹性好[2]。中国在汶川抗震救灾和玉树抗震救灾中曾经使用过方舱医院，此次新冠肺炎疫情建设的方舱医院在疫情防控中发挥重要的作用。为了应对武汉发生的新型冠状病毒疫情，国家卫健委及相关单位在武汉建立了武汉火神山医院、武汉雷神山医院，以及13所方舱医院。部分"方舱医院"实现了Wi-Fi全覆盖，安装了多套洗漱设备，配备有热水器、空调；对医疗废水和废物处置等也采取一定的处理措施。

（十二）武汉火神山医院、武汉雷神山医院。"两山医院"均是借鉴北京小汤山医院的模式，集中收治新型冠状病毒肺炎患者，两所医院的命名均是赋予新的含义。人的肺部五行属金，火克金。而荼毒人类肺部的新型冠状病毒惧怕高温，火神正好能驱瘟神，同时楚文化传说中的湖北乃古楚之地，楚国人被认为是火神祝融的后代，祝融（帝喾）则是黄帝的子孙。火神山的名称来源于此[3]。火神山医院从2020年2月4日收治首批患者到2020年4月15日休舱，共运行17个日夜，收治患者3059人。武汉雷神山医院主要收治各医院发热门诊和住院确诊的新型冠状病毒肺炎患者，只设住院，不设门诊。医院的名称来源于雷神是惩罚罪恶之神，凡有违背人伦法理且犯下不可饶恕罪责者，则将遭受五雷轰顶而毙亡。

---

1 王一镗.中华医学百科全书临床医学 灾难医学[M].北京：中国协和医学大学出版社，2017：79-81.
2 匡小平，谢鑫鹏.第二代医疗方舱应用现状及发展探讨[J].医疗卫生装备，2017，38（6）：132-134+137.
3 环球网.独家揭秘："火神山"、"雷神山"名字怎么来的？[EB/OL]https：//3w.huanqiu.com/a/c36dc8/9CaKrnKp4sv?p=2&agt=8，2020-01-26/2020-04-15.

从2020年2月8日收治首批患者到4月15日休舱，累计收治患者2011人。"两山医院"展示中国新基建的实力，4万多名医护人员和4万多名建设者从八方赶来，用10天左右时间建成方舱医院，彰显中国速度。

（十三）防疫健康信息码。2020年2月29日，国家政务服务平台正式推出"防疫健康信息码"，通过健康信息码可以知晓个人防疫健康风险。依托国家政务服务平台统一身份认证系统、统一电子证照系统，利用汇聚的卫生健康、民航、铁路等方面数据。公众在实名认证后，还可以一键查看本人的防疫健康相关信息详情，如是否为新冠肺炎确诊或疑似患者、是否为同行密切接触人员，还可以查询城市防疫风险等级。具体来说，领取"防疫健康信息码"有以下三种形式：一是公众可以通过微信、支付宝、百度中搜索"国家政务服务平台"，找到小程序，进入小程序就能看到。二是可从手机应用市场下载"国家政务服务"App，登录后在首页可见。三是可在"国家政务服务平台"微信公众号回复"防疫健康信息码"，或在菜单栏的"服务专区"—"疫情防控"进入疫情防控服务专题。或者部分省市的公众也可以通过微信城市服务中"防疫健康码"入口进行健康码的申领服务。在进行实名认证，并简单上报个人健康状况之后，即可申领自己的防疫信息码。防疫健康信息码没有红码和绿码之分，现可提示"未见异常"和"出行提示"两种。

（十四）健康包。随着海外疫情的暴发，世界各地疫情防控物资紧缺，外交部将留学生的安全和健康放在首位，会同民航局优先将"健康包"运输到各国留学生中，"健康包"主要包括20只一次性医用口罩、2只KN95口罩、1包消毒纸巾、2盒连花清瘟胶囊和一本《新冠肺炎防疫手册》等。截至2020年4月15日，首批50万份"健康包"已运往20多个中国留学人员比较集中的国家，并且，为解决"健康包"最后一公里配送的问题，海外著名华人中餐中超外卖平台——熊猫外卖，陆续为澳大利亚、新西兰、美国及加拿大部分城市的中国留学生义务配送"健康包"。此外，伴随着国内疫情防控向好，为助力安全复工复产复学，各大复学的高校也为学生准备"健康包"，主要包括口罩、体温计、消毒用品等。

（十五）口罩文化。科学戴口罩，对于新冠肺炎、流感等呼吸道传染病具有预防作用，既保护自己，又有益于公众健康，这也就是"口罩文化"。戴口罩是预防呼吸道传染病的重要措施。预防呼吸系统疾病时，建议选用医用口罩或医用外科口罩，不必选用 N95 口罩，不建议选用棉布口罩、纱布口罩和纸质口罩。国务院应对新冠肺炎疫情联防联控机制印发了不同人群预防新冠肺炎口罩选择与使用技术指引，形成了《公众科学戴口罩指引》，从普通公众、特定场所人员、职业暴露人员以及重点人员进行分类，并对不同场景下戴口罩提出科学指引的建议。根据国家卫生健康委员会官网公布的关于全国爱国卫生运动委员会办公室指导编写了《爱健康讲卫生问与答》一书，指出佩戴口罩的正确方法如下。（1）洗净双手取出口罩。（2）鼻夹侧朝上（或褶皱朝下），深色面朝外。（3）上下拉开褶皱，使口罩覆盖口、鼻、下颌。（4）用双手压紧鼻梁两侧的金属条，使口罩上端紧贴鼻梁。（5）呼气检查口罩边缘是否充分贴合面部。（6）戴后应避免触摸口罩。（7）摘口罩时，不要接触口罩外面（污染面），做到摘后立即洗手。

（十六）无接触服务。随着新零售的快速发展，用户对及时配送的要求逐步提升。疫情的爆发冲击人们的生活，"宅经济"应运而生，未来减少直接接触带来的传播风险，保证消费者和配送员的健康，美团率先推出"无接触配送"的应急配送模式。随后，无接触服务开始在各行各业迅速推广起来[1]。（1）无人超市。火神山医院内启用无人超市，消费者购物自助购物、自助结账，也没有购物小票，减少人与人的接触。（2）无人配送机。疫情期间某些医院出现的机器人配送，大大降低了人员服务接触的风险，同时也提高了服务的效率。（3）无人柜。美团"无接触配送"进一步升级，率先在武汉、北京两地试点运营"美团智能取餐柜"，为小区、医院用户提供便利服务。（4）无接触餐饮。无接触餐饮是疫情期间形成的新业态和新形势，美团是率先在疫情期间推出"无接触配送"服务，不仅能够减少直接面对面接触增加感染的风险，也是餐饮企业开展自救的一种方式，加快餐饮企业复工复产的进程。无接触餐饮不仅仅包括外卖配送、取餐等环节，还体现在很多餐饮企业内部，比如使用机器人将菜品从厨房运送到配送区，尽可能降低人与人之间的直接接触。疫情催生了餐饮企业使用新技术的发展模式，为餐饮企业发展带来机遇。（5）无接触旅游。和"云旅游"类似，即各大网站推出的在线游览各大旅游目的地的景区，图文语音到虚拟 VR 赏景逛馆，再到

---

[1] 魏敏，姚歆，赵敏，崔宁.《无接触配送服务规范》团体标准解读与应用研究[J].标准科学，2020（4）：56-59+77.

能够互动的视频直播,成为疫情期间一种重要的形式。比如疫情期间中华人民共和国文化和旅游部推出在线文化艺术服务,主要包括在线剧院、文旅青春战疫、在线非遗展示、在线群众文化、抗"疫"文艺作品、在线少儿文化艺术、在线美术馆、在线图书馆、在线博物馆等,满足疫情期间旅游者不能出行但可以在线观看的基本需求。"云旅游"将"流量"变成了"留量",通过视频直播或者美图美文等形式,丰富文旅内容,为旅游行业恢复发展起到促进作用。

(十七)疫情防控的云模式。在全力抓好疫情防控的同时,用户对互联网更加依赖,主动将"数字化""智能化"等融入不同领域。云外交、云生活、云生产、云签约、云投标、云教育、云培训、云招聘、云旅游、云演出等打通了办公、生活、娱乐、生鲜、教育等领域,由之前的"面对面"变成了"屏对屏",有力地确保了疫情防控、生产经营、生活服务等的有序推进。比如健康传播工作委员会在疫情期间紧急战队开启"云模式"协同作战,充分利用专家力量,组成10个省级团体成员,2953名成员共同创新拓展云模式,第一时间联动21个权威机构推出"元宵云晚会"、针对基层医疗机构的"云培训"、为疫区人民提供的"云义诊"、为4.2万民出征队员提供的"云英雄谱"等,以科普辟谣、舆情引导、形象传播、基层指导为主线,探索了一条打赢健康传播阻击战和传播战的新模式。文旅系统放大"旅游+直播"的效应,充分试放云端活力等,如敦煌研究院与腾讯联合推出首个拥有敦煌石窟艺术欣赏体验的微信小程序云游敦煌;国内博物馆与淘宝直播携手,采取实景直播、主播讲解、科普讲座、现场卖货等丰富的形式,强化线上资产的积累等。总之,疫情加速了低成本、高传播的"线上+"场景的多元化,催生新的消费场景和消费模式,未来要充分利用当前更新迭代迅猛的互联网思维,将5G、云计算、大数据、AI高科技形成合力,全要素"触网",全方位"服务",为疫情过后的经济高质量发展增能蓄力。

(十八)逆行者。逆行者指的是疫情期间全国派出的援湖北的4万余名医务人员,抗疫志愿者义无反顾地"逆行",他们带着医疗技术和设备、武汉人民急需的生活物资和医疗防护物资、救治药物,尤其是带着爱心、责任心朝着危险而去。习近平总书记就关心爱护参与疫情防控工作的医务人员作出重要指示,强调医务人员是战胜疫情的中坚力量,务必高度重视对他们的保护、关心、爱护,从各个方面提供支持保障,使他们始终保持强大战斗力、昂扬斗志、旺盛精力,持续健康投入战胜疫情斗争。此外，在全球疫情严重之际，中国派出医疗专家前往疫情严重的国家，他们成为最美的逆行者。逆行者的精神彰显时代价值，凝聚了力量，传递了正能量。挺身而出、百折不挠、自强不息、顾全大局、大爱无疆等精神内涵为大家上了一堂"家国情怀课"。

（十九）共享员工。也就是疫情期间急需员工的行业先招临时工，等疫情结束之后再去原来公司上班。一方面缓解企业用工难的问题，另一方面也为闲置人员提供就业机会，获得经济收入。共享员工是疫情期间的一种创新机制，最初是由阿里巴巴旗下的盒马鲜生率先提出的概念，急用工的企业与其他闲置的员工实现某种程度的互助[1]，共享员工使得重要的资源得以流动，优化了人资源配置，推动了灵活用工的高效化推进，也为社会带来极大的便利[2]。同时此种合作模式，由企业雇主直接和员工使用企业之间灵活合作，直接盘活企业的员工存量，实现双赢的效果。

（二十）社交距离。社交距离最初是心理学常用的基本概念，一般社交距离指的是在谈话期间与对方保持的距离，一般分为亲密接触（0~45厘米）、私人距离（45~120厘米）、礼貌距离（120~360厘米）、一般距离（360~750厘米）四种。新冠肺炎疫情暴发后，注重和保持一定的安全社交距离对于疫情防控具有重要的意义。中国工程院院士钟南山此前也曾提醒：不管是在居家、公司或者是公共场所，保持一定的距离（1米以上）非常重要。目前病毒最有效的传播途径依然是通过呼吸道的飞沫传播和密切接触传播。打喷嚏或者咳嗽等排除的飞沫、唾液等，不会在空气中长期漂浮，传播距离一般是1~2米之内。因此，经飞沫传播只能累及传染源周围的密切接触者，疫情期间保持1米以上的安全距离非常重要，在出行中要隔位而坐。同时戴口罩是社交距离的延伸，戴口罩能够使得人与人之间的社交距离延伸至1.5~4米[3]。

---

1 高婧婧，邓攀.共享员工：疫情下的人生百态[J].中国企业家，2020（4）：7-13.
2 如何看待"共享员工"[J].中国就业，2020（4）：59.
3 百度百科.社交距离[EB/OL].[2020-05-12]https://baike.baidu.com/item/社交距离/4547070?fr=aladdin.

三、公共卫生突发事件与应急管理

历史上人类经历过多次致命病毒的大侵袭，人类的进步史就是不断与病毒合作又抗争的历史，它一次次改变着全球的政治、文化、医学、科学走向。进入21世纪以后，人类已经战胜很多疾病，但突发公共卫生事件频繁发生，给全球公共安全带来挑战。本部分内容将重点梳理21世纪以来发生的全球公共卫生突发事件（被世界卫生组织认定为国际公共卫生紧急事件）、历史上重要的传染病的介绍、中国目前的法定报告传染病分类等内容。

（一）全球公共卫生突发事件。根据2005年通过的《国际卫生条例》，"国际关注的突发公共卫生事件"是指通过疾病的国际传播构成对其他国家的公共卫生风险并可能需要采取协调一致的国际应对措施的不同寻常的事件。为了管理全球卫生应急措施，自颁布了《国际卫生条例》以来，世界卫生组织共宣布了六次公共卫生应急事件。本部分将梳理包括第一次全球公共卫生突发事件——2003年的严重急性呼吸综合征（SARS）及世界卫生组织宣布的六次国际公共卫生紧急事件，2009年的甲型H1N1流感、2014年的脊髓灰质炎疫情、2014年西非的埃博拉疫情、2015—2016年的"寨卡"疫情，2018年开始的刚果（金）埃博拉疫情（于2019年7月宣布）及2020年的新型冠状病毒感染肺炎疫情（由于新型冠状病毒感染肺炎疫情已经在上文进行介绍，本部分将不再赘述）。

（1）2003年的严重急性呼吸综合征（SARS）。SARS事件是指严重急性呼吸综合征，世界卫生组织通过与中国、加拿大、美国等国家在内的实验室合作，得出重症急性呼吸综合征是由于SARS新型冠状病毒引起的。疫情从2002年在广东发生，直到2003年8月才全部被消灭。非典型肺炎病人潜伏期一般在1~12天之间，大多数在4~5天内发病。病人通常以发热（体温38℃以上）为首发症状，多为高热，并可持续1~2周以上，可伴有寒战或其他症状，包括头痛、全身酸痛和不适、乏力，部分病人在早期也会有轻度的呼吸道症状（如咳嗽、咽痛等）。发病2~7天后，病人会有干咳、少痰、呼吸困难，少数进展为急性呼吸窘迫综合征，约10%的病人需要机械性通气。血液化验时白细胞数大多正常或降低，胸部 X 线片显示出不同程度的肺炎改变[1]。该呼吸道传染性疾病的主要传播方式为近距离飞沫传播或接触患者呼吸道分泌物。根据世界卫生组织统计的数据，截至 2003 年 8 月 7 日，全球累计非典病例共 8422 例，死亡 919 人，涉及 32 个国家和地区。截至 2003 年 8 月 16 日，中国内地累计报告非典型肺炎临床诊断病例 5327 例，治愈出院 4959 例，死亡 349 例（另有 19 例死于其他疾病，未列入非典病例死亡人数中）。非典对旅游、交通运输、餐饮、商业贸易等服务业带来严重的影响和冲击，尤其是旅游业受损比较严重。SARS 对外商直接投资的影响主要是对外商合同金额影响较大，而对外商直接投资的实际金额影响甚微[2]。此外，非典流行期间人们的生活方式发生了非常明显的变化，如注意个人与公共环境卫生、加强锻炼等有益于健康的生活方式[3]。

（2）2009 年的甲型 H1N1 流感病毒疫情。2009 年美国暴发甲型 H1N1 流感疫情，首例发生在加利福尼亚，美国政府宣布进入紧急状态。世界卫生组织将疫情宣布为"国际关注的突发公共卫生事件"，将全球流感大流行警戒级别上升至 6 级，这是世界卫生组织 40 年来第一次将传染病警戒级别上升至最高。H1N1 最终蔓延至 214 个国家和地区，至少 18449 人死亡。截至 2010 年 3 月 31 日，全国 31 个省份累计报告甲型 H1N1 流感确诊病例 12.7 余万例，其中境内感染 12.6 万例，境外输入 1228 例；已治愈 12.2 万例，在院治疗 4859 例，居家治疗 46 例，死亡病例 800 例[4]。2010 年 8 月，世界卫生组织宣布流感大流行结束。甲型流感病毒的症状主要有发烧、咳嗽、疲劳、食欲不振、突然发热、咳嗽、肌肉痛和疲倦，其中一些患者还出现腹泻和呕吐症状；墨西哥发现病例还出现眼睛发红、头痛和流涕等症状。部分病例可能会引起呼吸衰竭、多脏器功能损伤，严重者可以死亡。根据世界卫生组织官网发布内容，季节性流感病毒在全球范围内传播，可感染任何年龄组的人群。在温带地区，季节性流行主要发生在冬季。而在热带地

---

1 中华人民共和国国家卫生健康委员会.非典"临床表现与预防治疗55问[EB/OL].（2003-04-29）[2020-05-06]http://www.nhc.gov.cn/wjw/zcjd/201304/c100f6c45e314cf2b5ebef1672126bb3.shtml.

2 毛有丰.2003年经济的四大特点[J].中国市场，2004（Z1）：95.

3 陈友华.SARS危机对人类生活方式的影响[J].广东社会科学，2004（1）：90-95.

4 中国新闻网.中国累计报告甲流确诊病例12.7余万例死800例.

区，流感的季节性不明显，全年均可发生流行。季节性流感是一个严重的公共卫生问题，可在高危人群中造成严重疾病和死亡。流感流行可使劳动队伍丧失生产能力，从而造成经济损失，并可加重卫生服务的负担。流感疫苗接种是最有效的预防方法。

（3）2014年的脊髓灰质炎疫情。脊灰是一种病毒引起的传染性很强的疾病，通常通过很常见的方式（比如受到污染和水和食物等）进行传播，病毒能够侵袭神经系统，最终导致瘫痪，一般在卫生环境条件比较差的区域病毒更容易传播。大多数感染者初期症状很难识别，初期症状包括发热、疲乏、头痛、呕吐、颈部僵硬以及四肢疼痛。一般情况下，腿部瘫痪的比例为1/200，并且有5%~10%的患者因呼吸肌麻痹而死亡，脊灰主要影响五岁以下儿童[1]。2014年5月，世界卫生组织因为小儿麻痹症在亚洲、非洲以及中东的疫情暴发发布国际公共卫生紧急事件，并于2015年10月22日宣布疫情正式结束，持续时长约为17个月。据世界卫生组织统计，2014年以来全球新发脊髓灰质炎病例112例，主要波及巴基斯坦、阿富汗、尼日利亚、赤道几内亚、喀麦隆、伊拉克、叙利亚、埃塞俄比亚、索马里9个国家。从1988开始，由世界卫生组织（WHO），联合国儿童基金会（UNICEF）和扶轮基金会，美国疾病控制与预防中心（CDC）和盖茨基金会一起，开展全球根除脊髓灰质炎行动年，发起的全球根除脊髓灰质炎行动取得了重大进展，记录在案的发病数从1988年的35万以上降至2018年4月初的8例，流行国家从125个减少至3个，目前可以通过接种疫苗预防该疾病的传播，脊髓灰质炎疫苗有两种——口服脊髓灰质炎疫苗（OPV，使用减毒脊髓灰质炎病毒）和灭活脊髓灰质炎疫苗（IPV，注射）。脊髓灰质炎疫苗接种策略引发了全球根除脊髓灰质炎进程的转折[2]。

（4）2014年西非的埃博拉疫情。2014年埃博拉病毒爆发先后波及几内亚、利比里亚、塞拉利昂、尼日利亚、塞内加尔、美国、西班牙、马里8国，并首次超出边远的丛林村庄，蔓延至人口密集的大城市，此次疫情是1976年首次发现

---

1 该部分内容来源于世界卫生组织官方网站报道。

2 吴雅楠，廖国阳.脊髓灰质炎病毒及其疫苗研究现状[J].中国生物制品学杂志，2020，33（3）：343-345+351.

埃博拉病毒以来发生的最大且最复杂埃博拉疫情。2014年12月17日，世界卫生组织（WHO）公开数据显示埃博拉出血热疫情肆虐的利比里亚、塞拉利昂和几内亚等西非三国的感染病例（包括疑似病例）已达19031人，其中死亡人数达到7373人。2015年11月7日，世界卫生组织发表声明宣布，埃博拉病毒的传播在塞拉利昂已经终止。病毒主要是通过野生动物传播到人，同时在人与人之间也存在传播，病毒的平均致死率为50%。根据世界卫生组织官方网站内容显示，埃博拉病毒感染的典型体征和症状，在发病初期（"干期"）的典型症状是起病急、发烧、极度虚弱、肌肉疼痛、头痛和咽喉痛。随着病情加重，病人往往会出现呕吐和腹泻（"湿期"）、皮疹、肾脏和肝脏功能受损，某些情况下会有内出血和外出血。疫情带来的影响体现在民航禁飞、人员损失、经济受创、粮食短缺等。民航禁飞方面，尼日利亚阿里克航空公司、ASKY航空公司、法国航空公司暂停所有飞赴利比里亚航班[1]。人力损失方面，埃博拉疫情已导致427名医务人员感染，236人已丧生。经济受创方面，埃博拉出血热对几内亚、塞拉利昂和利比里亚三国造成了约130亿美元的经济损失。粮食短缺埃博拉极大地破坏了农业生产活动[2]。疫情同样导致了原定于非洲地区的赛事与国际活动的取消与延期。

（5）2015—2016年的寨卡疫情。自2015年5月以来，寨卡疫情在拉丁美洲和加勒比海国家大肆流行，疫情最严重的巴西，感染者多达150万，新生儿小头症疑似病例激增至3894例。已有18个国家报告了感染病例。2016年2月23日，浙江省新发现两例输入性寨卡病毒感染病例。寨卡病毒疫情传播途径主要通过蚊虫叮咬传播，感染后症状比较温和，包括发烧、疹子、关节疼痛、肌肉疼痛、头痛和结膜炎（红眼），孕妇感染后可能导致新生儿小头症等缺陷。世界卫生组织认为疫情传播的主要原因是寨卡病毒首次在美洲流行，美洲地区人群对病毒缺乏免疫力，同时美洲地区广泛存在埃及伊蚊。疫情发生以后，受疫情影响严重的巴西主要措施就是防蚊灭蚊，并且巴西还采取高科技进行防蚊灭蚊。寨卡病毒的流

---

1 中国新闻网，法航因埃博拉疫情停飞塞拉利昂航线[EB/OL]（2014-08-28）[2020-05-07].http：//world.people.com.cn/n/2014/0828/c1002-25554894.html.

2 中国新闻网，埃博拉严重破坏西非农业 粮农组织拟助贫困家庭[EB/OL]（2014-10-19）[2020-05-07].http：//www.chinanews.com/gj/2014/10-09/6656949.shtml.

行对 2016 年 8 月在里约热内卢举行的奥运会带来了严重的影响，为做好奥运会付出了人力、财力。疫情发生后，巴西在改善公共卫生服务和提升基础设施方面做出了很大的努力。但是，疫情也对巴西的经济带来了一定的损失，据世界银行统计，2016 年，巴西 GDP 较上年下降 3.3%，创下 1982 年以来最低增速。

（6）2018 年开始的刚果（金）埃博拉疫情（于 2019 年 7 月宣布）。刚果（金）2018 年 8 月爆发第 10 轮埃博拉疫情，迄今持续 19 个月，根据刚果（金）卫生部发布的数据，截至 2020 年 4 月 8 日，刚果（金）累计报告埃博拉确诊病例 3453 例，死亡 2273 例。根据世界卫生组织官网内容显示，以往被称作埃博拉病毒性出血热的埃博拉病毒病，是一种罕见但可在人际间引起严重且往往致命的疾病。病毒通过野生动物传到人，并在人间通过人际间传播蔓延。埃博拉病毒病平均病死率约为 50%。在以往疫情中出现的病死率从 25% 到 90% 不等。潜伏期是从获得病毒感染到出现症状的时间间隔，可持续 2~21 天。人们在出现症状后才具有传染性。埃博拉病毒感染者只有在出现症状后才可传染。埃博拉病毒病的症状可能突然出现，包括发热、疲劳、肌肉疼痛、头痛、咽喉痛，随后会出现呕吐、腹泻、皮疹、肾脏和肝脏功能受损症状；某些情况下会有内出血和外出血（如牙龈渗血、便中带血），化验结果包括白血细胞和血小板计数降低，而肝酶则会升高。2019 年 7 月 17 日，世卫宣布刚果（金）埃博拉疫情为突发公共卫生事件[1]。总体防控疫情向好，但是仍然面临严峻的挑战，刚果（金）面临新冠肺炎疫情、麻疹等其他疾病的多重夹击，为埃博拉疫情鉴别增加一定的难度。由于刚果（金）内部因素，导致疫情暴发后引发多起针对议会人员和防疫设置的武装袭击，引起暴力冲突。

（二）历史上严重的传染病介绍。随着人类社会的发展和科学技术的进步，人类生活环境不断发生改变，但是在人类与环境斗争的过程中，各种疾病和传染病对人类的进程发展带来深刻的影响。本部分内容将简要地梳理历史上严重的传染病发生的事件、起因、过程等。（1）雅典大瘟疫。这场瘟疫是历史上记载比较详细的重大的传染病，雅典大瘟疫起源于埃塞俄比亚南部，然后经过古埃及和

---

[1] 中国新闻网，紧急！世卫宣布刚果（金）埃博拉疫情为突发公共卫生事件[EB/OL]（2019-07-18）[2020-05-07].http://www.chinanews.com/gj/2019/07-18/8898606.shtml.

利比亚，最终传到雅典地区[1]。根据历史记载，瘟疫夺取了雅典将近1/4居民的生命。患者症状基本是伴随高烧、咳嗽、呼吸困难，甚至出现强烈呕吐、全身痉挛、脱水死亡的症状。当时雅典的气温高达40℃以上，大量的人们转移到城市，加上卫生条件较差，加剧了瘟疫的扩散和传播。此次瘟疫持续了将近两年的时间，政府部门长期的投入人力、财力、物力，最终导致社会根基不稳定。瘟疫除了带来的大量人员的死亡，幸存者身体器官也受到影响，后期基本生活也受到一定的局限，同时对当时国家的政治发展带来一定的影响。（2）欧洲中世纪大瘟疫。这场瘟疫很多记载中也被称为"黑死病"，这场瘟疫从1347年到1353年，发生在欧洲，最终夺取了2500万人的性命，当时占欧洲总人数的1/3。感染患者最初身上会出现黑斑，持续40℃以上高温[2]。灾难对意大利和法国产生重要的影响，并且此次瘟疫成为欧洲文明进展的分水岭，改变了欧洲文明的发展方向，使得欧洲文艺复兴、启蒙运动的进展变得更加顺畅。同时，瘟疫发生之后，欧洲探索出防疫的一些基本措施，比如巴黎医学院建议用熏香和甘菊熏烤家中以及人员拥挤的公共场所，威尼斯采取隔离措施成为第一个禁止来自疫区的旅行者和商人进入的城市等，居民生活习惯和卫生条件也发生了改变。（3）美洲大瘟疫。很多人称此次瘟疫为"人类历史上最大的种族屠杀"。在15世纪到18世纪末，欧洲人带着将天花病毒传递给印第安人，印第安人对这些病毒毫无抵抗力，尤其是阿兹特克首都特诺奇提特兰城，两个月内损失将近30%的人口；随后病毒又被传入墨西哥，导致墨西哥人口从最初的2200万人锐减至1400余万人。（4）1910年东北鼠疫事件。1910年11月9日，鼠疫由中东铁路经满洲里传入哈尔滨，之后瘟疫席卷整个东北地区，瘟疫持续了6个多月，6万多人丧失了性命。此次瘟疫中，马来西亚留洋华裔医生伍连德发挥了重要作用，其提出此种鼠疫能通过人与人之间进行传播，为了防止鼠疫的传播，对因感染而死的患者尸体集中焚烧，切断传染源，最终使得感染人数逐渐下降。此外，为防止交叉感染，伍连德设计用棉纱制成的"伍氏口罩"，至今还广泛使用，使得人们开始通过使用口罩而防止被传染病感染。（5）西班牙流感。西班牙流感发生的时间是在1918年1月

---

1 人类史上十大传染病死亡事件[J].品牌与标准化，2009（13）：24.
2 刘少才.席卷欧洲的黑死病[J].生命与灾害，2020（2）：23-25+22.

至 1920 年 12 月，当时流感造成了全球流行，感染了世界上约 27% 的人口，造成 5000 万人死亡，是近代史上影响最大的传染病之一。患者的症状主要是发热、咳嗽、呼吸困难等，主要通过打喷嚏、咳嗽等途径进行传播。此次流感最初在美国的军营中发现，最终向全世界蔓延。各国为防疫采取了不同的措施，比如瑞士卫生部门控制工人运动，关闭学校、电影院等；西班牙流感爆发后，加强检疫和实施隔离再次被证明是控制疫情传播的最有效方法。（6）安东尼瘟疫。此次瘟疫发生于公元 2 世纪中后期（165—191 年），前后持续将近 7 年的时间，在罗马城，每天基本有 2000 左右的人因此次瘟疫被感染而死亡。根据历史记载，病人的症状表现为剧烈的腹泻、呕吐、咽喉肿痛、发烧、手脚溃烂、皮肤流脓等，侥幸活下来的人也会全身生疮，身上的疹会像鳞片一样脱落[1]。此次瘟疫对罗马帝国的政治、经济、文学和艺术的发展带来影响，很多历史学家认为此次瘟疫也是罗马帝国走向衰亡的原因之一。

（三）中国目前的法定报告传染病。依据中国疾病预防控制中心指出，传染病是由各种病原体引起的能在人与人、动物与动物或人与动物之间相互传播的一类疾病。结合《中华人民共和国传染病防治法》，将目前已有的 40 种法定传染病分为甲类、乙类和丙类，对法定传染病分类进行梳理。（1）甲类传染病。甲类传染病也称为强制管理传染病，包括鼠疫、霍乱，共 2 种。对此类传染病发生后报告疫情的时限，对病人、病原携带者的隔离、治疗方式以及对疫点、疫区的处理等，均强制执行。（2）乙类传染病。乙类传染病也称为严格管理传染病，共 27 种包括：新型冠状病毒肺炎、传染性非典型肺炎、艾滋病、病毒性肝炎、脊髓灰质炎、人感染高致病性禽流感、麻疹、流行性出血热、狂犬病、流行性乙型脑炎、登革热、炭疽、细菌性痢疾和阿米巴性痢疾、肺结核、伤寒和副伤寒、流行性脑脊髓膜炎、百日咳、白喉、新生儿破伤风、猩红热、布鲁氏菌病、淋病、梅毒、钩端螺旋体病、血吸虫病、疟疾、人感染 H7N9 禽流感。对此类传染病要严格按照有关规定和防治方案进行预防和控制。其中，乙类传染病中新型冠状病毒肺炎、传染性非典型肺炎和炭疽中的肺炭疽，采取甲类传染病的预防、控制措

---

[1] 百度百科，安东尼瘟疫[EB/OL]（2020-05-16）. https://baike.baidu.com/item/安东尼瘟疫/8303118?fr=aladdin.

施。(3) 丙类传染病。丙类传染病也称为监测管理传染病，包括：流行性感冒、流行性腮腺炎、风疹、急性出血性结膜炎、麻风病、流行性斑疹伤寒和地方性斑疹伤寒、黑热病、包虫病、丝虫病，除霍乱、细菌性和阿米巴性痢疾、伤寒和副伤寒以外的感染性腹泻病、手足口病。对此类传染病要按国务院卫生行政部门规定的监测管理方法进行管理。

（四）公共卫生事件应急响应级别。根据《突发公共卫生事件应急条例》，条例所称突发公共卫生事件（以下简称突发事件）是指突然发生，造成或者可能造成社会公众健康严重损害的重大传染病疫情、群体性不明原因疾病、重大食物和职业中毒以及其他严重影响公众健康的事件。依据《国家突发公共卫生事件应急预案》，根据突发公共卫生事件性质、危害程度、涉及范围，突发公共卫生事件划可分为特别重大（Ⅰ级）、重大（Ⅱ级）、较大（Ⅲ级）和一般（Ⅳ级）四级。其中，特别重大突发公共卫生事件主要包括：①肺鼠疫、肺炭疽在大、中城市发生并有扩散趋势，或肺鼠疫、肺炭疽疫情波及2个以上的省份，并有进一步扩散趋势。②发生传染性非典型肺炎、人感染高致病性禽流感病例，并有扩散趋势。③涉及多个省份的群体性不明原因疾病，并有扩散趋势。④发生新传染病或我国尚未发现的传染病发生或传入，并有扩散趋势，或发现中国已消灭的传染病重新流行。⑤发生烈性病菌株、毒株、致病因子等丢失事件。⑥周边以及与中国通航的国家和地区发生特大传染病疫情，并出现输入性病例，严重危及我国公共卫生安全的事件。⑦国务院卫生行政部门认定的其他特别重大突发公共卫生事件。一般来说，一级响应由国务院组织实施，各省级人民政府在国务院统一领导和指挥下组织协调省内应急处置工作。下调应急响应级别，表明疫情的范围、性质和危害程度有所降低，应对疫情的组织实施部门也随之下调。调整为二级响应，由省级人民政府领导和指挥本行政区域内的应急处置工作；调整为三级响应，由市级人民政府领导和指挥本行政区域内的应急处置工作；调整为四级响应，由县级人民政府领导和指挥本行政区域内的应急处置工作。上一级人民政府可根据实际情况给予下级人民政府指导和支持。国家建设有完善的突发公共事件应急预案体系，包括突发公共事件总体应急预案、突发公共事件专项应急预案、突发公共事件部门应急预案、突发公共事件地方应急预案。对各级人民政府、卫生行政部门、医疗机构、疾病预防控制机构、卫生监督机构、出入境检验检疫机构在应急响应过程中的职责进行了宏观规定。各级人民政府的主要措施包括：组织协调有关部门参与突发公共卫生事件的处理；根据突发公共卫生事件处理需要，调集本行政区域内各类人员、物资、交通工具和相关设施、设备参加应急处理工作；划定控制区域，对本行政区域内甲类传染病疫区实施封锁；采取限制或者停止人群聚集活动、停工、停业、停课等疫情控制措施；对传染病病人、疑似病人采取就地隔离、就地观察、就地治疗的措施，对密切接触者根据情况采取集中或居家医学观察；在交通站点和出入境口岸设置临时交通卫生检疫站，对出入境、进出疫区和运行中的交通工具及其乘运人员和物资、宿主动物进行检疫查验；按照有关规定做好信息发布工作；做好疫情信息的收集、报告、人员分散隔离及公共卫生措施的实施工作；组织有关部门保障商品供应，平抑物价，防止哄抢，严厉打击造谣传谣、哄抬物价、囤积居奇、制假售假等违法犯罪和扰乱社会治安的行为。各省（自治区、直辖市）突发公共卫生事件应急响应措施在国家预案的基础上进一步细化，不同级别的响应措施也因各地实际情况而有所不同。

（五）我国公共卫生应急管理体系存在的问题及措施。此次疫情暴露出我国在重大疫情防控体制机制、公共卫生应急管理体系等方面存在的明显短板和不足。比如疾控体系人才队伍储备不足，公共卫生基础设施储备不够，疾控监测预警和管理运行系统陈旧等问题。习近平总书记在主持召开中央全面深化改革委员会第十二次会议时发表重要讲话，对完善重大疫情防控体制机制、健全国家公共卫生应急管理体系作出重要部署。主要围绕"1个总体要求、1个完善目标、1个防控关键、5个方面重点工作"完善重大疫情防控体制机制，健全国家公共卫生应急管理体系。5个方面重点工作主要指的是要强化公共卫生法治保障、改革完善疾病预防控制体系、改革完善重大疫情防控救治体系、健全重大疾病医疗保险和救助制度、健全统一的应急物资保障体系。我国应该加强公共卫生法律法规和预案建设，我国卫生健康领域首部基础性、综合性的法律《基本医疗卫生与健康促进法》将于2020年6月1日起实施，要在此基础上推动《传染病防治法》、《突发公共卫生事件应急条例》的修订等。目前，许多省市已经将健全公共卫生应急管理体系纳入重要工作，首都北京于5月16日第十二届委员会第十三次全体会议上审议通过了《关于加强首都公共卫生应急管理体系建设的若干意见》；上海市将公共卫生应急管理融入城市运行"一网统管"，出台《关于完善重大疫情防空体制机制、健全公共卫生应急管理体系的若干意见》，共20条；广东省出台《中共广东省委全面深化改革委员会关于完善重大疫情防控体制机制健全公共卫生应急管理体系的若干意见》等。此外，世界卫生组织总干事谭德塞强调，各国在应对疫情时，除采取减少社交活动、增加人与人之间物理距离等措施外，还应采取6方面的"关键行动"。扩大、培训和部署卫生保健和公共卫生人力资源；建立社区一级的疑似病例排查体系；提高检测设备生产，加强检测能力，扩大检测范围；确定、改造和装备用于治疗和隔离患者的设施；制订对密切接触者进行隔离的明确计划和流程；重新把政府工作重心放在抑制和控制疫情上。

（六）公共卫生应急管理体系国际经验和做法。根据2019年10月份发布的全球卫生安全指数（The Global Health Security Index），全世界的国家卫生安全体系非常薄弱，各国还没有为全球灾难性生物事件和传染病暴发应对做好充分准备，在预防、发现和应对能力方面存在严重缺陷[1]。世界发到国家和地区在应对突发公共卫生事件和应急管理体制方面有一些经验值得借鉴，本部分将重点介绍美国和日本的应急管理体系做法。（1）美国的应急管理体系。在美国"9·11"事件爆发以后，美国成立国土安全部（DHS），出台了《国土安全法》。形成了"国家（联邦）—州政府—地方政府（郡、市、社区）"的多层级应急管理机制，消防、警察、医疗救护人员等各级人员都有专业的应急救援队伍。经历过卡特里娜飓风以后，美国出台《全国准备指南》等指导文件，强化全民参与和多部门合作的经济管理体制。在纵向上，建立了"国家—州—地方"三级应对体系。国家层面是联邦疾病控制与预防中心（CDC）。美国在横向上建立了应对突发公共卫生事件的六大保障体系，即全国公共卫生信息系统、大都市医学应急网络系统、全国公共卫生实验室快速诊断系统、现场流行病学调查系统、全国健康教育网络、全国应急物品救援快速反应系统。（2）日本的应急管理体系。日本经常遭遇地震、台风、海啸等自然灾害，先后颁布了200多部与应急管理相关的法律法规。日本的应急管理体制主要是"中央—都道府县—市町村"的三级应急管理体制[2]。日本非常重视信息技术在应急管理中的应用，构建了覆盖灾前预防、灾

---

1 刘晓栋，刘艺.美日突发公共卫生事件应急管理体系[J].现代世界警察，2020（4）：33-36.
2 王德迅.日本危机管理体制机制的运行及其特点[J].日本学刊，2020（2）：1-7.

中响应和灾后恢复三个阶段的应急管理信息网。突发公共卫生事件发生以后，日本紧急医学救援体系发挥重要的作用，日本的紧急医学救援体系由一个国家级灾害医疗中心、两个区域性中心、若干地区中心指定医疗机构组成。同时，日本警察与消防、通信等部门也发挥着重要作用，日本建立了警察应急救援机制。

四、公共医疗卫生等相关法律法规

目前我国与健康有关法律法规涉及健康有关的各个领域，主要包括突发公共卫生事件相关法律法规、传染病相关法律法规、卫生检疫相关法律法规、个人健康保健相关法律法规、公共场所健康相关法律法规、食品安全相关法律法规、药物用品安全相关法律法规、生物安全相关法律法规、医疗安全相关法律法规、其他卫生健康相关法律法规等。对有关于健康、突发公共卫生事件、生物安全等与健康有关方面的主要法律法规进行汇总，以便于读者查阅相关法律法规、普及相关法律意识。

（一）突发公共卫生事件相关法律法规。在突发公共卫生事件范畴上，目前我国与突发公共卫生事件相关法律法规覆盖面广，涉及可能导致突发公共卫生事件的各种方面，其中，与突发公共卫生事件预防与应对直接相关的法律主要包括：(1)《中华人民共和国突发事件应对法》由中华人民共和国第十届全国人民代表大会常务委员会第二十九次会议于2007年8月30日通过，自2007年11月1日起施行，该法的颁布确立了我国应急社会动员体制机制。该法律共七章70条，其中《中华人民共和国突发事件应对法》加强了突发事件应对工作的统一性和规范性，包括：第一，建立包括预防和应急准备在内的主要应急程序，监测预警、应急反应、灾后恢复等，并建立应急系统；第二，必须建立不同类型和不同程序的应急系统；第三，这将有助于采取合理的非常措施和提高非常措施的效力。这是一个有效和统一的应急管理系统，确保有效地执行紧急措施和改进紧急预警系统。自然灾害、事故和卫生事件的预警水平在紧急状态下，可予防范的第一、第二、第三和第四级分别为红色、橙色、黄色和蓝色。(2)《突发公共卫生事件应急条例》：为确定有效预防、及时监测和消除公共卫生紧急情况的方法，确保人民的健康和生命安全，维护公共秩序，经2003年5月7日国务院第7次常务会议通过，由国务院于 2003 年 5 月 9 日发布并实施。《突发公共卫生事件应急条例》的出台，标志着我国将进一步把与公共卫生有关的紧急情况的应对措施纳入执法工作，从而使我国能够更有效地应对这些紧急情况。将促进建立和改进我们的应急机制，有效和及时地应对未来的紧急情况。（3）我国卫生健康领域将制定首部基础性、综合性的法律《中华人民共和国基本医疗卫生与健康促进法》。本法已于 2019 年 12 月 28 日由第十三届全国人民代表大会常务委员会第十五次会议审议通过，自 2020 年 6 月 1 日起施行。在条文结构上分为总则、基本医疗卫生服务、医疗卫生机构、医疗卫生人员、药品供应保障、健康促进、资金保障、监督管理、法律责任、附则，共十章 110 条。以此为契机，推动修订《传染病防治法》《突发公共卫生事件应急条例》等法律法规，配合生物安全立法，修订公共卫生管理相关部门规章。

（二）传染病相关法律法规。这部分法律法规指应用于传染病防治的相关法律法规，主要包含《中华人民共和国传染病防治法》《中华人民共和国传染病防治法实施办法》《血吸虫病防治条例》《艾滋病防治条例》《疫苗流通和预防接种管理条例》《中华人民共和国动物防疫法》等。（1）《中华人民共和国传染病防治法》。中国全国人民代表大会常务委员会批准的中国国家法律文件，现行《中华人民共和国传染病防治法》于 2013 年 6 月 29 日修订。制定传染病防治法，其目的是总结我国在防治传染病方面的经验，利用国外的最佳做法，解决现有问题。完善防治传染病的法律制度，明确公民和社会组织的责任；政府及其有关机构提供立法保护，防止传染病的传播、控制和根除，并提供法律保护。在各级政府职责方面，《中华人民共和国传染病防治法》指出各级人民政府对防治传染病工作负有领导组织实施责任。（2）《中华人民共和国传染病防治法实施办法》。1991 年 10 月 4 日国务院国批准，1991 年 12 月 6 日卫生部令第 17 号发布施行，全文共分七章，关注于对传染病的预防、控制、监督等方面。（3）《血吸虫病防治条例》。为了预防、打击和消灭血吸虫病，保护人民、动物和人民的健康，根据传染病防治法、动物防疫法制定。2006 年 3 月 22 日国务院第 129 次常务会议通过，由国务院于 2006 年 4 月 1 日发布，自 2006 年 5 月 1 日起施行。（4）《艾滋病防治条例》。为防止艾滋病的传播和蔓延，保障卫生和公共卫生制定。2006 年 1 月 18 日经国务院第 122 次常务会议通过。由国务院于 2006 年 1 月 29 日发布，自 2006 年 3 月 1 日起施行。2019 年 3 月 2 日，国务院颁布并实施第 709 号国务院令对《艾滋病防治条例》进行修改，增加脐带血等造血干细胞应用价值。（5）《疫苗流通和预防接种管理条例》。为加强对传染病传播和疫苗接种的控制，预防和控制传染病的发生和蔓延，根据《中华人民共和国药品管理法》和《中华人民共和国传染病防治法》制定。由中华人民共和国国务院于2005年3月24日颁布，2005年6月1日起实施。（6）《中华人民共和国动物防疫法》。这项法律是为了加强防治兽医流行病、预防、控制和控制，促进畜牧业发展和公共卫生。由1997年7月3日第八届全国人民代表大会常务委员会第二十六次会议通过，自1998年1月1日起施行。

（三）卫生检疫相关法律法规。主要应用于卫生检疫方面的法律法规，包括《中华人民共和国国境卫生检疫法》《中华人民共和国国境卫生检疫法实施细则》《中华人民共和国国境口岸卫生监督办法》《中华人民共和国进出境动植物检疫法》《中华人民共和国进出境动植物检疫法实施条例》等。（1）《中华人民共和国国境卫生检疫法》。发布单位是全国人民代表大会常务委员会，开始施行时间为1987年5月1日，2007年12月29日最新修订，制定目的是防止传染病在国外或在国内的传播，在国家层面进行卫生和公共卫生检查。（2）《中华人民共和国国境卫生检疫法实施细则》。根据《中华人民共和国国境卫生检疫法》的规定制定，由卫生部于1989年3月6日发布并实施。根据2010年4月24日《国务院关于修改中华人民共和国国境卫生检疫法实施细则的决定》进行第一次修订，根据2016年2月6日《国务院关于修改部分行政法规的决定》进行第二次修订。（3）《中华人民共和国国境口岸卫生监督办法》。是为了加强过境点和国际航运设施的卫生监督，改善过境点和运输设施的卫生状况；控制和消除传染源，切断传播渠道，防止传染病在国外和国内蔓延，根据《中华人民共和国国境卫生检疫条例》第三条的规定制定。1981年12月30日经国务院批准，由卫生部、交通部、中国民用航空总局、铁道部于1982年2月4日发布，根据2011年1月8日《国务院关于废止和修改部分行政法规的决定》修订。（4）《中华人民共和国进出境动植物检疫法》。本法的制定是为了防止动物、寄生虫、危险植物疾病、昆虫、杂草等传染病的传播和传播，保护农业、森林、牧场、渔业和人类健康，并促进对外贸易。1991年10月30日，第七届全国人民代表大会常务委员会第二十二次会议通过，自1992年4月1日起施行。（5）《中华人民共和国进出境动植物检疫法实施条例》。于1996年12月2日国务院第206号发布,根据《中华人民共和国进出境动植物检疫法》制定。

（四）个人健康保健相关法律法规。主要是为保障妇女、儿童、职业女性等特定群体健康,制定的一系列法律法规,包含《中华人民共和国老年人权益保障法》《女职工劳动保护特别规定》《中华人民共和国人口与计划生育法》《中华人民共和国母婴保健法》《中华人民共和国职业病防治法》《中华人民共和国妇女儿童权益保护法》《流动人口计划生育工作条例》《中华人民共和国母婴保健法实施办法》等。（1）《中华人民共和国妇女儿童权益保护法》。1992年4月3日第七届全国人民代表大会第五次会议通过,1992年4月3日中华人民共和国主席令第58号公布,自1992年10月1日起施行的一部法律。（2）《女职工劳动保护特别规定》。由中华人民共和国国务院于2012年4月28日发布,自公布之日起施行,保障职业女性的健康,为了减少和消除职业妇女面临的特殊困难,制定了保护女职工健康的措施。（3）《中华人民共和国老年人权益保障法》。这部法律的目的是保护老年人的合法权益,促进对老年人的尊重,促进中华民族的美德。1996年8月29日八届全国人大常委会第二十一次会议通过。现行版本是2018年12月29日第十三届全国人民代表大会常务委员会第七次会议修正。（4）《中华人民共和国人口与计划生育法》。于2001年12月29日通过中华人民共和国第九届全国人民代表大会常务委员会第二十五次会议审议通过,自2002年9月1日起施行,共七章47条。（5）《中华人民共和国母婴保健法》。是为了保护母亲和儿童的健康,提高新生儿的生活质量,根据宪法制定。经中华人民共和国第八届全国人民代表大会常务委员会第十次会议于1994年10月27日通过,自1995年6月1日起施行。2017年11月4日第十二届全国人民代表大会常务委员会第三十次会议通过《中华人民共和国母婴保健法》修改。（6）《中华人民共和国职业病防治法》。为了预防、控制和消除职业风险,预防和控制职业病,保护工人的健康和权利,促进经济发展经济及社会发展,根据宪法制定。2001年10月27日第九届全国人民代表大会常务委员会第二十四次会议通过,根据2011年12月31日第十一届全国人民代表大会常务委员会第二十四次会议第一次修正,根据2016年7月2日第十二届全国人民代表大会常务委员会第二十一次会议第二次修正,根据2017年11月4日第十二届全国人民代表大会常务委员会第三十次会议第三次修正。(7)《流动人口计划生育工作条例》。2009年4月29日国务院第60次常务会议通过，2009年5月11日公布，自2009年10月1日起施行，共计25条。(8)《中华人民共和国母婴保健法实施办法》。根据《中华人民共和国母婴保健法》制定，由国务院于2001年6月20日发布并实施。

（五）公共场所健康相关法律法规。根据不同公共场所提出相应的健康保障，包含《公共场所卫生管理条例》《学校卫生工作条例》《使用有毒物品作业场所劳动保护条例》。(1)《公共场所卫生管理条例》。为创造公共场所良好的卫生条件，预防疾病，保护人民健康制定。由国务院于1987年4月1日发表并实施，2016年2月6日进行第一次修改，2019年4月23日进行第二次修改。《公共场所卫生管理条例》将公共场所分为宾馆、饭馆、旅店、招待所、车马店、咖啡馆、酒吧、茶座；公共浴室、理发店、美容店；影剧院、录像厅（室）、游艺厅（室）、舞厅、音乐厅；体育场（馆）、游泳场（馆）、公园；展览馆、博物馆、美术馆、图书馆；商场（店）、书店；候诊室、候车（机、船）室、公共交通工具，并提出相应的保障健康的措施。(2)《学校卫生工作条例》。为加强学校的保健工作，提高学生的健康制定。1990年4月25日经国务院批准，由国家教育委员会、卫生部于1990年6月4日发布并实施。《学校卫生工作条例》是学校发展卫生教育的重要基础，自1990年国务院颁布以来在学校中开展健康教育。(3)《使用有毒物品作业场所劳动保护条例》。为了确保工作场所安全使用有毒物质，预防、控制和消除职业中毒风险，并保护生命，根据职业病防治法和其他有关法律、行政法规的规定制定。经2002年4月30日国务院第57次常务会议通过，由国务院于2002年5月12日发布并实施。

（六）食品安全相关法律法规。为确保食品安全，制定了一系列的法律规范，包括《中华人民共和国食品安全法》《中华人民共和国食品安全法实施条例》《国务院关于加强食品等产品安全监督管理的特别规定》《乳品质量安全监督管理条例》等。(1)《中华人民共和国食品安全法》。保障了食品健康安全，是中国全国人民代表大会常务委员会批准的中国国家法律文件，现行的《中华人民共和国食品安全法》于2018年12月29日修正。《中华人民共和国食品安全法》对三方面的食品安全健康进行了规定：第一，负责保障食品生产企业的安全；第二，建立企业销售登记制度；第三，确保餐饮服务供应商的安全责任。(2)《中华人民共和国食品安全法实施条例》。由中华人民共和国国务院令（第557号）公布，2019年3月26日国务院第42次常务会议修订通过。2019年10月，公布修订后的《中华人民共和国食品安全法实施条例》，自2019年12月1日起施行，共十章86条。(3)《国务院关于加强食品等产品安全监督管理的特别规定》。为了加强对包括食品在内的产品安全的监督，进一步明确生产商的责任，加强地方监督部门和地方人民政府之间的协调，保障人民的健康和生命安全，由国务院于2007年7月26日发布并实施。(4)《乳品质量安全监督管理条例》。是2008年10月6日国务院第二十八次常务会议通过的一个条例，自公布之日起施行。该条例一共由八章组成，规定了乳品质量安全的监督和管理。

（七）药物用品相关法律法规。在法律上对药物、药物衍生品的制作与使用提出了一系列规范标准，包含《中华人民共和国药品管理法》《中华人民共和国中医药法》《中药品种保护条例》《中华人民共和国中医药条例》《中华人民共和国药品管理法实施条例》《化妆品卫生监督条例》《放射性药品管理办法》《医疗用毒性药品管理办法》等。(1)《中华人民共和国药品管理法》。1984年9月20日第六届全国人民代表大会常务委员会第七次会议通过，自1985年7月1日起施行，现行版本为2015年4月24日十二届全国人大常委会第十四次会议修改，是以药品监督管理为中心内容，深入讨论了药物质量评估和控制、医疗设备控制等问题。药物生产和管理，药物使用和安全控制，医院药物管理标准化，控制药物的测试，管理药品采购招标等卫生和发展领域的科学指导。(2)《中华人民共和国中医药法》。为促进中医的继承和发展，保障和发展中医，保护人民健康制定，由全国人民代表大会常务委员会于2016年12月25日发布，自2017年7月1日起施行。(3)《中药品种保护条例》。1992年10月14日中华人民共和国国务院令第106号发布，1993年1月1日起施行。(4)《中华人民共和国中医药条例》。为了继承和发展传统医学，保障和促进中医养生，保护人类健康制定。经2003年4月2日国务院第3次常务会议通过。由国务院于2003年4月7日发布，自2003年10月1日起施行。2020年4月2日，国务院决定废止《中华人民共和国中医药条例》。(5)《中华人民共和国药品管理法实施条例》。于2002年8月4日颁布的第360号中华人民共和国国务院令，自2002年9月15日起施行。根据2016年2月6日国务院第666号令《国务院关于修改部分行政法规的决定》

修订。(6)《化妆品卫生监督条例》。为了加强对化妆品健康、卫生和安全的监督,对消费者进行保护。1989年9月26日经国务院批准,由卫生部于1989年11月13日发布,自1990年1月1日起施行。(7)《放射性药品管理办法》。为加强放射性药品的管理,根据《中华人民共和国药品管理法》规定制定。由国务院于1989年1月13日发布并实施。(8)《医疗用毒性药品管理办法》。为加强对医疗用有毒药物的管制,以防止中毒和工伤事故,根据《中华人民共和国药品管理法》的规定制定,经1988年11月15日国务院第二十五次常务会议通过,由国务院于1988年12月27日发布并实施。

(八)生物安全相关法律法规。生物安全相关法律法规包括《病原微生物实验室生物安全管理条例》《病原微生物实验室生物安全环境管理办法》《可感染人类的高致病性病原微生物菌(毒)种或样本运输管理规定》《人间传染的高致病性病原微生物实验室和实验活动生物安全审批管理办法》《中华人民共和国生物安全法》等。(1)《病原微生物实验室生物安全管理条例》。于2004年11月5日国务院第69次常务会议通过,为加强病原微生物实验室的生物安全管理,保障实验室工作人员和公众的健康。(2)《病原微生物实验室生物安全环境管理办法》。于2006年3月2日经国家环境保护总局2006年第二次局务会议通过,自2006年5月1日起施行,根据《病原微生物实验室生物安全管理条例》和有关环境保护法律和行政法规制定。(3)《可感染人类的高致病性病原微生物菌(毒)种或样本运输管理规定》。于2005年11月24日经卫生部部务会议讨论通过,自2006年2月1日起施行。(4)《人间传染的高致病性病原微生物实验室和实验活动生物安全审批管理办法》。于2006年7月10日经卫生部部务会议讨论通过,自发布之日起施行,依据《病原微生物实验室生物安全管理条例》制定。(5)《中华人民共和国生物安全法》草案。2019年10月21日,生物安全法草案首次提请十三届全国人大常委会第十四次会议审议,明确规定了与以往的违反行为和与生物技术有关的事件相关的责任和处罚。

(九)医疗安全相关法律法规。在法律上对医疗器械的使用、医疗过程的实施、医疗从业人员的审批等提出了一系列规范标准,包括《放射性同位素与射线装置安全和防护条例》《人体器官移植条例》《医疗废物管理条例》《中华人民共和国执业医师法》《护士条例》《乡村医生从业管理条例》等。(1)《放射性同位素与射线装置安全和防护条例》。为了加强对放射性同位素和辐射设施的安全和保安的控制,促进放射性同位素和辐射设施的安全使用,保护人类和环境健康,经2005年8月31日国务院第104次常务会议通过,由国务院于2005年9月14日发布,自2005年12月1日起施行。(2)《人体器官移植条例》。为规定器官移植的规则,保证医疗服务的质量,保护人民的健康,保护公民的合法权益制定。2007年3月21日经国务院第171次常务会议通过,由国务院于2007年3月31日发布,自2007年5月1日起施行。(3)《医疗废物管理条例》。加强医疗废物管理安全,防止疾病蔓延,保护环境,保护人类健康,根据《中华人民共和国传染病防治法》和《中华人民共和国固体废物污染环境防治法》制定,经2003年6月4日国务院第10次常务会议通过,由国务院于2003年6月16日发布并实施。(4)《中华人民共和国执业医师法》。为了加强医生队伍的形成,提高医生的职业道德和专业水平,保护医生的合法权益,保护人民群众的身体健康制定。由中华人民共和国第九届全国人民代表大会常务委员会第三次会议于1998年6月26日修订通过,自1999年5月1日起施行。(5)《护士条例》。为保护护士的合法权益,规范护士的行为,促进护理系统的发展,确保医疗安全和公共卫生制定。2008年1月23日国务院第206次常务会议通过,由国务院于2008年1月31日发布,自2008年5月12日起施行。(6)《乡村医生从业管理条例》。经2003年7月30日国务院第16次常务会议通过,由国务院于2003年8月5日发布,自2004年1月1日起施行。

(十)其他卫生健康相关法律法规。包含《卫生行政执法文书规范》《中华人民共和国红十字会法》《中华人民共和国献血法》等。(1)《卫生行政执法文书规范》。为了规范卫生机构的活动并保护公民、法人和其他组织的合法权利和利益,根据《中华人民共和国行政处罚法》《中华人民共和国行政强制法》和有关法律法规制定,于2012年6月7日经卫生部部务会讨论通过,自2012年12月1日起施行。(2)《中华人民共和国红十字会法》。为了保护人的生命和健康,发扬人道主义精神,促进和平与进步,并确保红十字委员会履行职责制定,由中华人民共和国第八届全国人民代表大会常务委员会第四次会议于1993年10月31日通过,自公布之日起施行。(3)《中华人民共和国献血法》。为确保临床上对血液的需要和安全,保障献血者的健康,促进人的精神,促进社会主义物质文明和精神文明建设制定，由中华人民共和国第八届全国人民代表大会常务委员会第二十九次会议于 1997 年 12 月 29 日修订通过，自 1998 年 10 月 1 日起施行。

五、我国公共卫生事业的主要成就

从最初的爱国卫生运动到后来的健康中国行动，在卫生革命、医疗改革、健康中国的旗帜引领下，从最初的爱国卫生运动到后来的健康中国行动，在卫生革命、医疗改革、健康中国的旗帜引领下，我国公共卫生事业不断进步。与中华人民共和国成立初期相比，卫生事业的成果更加显著。

（一）爱国卫生运动的历史成就。我国爱国卫生运动已经开展 68 年，爱国卫生运动取得显著的成就，充分显示了"移风易俗，改造国家"的伟大作用[1]。（1）爱国运动的发展历史。①爱国卫生运动从 1952 年发起。1952 年，毛泽东同志在全国发起爱国卫生运动，题词指出："动员起来，讲究卫生，减少疾病，提高健康水平，粉碎敌人的细菌战争"，中央成立防疫委员会，随后更名为中央爱国卫生运动委员会。②除四害。1958 年 2 月 12 日，中共中央、国务院发出《关于除四害讲卫生的指示》，指示规定在爱国卫生运动期间完成消灭苍蝇、蚊子、老鼠和麻雀的任务。后来，麻雀被"平反"，由臭虫代替；随着生活环境变化，蟑螂代替了臭虫成为新四害之一。最终将苍蝇、蚊子、老鼠、蟑螂定为"四害"。③农村改水改厕。新中国成立伊始，全国大部分农村地区存在饮水困难和卫生问题，地方病、卫生传染病居高不下。1982 年，推进管水、粪，改水井、厕所、畜圈、炉灶、环境的"两管五改"，改善了卫生条件，解决了农村地区饮水的问题，并且降低了肠道传染病、地方病等发病率。④五讲四美三热爱。1981 年 2 月 25 日，《关于开展文明礼貌活动的倡议》由全国学联、中央爱卫会等 9 个单位联合发出，倡议提出在全国人民、特别是青少年中开展"文明礼貌月"活动，以提倡"五讲四美"。1983 年 1 月 31 日，"五讲四美三热爱"活动由中宣部、中央爱卫会等 24 个单位联合印发意见。⑤城乡环境卫生整洁行动。2010 年以来，全

---

[1] 中国政府网，新时期爱国卫生运动取得了举世瞩目的伟大历史成就[EB/OL]（2015-01-26）[2020-05-07].http：//www.gov.cn/xinwen/2015-01/26/content_2810234.htm.

国爱卫会解决城乡污浊、无序的环境问题，加强环境保健基础设施建设，推进农村城乡行政服务的实施，并且改善大众的健康素养和文明品质。⑥卫生城镇和健康城镇。卫生创建活动1989年开始，为改善城乡健康的活动，提高人们的健康意识和健康水平，全面推广健康生活方式，满足居民健康需要，并实现城市建设发展而推行。⑦党的十八大以来，爱国卫生运动进入新的发展时期。习近平总书记指出，"要继承和发扬爱国卫生运动优良传统，发挥群众工作的政治优势和组织优势，建设健康、宜居、美丽家园"。建设健康中国战略在十八届五中全会中提出，开展全国卫生与健康大会，颁布《"健康中国2030"规划纲要》，从而在新时期爱国卫生工作方面提出明确新要求。党的十九大报告中，健康中国成为国家战略，进一步确立了党和政府工作对人民健康的重视。2017年5月12日，爱国卫生运动65周年暨全国爱国卫生工作座谈会由全国爱国卫生运动委员会召开，在此次会议中，提出强调"以人民健康为中心，政府主导，跨部门协作，全社会动员，预防为主，群防群控，依法科学治理，全民共建共享"的新时代爱国卫生运动的方针，为新时代爱国卫生运动指明了方向。党的十九大以实施健康中国战略作为重大决策部署，重点强调坚持预防为主，深入开展爱国卫生运动，倡导健康文明生活方式，预防控制重大疾病。（2）爱国运动取得的成就。①城乡环境卫生状况明显改善。城乡环境卫生基础设施和长期管理机制日新月异，提高了农村垃圾处理、卫生厕所和饮用水的安全性，大气污染的综合处理正在进行中。表面水环境污染和噪声公害带来了显著的结果。对农村自来水进行的安全维护和管理比例达到85%以上，农村集中供水人口比例增加到82%，说明基本解决了农村饮用水安全性问题。②社会卫生综合治理能力不断提升。截至目前，全国累计命名342个国家卫生城市（区），1452个卫生乡镇（县城），实现了44%的国家卫生城市（区）覆盖率，已提前实现预期工作目标。居民对市容环境的满意率由30%提高到98%，居民对创卫效果的满意率达到98%，取得了良好的经济和社会效益。③重点疾病综合防控取得显著成效。通过开展"清洁家园、灭蚊防病"等群众卫生运动，加强病媒生物防制工作，血吸虫病疫情降至历史最低水平，应对H7N9流感等行动，重点疾病得到有效防控。④进一步提升群众健康文明素质。通过利用电视媒体开展禁烟、健康口腔、盐类削减、健康厨房等活动提高群众文明素质。世界卫生组织在2013年授予中国政府健康（卫生）城市特别奖，在2017年授予中国政府社会健康治理杰出典范奖,以对中国爱国卫生运动取得的成就进行表彰。(3)《关于进一步加强新时期爱国卫生工作的意见》。国务院在2015年印发《关于进一步加强新时期爱国卫生工作的意见》,就做好新形势下的爱国卫生工作提出明确要求,这是国务院时隔25年又一次专题印发指导开展爱国卫生工作的重要文件。意见强调了通过开展广泛的爱国卫生运动,城市和农村地区的环境实现了明显改善,有效消除了影响人民健康的基本环境危害,人民文化和健康水平明显提高,健康生活方式得到广泛推广,居民的健康水平明显提高,健康的生活方式明显改善,在进一步改善健康的社会和政治环境方面取得了显著成果,城乡居民的健康状况明显改善等方面内容[1]。(4)《动员广大群众积极参与爱国卫生运动倡议书》[2]。2020年,全国爱卫办、中央文明办、生态环境部、住房和城乡建设部、农业农村部、国家卫生健康委员会等9部门联合向全社会发出《动员广大群众积极参与爱国卫生运动倡议书》,希望全民通过积极参与爱国卫生运动,贡献力量以巩固疫情防控成果,进而发出联合倡议:①爱国爱家,守望相助。发扬爱国精神,树立一个健康、强大的国家观念,强调爱国、家庭、生活观念,协助克服困难。②人人动手,美好家园。传承爱卫优良传统,大力开展全民大扫除,做好垃圾分类,使用卫生厕所,清理卫生死角,清除病媒生物。净化居家、工作场所和公共空间,创造干净、整洁人居环境。③摒弃陋习,预防疾病。勤洗手、戴口罩、常通风,不随地吐痰、不乱倒垃圾,咳嗽、打喷嚏时用纸巾或肘袖遮掩口鼻。强化生态文明意识,养成健康饮食习惯,推广分餐公筷,拒食野生动物。④健康生活,幸福未来。注重合理膳食、适量运动、戒烟限酒、心理平衡,做到饮食有节、起居有常、动静结合、心态平和,当好自己健康第一责任人,养成文明健康、绿色环保的生活方式。⑤春回大地时,疫霾消散日。让我们坚韧不拔、持之以恒,全民动员、携手共治、提升文明素质、弘扬时代新风,用健康体魄,建设美丽家园,拥抱幸福生活,共享健康中国。

(二)改革开放以来公共卫生事业取得的成就。(1)有效控制主要疾病,改

---

1 中华人民共和国中央人民政府:国务院关于进一步加强新时期爱国卫生工作的意见[EB/OL](2015-01-13)[2020-04-24].http://www.gov.cn/zhengce/content/2015-01/13/content_9388.htm.
2 国家卫生健康委员会:动员广大群众积极参与爱国卫生运动的倡议书[EB/OL](2020-04-07)[2020-04-24].https://www.sohu.com/a/386029509_120059282.

善城市和地方居民的健康。在国际上，通常衡量一个国家或地区居民健康水平的主要指标为人均预期寿命、婴儿死亡率和孕产妇死亡率。我国居民的人均预期寿命在 1949 年只有 35 岁，而婴儿死亡率却是 200‰，孕产妇死亡率是 1500/10 万，当时是世界上人口健康状况最差的国家之一。经过几十年的发展，根据最新人口健康数据，我国人均预期寿命已达到 77 岁，孕产妇死亡率下降到 18.3/10 万，婴儿死亡率下降到 6.1‰。（2）卫生服务体系不断健全，群众获得服务的可及性明显改善。医疗卫生服务条件不断改善且愈发向公平均等发展。据 1949 年的统计，有 50.5 万名中国人和西方医学技术人员，而且绝大部分集中在大城市。改革开放后，随着我国不断增强的经济实力，党和国家不断增加的在医疗卫生等方面的资源和经费投入，我国的医疗卫生资源、医疗卫生环境、医疗服务能力等均得到明显提升。（3）不断完善的基本医疗保险体系，不断提高的城乡居民医疗保障水平。农村医疗的筹资水平和参合人口的受益程度稳步增长，异地就医联网结报工作加快推进，积极推进城乡居民大病保险工作。农村医疗服务机构能力提升农民就医环境和条件明显改善，贫困人口医疗保障水平显著提高。城乡居民基本医疗保险（NCMS）和重度保险已为贫困人群完全覆盖，主要疾病的医疗援助逐渐覆盖贫困人群；贫困地区的医疗和医疗服务容量大幅提高在。新的农村共同医疗系统覆盖了包括中国农业人口在内的所有县（城市和地区），给更多的农民带来了好处。近年来，在推进基础医疗保险制度改革的同时，确立城乡医疗支持体制，完善辅助医疗保险制度，推进商业保险的发展。（4）深入推进卫生法制建设，保障群众健康权益。改革开放以来，由公共卫生、医疗服务、健康相关产品管理、医疗安全保障等法律体系构成的健康法律制度首次确立。在保护市民健康和生活安全，调整市场经济行动，促进经济和社会发展方面发挥了重要作用。（5）深入推进医药卫生体制改革，努力实现人人享有基本医疗卫生服务。2009，中国政府制定发布了《关于深化医药卫生体制改革的意见》和《关于医药卫生体制改革近期重点实施方案》，明确了医疗保健事业改革和发展方向、主要政策和政策得到了明确，国民对健康的基本医疗保健制度开始向国民提供。

（三）健康中国行动政策文件解读。健康中国，是习近平同志在 2017 年 10 月 18 日发布的党的十九大报告中提出的发展战略，将人民健康视为民族昌盛和国家富强的重要标志，提出对国民健康政策进行完善，给人民群众提供全方位全周期健康服务。以党的十九大报告为基础，中共中央、国务院在2016年10月印发了《"健康中国2030"规划纲要》。2019年7月，国务院印发《国务院关于实施健康中国行动的意见》，成立健康中国行动推进委员会，出台《健康中国行动组织实施和考核方案》。（1）《"健康中国2030"规划纲要》。《健康中国行动》分为四部分：第一部分为总体要求。对实施一批重大行动的重要意义和必要性进行分析，在工作推进方面提出指导思想和基本路径，对2022年和2030年的阶段性目标进行明确。第二部分为主要指标。主要为预期性和倡导性的指标，并通过充分科学的研究论证，以确保指标的科学性和可行性。第三部分为重大行动。分为三个板块：一是针对影响健康的前期因素。行动1~6主要围绕健康知识普及、合理膳食、全民健身、控烟、心理健康和健康环境促进等影响健康前期因素加强早期干预。二是针对重点人群。行动7~10主要集中在妇女和儿童、小学生和中学生、工人和老人等主要群体所面临的特殊问题上，实行全面干涉。三是以现在的主要疾病为对象。目前，中国心血管疾病、癌症、慢性呼吸器疾病、糖尿病等慢性非感染症死亡人数占总死亡人数的88%，主要感染症和风土病依然严重。行动11~15主要关注主要疾病的预防和控制的重要问题。同时，对残疾预防和康复服务、贫困地区居民健康等重点难点领域提出专项行动，分别提出更有针对性的措施。每个行动强调了个人层面、社会层面、政府层面三方面，以"为什么、怎么样、怎么做"的思路进行，以突出个人对自身健康负责的理念。第四部分为保障措施。包括加强组织领导、开展监测评估、建立绩效考核评价机制、健全支撑体系、加强宣传引导等[1]。（2）《国务院关于实施健康中国行动的意见》。2019年，国务院印发《国务院关于实施健康中国行动的意见》。意见分为四部分：第一部分为行动背景。第二部分为总体要求。提出实施健康中国行动的指导思想和基本原则，明确到2022年和2030年的阶段性目标。第三部分为主要任务。一是全面介入健康影响因素，以行动、生活习惯、环境等影响因素为目标，开展包括普及健康知识、合理饮食、国民健身、吸烟控制、心理学、环境在内的六项健康促进活动。二是维持整个生活周期的健康，根据女性、孩子、小学生、中学生、

---

1 新华网：中共中央 国务院印发《"健康中国2030"规划纲要》[EB/OL].（2016-10-25）[2020-04-24].http://www.xinhuanet.com/politics/2016-10/25/c_1119785867_5.htm.

劳动者、老年人等主要群体的特征实施 4 个促进健康的行动。三是应预防和控制心血管疾病、脑血管障碍、癌症、慢性呼吸器疾病、糖尿病、感染症、风土病等主要疾病，实施 5 项防治（防控）行动。第四部分为做好组织实施。包括组织领导的加强、各方广泛参与的动员、支撑体系的保障、宣传引导的加强等方面。明确国家层面成立健康中国行动推进委员会，以国务院作为领导，负责制定印发《健康中国行动》，对 15 项行动的目标、指标、任务和职责分工进行细化，并在委员会的领导下组织实施各项行动。目标是到 2030 年，实现大幅提升全民健康素养水平，基本普及健康生活方式，明显降低因重大慢性病导致的过早死亡率。《国务院关于实施健康中国行动的意见》强调，加快推动卫生健康工作理念，转变从以治病为中心转变为以人民健康为中心的服务方式[1]。（3）《健康中国行动组织实施和考核方案》。国务院办公厅同步印发《实施和考核方案》，目的是确保《国务院关于实施健康中国行动的意见》和《健康中国行动》的有效实施，分为三部分：一是建立健全组织架构，二是加强监测评估，三是做好考核工作。

（四）我国在传染病防治上取得的成就。中华人民共和国成立前，传染病因各种原因是中国人对生命和健康的巨大威胁之一。中华人民共和国成立后，党和政府对预防和管理传染病非常重要，作为政治工作，采取了预防和管理传染病。在预防和控制新感染症的领域，中国不断进步。中国在预防和管理感染症方面取得了显著成果，根除了小儿麻痹，控制了麻疹、血吸虫症以及其他传染病。（1）扑灭 1910 年东北鼠疫疫情。清政府派遣伍连德作为总医疗官赴现场处置疫情。在专业防治人员极其短缺、物资严重匮乏的条件下，伍连德带领防治人员不避艰险，深入疫区调查研究，通过尸检最终确定为"肺鼠疫"暴发流行，不到 4 个月就成功扑灭这场震惊世界的烈性传染病疫情。（2）消灭天花。我国科学家研制出消灭天花的独特方法，汤飞凡教授带领的团队生产了中国自己的狂犬疫苗、白喉疫苗、牛痘疫苗、黄热病疫苗、世界首支斑疹伤寒疫苗，该方法能在简单条件下制造大量优质牛痘疫苗，让中国早于世界 16 年消灭了天花。（3）实施了大规模的全国免疫规划项目。免费疫苗的数量从 1978 年的 6 种疾病到 2007 年增加到了 15 种。预

---

[1] 中华人民共和国中央人民政府：国务院印发《国务院关于实施健康中国行动的意见》[EB/OL].（2019-07-15）[2020-04-24].http://www.gov.cn/xinwen/2019/07/15/content_5409565.htm.

防接种程序的预防接种率，从整体来看，90%以上基于村子和城镇。正是由于全国免疫规划的深入开展，2000年起，我国实现无脊灰的状态；2006年后无白喉报告病例；麻疹、流脑、乙脑、百日咳病例大幅下降，已经由中华人民共和国成立后最高发病年份的上百万发病病例，降低到年发病万人以下。由于乙肝疫苗的预防接种，1992年以来，中国乙肝病毒感染人数减少了200万，乙肝表面抗原持有者人数减少了2000万。2014年，中国5岁以下儿童乙肝表面抗原阳性率减少0.32，这是21世纪公共卫生领域的伟大事业。（4）"非典"以后，国家也加大了传染病的科研投入和人才培养。建立了梯次合理的人才团队和高新技术平台，涌现出一大批杰出科学家，取得了许多重大成果。近年来中国成功应对了多起新突发传染病，包括2005年的人感染H5N1禽流感，2009年的H1N1流感大流行，2010年的发热伴血小板减少综合征，2013年的H7N9流感流行。（5）防治结核病。我国一致持续防治结核病，早在1937年，我国便成立了中华医学会结核病学分会。到20世纪60年代中期，北京、上海等大城市结核病患病率、死亡率已降至与日本同期相当。1981年之后，国家制定并实施全国结核病防治十年规划。技术进行促进了结核病的防治，我国在2005年启动了结核病管理信息系统。结核病的防治在政策层面得到不断推进，2011年国务院办公厅下发《全国结核病防治规划（2011—2015年）》；2013年，《结核病防治管理办法》由卫生部发布。（6）乙肝疫苗接种纳入国家免疫规划。中国是乙型肝炎高流行区之一，早在20世纪90年代初，田庚善教授、庄辉院士等领域内专家便强调乙肝疫苗接种的重要性。乙肝疫苗的接种在政策上得到不断支持，卫生部在1992年正式将乙肝疫苗接种纳入计划免疫管理，同时颁布了《全国乙肝疫苗免疫接种实施方案》。2002年，卫生部又将乙肝疫苗纳入国家免疫规划，提出为新生儿进行免费乙肝疫苗接种，并要求在新生儿出生24小时内进行乙肝疫苗的接种。2006年出生的孩子的HBsAg阳性率由1992年的9.67%减少到2005年的0.96%，减少了90%。2012年5月，达成了将5岁以下的孩子的HBsAg运载率控制在2%以下的目标，目标是到2017年将未满5岁的孩子的HBsAg运载率控制在1%以下。近年来，中国1~4岁儿童的HBsAg的阳性率为0.3%，比2006年低60%以上。（7）病毒性肝炎、肝病防治。甲型肝炎是甲型肝炎病毒感染引起的世界公共卫生问题。其有病率与社会、经济发展、生活习惯、健康状态和预防接种密切相关。1988年，上海发生了世界最大的A型肝炎，感染了 30 万人以上。随着中国经济的快速发展和人民生活状态的改善，中国大部分地区已由甲型肝炎的高发病率地区向中低地区变化。1992 年计划接种乙肝疫苗后，中国乙肝的发生率明显下降。根据 1992 年到 2014 年进行的三阶段国家调查，我国 1~29 岁人群的 HBsAg 阳性率从 10.1% 降至 2.6%。2014 年，第四次全国乙肝血清学调查显示，1~4 岁人群的 HBsAg 阳性率为 0.3%、5~14 岁人群的 HBsAg 阳性率为 0.9%，15~29 岁人群的 HBsAg 阳性率为 4.4%，情况得到持续好转。相信随着时间的推移，终将消灭乙肝病毒感染的发生[1]。(8) 防控流行性出血热。流行性出血热 20 世纪 80 年代在我国暴发流行，年发病人数达 10 万例以上，有超过 10% 的病死率。流行性出血热学组由中华医学会传染病与寄生虫病学分会成立，组织国内临床专家开展出血热临床诊断和治疗研究，并制定了我国《流行性出血热防治方案》。

（五）我国在寿命健康方面取得的成就。(1) 人均寿命提高。世界银行、世界卫生组织和中国财政部、国家卫计委、人社部"三方五家"发布的医改研究报告显示：中国人预期寿命增加 30 多年。而且，中国仅用发达国家的一半时间就完成了这个目标。中华人民共和国成立前，中国的平均寿命是 35 岁，可以说"70 年的生命很少见"。2015 年，中国居民的平均寿命达到 76.34 年。婴儿死亡率和母体死亡率显著减少，第十二个五年计划和联合国千年开发目标按计划进行。居民的综合健康水平处于中高收入国家的平均水平。而且，它为构建每一个回合都适度繁荣的社会打下了坚实的健康基础。根据"十三五"规划，我国人口的人均预期寿命到 2020 年将在 2015 年的基础上再提高 1 岁。(2) 老年疾病降低。据全国老龄办 2016 年发布的《第四次中国城乡老年人生活状况抽样调查成果》，我国城乡失能、半失能老年人口总量约为 4063 万，占老年人口的 18.3%。随着老龄化的发展，老年人的障碍主要是由心脏病、脑血管障碍、恶性肿瘤等慢性疾病引起的，慢性疾病的预防和管理尤其重要。国务院印发《国务院关于实施健康中国行动的意见》，其中提出要实施老年健康促进行动，明确了对个人、家庭、社会、政府各个方面的要求，行动意见要求降低 65~74 岁老年人失能发生

---

1 搜狐网：永不停歇的疫战：中国传染病防治70年 [EB/OL]（2019-09-24）[2020-04-24].https: // www.sohu.com/a/343154676_100194463.

率。将失能的发生尽可能延迟到生命的终末期,维持老年人的功能发挥,这也是世卫组织提倡的健康老龄化的一个指标。普及对老年人的饮食、运动、定期的身体检查、健康管理、精神保健、合理的药物使用知识,进行老年人的健康管理、疾病预防,以及老年人的康复训练等宣传活动和教育活动。(3)养老服务提升。目前我国在养老服务上取得的进展包括:推进养老服务发展的意见的国务院审议;留守老年人关爱服务制度的建立;《养老机构等级划分与评定》国家标准的联合发布;《老年人照料设施建筑设计标准》的修订;《建筑设计防火规范》的发布;养老院服务质量建设专项行动的深入开展;全国人大常委会对老年人权益保障法进行的修订养老机构设立许可的取消;基层医疗卫生服务网络功能的强化;家庭医生(团队)作用的发挥;老年人基本医疗和公共卫生服务的提供等方面。

六、国际组织关于卫生健康宣言等

世界卫生组织发布2019年全球卫生和健康面临的10项威胁,世界正面临多重健康挑战。空气污染和气候变化、慢性非传染性疾病、全球流感大流行、疲软和脆弱的环境、抗微生物药物耐药性、埃博拉和其他高危病原体、薄弱的初级卫生保健、疫苗犹豫、登革热等,正在威胁全球人类的卫生与健康。本部分内容通过梳理联合国大会、全球健康促进大会等会议及世界卫生组织、世界卫生组织和国际体育医学联合会等组织发布的关于健康、卫生、环保等方面的宣言、公约、倡议等,期冀能够引起对健康的重视和关注。

(一)《联合国全民健康覆盖高级别政治宣言》。第74届联合国大会"健康全覆盖"高级别会议23日在纽约举行,会议通过此级别上通过的一套最全面的健康承诺,政治宣言是各国领导人作出的将全民健康覆盖置于2030年可持续发展议程核心的历史性承诺。《政治宣言》确定了关键行动领域,以制定政治目标,指导实施工作,并加快行动实现全民健康覆盖。全民健康覆盖是一项政治选择,各国必须加强卫生人力和基础设施,以及治理能力,并将在2023年向联合国大会汇报其进展。(1)加快努力,争取到2030年实现全民健康覆盖,使人人在生命各阶段保持健康并增进福祉,为此再次强调我们决心。(2)立即采取步骤,解决全球短缺1800万卫生工作者的问题,并解决对卫生和社会部门的日益增长需求,这就意味着到 2030 年要创造 4000 万个卫生工作岗位。(3)确保不让任何一个人掉队,并优先努力帮助落在最后面的人,增强弱势或者处境脆弱人群的权能,满足他们的身心健康需求,其中包括儿童、青年、残疾人、艾滋病毒/艾滋病感染者、老年人、土著人、难民和境内流离失所者和移民[1]。

(二)《2030可持续发展中的健康促进上海宣言》。从 1986 年到 2016 年 30年间共举办了 9 届全球健康促进大会,第九届全球健康促进大会发表《2030可持续发展中的健康促进上海宣言》(简称《上海宣言》)。历次大会宣言代表全球在健康促进领域的最新进展和共识,分析挖掘这些资料对"健康中国战略"的实施具有重要的理论和现实意义。第九届全球健康促进大会于 2016 年 11 月 21日到 24 日在上海国际会议中心举办,围绕"可持续发展中的健康促进"主题进行深入讨论,共享发展成果与经验,正式提出健康和福祉在联合国 2030 年发展议程及其可持续发展目标中的核心位置[2]。《上海宣言》主要内容有以下六个方面。(1)健康和福祉对可持续发展是不可或缺的。健康作为一项普遍权利,是日常生活的基本资源,是所有国家共享的社会目标和政治优先策略。(2)将对所有可持续发展目标采取行动来促进健康。只有在实现所有可持续发展目标的过程中开展健康促进,让全社会参与健康发展的进程,才能实现所有年龄段人群的健康生活,增加健康福祉。(3)将为健康做出大胆的政治选择。解决不可接受的健康不公平不仅需要跨部门和跨地区的政治行动,还需要在全球范围开展联合行动。如果要做到"一个都不能少",就需要采取果断的行动,保护妇女、流动人口和越来越多受到人权和环境危机影响的人们的权利。(4)良好治理对健康至关重要。健康和社会公平政策将使整个社会受益,而治理中的失败往往会在全球和国家层面对健康行动造成不利影响。可持续发展目标间的互相依存性和普遍性决定了投资健康决定因素必将获得巨大收益。(5)城市和社区是实现健康的关键场所。人们每天生活、工作、休闲和购物的场所与健康息息相关。健康是任何城市实现可持续发展的最有效标志之一,健康使城市对全体居民而言更包容、更安全、更有

---

1 新华网.联合国大会"健康全覆盖"高级别会议通过政治宣言[EB/OL].(2019-09-24)[2019-09-24].http://www.xinhuanet.com/world/2019/09/24/c_1125035758.htm.

2 王虎峰.全球健康促进30年的共识与经验——基于全球健康促进大会宣言的文本分析[J].中国行政管理,2019(12):133-139.

活力。（6）健康素养促进赋权和公平。健康素养能够赋权于公民个体，并使他们能够参与到集体的健康促进行动中。决策者和投资者具有较高的健康素养水平，有利于他们采取影响力更大、协同效果更好、更有效的应对健康决定因素的行动。健康素养以包容地、公平地享有优质教育和终身学习为基础。健康素养是范围较广的技能和能力的综合体，人们需要首先通过学校课程，而后在整个生命周期内不断发展这类技能和能力。

（三）《为健康而运动倡议》。世界卫生组织和国际体育医学联合会关切地注意到全球约有一半人口缺少运动。因此，它们敦促各国政府将促进和加强体育运动和保持良好状态作为公共卫生政策的一部分，其主题为：（1）应当将天天运动作为健康生活方式的基础，体育运动应当重新安排成为每日生活不可缺少的一项内容。（2）为儿童和青少年提供运动设施，使他们每人都有机会参加有趣的运动，以便他们养成终生进行体育运动的习惯。（3）鼓励成年人逐渐增加习惯性的运动，每天至少进行 30 分钟一般强度的体育运动。（4）必须给妇女提供更多的机会并鼓励敦促她们参与到有益健康的锻炼当中。（5）应当鼓励老年人拥有积极运动的生活，以保持其行动上的独立自主，减少身体损伤的危险性，增加良好的营养，从而确立他们的社会角色并重建社会关系。（6）给残疾人或慢性病患者提供运动方面的建议并根据他们的需求提供适当的设施。（7）应当更广泛地宣传从任何年龄开始运动都会有益的观念，所谓"运动不分长幼先后"[1]。

（四）《国际卫生条例（2005）》。《国际卫生条例（2005）》（统称"IHR"）是一部具有普遍约束力的国际卫生法，是包括世卫组织所有会员国在内的 196 个国家达成的为实现全球卫生安全作出共同努力的一项协议，中华人民共和国是其缔约国[2]。1995 年世界卫生组织第 48 届世界卫生大会通过了关于对《国际卫生条例》的修订工作，以应对新发传染病的出现和国际传播。先后经过多次修订，最终在 200 年第 58 届世界卫生大会通过了 IHR 的修订，于 2007 年 6 月 15 日生效。《国际卫生条例》共分十编 66 条，即前言、定义、目的和范围、原则及负责当局；

---

[1] 关于《为健康而运动》的倡议[J].中华护理杂志，1996（3）：148.
[2] 世界卫生组织官网，关于《国际卫生条例》[EB/OL].[2020-04-21]. https：//www.who.int/ihr/about/zh/

信息和公共卫生应对；建议；入境口岸；公共卫生措施；卫生文件；收费；一般条款；MR 专家名册、突发事件委员会和审查委员会；最终条款。《国际卫生条例》还包括 9 个附件：监测和应对、出入境口岸的核心能力要求；评估和通报可能构成国际关注的突发公共卫生事件的决策文件；船舶免予卫生控制措施证书/船舶卫生控制措施证书示范格式；对交通工具和交通工具运营者的技术要求；针对媒介传播疾病的具体措施；疫苗接种、预防措施和相关证书；对于特殊疾病的疫苗接种或预防措施要求；航海健康申报单示范格式；航空器总申报单。

（五）《世界环境公约》。2018 年 5 月 10 日联合国大会通过决议，正式开启了《世界环境公约》的谈判进程。联合国官方发布的消息显示，该决议获得了 143 票支持，6 票反对（伊朗、菲律宾、俄罗斯联邦、叙利亚、土耳其、美国），6 票弃权（白俄罗斯、马来西亚、尼加拉瓜、尼日利亚、沙特阿拉伯、塔吉克斯坦）。《世界环境公约》的首创发起人是洛朗·法比尤斯。2017 年下半年提交给联合国的草案版本主要包括以下 26 条内容：享受健康生态环境的权利；养护环境的义务；将可持续发展纳入政策；代际公平；预防；谨慎原则；对环境的损害；谁污染谁付费；公众知情权；公众参与；获得环境司法保障的权利；教育和培训；研究和创新；非国家行为主体和国家内部机构扮演的角色；环境标准的有效性；复原能力；不倒退；合作；武装冲突；国情多样性；本公约实施的监督；秘书处；公约的签署、批准、接受、核准、加入；生效；退约；保存人。

（六）《国际环保公约》。臭氧层如果遭到严重的破坏，就会危害人类的健康，对农作物和生物资源也会产生破坏，导致气候产生变化。为了保护臭氧层，国际社会签订了一系列国际公约，如 1985 年 3 月通过、1988 年 9 月生效的《保护臭氧层维也纳公约》和 1987 年 9 月通过、1989 年 1 月生效的《关于消耗臭氧层物质的蒙特利尔议定书》及其修正案（1990 年和 1992 年两次修正）。规定发达国家于 1996 年、发展中国家于 2010 年逐步淘汰 40 多种受控物质（ODS）。国际环保公约由一系列国际公约组成，包括：与保护臭氧层有关的国际环保公约、《控制危险废物越境公约》《濒危野生动植物物种国际贸易公约》《生物多样性公约》《生物安全议定书》《卡特赫纳生物安全议定书》《联合国气候变化框架公约》[1]。

（七）《世界卫生组织烟草控制框架公约》。烟草是世界面临的最大公共卫生威胁之一，全球每年有将近 600 万人因烟草死亡。全球每年因非传染性疾病导致的死亡人数约 4100 万人，占全球死亡总数的 71%。其中，烟草的使用是引起非传染性疾病的主要原因之一。《世界卫生组织烟草控制框架公约》（简称 WHO FCTC）是在世界卫生组织主持下谈判制定的第一份有法律约束力的条约[2]。公约已获 180 个缔约方的批准，覆盖全球人口的 90%。其中包含六项成本效益较高的烟草控制策略，分别是监测烟草使用与预防政策（Monitor）；保护人们免受烟草烟雾危害（Protect）；提供戒烟帮助（Offer）；警示烟草危害（Warn）；确保禁止烟草广告、促销和赞助（Enforce）；提高烟税（Raise）。该公约的基本思路是通过采取综合性措施以减少烟草的需求和供应，从而实现控烟目标。减少需求方面包括价格、税收措施和非价格性措施；减少供应方面包括制止烟草制品非法贸易、向未成年人销售和由未成年人销售，支持烟草工人、种植者等进行切实可行的替代活动三个部分。此外，电子烟也是有危害的，也要引起重视。

（八）《保护世界文化和自然遗产公约》。联合国教育、科学及文化组织大会第十七届会议于 1972 年 11 月 16 日在巴黎通过《保护世界文化和自然遗产公约》，公约主要规定了文化遗产和自然遗产的定义，文化和自然遗产的国家保护和国际保护措施等条款。公约规定了各缔约国可自行确定本国领土内的文化和自然遗产，并向世界遗产委员会递交其遗产清单，由世界遗产大会审核和批准。凡是被列入世界文化和自然遗产的地点，都由其所在国家依法严格予以保护。目前《保护世界文化和自然遗产公约》是加入缔约国最多的国际公约之一，迄今共有 180 个国家和地区加入《保护世界文化和自然遗产公约》，成为缔约成员。中国于 1985 年加入《世界遗产公约》。截至 2019 年 7 月 10 日，世界遗产总数达 1121 项，分布在世界 167 个国家，世界文化与自然双重遗产 39 项，世界自然遗

---

1 百度百科，国际环保公约[EB/OL][2020-04-21]. https://baike.baidu.com/item/国际环保公约/9275439?fr=aladdin

2 世界卫生组织烟草控制框架公约官网[EB/OL].https://www.who.int/fctc/implementation/fctc2030/criteria/zh/

产 213 项，世界文化遗产 869 项[1]。中国拥有世界遗产 55 项，总数和意大利并列位居世界第一。

（九）《联合国海洋法公约》。《联合国海洋法公约》于 1982 年 12 月 10 日在牙买加的蒙特哥湾召开的第三次联合国海洋法会议最后会议上通过，1994 年生效，已获 150 多个国家批准。公约规定一国可对距其海岸线 200 海里（约 370 公里）的海域拥有经济专属权。在中文语境中，"海洋法公约"一般是指 1982 年的决议条文。此公约对内水、领海、临接海域、大陆架、专属经济区（亦称"排他性经济海域"，简称 EEZ）、公海等重要概念做了界定。对当前全球各处的领海主权争端、海上天然资源管理、污染处理等具有重要的指导和裁决作用。该公约共分 17 部分，连同 9 个附件共有 446 条。主要内容包括：领海、毗邻区、专属经济区、大陆架、用于国际航行的海峡、群岛国、岛屿制度、闭海或半闭海、内陆国出入海洋的权益和过境自由、国际海底以及海洋科学研究、海洋环境保护与安全、海洋技术的发展和转让等[2]。

（十）《里约环境与发展宣言》。该宣言是在 1992 年 6 月 14 日在巴西里约热内卢召开的联合国环境与发展大会上通过的，183 个国家、102 位国家元首和政府首脑、70 个国际组织就可持续发展的道路达成共识。主要内容是重申了斯德哥尔摩宣言，提出了 27 条指导环境政策的广泛原则[3]，即每一条原则的主题是人类的角色；国家主权；发展权；环境保护的发展进程、消除贫困、优先考虑最不发达国家；国家合作，以保护生态系统；减少不可持续的生产和消费模式；可持续发展建筑；公众参与；国家环境立法；支持和开放的国际经济体系；受害者提供污染和其他环境损害的赔偿；国家合作，以防止对环境的倾销；预防原则；国际化的环境成本；环境影响评估；自然灾害通报；事先和及时通知；妇女具有重大作用；青年动员；土著人民具有重大作用；压迫下的人民；战争；和平，发展和保护环境；解决环境争端；合作的国家和人民。此宣言的目的在于通过在国

---

1 新华网.第42届世界遗产大会闭幕 19处遗产地被列入世界遗产名录[EB/OL].（2018-07-14）[2020-04-23].http: //news.cnr.cn/native/gd/20180704/t20180704_524291425.shtml.
2 百度百科.联合国海洋法公约[EB/OL][2020-04-21].https: //baike.baidu.com/item/联合国海洋法公约
3 里约环境与发展宣言[J].环境保护，1992（8）：2-3.

家、社会重要部门和人民之间建立新水平的合作，建立新的和公平的全球伙伴关系，为签订尊重大家的利益和维护全球环境与发展体系完整的国际协定而努力，认识到我们的家园地球的大自然的完整性和互相依存性[1]。

七、健康旅游相关标准规范和技术

由于全球生态环境的日益恶化，保护环境、保障人类健康已受到全世界的关注，各类组织越来越重视自身活动、产品和服务对环境的影响。本部分内容主要从行业标准和国家标准进行内容的梳理，重点对《绿色旅游饭店》《住宿业卫生规范》等内容的制定目标、主要内容及相关术语进行说明和介绍，以期为旅游行业经营者提供行业指南。

（一）《绿色旅游饭店》（LB/T007—2006）行业标准。经原国家旅游局批准，《绿色旅游饭店》为旅游行业标准，编号为LB/T 007—2006，从2006年3月23日起实施。本标准专为创建绿色旅游饭店、实施环境管理提供指导，并对创建绿色旅游饭店、实施和加强环境管理提供切实可行的建议。由于环境保护技术的发展、对环境问题研究的深入以及饭店环境管理水平的提高和环境绩效的改善，本标准将根据实际情况不断修订和完善。本标准的制定主要参考版本为浙江省地方标准《绿色饭店》（DB33/T 326—2001）。本标准规定了创建绿色旅游饭店、实施和改进环境管理的要求。本标准适用于任何要求创建绿色旅游饭店、实施和改进环境管理的旅游饭店。《绿色旅游饭店》（LB/T 007—2006）行业标准主要包括以下13方面的内容，即范围、规范性引用文件、定义（绿色旅游饭店、清洁生产、绿色设计、绿色消费、绿色客房、绿色食品、有机食品、环境标志、绿色照明、绿色服务、环境方针、环境绩效）、基本原则、管理的基本要求、绿色旅游饭店等级与划分（绿色旅游饭店分金叶级和银叶级两个等级）、绿色设计、能源管理、环境保护、降低物资消耗、提供绿色产品与服务、社会环境经济效益、绿色旅游饭店的评定，以及附录A绿色旅游饭店评定申请材料和附录B绿色旅

---

1 百度百科，里约环境与发展宣言[EB/OL][2020-04-21]. https: //baike.baidu.com/item/里约环境与发展宣言.

游饭店评定细则。其中，共使用以下12个术语。(1)绿色旅游饭店指的是以可持续发展为理念，坚持清洁生产、倡导绿色消费，保护生态环境和合理使用资源的饭店。(2)清洁生产指的是清洁生产是指不断采取改进设计、使用清洁的能源和原料、采用进行的工艺技术与设备、改善管理、综合利用等措施，从源头消减污染，提高资源利用效率，减少或者避免生产、服务和产品使用过程中污染物的产生和排放，以减轻或消除对人类健康和环境的危害。(3)绿色设计是指在设计阶段就将环境因素和预防污染的措施纳入产品设计之中，将环境性能作为产品的设计目标和出发点，力求使产品对环境的影响最小。在饭店设计中表现为饭店在建筑设计、室内设计和设施配置等方面充分考虑能源节约和生态环境保护，采用先进的技术和材料，使饭店符合绿色旅游饭店的相应标准。(4)绿色消费指人们在购买物品和消费时，关注商品在生产、使用和废弃后对环境的影响问题，并在消费过程中关注环境保护的问题。(5)绿色客房指无建筑、装修、噪声污染，室内环境符合人体健康要求的客房；客房内所有物品、用具及对它们的使用都符合环保要求。(6)绿色食品指遵循可持续发展原则，按照特定的生产方式，经专门机构评定，许可使用绿色食品标志商标的无污染的安全、优质、营养类食品。(7)有机食品是指根据有机农业和有机食品生产、加工标准而生产出来的，经有机食品颁证组织颁发证书的食品。(8)环境标志是所在或贴在产品或其包装上宣传环境品质或特征的用语或象征符号。环境标志标明产品从生产、使用以及回收处置的整个过程符合环保要求，对生态环境无害或损害极小，有利于资源再生和回收利用。(9)绿色照明指的是安全、高效、紧凑型的以节电、保护环境为原则而设计的科学、有益健康的照明器具。(10)绿色服务是指在服务过程中使用环保型的设施、设备、用具，并倡导绿色消费的服务。(11)环境方针指的是组织对其全部环境表现的意图与原则的陈述，它为组织行为及环境目标和指标的建立提供了一个框架。(12)环境绩效指的是组织基于其环境方针、目标和指标，对其环境问题进行控制所取得的可测量的管理结果。

(二)《住宿业卫生规范》。为加强住宿场所卫生管理，规范经营行为，防止传染病传播与流行，保障人体健康，依据《中华人民共和国传染病防治法》《公共场所卫生管理条例》《突发公共卫生事件应急条例》《艾滋病防治条例》《化妆品卫生监督条例》等法律、法规，制定本规范，本规范自2007年6月25日起执行。本规范适用于中华人民共和国境内一切从事经营服务的住宿场所。本规范共五章36条。即总则（依据、适用范围、用语含义）、场所卫生要求（选址、设计及竣工验收；场所设置与布局；客房；清洗消毒专间；储藏间；工作车；公共浴室；公共卫生间；洗衣房；给排水设施；通风设施；采光照明；预防控制病媒生物设施；废弃物存放设施）、卫生操作要求（操作规程、公共用品用具采购、公共用品用具储藏、公共用品用具清洗消毒、客房服务、公共卫生间清洁；通风）、卫生管理（卫生管理组织、卫生管理工作职责、卫生管理制度、证照管理、档案管理、传染病和健康危害事故报告、环境卫生管理、食品经营项目）、人员卫生（健康管理、卫生知识培训、个人卫生）要求。其中，重要的基本术语主要有以下内容。住宿场所，是指向消费者提供住宿及相关综合性服务的场所，如宾馆、饭店、旅馆、旅店、招待所、度假村等；集中空调通风系统，是指为使房间或封闭空间空气温度、湿度、洁净度和气流速度等参数达到设定要求而对空气进行集中处理、输送、分配的所有设备、管道及附件、仪器仪表的总和。健康危害事故，是指住宿场所内发生的因空气质量、水质不符合卫生标准、用品用具或设施受到污染导致的群体性健康损害事故。

（三）《餐饮服务食品安全监督管理办法》。为加强餐饮服务监督管理，保障餐饮服务环节食品安全，根据《中华人民共和国食品安全法》（以下简称《食品安全法》）《中华人民共和国食品安全法实施条例》（以下简称《食品安全法实施条例》），制定本办法。《餐饮服务食品安全监督管理办法》是2010年3月4日卫生部发布的部门规章，共计六章53条，本办法自2010年5月1日起施行，卫生部2000年1月16日发布的《餐饮业食品卫生管理办法》同时废止。在中华人民共和国境内从事餐饮服务的单位和个人（以下简称餐饮服务提供者）应当遵守本办法。国家食品药品监督管理局主管全国餐饮服务监督管理工作，地方各级食品药品监督管理部门负责本行政区域内的餐饮服务监督管理工作。《餐饮服务食品安全监督管理办法》主要包括餐饮服务基本要求、食品安全事故处理、监督管理、监督管理等内容。省、自治区、直辖市食品药品监督管理部门可以结合本地实际情况，根据本办法的规定制定实施细则。国境口岸范围内的餐饮服务活动的监督管理由出入境检验检疫机构依照《食品安全法》和《中华人民共和国国境卫生检疫法》以及相关行政法规的规定实施。水上运营的餐饮服务提供者的食品安全管理，其始发地、经停地或者到达地的食品药品监督管理部门均有权进行检查监督。铁路运营中餐饮服务监督管理参照本办法。

（四）《网络餐饮服务食品安全监督管理办法》。为加强网络餐饮服务食品安全监督管理，规范网络餐饮服务经营行为，保证餐饮食品安全，保障公众身体健康，2017年9月5日，食品药品监管总局局务会议审议通过《网络餐饮服务食品安全监督管理办法》（以下简称《办法》），11月6日食品药品监管总局局长签署第36号令并公布，自2018年1月1日起施行。《办法》共46条，主要有以下几个方面的内容：（1）明确"线上线下一致"原则。《办法》规定，入网餐饮服务提供者应当具有实体经营门店并依法取得食品经营许可证，并按照食品经营许可证载明的主体业态、经营项目从事经营活动，不得超范围经营。网络销售的餐饮食品应当与实体店销售的餐饮食品质量安全保持一致。县级以上地方食品药品监督管理部门查处的入网餐饮服务提供者有严重违法行为的，应当通知网络餐饮服务第三方平台提供者，要求其立即停止对入网餐饮服务提供者提供网络交易平台服务。（2）明确平台和入网餐饮服务提供者义务。《办法》规定，网络餐饮服务第三方平台提供者需要履行建立食品安全相关制度、设置专门的食品安全管理机构、配备专职食品安全管理人员、审查登记并公示入网餐饮服务提供者的许可信息、如实记录网络订餐的订单信息、对入网餐饮服务提供者的经营行为进行抽查和监测等义务；入网餐饮服务提供者需要履行公示信息、制定和实施原料控制、严格加工过程控制、定期维护设施设备等义务。（3）明确送餐人员和送餐过程要求。《办法》规定，送餐人员应当保持个人卫生，使用安全、无害的配送容器，保证配送过程食品不受污染。送餐单位要加强对送餐人员的培训和管理。配送有保鲜、保温、冷藏或冷冻等特殊要求食品的，要采取能保证食品安全的保存、配送措施。（4）明确开展网络餐饮服务食品安全监测。《办法》规定，国家食品药品监督管理总局负责指导全国网络餐饮服务食品安全监督管理工作，并组织开展网络餐饮服务食品安全监测。国家食品药品监督管理总局组织监测发现网络餐饮服务第三方平台提供者和入网餐饮服务提供者存在违法行为的，通知有关省级食品药品监督管理部门依法组织查处。（5）明确与地方性法规和其他规章的衔接。《办法》规定，省、自治区、直辖市的地方性法规和政府规章对小餐饮网络经营作出规定的，按照其规定执行。《办法》对网络餐饮服务食品安全违法行为的查处未作规定的，按照《网络食品安全违法行为查处办法》执行。

（五）《国家康养旅游示范基地标准》（LB/T 051—2016）行业标准。为了满足人们对健康幸福生活的追求，引导推动旅游和健康服务业的融合发展，丰富康养旅游内容，促进旅游业转型升级，改善旅游休闲环境，打造一批产业要素齐全、产业链条完备、公共服务完善的综合性康养旅游目的地，特制定行业标准《国家康养旅游示范基地标准》（LB/T 051—2016）。经原国家旅游局批准，《国家康养旅游示范基地标准》为旅游行业标准，从2016年1月5日起实施。本标准规定了康养旅游基地建设的必备条件、基本要求。本标准适用于全国范围内的康养旅游基地的建设。此标准包括以下7方面内容，即范围、规范性引用文件、术语和定义（康养旅游、康养旅游核心区、康养旅游依托区）、必备条件、基本要求（环境、旅游经济水平、无障碍设施、产业联动与融合、旅游服务管理）、康养旅游核心区基本要求（资源与环境、产品和服务、服务质量）康养旅游依托区基本要求（旅游接待设施与服务、公共服务）。其中，康养旅游指通过养颜健体、营养膳食、修身养性、关爱环境等各种手段，使人在身体、心智和精神上都达到自然和谐的优良状态的各种旅游活动的总和；康养旅游核心区指一个或者几个特色明显的、有一定规模和体量的康养旅游实体组成的区域；康养旅游依托区指康养旅游核心区所在的具有国家行政建制设立的中心县或城市建成区。依托区应具有旅游功能要素和主要吸引物，是实现健康、养生、旅游等产业融合的实验区域，也是核心区发展的基础设施和管理服务的支撑区域。

（六）《国家绿色旅游示范基地标准》（LB/T 048—2016）行业标准。为提升生态型旅游区的旅游公共服务水平，推动旅游区转型升级，打造一批产业要素齐全、产业链条完备、旅游环境舒适、在国内外具有影响力的综合性生态旅游目的地，特制定行业标准《国家绿色旅游示范基地标准》（LB/T 048—2016）。经国家旅游局批准，《国家康养旅游示范基地标准》为旅游行业标准，从2016年1月5日起实施。本标准规定了国家绿色旅游示范基地建设与管理的基本要求。本标准适用于全国范围内的国家绿色旅游示范基地的建设与管理。本标准包括以下5方面内容，即范围、规范性引用文件、术语和定义（绿色旅游、绿色旅游基地核心区、绿色旅游基地依托区、旅游廊道）、必备条件（空间要素组成和范围、旅游经济水平、生态环境条件）、一般要求（基地依托区、旅游交通服务、旅游安全保障服务、信息和咨询服务、便民惠民服务、质量管理服务）。绿色旅游指的是以保护环境、维护生态平衡为前提，亲近自然山水，获得身心愉悦的旅游活动方式；绿色旅游基地核心区指的是为游客提供游览观光、休闲度假、探险科普等旅游服务的自然生态类国家级旅游区。绿色旅游基地依托区指的是能够为绿色旅游基地核心区提供综合配套服务支撑，且旅游要素齐备、旅游产业链条完整，行政边界明确的外围区域；旅游廊道指的是以旅游交通通道串联旅游吸引物，旅游公共服务完善，旅游接待设施健全，可供观赏游憩的带状空间。

（七）《国家蓝色旅游示范基地标准》（LB/T 049—2016）行业标准。为体现开放共享的发展理念，进一步开发海洋、海滨、海岛旅游资源，打造一批产业要素齐全、产业链条完备、旅游环境舒适、旅游休闲功能突出、公共服务发达，在国内外具有影响力的示范性、综合性海洋旅游目的地，特制定行业标准《国家蓝色旅游示范基地标准》（LB/T 049—2016）。经国家旅游局批准，《国家康养旅游示范基地标准》为旅游行业标准，从2016年1月5日起实施。本标准规定了国家蓝色旅游示范基地建设与管理的基本要求。本标准适用于全国范围内的国家蓝色旅游示范基地的建设与管理。本标准包括以下5方面内容，即范围、规范性引用文件、术语和定义（蓝色旅游、蓝色旅游基地核心区、蓝色旅游基地依托区）、必备条件（空间要素组成和范围、旅游经济水平、生态环境条件）、一般要求（海洋旅游产品、基地依托区、旅游交通服务、旅游安全保障服务、信息咨询服务、便民惠民服务、质量管理服务）。其中，蓝色旅游也称"海洋旅游"，是以海洋为场所，以观光游览、休闲度假、康体疗养、运动探险为主要目的的度假旅游，一般包括海滨（海岸沙滩）旅游、海上旅游、海底旅游、海岛旅游等几大类；蓝色旅游基地核心区指的是为游客提供观光游览、休闲度假、康体疗养、运动探险等服务的海洋类国家级旅游区；蓝色旅游基地依托区指的是能够为蓝色旅游基地核心区提供综合配套服务支撑，且旅游要素齐备、旅游产业链条完整、行政边界明确的外围区域。

（八）《山岳型旅游景区清洁服务规范》（GB/T 31706—2015）。国家质量监督检验检疫总局、国家标准化管理委员会联合颁布了2015年第19号《中华人民共和国国家标准公告》，批准国家标准《山岳型旅游景区清洁服务规范》（以下称《规范》）于2016年1月1日正式实施。《规范》是黄山风景区承担主编工作的第一个国家标准。该标准充分考虑国内大多数山岳型旅游景区清洁服务管理现状和模式，根据山岳型旅游景区清洁服务的特殊性，进一步对山岳型旅游景区清洁作业时人身安全、作业用设备安全及作业中植被保护要求等内容进行了规范。本标准规定了山岳型旅游景区清洁服务的分类、质量要求、清洁作业要求和评价与改进。本标准适用于山岳型旅游景区游道、游客集散中心、旅游厕所等公共区域的清洁服务。该标准的发布实施不仅适应了新形势下景区旅游业发展的需要，同时也为国内山岳型旅游景区改进清洁服务流程，提高清洁服务质量，提升景区游览舒适度和旅游形象具有重要的指导意义。

（九）《旅游购物场所服务质量要求》（GB/T 26356—2010）。本标准由国家旅游局提出，标准发布日期 2011 年 1 月 4 日，实施日期 2011 年 6 月 1 日。本标准规定了旅游购物场所服务质量要求以及旅游购物场所等级划分评定的依据和条件。本标准适用于各类从事旅游商品购物经营的场所。旅游购物是旅游六大基本要素的重要内容，对旅游业发展具有不容忽视的作用。对旅游购物场所进行标准化管理有利于完善旅游购物场所各项配备，提高旅游购物服务水平，规范旅游购物市场秩序，合理引导旅游消费，增强购物收入在旅游总效益中的比重和地位。本标准主要包括术语和定义（旅游商品、旅游购物、旅游购物场所）、旅游购物场所的等级划分与依据（旅游购物场所划分为两个等级，从低到高依次为旅游购物推荐点和旅游购物示范点；等级划分以旅游购物场所总体布局、服务设施、服务质量、安全管理、商品要求等为依据）、基本要求（旅游购物场所基本要求可概括为设施齐备、服务规范、安全有序、卫生良好、特色鲜明）、等级的划分条件（旅游购物推荐点、旅游购物示范点）、旅游商品要求（旅游商品价格、旅游商品种类、旅游商品包装）、安全管理要求（安全设施、安全制度）。其中，旅游商品指的是旅游者在旅游过程中所购买的、具有一定特色的实物性商品。旅游购物指的是旅游过程中购买旅游商品的经济文化行为及与此相关的行为总和。旅游购物场所指的是主要为团队旅游者购物提供服务的场所。

（十）《旅游娱乐场所基础设施管理及服务规范》（GB/T 26353—2010）。本标准由国家旅游局提出，标准发布日期 2011 年 1 月 4 日，实施日期 2011 年 6 月 1 日。本标准的制定旨在保障旅游者在旅游娱乐场所的安全和合法权益，满足其娱乐要求，促进旅游娱乐场所的管理和服务水平的提高。本标准在总结、借鉴了国内外有关资料和技术规范的基础上，根据国家有关法律法规和旅游部门的规章，并参照了有关国家标准的要求而制定。本标准规定了旅游娱乐场所的设施、安全、信息、服务和应急等的管理要求。本标准适用于接待旅游者的各类旅游娱乐场所。本标准主要包含术语和定义（旅游娱乐场所、旅游娱乐场所、突发事件）、设施管理要求（设施的基本配置要求、设施的运营要求）、服务管理要求（服务岗位要求、服务人员要求、服务流程要求）、安全管理要求（安全管理机构、安全管理制度、安全检查）等内容。其中，旅游娱乐场所指的是旅游企业为旅游者提供公开旅游娱乐体验的合法经营场所；大型旅游娱乐活动指的是法人或者其他组织在旅游区域内面向社会公众举办的每场次预计参加人数达到1000人以上的体验各类娱乐项目的活动；突然发生指的是造成或者可能造成严重社会危害，需要采取应急处置措施予以应对的自然灾害、事故灾难、公共卫生事件和社会安全事件。

八、中医抗疫优势和古代防疫智慧

在新冠肺炎疫情期间，中医药发挥重要的作用，为抗击疫情做出重要的贡献。此外，中国自古以来就是一个勇于并善于抗击疫情的国度，数千年来，无数次与传染病抗争。中国古人没有现代医学知识，没有消毒水，没有防护服，甚至没有口罩。防疫任务十分艰巨，在医学技术有限的情况下，中国古代防疫经验彰显中华文明的智慧。在中国历次疫病的防治过程中，中医药已经形成了一整套系统且独特的理论和实践体系。本部分重点梳理中医抗击疫情的特点和优势、抗击疫情的"三药三方"、中医养生提升身体免疫力、中医心理疗法助力心理康复、古代中医防疫做法等内容。

（一）中医抗击疫情的特点和优势。中医治疗注重调节机体平衡，提高自身免疫力，对抗"疫戾"之气，从而阻断病情进展，大大降低了重症转化率、病亡率。中医药在这次抗击疫情中的参与面是近现代史以来最广的一次，在全国31个省级区划（除了西藏之外）都有覆盖，中医药全程参与了疾病的预防、治疗和康复全过程。中医药在疫情防控中发挥的作用主要有三个方面。（1）改善疾病的初期症状。尤其是针对密切接触者或者有发热现象但是尚未确诊患者，使用中医药可以降低群体的发病率。在抗疫治疗中，全国中医药使用率超过90%，方舱医院中医药使用率超过99%；中西医结合治疗效果明显优于单纯西药治疗，核酸转阴时间、住院时间平均缩短3天。（2）减少轻症向重症的转变，中西医结合缩短病程。据国家中医药管理局消息，通过在武汉市金银潭医院、湖北省中西医结合医院、雷神山医院和方舱医院、隔离点建立中医药临床救治研究基地，开展有效方药筛选和相关基础研究，证实清肺排毒汤、化湿败毒方、宣肺败毒方、金花清感颗粒、连花清瘟胶囊、血必净注射液3个中药方剂和3种中成药对新冠肺炎有明显疗效。3月3日，国家卫健委、国家中医药管理局印发《新型冠状病毒肺炎诊疗方案（试行第七版）》。通知要求，有关医疗机构要在医疗救治工作中积极发挥中医药作用，加强中西医结合，完善中西医联合会诊制度，促进医疗救治取得良好效果。中医药在抗击疫期间的应用，除了汤药之外，包括针刺、艾灸、拔罐、按摩、功法、五行音乐疗法等多种方法都得到了患者的好评。全国各地防控中，均将中医灸法纳入到防疫方案中。（3）中医还可以帮助患者康复，提高生活质量。对于一些治愈患者出现的乏力、不想吃饭、心慌、气短、失眠、抑郁等症状，在第七版国家诊疗方案和中医康复指导建议（试行）里具体介绍了很多中医药方法。少数人可通过辨证论治药物治疗，加强炎症吸收，大部分人只需运用中医特色技术、中医调理进行干预，如中医饮食调理、中医五行音乐疗法、针灸、拔罐、刮痧、耳豆、穴位按摩，以及中医功法太极拳、八段锦、六字诀、康复操等，都有利于病人舒缓情志、增强体质，尽快提高生活质量，恢复到患病前的健康状态。此外，中医药抗疫经验走出国门，迈向国际战场，中医药已在全球抗疫中发挥效用。中国医疗专家驰援意大利、伊拉克等国家，就带去了中药连花清瘟和金花清感，成为首次公开参与海外抗疫的两款中药产品[1]。此外，根据湖北省卫健委提供的药方生产的"新冠肺炎湖北预防方颗粒"已出口到荷兰和意大利，并在当地证明有疗效。在推进中医学走出国门走向世界的过程中，要坚持中西医并重，取长补短。大力弘扬中医药文化，坚定文化自信；推动中医中药国际标准制定及参与国际医学相关规定，使得中医药为构建人类命运共同体发挥更大的作用。

---

1 陈曦. 以疗效为支点，中医药抗疫经验走向国际战场[N]. 科技日报，2020-03-19（001）.

（二）抗击疫情的"三药三方"。中医药在抗击疫情中发挥重要的作用，疫情抗击中总结出来的"三药三方"积累了宝贵的经验。"三药"指的是金花清感颗粒、连花清瘟颗粒和胶囊、血必净注射液。（1）金花清感颗粒。金花清感颗粒是2009年在抗击甲型H1N1流感中研发的中成药，主要成分由以下12味药组成：金银花、石膏、麻黄、苦杏仁、黄芩、连翘、浙贝母、知母、牛蒡子、青蒿、薄荷、甘草。金花清感颗粒主要针对治疗新冠肺炎轻型、普通型患者疗效显著，主要功效为疏风宣肺、清热解毒，能够缩短发热的时间，提高淋巴细胞、白细胞的复常率，改善相关的免疫学指标。（2）连花清瘟颗粒和胶囊。主要适用于新冠肺炎轻型和普通型患者，其主要构成成分来源于麻杏石甘汤和银翘散。主要成分由连翘、金银花、炙麻黄、绵马贯众、板蓝根、石膏、薄荷脑、广藿香、红景天、鱼腥草、大黄、炒苦杏仁、甘草13味药物组成。主要功效为清瘟解毒、宣肺泄热。能够使得发热、咳嗽、乏力等症状消失，减少向重症转化的概率。（3）血必净注射液。血必净注射液是2003年"非典"期间研发上市的中成药，国家药品监督管理局经过严格程序的认真审评，批准血必净新增适应症"可用于新型冠状病毒肺炎重型、危重型的全身炎症反应综合征或/和多脏器功能衰减"。主要成分是由以下5味中药提取物组成的，分别为红花、赤芍、川芎、丹参、当归。主要功效为化瘀解毒，治疗脓毒症。通过临床研究发现，血必清注射液通过与西医药结合，可以减少重症、危重症患者的发展，提高治愈出院率。常规治疗结合血必净注射液，对抑制新冠肺炎重症病人炎症反应有效率达91%。"三方"是指清肺排毒汤、化湿败毒方、宣肺败毒方三个方剂。（4）清肺排毒汤。清肺排毒汤来源于《伤寒论》中记录的五个经典方剂融合组成的，主要成分由以下21味中药组成：麻黄、炙甘草、杏仁、生石膏、桂枝、泽泻、猪苓、白术、茯苓、柴胡、黄芩、姜半夏、生姜、紫菀、冬花、射干、细辛、山药、枳实、陈皮、藿香。《新型冠状病毒肺炎诊疗方案（试行第七版）》提出清肺排毒汤的适用范围，结合多地医生临床观察，适用于轻型、普通型、重型患者，在危重型患者救治中可结合患者实际情况合理使用。可以改善发热、咳嗽、乏力等症状，见效较快且明显，有效促进重症患者肺影像学改善、肺部病灶吸收。（5）化湿败毒方。化湿败毒方是《新型冠状病毒肺炎诊疗方案（试行第七版）》重型疫毒闭肺证的重点推荐方剂，疫毒闭肺证临床表现是发热面红、咳嗽、或痰中带血、喘憋气促、疲乏倦怠，恶心不食，大便不畅，小便短赤。舌红，苔黄腻，脉滑数。主要成分由以下14味中药组成：生麻黄、藿香、生石膏、杏仁、法半夏、厚朴、苍术、草果、茯苓、生黄芪、赤芍、葶苈子、生大黄、甘草。化湿败毒方主要适用于新冠肺炎轻型、普通型和重症患者的治疗。化湿败毒方的主要功效为解毒化湿、清热平喘。可明显缩短核酸转阴时间、平均住院天数，明显改善临床症状、促进理化检查及肺CT好转。（6）宣肺败毒方。此方是从经典的伤寒论（麻杏石甘汤、麻薏杏甘汤）、金匮要略（葶苈大枣泻肺汤）及孙思邈的备急千金要方（千金苇茎汤）等四方，挑选其中的重要药材，主要成分由生麻黄、苦杏仁、生石膏、生薏苡仁、茅苍术、广藿香、青蒿草、虎杖、马鞭草、干茅根、葶苈子、化橘红、生甘草13味中药组成。宣肺败毒方主要适用于新冠肺炎轻型、普通型患者的治疗。主要功效为宣肺化湿、清热透邪、泄肺解毒。能缩短临床症状消失时间、体温复常时间、平均住院天数等，能在一定程度上阻断轻型、普通型转重型[1]。此外，《新型冠状病毒肺炎诊疗方案（试行第七版）》中提到的针对内闭外脱证，推荐中成药血必净注射液、热毒宁注射液、痰热清注射液、醒脑静注射液、参附注射液、生脉注射液、参麦注射液。功效相近的药物根据个体情况可选择一种，也可根据临床症状联合使用两种。中药注射剂可与中药汤剂联合使用。

（三）中医养生提升身体免疫力。国家卫生健康委、民政部、国家医疗保障局、国家中医药管理局于2020年5月13日出台的《新冠肺炎出院患者主要功能障碍康复治疗方案》中提到了中医康复治疗中医适宜技术的主要做法，艾灸疗法、穴位按摩、拔罐疗法、耳穴按摩和压豆等方法。中国工程院院士张伯礼曾说："中医主要是针对病人的病情症状进行对症治疗，其实质上是通过调节病人自身的身体机能，来提高人体的免疫力，再跟病毒进行斗争。"除了上述提到的在疫情中发挥重要作用的"三药三方"，传统中医（比如艾灸）还有一些做法对提升自身免疫力有一定的帮助。新型冠状病毒肺炎属于"寒湿（瘟）疫"，艾灸神阙穴、关元穴、足三里穴等，都可以达到温阳散寒祛湿，提高身体机能的免疫力。但是在大饱、大饥、大渴、大怒等情况下不适合做艾灸。另外，通过开水泡

---

[1] 喻京英，人民日报海外版.抗疫中的中医药"三药三方"[EB/OL].（2020-04-17）[2020-04-23]. http://cnews.chinadaily.com.cn/a/202004/17/WS5e991058a310c00b73c77ae3.html.

艾叶泡脚，也有祛湿寒的作用。中医有句名言：正气存内，邪不可干。要顺应四季变化增减衣服，调节情绪等，即要扶正气、平阴阳、调脏腑；饮食有节、起居有常、运动有度、情志有衡[1]。

（四）中医心理疗法助力心理康复。新冠肺炎疫情期间，中医心理疗法也发挥重要的作用，帮助人们来缓解疫情带来的不良的情绪状态、精神状态等。（1）传统中医养生导引术——六字诀。以中医的阴阳、脏象、经络等理论为基础，运用呼吸吐纳配合默念"嘘""呵""呼""呬""吹""嘻"字音，起到强壮脏腑、祛除病邪的作用[2]。发"嘘"声可以吐出肝上的毒气；发"呵"声可以吐出心上的毒气；发"呼"声可以吐出脾上的毒气；发"呬"声可以吐出肺上的毒气；发"吹"声可以吐出肾上的毒气；发"嘻"声可以吐出三焦的毒气。（2）中医的八段锦。八段锦最初是医护人员带领病人在方舱医院做的运动，八段锦功法是一套独立而完整的健身功法，具有调整脏腑功能，畅达经络气血，宣肺透邪、健脾除湿作用，在当前新冠病毒肺炎疫情流行期间，可以有效改善寒湿闭阻肺脾的身体状态，缓解焦虑情绪，有效调节身体免疫力。国家卫生健康委、国家中医药管理局联合印发了《新型冠状病毒肺炎恢复期中医康复指导建议（试行）》（以下简称《建议》）。《建议》指出新冠肺炎轻型及普通型患者出院后，可采取多种功法；重型或危重型患者出院后，根据自身恢复情况选择适当的传统功法。其中，推荐的传统功法中就包括八段锦。建议练习时间 10~15 分钟左右，建议每天 1~2 次，按照个人体质状况，以能承受为宜[3]。（3）情志疗法。中医情志疗法最早见于《黄帝内经》，是一种运用中医学理论，通过语言或非语言因素，对患者进行训练、教育和治疗，用以减轻或消除疾病或其他因素导致的情绪不畅或因情志不畅日久而产生的身体不适，从而达到治疗疾病的目的。根据《素问·五运行大论》中提到的"怒伤肝，悲胜怒；喜伤心，思伤脾，怒胜思；忧伤肺，喜胜忧；恐伤肾，思胜恐。"情志相胜法借用五行相生相克原理实施，相克即为：怒克思、思克恐、

---

1 王新陆.智慧中医养生固本 提升免疫健康人生[EB/OL].（2020-05-07）[2020-05-07].http：//www.xinhuanet.com/food/2020-05/07/c_1125951114.htm.

2 王健.让中医心理诊疗"根深"且"叶茂"[N]. 健康报, 2020-04-24（006）.

3 国家中医药管理局.【抗疫科普】八段锦与您共同战"疫"[EB/OL].（2020-02-25）[2020-05-07] http：//www.satcm.gov.cn/hudongjiaoliu/guanfangweixin/2020-02-25/13388.html.

恐克喜、喜克悲、悲克怒。针对感染患者的恐慌、焦虑心理，可融入中医情志疗法，主要包括情志相胜法、移情易性法、中医认知疗法、中医行为疗法、五行音乐疗法等[1]。此外，还有宣泄疗法、认知疗法、气功疗法等。

（五）中国古代防疫智慧。主要从环境卫生、饮食、药物、人体健康、接种免疫、隔离等方面来梳理古人防疫的做法和智慧。（1）环境与卫生方面。我国从商代开始就已经有清扫卫生的习惯，至少在汉代，城市中就有了专门从事清洁卫生的职业人员。在保持城市环境卫生、减少传染病发生方面，发挥重要的作用。个人饮食卫生方面，古代人就很讲究，比如沐浴、更衣等。（2）饮食方面。中国古代就已经知道"病从口入"的道理，在日常生活中很讲究饮食的卫生。中国人民历来就有不喝生水的习惯，不喝生水对于防止传染病具有重要的意义。在食品卫生方面，古人很重视保持食物的清洁、新鲜。如《论语·乡党》中说："鱼馁而肉败不食，色恶不食，臭恶不食；祭肉不三日，出三日，不食之矣。"这就已经表明古代人们已经重视饮食卫生的重要性，并且认识到饮食不干净是很多疾病产生的重要原因之一。（3）药物方面。古代医学家一直在寻求药物来预防传染病，尤其是以孙思邈为代表的《千金药方》中提到的将雄黄丸、赤散、太乙流金散、雄黄散等分别采用把药置于囊中或随身佩带，可以达到预防传染病的功效。还有滑寿提到的消毒保婴丹，代天宣化丸等药物也可以达到预防传染病的作用。（4）人体健康方面。在"正气存内，邪不可干"的思想指导下，古人重视内求，认为正为本，在预防传染病方面强调要保护和增强人体的正气。预防感染，首重扶正。正旺则邪不能侵。要注意顺应自然规律，增减衣服，同时生活要有规律，防止过度疲劳，要保持愉悦的心情。（5）接种免疫方面。古代在《杭州府志》中就记载了清朝李氏的《免疫类方》，接种免疫是预防传染病主要的方法之一。人痘接种术对世界医学做出重要的贡献，被认为是近代免疫学的开端。（6）隔离方面。在古代经书、史书、小说、笔记、地方志等文献之中，"隔离"是古代人已经发现并且意识到的最佳的预防疫病的基本方法[2]。中国古代很早就认识到许多疾

---

1 蒋凡，彭家玺，袁成凯，杨思敏，鲁熹，李明静，罗玲.中医情志疗法防治新型冠状病毒肺炎[J/OL].中医学报：1-7[2020-05-07].http：//kns.cnki.net/kcms/detail/41.1411.R.20200226.1618.004.html.
2 陈忠海.古代防疫中的隔离治疗[J].中国发展观察，2020（Z3）：127-128+105.

病的传染性,至少到晋朝时,朝廷已经有了更详细的隔离制度。当时的隔离制度非常严格,大臣中若有感染人数超过3人,即便大臣没有被传染,也要在家隔离至少100天,南北朝时期的专门的隔离机构"六疾馆"均是古代隔离制度的显现。

(六)古代中医防疫做法。古代中医预防瘟疫主要讲到要正气强盛。也就是要增强抵抗力和免疫力。提倡要减少精神压力,减少体力消耗,减少外出,增加新鲜蔬菜和水果的摄入。要调阴阳以抗外邪,用多种方法来调理阴阳,虚者补之,实者泻之,寒者温之,热者清之,郁者散之,以平为期。(1)补气抗邪法。用补气药以御瘟疫;通腑泻实法,由大黄、麻仁、枳壳、茯苓、芍药、前胡、黄芩组成。(2)疏通经络法。《黄帝内经》提到"百病源于经络堵""经络不通百病生",疏通经络的主要方法有"升温、梳头促进血循环、轻揉耳轮通肾气、常捶背疏通经络、五字调息通五脏、莲花式坐活动韧带"等。(3)芳香辟秽法。如苍术、木香、蜀椒、乳香、降香等,最常用的一类防疫药,后世医家针对瘟疫的预防基本上是围绕"养正气辟邪气"的指导思想展开的。(4)香佩疗法、雄黄涂鼻法、油涂鼻法、药物塞鼻法、艾草避瘟法、茱萸避瘟法等中医学防疫做法都取得了一定的成效。此外,张仲景的六经("六经"分别为太阳、阳明、少阳"三阳"和太阴、少阴、厥阴"三阴")辨证和八纲("八纲"分别为阴、阳、表、里、寒、热、虚、实)辨证在疫病的诊断方法方面发挥重要的作用。刘元素在《内经·热论》《伤寒论》基础上,提出六气皆能化火、五志化火、阳气怫郁、阐发燥证病机等医学思想。张从正提出"病由邪生,攻邪已病"观点,阐发攻邪学说,善用汗、吐、下三法治疗疾病,总结以情胜情法调治情志疾病。

九、旅游健康管理与旅游危机管理

我国在重大疫情防控体制机制以及国家公共卫生应急管理体系建设时,已经形成一些基础和优势,也应正视自身在公共卫生应急管理体系中的诸多问题。新冠肺炎疫情暴露了我国应对重大疫情的脆弱性和应急管理功能的不足。旅游业各个环节是高度依赖的,极易发生连锁反应,由于缺乏一套合理完善的旅游危机管理机制,致使旅游行业和旅游企业陷入危机,中国旅游业也面临着越来越多的危机考验,健全和完善形成常态化的旅游危机管理机制具有重要的价值和意义。本部分将重要介绍旅游健康管理内容，主要包括旅行医学、大健康产业、中医药健康旅游等。另外，将重点介绍和旅游危机管理相关知识，主要包括旅游危机管理体系相关知识、《旅游安全管理办法》、旅游突发事件分类等相关内容。

（一）旅行医学。旅行医学（Travel Medicine，Emporiatrics），是一门临床医学、微生物学、疫苗学、流行病学、公共卫生学等多学科交叉的新兴学科[1]。旅行医学并不是一个新的概念，从古代军事行动中就存在旅行医学的问题，比如因为腹泻和疟疾导致军队人员减少等。随着全球旅游业的发展，旅游医学卫生成为关注的焦点问题，世界卫生组织把旅行卫生列为到2000年全世界人人享有健康的必不可少的组成部分[2]。我国从事旅行医学的机构主要是国际旅行卫生保健中心，是国家出入境检验检疫局直属事业单位，主要负责各地出入境管理的法定工作。该机构覆盖面比较广，在全国主要省市均有相关机构设置。起步较早，在1983年年初，我国就在世界卫生组织的帮助下，逐渐建立成熟的旅行医学咨询服务服务队伍[3]。旅行卫生保健中心的旅行医学服务贯穿整个旅游过程，出行前可以帮助旅游者分析旅游过程中面临的健康风险，并针对性地提出建议和措施，诸如注射疫苗、备用药物、携带驱蚊虫产品等。旅行中可以通过通信方式对旅游者的健康进行指导和建议；旅游结束后如有身体不适，可以到卫生保健中心进行体检，并针对性地提出治疗方案。此外，健康教育在旅行医学中具有非常重要的作用，比如使得旅游者严格遵守出行的规章制度，预防伤害；预防各种传染病；做好个人心理和身体上的调节；转变观念建立健康的出行方式等[4]。

（二）大健康产业。按照国际行业分类标准，健康产业一般包括卫生保健供应商、医疗设备、医疗物资、生物科技和制药五个从属行业[5]。大健康产业包括与维持身体健康、促进身体健康有关的医疗服务、医药保健产品、营养保健产品、

---

1 吴刚，李云峰.国际旅行卫生保健中心旅行医学专业化的探讨[J].中国国境卫生检疫杂志，2011，34（5）：388-391.
2 朱锦德，江雯珑.旅行医学中发展全科医疗服务的设想[J].中国国境卫生检疫杂志，2008（2）：128-129+132.
3 田玲玲，杨庆贵.我国旅行医学现状分析[J].中国医药导刊，2014，16（12）：1521-1522.
4 王珊珊.健康教育在旅行医学中的作用[J].旅行医学科学，2000（4）：41+44.
5 胡靖.大健康产业的蓬勃之路[N].社会科学报，2020-04-02（004）.

医疗保健器械、休闲保健服务、调理康复、健康咨询管理、测评评估等多个与人类健康紧密相关的领域。疫情发生以来，大健康产业进入全面需求的时代，伴随着抗疫的开展，加上各种健康知识的宣传和卫生习惯的养成，强身健体，增强自身免疫力将成为长期的健康意识，促进消费市场的变化。比如，以医疗服务机器人为例，护助理机器人、消毒清洁机器人、测温巡查机器人等应用，可有效减少人员交叉感染，提升病区隔离管控水平，这将直接推动此类机器人在医疗机构的率先应用。随着"健康中国"的战略背景和人口老龄化的现实叠加，大健康产业市场规模将呈现增长的趋势。根据国家相关规划，到2020年，"健康中国"带来的大健康产业市场规模有望达到8万亿元；2030年将超过16万亿，是目前市场规模的3倍。此外，以模式创新为主导的在线问诊、远程医疗、医药O2O等互联网医疗企业也将迎来新的机遇。

（三）中医药健康旅游。中医药在抗击疫情取得了显著的成效，推动中医与旅游融合发展，能够更好地促进中医药健康旅游发展，不仅能够满足人们对健康服务的需求，也有利于弘扬中医药文化，同时也是旅游业转型升级的重要抓手。2014年，国家旅游局会同国家中医药管理局出台了《关于促进中医药健康旅游发展的指导意见》等文件，推进中医药健康旅游产业发展。提出八大重点任务，分别是开发中医药健康旅游产品、打造中医药健康旅游品牌、壮大中医药健康旅游产业、开拓中医药健康旅游市场、创新中医药健康旅游发展模式、培养中医药健康旅游人才队伍、完善中医药健康旅游公共服务、促进中医药健康旅游可持续发展。国务院2016年2月22日发布的《中医药发展战略规划纲要（2016—2030年）》提到，发展中医药健康旅游服务。推动中医药健康服务与旅游产业有机融合，发展以中医药文化传播和体验为主题，融中医疗养、康复、养生、文化传播、商务会展、中药材科考与旅游于一体的中医药健康旅游。开发具有地域特色的中医药健康旅游产品和线路，建设一批国家中医药健康旅游示范基地和中医药健康旅游综合体。加强中医药文化旅游商品的开发生产。建立中医药健康旅游标准化体系，推进中医药健康旅游服务标准化和专业化。举办"中国中医药健康旅游年"，支持举办国际性的中医药健康旅游展览、会议和论坛。2016年，国家旅游局、国家中医药管理局决定联合开展"国家中医药健康旅游示范区（基地、项目）"创建工作，用3年左右时间，在全国建成10个国家中医药健康旅游示范区，100

个国家中医药健康旅游示范基地，1000个国家中医药健康旅游示范项目。首批国家中医药健康旅游示范区创建单位有15家，第一批国家中医药健康旅游示范基地创建单位有73家。

（四）旅游危机管理体系相关知识。（1）4R危机管理理论。危机管理的4R理论由美国危机管理专家危机管理大师罗伯特·希斯（Robrt Heath）在《危机管理》一书中率先提出，即缩减力（Reduction）、预备力（Readiness）、反应力（Response）、恢复力（Recovery）[1]。其中，危机缩减是危机管理的首要环节，主要通过风险评估、系统要素优化、人员培训等缩减危机的发生可能性和冲击力。危机预备是危机管理的防范环节，主要通过制定完善的危机预警系统、训练和演习来不断提高组织及成员应对危机的能力。危机反应是策略环节，主要通过危机沟通、媒体管理、决策制定等方法提升处理危机的效果。危机恢复是后续工作，主要着手形象恢复及经验总结，使组织尽快摆脱危机阴影，同时避免重蹈覆辙。4R危机管理理论最早用于企业危机管理，因为其科学性和广泛的实用性被用于多个领域的危机管理。（2）旅游危机定义和分类。世界旅游组织对旅游危机的定义为：影响旅行者对一个目的地信心并扰乱继续正常经营的非预期性事件。这类事件可能以无限多样的形式在许多年中不断发生。旅游危机具有突发性、紧迫性、双重性、危害性等特征，并且关于旅游危机的分类，目前不同学者持有不同的观点，比如较全面的分类是将旅游危机分成背景型危机和内在型危机，其中，背景型危机包括自然灾害、战争或者武装冲突、恐怖主义事件、外交危机、社会动乱、经济动荡、突发性公共卫生事件、重大事故；内在型危机包括重大旅游犯罪、旅游资源破坏、旅游事故等[2]。此次新冠肺炎疫情属于突发性公共卫生事件，由于旅游业具有敏感性和脆弱性，此次危机对旅游业产生重要的影响和冲击，需要构建常态化旅游危机管理体系，提高旅游危机管理应对能力。那么，旅游业危机管理体系一般包括政府（主要指政府旅游主管部门）、旅游企业、旅游从业人

---

1 百度百科，旅游危机管理[EB/OL][2020-04-20].https: //baike.baidu.com/item/旅游危机管理/4553111?fr=aladdin；张玉亮,杨英甲.基于4R危机管理理论的政府网络舆情危机应对手段研究[J].现代情报，2017, 37（09）：75-80+92.

2 侯国林.旅游危机：类型、影响机制与管理模型[J].南开管理评论，2005（1）：78-82.

员、公众（旅游者）等多个行为主体[1]，此次疫情发生后，旅游危机管理体系各主体均采取不同的措施应此次公共卫生事件，国家政府部门出台批量的政策体系，旅游企业采取多种方式开启自救、旅游从业人员转化角色开始直播等多元的方式。疫情对旅游业带来了一定的影响，但是也带来了一定的机遇，尤其是数字经济带来的发展，倒逼传统旅游企业转型升级发展，助力旅游业实现高质量发展。

（3）旅游危机管理途径。2003年5月世界卫生组织发布的《旅游业危机管理指南》，指导成员的危机应对和管理工作。世界旅游组织认为，旅游业危机管理的主要途径有四个：沟通、宣传、安全保障和市场研究。其中，基于诚实和透明之上的良好的沟通是成功的危机管理的关键。指南针对危机之前、危机期间和危机过后三个阶段提出了行动建议。世界旅游组织把危机阐述为：影响旅行者对一个目的地的信心和扰乱继续正常经营的非预期性事件，并可能以无限多样的形式，在许多年中不断发生。危机管理有助于保持旅行者和旅游业的信心，将危机对目的地的影响最小化。①危机之前。世界旅游组织告诫：永远不要低估危机对旅游业的可能危害，它们是极端危险的。把危机影响最小化的最佳途径就是充分做好准备。②危机期间。世界旅游组织强调：危机发生的第一个24小时至关重要。一个不专业的反应，就能够把目的地陷入更大的破坏。③危机过后。世界旅游组织认为：即使危机结束，危机带来的负面影响仍然会在潜在地旅游者心中保持一段时间，因此需要加倍的努力，尤其是在沟通和宣传领域。

（五）《旅游安全管理办法》。为了加强旅游安全管理，提高应对旅游突发事件的能力，保障旅游者的人身、财产安全，促进旅游业持续健康发展，根据《中华人民共和国旅游法》《中华人民共和国安全生产法》《中华人民共和国突发事件应对法》、《旅行社条例》和《安全生产事故报告和调查处理条例》等法律、行政法规，制定《旅游安全管理办法》。《旅游安全管理办法》已经于2016年9月7日国家旅游局第11次局长办公会议审议通过自2016年12月1日起施行。《办法》共分为总则、经营安全、风险提示、安全管理、罚则和附则六章45条，基本覆盖了旅游安全管理的各项工作。其中，第十六条提到"国家建立旅游目的地

---

[1] 李九全，李开宇，张艳芳.旅游危机事件与旅游业危机管理[J].人文地理，2003（6）：35-39.

安全风险（以下简称风险）提示制度。根据可能对旅游者造成的危害程度、紧急程度和发展态势，风险提示级别分为一级（特别严重）、二级（严重）、三级（较重）和四级（一般），分别用红色、橙色、黄色和蓝色标示"。第十七条提到"风险提示信息，应当包括风险类别、提示级别、可能影响的区域、起始时间、注意事项、应采取的措施和发布机关等内容。一级、二级风险的结束时间能够与风险提示信息内容同时发布的，应当同时发布；无法同时发布的，待风险消失后通过原渠道补充发布。三级、四级风险提示可以不发布风险结束时间，待风险消失后自然结束"。第十八条提到"风险提示发布后，旅行社应当根据风险级别采取下列措施：四级风险的，加强对旅游者的提示；三级风险的，采取必要的安全防范措施；二级风险的，停止组团或者带团前往风险区域；已在风险区域的，调整或者中止行程；一级风险的，停止组团或者带团前往风险区域，组织已在风险区域的旅游者撤离。其他旅游经营者应当根据风险提示的级别，加强对旅游者的风险提示，采取相应的安全防范措施，妥善安置旅游者，并根据政府或者有关部门的要求，暂停或者关闭易受风险危害的旅游项目或者场所"。

（六）旅游突发事件分类。根据《旅游安全管理办法》，旅游突发事件是指突然发生，造成或者可能造成旅游者人身伤亡、财产损失，需要采取应急处置措施予以应对的自然灾害、事故灾难、公共卫生事件和社会安全事件。根据旅游突发事件的性质、危害程度、可控性以及造成或者可能造成的影响，旅游突发事件一般分为特别重大、重大、较大和一般四级。（1）特别重大旅游突发事件，是指下列情形：造成或者可能造成人员死亡（含失踪）30人以上或者重伤100人以上；旅游者500人以上滞留超过24小时，并对当地生产生活秩序造成严重影响；其他在境内外产生特别重大影响，并对旅游者人身、财产安全造成特别重大威胁的事件。（2）重大旅游突发事件，是指下列情形：造成或者可能造成人员死亡（含失踪）10人以上、30人以下或者重伤50人以上、100人以下；旅游者200人以上滞留超过24小时，对当地生产生活秩序造成较严重影响；其他在境内外产生重大影响，并对旅游者人身、财产安全造成重大威胁的事件。（3）较大旅游突发事件，是指下列情形：造成或者可能造成人员死亡（含失踪）3人以上10人以下或者重伤10人以上、50人以下；旅游者50人以上、200人以下滞留超过24小时，并对当地生产生活秩序造成较大影响；其他在境内外产生较大影响，并对旅游者人身、财产安全造成较大威胁的事件。(4)一般旅游突发事件,是指下列情形:造成或者可能造成人员死亡(含失踪)3人以下或者重伤10人以下;旅游者50人以下滞留超过24小时,并对当地生产生活秩序造成一定影响;其他在境内外产生一定影响,并对旅游者人身、财产安全造成一定威胁的事件。

现代旅游业发展协同创新中心简介

"现代旅游业发展协同创新中心"由南开大学牵头，于 2015 年 7 月成立，2019 年 9 月教育部将其正式认定为省部共建协同创新中心，成为全国旅游领域首个、目前也是唯一经国家认定的协同创新中心。中心由南开大学原校长龚克教授任理事长、原中央政策研究室副主任郑新立教授任学术委员会主任，原国家旅游局副局长王志发先生、原国家信息中心常务副主任杜平研究员、中山大学副校长马骏教授等任副理事长。南开大学石培华教授任中心主任，南开大学商学院院长白长虹教授、中山大学保继刚教授任联合主任。中心服务国家重大战略需求，在幸福产业、全域旅游、厕所革命、红色旅游、丝路旅游、万里茶道、国家公园、国家旅游形象、旅游扶贫、乡村旅游、海洋旅游、文旅融合、旅游外交、京津冀协同发展、旅游 MTA 教育等方面取得创新成果，集结出版"国家旅游智库研究专辑"。主持 2020 年度国家社科基金艺术学重大项目"文化产业和旅游业提升国民幸福指数研究"、2017 年度国家社科基金重点项目"全域旅游内涵特征、实现路径与促进政策的分类分层系统化研究"。中心连续成功指导举办"亚洲旅游产业年会"，聚焦智能时代、文旅融合、一带一路等重大背景下亚洲旅游业新机遇，设立亚洲旅游"红珊瑚"奖，树立文旅行业新标杆。2016 年 5 月，中国政府和联合国世界旅游组织联合主办首届世界旅游发展大会，中心负责研究起草大会宣言和发展报告。为第八届 APEC 旅游部长会、中美旅游对话、中俄蒙旅游部长会、中日韩旅游部长会等重大旅游外交活动提供研究支持。